Roland Widmer-Münch

Der Tourismus in Fès und Marrakech

Als Dissertation von der Philosophisch-Historischen Fakultät der Universität Basel auf Antrag der Herren Prof. Dr. W. Gallusser und PD Dr. R.L. Marr genehmigt.

Basel, den 23. April 1990   Der Dekan
                              Prof. Dr. R.A. Stucky

Gedruckt mit Unterstützung

der Geographisch-Ethnologischen Gesellschaft Basel
des Dissertationenfonds der Universität Basel
des Max Geldner-Fonds Basel

Basler Beiträge zur Geographie

Heft 39

Roland Widmer-Münch

Der Tourismus in Fès und Marrakech

Strukturen und Prozesse in bipolaren
Urbanräumen des islamischen Orients

Herausgegeben von
Prof. Dr. W. Gallusser und
dem Geographischen Institut der Universität Basel
in Zusammenarbeit mit
der Geographisch-Ethnologischen Gesellschaft Basel
In Kommission bei Wepf & Co. AG Verlag, Basel

Basel 1990

VORWORT

Nachdem ich Marokko 1978 im Rahmen eines Kurzaufenthaltes in Marrakech erstmals kennengelernt hatte, liess mich dieses faszinierende orientalisch-islamisch geprägte und durch die Franzosen überformte Entwicklungsland Nordafrikas nicht mehr los. Auf Anregung von Herrn PD Dr. R.L. Marr beschloss ich daher 1982, meine Oberlehrerarbeit einem stadtgeographischen Aspekt Marokkos zu widmen. Während sechs Wochen hatte ich Gelegenheit, Feldstudien im Uebergangsbereich von Stadt- und Fremdenverkehrsgeographie durchzuführen, um sie in einem Untersuchungsbericht unter dem Titel "Der Tourismus als Determinante räumlicher Strukturen und sozial-geographischer Prozesse in Fès (Marokko)" auszuwerten. Die vorliegende Dissertation stellt eine thematische und räumliche Erweiterung dieser ersten empirischen Untersuchungen in Fès dar, zu welcher wiederum Herr PD Dr. R.L. Marr den entscheidenden Anstoss gab. Für das mir entgegengebrachte Vertrauen und die gezeigte Geduld, bis die vorliegende Dissertation fertiggestellt war, möchte ich Herrn PD Dr. R.L. Marr bestens danken.

Die Feldarbeiten in Fès und Marrakech wurden zu grössten Teilen durch die Direktion für Entwicklungszusammenarbeit und Humanitäre Hilfe (DEH) des Eidgenössischen Departementes für Auswärtige Angelegenheiten (EDA) finanziert, wofür ich den verantwortlichen Stellen, insbesondere Herrn A. Melzer, herzlich danken möchte.

Während meiner rund drei Monate dauernden Feldstudien in Fès und Marrakech in den Jahren 1982, 1986 und 1988 durfte ich immer wieder auf die tatkräftige Unterstützung verschiedener marokkanischer Instanzen zählen, weil mir der ständige Vertreter des Königreichs Marokko in der Schweiz, Herr Botschafter Ali Bengelloun, mit seinem freundlichen Empfehlungsschreiben zahlreiche Türen von Amtsstuben in Fès und Marrakech öffnete. Ich möchte Herrn Botschafter Ali Bengelloun für sein den Untersuchungen in seiner Heimatstadt Fès und in Marrakech entgegengebrachtes Interesse ganz herzlich danken.

Besonders intensive Hilfe wurde mir durch die regionalen Tourismusdelegationen in Fès und Marrakech zuteil, wofür ich besonders dem Tourismusdelegierten in Fès, Herrn El Abbadi Abdeslam (1988: Herrn Tadloui Youssef), dem Sekretär der regionalen Tourismusdelegation in Marrakech, Herrn Benmabrouk Moulay Abderahmane und dem Direktor der "Association Provinciale des Opérateurs de Tourisme à Marrakech", Herrn Ben Tbib Abderrahim, zu grossem Dank verpflichtet bin.

Viele wertvolle Hinweise zur historischen und aktuellen Stadtplanungspolitik in Marokko im allgemeinen und in Marrakech im speziellen verdanke ich Herrn Bennis Abdelghani, dem Stadtarchitekten von Marrakech, der sich trotz grosser Arbeitsüberlastung bereitwillig meinen zahlreichen Fragen stellte. Anregende Diskussionen über die Schönheiten, den Wandel und die Probleme des Handwerks durfte ich besonders mit Herrn Hachini Zitouni, dem Delegierten für das Handwerk in der Provinz Marrakech, führen.

In den Dank eingeschlossen seien alle Hoteldirektoren der zwei Untersuchungsräume, die sich geduldig meinen ausführlichen Fragebogen stellten und mir in den heissen Sommermonaten manchen angenehmen Pfefferminztee offerierten. Nicht minder dankbar bin ich den Verantwortlichen der Herbergen ohne offizielle Klassifikation, die mir nach bestem Wissen und Gewissen Auskunft über die Verhältnisse ihrer bescheiden ausgestatteten Betriebe gaben.

Besonders viel Zeit durfte ich mit Bazaristen, anderen Händlern und Gewerbetreibenden in Fès und Marrakech verbringen, welche mir durch ihre Informationen erst eigentlich erlaubten, zahlreiche Sekundäreffekte des Tourismus richtig abzuschätzen. Ihre Gastfreundschaft und Auskunftsfreudigkeit wird mir in vielen Fällen nachhaltig in Erinnerung bleiben.

Zu besonderem Dank verpflichtet bin ich meinen zwei Uebersetzern in Fès und Marrakech, Steila Mohamed und Rhayour Idriss, die mit mir unzählige Interviews mit nicht der französischen Sprache kundigen Receptionisten, Handwerkern und Händlern in der Neu- und Altstadt von Fès und Marrakech durchführten, dabei meine oft zu direkten Fragen mit viel Fingerspitzengefühl für die Situation ins Arabische übersetzten und mit viel Geduld das Gespräch so lenkten, bis die erwünschte Auskunft zu erhalten war.

Bei der Herstellung der thematischen Karten durfte ich in einigen Fällen auf die Hilfe von Antonio Orlando zählen, welcher die aufwendige Reinzeichnung der Grundlagenpläne der zwei bipolaren Urbanräume Fès und Marrakech übernahm, wofür ich ihm ebenfalls bestens danken möchte.

Damit die Resultate der vorliegenden Untersuchung von den verantwortlichen Stellen in Marokko in ihre Planungsüberlegungen einbezogen werden können, sind die wichtigsten Ergebnisse und die Planungsempfehlungen ins Französische übersetzt worden, eine äusserst zeitintensive Arbeit, der sich freundlicherweise Dora Girod, Elisabeth Heller, Dr. Marie-Jeanne Hublard und Marie-Jeanne Wullschleger mit Akribie gewidmet haben. Ihnen sei deshalb an dieser Stelle auch nochmals herzlich gedankt.

Ein Buch lebt bekanntlich nicht nur von seinem Inhalt, sondern in entscheidendem Masse auch von seiner äusseren Aufmachung. Frau Ruth Rubin-Klauser hat sich mit der nötigen Liebe zum Detail und mit viel künstlerischem Gespür der Gestaltung des Umschlages angenommen. Mit grosser Spannung habe ich jeweils auf die Entwürfe gewartet.

Mit besonderer Dankbarkeit denke ich an meine Eltern und meine Frau Cécile, welche auch das ganze Manuskript auf Druckfehler durchgesehen hat. Aufgrund meiner gleichzeitigen Unterrichtstätigkeit an der Diplommittelschule Basel und meiner Funktion als Leiter der Pädagogischen Dokumentationsstelle des Kantons Basel-Stadt blieb oft nur noch wenig Zeit für gemeinsame Unternehmungen. Nur dank ihrem grossen Verständnis, ihrer Unterstützung und der wiederholten Aufmunterung war es mir überhaupt möglich, diese umfangreiche Untersuchung fertigzustellen. Die Arbeit sei deshalb meinen Eltern und meiner Frau in Liebe gewidmet.

Basel, im Juli 1990

INHALTSVERZEICHNIS

VORWORT 5

INHALTSVERZEICHNIS 8

1. EINLEITUNG 12

1.1. Fragestellung 17

1.2. Methodik 19

2. FES UND MARRAKECH IM RAHMEN DER ENTWICKLUNG DES TOURISMUS IN MAROKKO 22

3. CHARAKTERISTIKA DES TOURISMUS IN FES UND MARRAKECH 31

3.1. Rundreisen - "Königsstädte" und "Grosser Süden" 31

3.2. Alte und neue Tourismusformen - Grundlagen einer Expansion 39

3.3. Aufenthaltsdauer - Marrakech im Vorteil 45

3.4. Saisonalität - zwei Spitzenperioden 55

3.5. Nationale Zusammensetzung der Gäste - koloniales Erbe 61

3.6. Struktur der Hotellerie - Dominanz der höchsten Kategorien 67

4. WIRTSCHAFTS- UND SOZIALGEOGRAPHISCHE EFFEKTE DES TOURISMUS IN FES UND MARRAKECH 74

4.1. Direkte Beschäftigungseffekte des Tourismus in der Hotellerie und Parahotellerie - unerreichte staatliche Beschäftigungsziele 74

4.2. Warenbezug durch die Hotels - Wie steht es um die ökonomischen Relationen zur lokalen Neu- und Altstadt? 80

    4.2.1. Bezugsquellen der klassifizierten Hotellerie - grosse Bedeutung der lokalen Neustädte für Versorgungsgüter des kurzfristigen Bedarfs 81

4.2.2.	Bezugsquellen der nicht klassifizierten Hotellerie - ausgeprägte Medina-Orientierung	87

4.3. Tourismus und Handwerk - Hilfestellung in der Krise? 90

    4.3.1. Ausgabevolumen der Touristen für handwerkliche Produkte - viel Geld für Souvenirs 94

    4.3.2. Preisgestaltung - der Produzent als Verlierer 104

        4.3.2.1. Gewinnverteilung im Bazar - Provisionen bis zu 50% 104
        4.3.2.2. Grosshandel - spekulative Praktiken 108
        4.3.2.3. Handwerker - schlecht entschädigte Attraktivität 113

    4.3.3. Kinderarbeit - soziales Lernen oder Ausbeutung? 115

    4.3.4. Staatliche Handwerkspolitik - Rückgriff auf traditionelle Institutionen 127

        4.3.4.1. "Ensembles Artisanaux" - polyfunktionale Zentren 129
        4.3.4.2. Genossenschaften - ungenutztes Potential 131

5. TOURISMUS UND STADTSTRUKTUR 136

5.1. Hotelstandorte in den Neustädten - Verlagerung an den Stadtrand 141

    5.1.1. Die koloniale Stadtplanung als bestimmender Faktor der rezenten Hotelstandorte in der Neustadt von Fès 141

    5.1.2. Hotels als Mittel der aktuellen Grünflächenplanung in der Neustadt von Marrakech 144

5.2. Hotelstandorte in den Medinas - ausgeprägte Verkehrsorientierung 150

    5.2.1. Konzentration der Hotels an den Stadttoren in der Medina von Fès 150

    5.2.2. Häufung von Hotels südlich des Platzes Jema el Fna in der Medina von Marrakech 155

5.3. Touristische Sekundärinfrastruktur des Dienstleistungssektors in den Neustädten - Kontaktvorteile durch Nähe zur klassifizierten Hotellerie? 159

5.4. Bazare in den Neustädten - ungleiche Entwicklung 165

    5.4.1. Bazare in der Neustadt von Fès machen anderen Nutzungen Platz 165

5.4.2.	Bazare in der Neustadt von Marrakech breiten sich aus	166

5.5. Bazare und Touristenpaläste in den Medinas - Expansion von den zentralen Souks und den Durchgangsachsen in die Wohnquartiere   170

5.5.1.	Bodenmarkt und Bodenwertsteigerung - keine ungebremste Hausse	170
5.5.2.	Physiognomischer Wandel durch die Bazare in den Souks - die neustädtischen Verkaufslokalitäten als Vorbild	177
5.5.3.	Bazare und Touristenpaläste in ehemaligen Wohnge- bäuden - vom sozialen Prinzip der Abschirmung zur kundschaftsorientierten Oeffnung	182
5.5.4.	Fallstudie Fès - Touristenpaläste und Bazare aus- schliesslich auf dem Kairouan-Ufer von Fès el Bali	191
5.5.5.	Fallstudie Marrakech - Bazare und andere Verkaufs- lokalitäten verdrängen das produzierende Gewerbe aus den zentralen Souks	204

6. ZUSAMMENFASSUNG - PLANUNGSORIENTIERTE MODELLBILDUNG   223

6.1. Befunde der Untersuchung in Kürze   223

6.2. Modell der Stadtentwicklung in Marokko unter besonderer Berück- sichtigung des Tourismus   246

6.3. Planungsempfehlungen für Fès und Marrakech   251

     6.3.1. Planungsempfehlungen für Fès   261

     6.3.2. Planungsempfehlungen für Marrakech   266

ANMERKUNGEN   272

GLOSSAR   298

QUELLENVERZEICHNIS   303

     Monographien/offizielle Berichte   303

     Zeitungsartikel   315

Statistiken	316
Karten	317
Reiseführer/Reiseliteratur	317

RESUME DES RESULTATS DE L'ETUDE — 319

Caractéristiques du tourisme à Fès et Marrakech	319
Effets économiques et sociaux du tourisme à Fès et Marrakech	322
Tourisme et structure urbaine	327
Cas étudié: la médina de Fès	335
Cas étudié: la médina de Marrakech	337

RECOMMENDATIONS DE PLANIFICATION POUR FES ET MARRAKECH — 340

RECOMMENDATIONS DE PLANIFICATION POUR FES — 351

RECOMMENDATIONS DE PLANIFICATION POUR MARRAKECH — 356

1. EINLEITUNG

Lange Zeit dominierten in der wissenschaftlichen Forschung über die Effekte des Tourismus in Entwicklungsländern ökonomische Fragestellungen. Speziell der Devisen-, Beschäftigungs-, Einkommens- und der regionale Ausgleichseffekt standen im Zentrum dieser wirtschaftlichen Untersuchungen, die meist in Form von Sekundärerhebungen ("desk research") vorgenommen wurden. Mit wachsendem Volumen des Touristenstromes in Staaten der Dritten Welt erregten die verstärkten Einflüsse auf Raum und Gesellschaft der Gastgeberländer in zunehmendem Masse aber auch das Interesse anderer Wissenschaftszweige, vor allem der Geographie, Soziologie, Ethnologie, Psychologie, Philosophie und last but not least der Theologie. Die Skepsis gegenüber einer allzu positiven Einstellung zum Tourismus in der Dritten Welt, wie sie z.T. bereits von ökonomischen Forschungen initiiert worden war, wurde durch den Einbezug der neuen Forschungsdisziplinen noch verstärkt, ja machte in einigen Studien sogar einer massiven Kritik Platz. Generell setzte diese Kritik an drei Punkten an:

1. Ist der Tourismus für die Staaten der Dritten Welt tatsächlich rentabel? (ökonomische Kritik)
2. Lassen die soziostrukturellen Auswirkungen eine weitere Förderung des Fremdenverkehrs in Entwicklungsländern verantworten? (gesellschaftspolitische Kritik)
3. Bringt die touristische Infrastruktur Belastungen mit sich, die langfristig die Existenzgrundlage des Fremdenverkehrs und den Lebensraum der einheimischen Bevölkerung gefährden? (umweltpolitische, raumplanerische Kritik)

Bei allen drei Ansätzen der Kritik erweist es sich als äusserst schwierig, die Effekte des Tourismus zu isolieren, denn es sind sehr viele Faktoren, die gleichzeitig zum Wandel in den Entwicklungsländern beitragen. So ist der verstärkte Fremdenverkehr nicht bei allen Innovationsprozessen Primär-, sondern oft nur Sekundärfaktor, welcher eine bereits ablaufende Entwicklung verstärkt bzw. bremst, denn die Verwestlichung in Form einer intensiven Industrialisierung, Technisierung und Vernetzung durch die elektronischen Massenmedien hat bereits weite Teile der Welt erreicht, und dies oft bevor der Fremdenverkehr zu einem entscheidenden Innovationsfaktor wurde.

Da die Entwicklungsländer in ihrer politischen, wirtschaftlichen und sozialen Struktur sehr heterogen zusammengesetzt sind, ist eine pauschale Bewertung der Folgen des Drittwelttourismus unverantwortlich. Nur aufgrund von gezielten, regional begrenzten Fallstudien können für die Beurteilung und Planung des Fremdenverkehrs in einem Entwicklungsland genügend differenzierte, anwendbare Ergebnisse gewonnen werden.

Mit der vorliegenden Studie werden die Effekte des Fremdenverkehrs in zwei islamisch-orientalischen Urbanräumen analysiert. Mit Fès und Marrakech wurden zwei marokkanische Städte gewählt, die sich aus geographischen Gründen (Lage, Klima) für gleiche, aber auch verschiedenartige Tourismusformen - speziell Rundreise- und Aufenthaltstourismus - anbieten. So besteht die Möglichkeit, die Verschiedenartigkeit der Folgeerscheinungen in Fès und Marrakech herauszuarbeiten und die Berechtigung von Modellbildungen zur Veränderung der islamisch-orientalischen Stadt in Marokko durch den Tourismus abzuklären. Im Rahmen der Untersuchung sollen die durch den Fremdenverkehr primär oder sekundär beeinflussten Strukturen und Prozesse aufgedeckt, analysiert und bewertet werden. Mit dieser den Tourismus als Wandlungsfaktor ins Zentrum stellenden Fragestellung wird eine langjährige Forschungstätigkeit der Geographie, Geschichte und Orientalistik zum Ursprung und Wandel der orientalischen Stadt fortgesetzt, gleichzeitig aber eine neue Betrachtungsperspektive gewählt.

Wiederholt standen die traditionell wirksamen Gestaltungsprinzipien im Zentrum von Untersuchungen zur orientalischen Stadt, im wesentlichen der Punkt, inwiefern der Islam den Städtebau im Orient beeinflusst habe (1), bevor die Frage nach der Genese der für die orientalischen Altstädte (Medina) typischen Sackgassengrundrisse die Diskussion zu bestimmen begann. Eine Frage, die auch im Zusammenhang mit den durch den Tourismus ausgelösten Wandlungen in den orientalischen Altstädten und deren Bewertung von wesentlicher Bedeutung ist. Während STEWIG die unregelmässige Sackgassenstruktur als das Ergebnis eines ungeplanten, der Privatinitiative überlassenen Wachstums der Ueberbauung infolge wachsender Bevölkerung betrachtet (2), weist WIRTH auf die besondere Rechtsqualität der Sackgassen hin und widerspricht so dem zufälligen Charakter der Sackgassen (3). WIRTH geht von einer grundsätzlichen Zweiteilung des Strassenmusters aus: auf der einen Seite stehen die Hauptverbindungsachsen, welche die Stadttore mit den im Zentrum gelegenen Souks (Märkte) und der Hauptmoschee (Freitagsmoschee) verbinden sowie die einzelnen Quartiere erschliessen, auf der andern Seite stehen die Sackgassen innerhalb der einzelnen Quartiere. Während die Durchgangsrouten als öffentlicher Besitz gelten, den jeder nutzen darf, bilden die Sackgassen eine Form privaten Gemeinschaftsbesitzes der Anwohner.

"Durch diese rechtliche und soziale Sonderstellung der Sackgasse erscheint das Areal der orientalischen Stadt in drei **Bereiche unterschiedlicher Qualität** aufgeteilt: Die Moscheen, Bazare, öffentlichen Plätze, Brunnen, Bäder sowie alle Durchgangsstrassen sind **öffentlicher Bereich**. Dessen Nutzung steht jedermann offen ... Diesem öffentlichen Bereich steht die individuelle **Intimsphäre des privaten Hauses** gegenüber. Nicht nur Zutritt, Kontrolle oder Verfügungsgewalt, sondern auch Einblick ist hier prinzipiell allen Aussenstehenden untersagt ... Dazwischen liegt der **gemeinschaftlich-private Bereich** der Sackgasse. In ihm ist die öffentliche Verfügungsgewalt bereits weitgehend eingeschränkt; er hat gewissermassen die Rolle eines äusseren Schutzkordons für die private Intimsphäre des einzelnen Hauses." (4)

Selbstverständlich bilden die Durchgangsrouten gleichzeitig die am meisten frequentierten Achsen des Passantenverkehrs und werden deshalb zu bevorzugten Einzelhandelsstandorten. Der in fremder Umgebung unsichere Tourist wird seine Einkäufe, wenn er sie nicht in der vertrauten näheren Umgebung des Hotels oder in diesem selbst tätigt, ebenfalls auf einer der nur zu Fuss begehbaren Verbindungslinien von den Stadttoren zu den im Zentrum liegenden Attraktionen oder in deren Nachbarschaft machen. Die resultierende Nutzungskonkurrenz zwischen einem auf die einheimische Nachfrage ausgerichteten und einem touristisch orientierten Sortiment bildet deshalb einen Schwerpunkt der in Fès und Marrakech gemachten Primärerhebungen, die zusätzlich an Brisanz gewinnen, weil touristisch ausgelöste Sukzessionsprozesse zu einer Auflösung der traditionell dreigeteilten Struktur der orientalischen Altstadt führen.

Der wirtschaftliche Mittelpunkt der Medina, die zentralen Souks, stiessen in der Forschung bereits früh auf ein starkes Interesse, welches bis heute nicht erloschen ist, und immer wieder zu faszinierenden Detailuntersuchungen anregt (5). Aus Sicherheitsüberlegungen ist in den traditionellen zentralen Souks keine Wohnfunktion anzutreffen, so dass diese nachts bzw. an Feiertagen vollständig oder wenigstens partiell abgeschlossen werden konnten. In Fès und Marrakech werden heute nur noch die Kissaria (zentral gelegene, überdachte Gebäude mit Einzelhandel wertvoller Waren wie Schmuck und Textilien) abends und an Feiertagen abgeriegelt. Die jahrhundertealte Branchensortierung der Souks, welche ganz wesentlich zu ihrer Attraktivität beiträgt, gerät durch die rezenten Sukzessionsprozesse, die durch die partielle Krise des Handwerks begünstigt werden, immer mehr in Gefahr, einer Branchenanarchie Platz zu machen. Aufgrund des starken ökonomischen Inputs kommt dem Fremdenverkehr in diesem gegenwärtigen räumlichen Strukturwandel eine wesentliche Bedeutung zu. Obwohl die Touristen quantitativ im Rahmen der Passantenströme innerhalb der Medina von Fès und Marrakech nicht besonders stark ins Gewicht fallen, vermögen sie aufgrund ihrer generell grösseren Kaufkraft im Vergleich zu einem Grossteil der autochthonen Bevölkerung doch bestimmend in den Wettbewerb um Standorte einzugreifen.

Die marokkanischen Städte präsentieren sich als besonders interessante Untersuchungsobjekte des räumlichen Wandlungspotentials des Tourismus, weil infolge der in der französischen Protektoratszeit (1912 - 1956) betriebenen Stadtpolitk zwei unmittelbar nebeneinander gelegene physiognomisch und strukturell unterschiedliche Urbanräume entstanden sind:

1. Eine traditionelle islamisch-orientalische **Altstadt (Medina)** mit nur sehr beschränkt autotauglichem Sackgassengrundriss und Wohn- bzw. Wirtschaftsgebäuden, die in der Regel nur über ein Obergeschoss verfügen. Die Medina beherbergt die traditionellen Gewerbe- und Verkaufslokalitäten in noch heute ausgeprägter Branchensortierung. Nach dem Ende der Kolonialzeit, als in der Neustadt zahlreiche von Franzosen belegte Wohngelegenheiten frei wurden, verliessen viele Familien höherer Kaufkraft in Fès und Marrakech ihre in der Altstadt gelegenen Häuser in Richtung der lokalen Neustädte oder sogar mit der Absicht, sich in den Wirtschafts- resp. Verwaltungsmetropolen Casablanca und Rabat niederzulassen. Infolge dieses altstädtischen Exodus haben viele randstädtische oder ländliche Bewohner den

"Sprung über die Mauern" in die Medina geschafft, was zu einer eigentlichen "Proletarisation", ja "Ruralisation" der Medina führte (6).

2. Eine nach französischem Muster angelegte **Neustadt ("ville nouvelle")** mit regelmässigem Strassennetz, was die Ansiedlung neuer Industrien, Gewerbe und Lagerhallen begünstigt(e). Die mit mehrstöckigen Wohn- und Wirtschaftsgebäuden dotierten Neustädte bildeten ein eigenes, modernes Einzelhandels- und Dienstleistungszentrum, einen CBD ("Central Business District"), aus, der sich physiognomisch durch seine Schaufenster und Arkaden von den reinen Wohngebieten abhebt und nur eine beschränkte Branchensortierung aufweist. Alle Regierungs- und Verwaltungsgebäude wurden durch die Architekten der Kolonialmacht in den Neustädten verortet, wo sie bis heute ihre Standorte beibehalten haben.

Das von DETTMANN 1967 auf Grund seiner Analysen in Damskus entwickelte Idealschema des Funktionalgefüges einer einpoligen traditionellen orientalisch-islamischen Stadt (Abb. 1) hat SEGER 1975 auf Grund seiner Studien in Teheran um ein Modell der zweipoligen orientalisch-islamischen Stadt unter westlichem Einfluss ergänzt (Abb. 2). Diese zwei Modelle haben in der Folge alle weiteren Modellbildungen wesentlich beeinflusst (7).

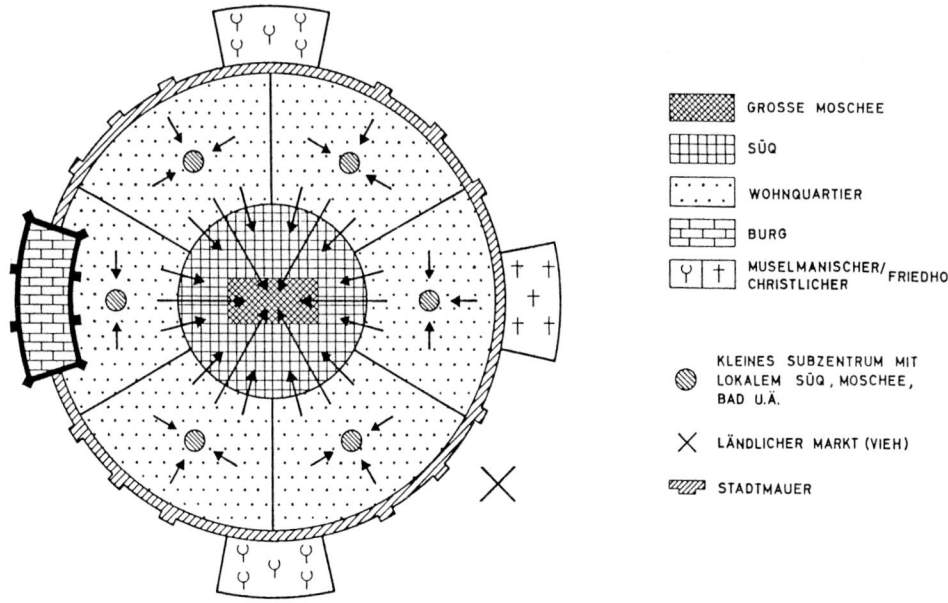

Abb. 1: Idealschema des Funktionalgefüges einer traditonellen orientalisch-islamischen Stadt (8)

In zweipoligen orientalisch-islamischen Städten kommt dem Dualismus zwischen traditoneller und moderner Stadtgestalt, der zugleich Ausdruck sozioökonomischer Disparitäten ist, als Grundlage für die touristischen Raumimpulse grosse Bedeutung zu. Aufgrund ihrer unterschiedlichen räumlichen Ausstattung werden die zwei Pole des binären Stadtraumes auch verschiedenen innovativen, durch den Tourismus ausgelösten oder zumindest verstärkten Prozessen ausgesetzt.

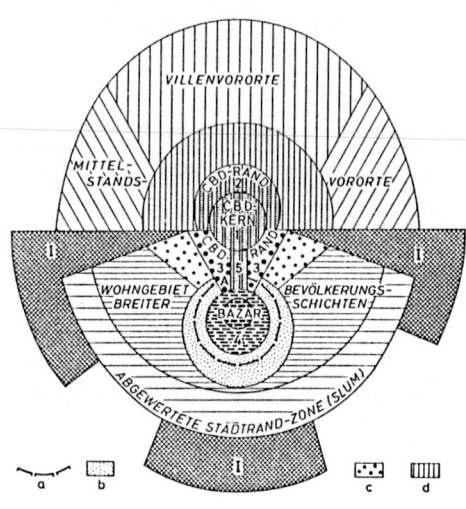

1. **Zentrum der Neustadt:**
   1 CBD-Kern, Gebiet der Hauptgeschäftsstrassen westl. Typs
   2 CBD-Rand: moderne (Wirtschafts-) Funktionen
   3 CBD-Rand: überrollte Peripherie mit älteren (Regierungs-)Funktionen
2. **Zentrum der traditionellen Stadt:**
   4 Bazar und seine funtionelle Ausweitung (Bazar-Randzone)
   5 Zone alter Geschäftsstrassen

a: ehem. Stadtmauer
b: Bereich traditionellen Bauens
c: alte Villenzone
d: Gürtel moderner Wohnbebauung
I: Industrie

Abb. 2: Modell der zweipoligen orientalisch-islamischen Stadt unter westlich-modernem Einfluss (9)

Mit dem Versuch, den Tourismus als Determinante räumlicher Strukturen und Prozesse in Fès und Marrakech zu isolieren, sollen den marokkanischen Behörden Planungsgrundlagen für eine sich im Interesse der Stadtbewohner ergänzenden Stadt- und Tourismuspolitk zur Verfügung gestellt werden, deren zentrale Zielsetzung die Schaffung möglichst guter Lebensbedingungen für alle Stadtbewohner - speziell jener in den teilweise im Zerfall begriffenen Altstädten - sein muss. Die Medina von Fès wurde 1976, jene von Marrakech 1986 in die Liste des Kultur- und Naturerbes der Welt ("World Heritage List") der UNESCO aufgenommen (10).

Da Innovationen wie der Tourismus sozial nicht neutral sind, weil sie nur denjenigen nützen, die sich (aus ökonomischen Gründen) ihrer bedienen können, nehmen sozial-geographische Ueberlegungen im Rahmen der Untersuchungen ebenfalls weiten Raum ein. Jede Entwicklung bringt ganz spezifischen Nutzen für bestimmte Gruppen mit sich, birgt quasi als Preis aber auch unweigerliche Risiken für gewisse Gruppen, die nicht mit den zuerst genannten identisch zu sein brauchen. Nur wenn Nutzen und Risiken miteinander verglichen und möglichen Alternativen gegenübergestellt werden, entsteht eine tragfähige Basis für sauber begründete Entscheidungen. Ein Problem lässt sich allerdings nicht ausschalten, was die letzlich weit auseinandergehenden Wertungen des Drittwelttourismus begründet: Die Gewichtung von Nutzen und Risiken bleibt immer eine Frage der eingebrachten Werturteile, des politischen Standpunktes und der daraus resultierenden Zielsetzungen. Deshalb sollen im Rahmen der vorliegenden Arbeit die den Bewertungen der festgestellten Strukturen und Prozesse zugrundeliegenden Zielvorstellungen jeweils klar deklariert werden.

1.1. Fragestellung

Um die touristischen Strukturen und Prozesse als Folgen der marokkanischen Fremdenverkehrspolitik richtig einordnen und beurteilen zu können, drängt sich eine vorhergehende kontrastive Charakterisierung der Tourismusformen in Fès und Marrakech auf. Sowohl die Quantität als auch die Qualität des Fremdenverkehrs bestimmen die touristische Infrastuktur, die bereitgestellt werden muss, und ganz generell das Ausmass der Spuren in Raum, Oekonomie und Gesellschaft der zwei Urbanräume:

- In welcher Form (Rundreise-/Aufenthaltstourismus) werden die zwei Städte in schweizerischen und deutschen Reisekatalogen angeboten?
- Wie lange halten sich die Stadtbesucher in Fès resp. in Marrakech auf?
- Zeigen die Gästeziffern saisonale Fluktuationen?
- Welcher Stellenwert kommt dem Gruppentourismus zu?
- Aus welchen Nationen rekrutieren sich die Stadtbesucher?
- Wie ist die Hotelinfrastruktur der zwei Städte zusammengesetzt?

Einer allfälligen aufgrund der zweipoligen Struktur der Urbanräume in Fès und Marrakech entstandenen touristischen Funktionsteilung zwischen der nach islamisch-orientalischen Prinzipien aufgebauten Medina und der nach französischem Muster konstruierten Neustadt soll mittels der folgenden Fragestellungen nachgegangen werden:

- Wo wird die touristische Primärinfrastruktur (Hotels, Herbergen) angesiedelt?
- In welcher Form (Anzahl Betten, Unterhaltungsinfrastruktur, Beschäftigungsverhältnisse, Zusammensetzung der Gäste, Warenbezug) präsentieren sich die Touristenunkünfte in der Neustadt und in der Medina von Fès resp. Marrakech?
- Welche Bedeutung besitzen die zwei unterschiedlich mit Geschäften und produzierendem Gewerbe dotierten Stadtteile in der Einkaufspraxis der Stadtbesucher?
- Spielen sich in den Alt- und Neustädten (gleichartige) räumliche Verdrängungsprozesse ab, deren ökonomische Ursachen touristischer Natur sind?

Die für die Medina typische und attraktive Branchensortierung, über deren historischen Ursachen in der Forschung bisher keine Einigkeit besteht (11), wird weder in Fès noch in Marrakech durch irgendwelche Zonenvorschriften geschützt (12), so dass Sukzessionsprozesse aufgrund einer ökonmischen, auf

Kundengruppen bezogenen Standortbewertung die Folge sind. Für die touristisch induzierten Sukzessionsprozesse stellen sich folgende Fragen:

- Inwieweit werden traditionelle Produkte, welche sich keines touristischen Kaufinteresses erfreuen, vollständig durch von Stadtbesuchern nachgefragte Artikel ersetzt oder nur durch touristischen Absatz garantierende Produkte ergänzt?
- Sind Sortimentsänderungen an einen Generationswechsel der Bazarhändler gebunden?
- Lassen sich touristisch bestimmte Warensortimente bevorzugt an Bewegungsachsen der Stadtbesucher nieder, wo sich keine andern Attraktionen befinden, oder liegen sie vorzugsweise in deren unmittelbaren Nachbarschaft, wo die Touristen längere Zeit verweilen?
- Wirkt der Tourismus im Rahmen des Wandels der orientalischen Stadtstruktur im allgemeinen und der Bazarstruktur im speziellen nur innovativ oder kann ihm auch konservierender Charakter zugesprochen werden?
- Kann das unter starkem industriellen Konkurrenzdruck leidende produzierende Handwerk gesamthaft oder nur partiell von der durch den Fremdenverkehr ausgelösten Nachfragesteigerung nach handwerklich gefertigten Produkten profitieren?

Durch das Ausscheiden verschiedener sozialer Gruppen, deren Verhalten je unterschiedliche oder gleichartige räumliche Strukturen hervorrufen, treten sozialgeographische Gesichtspunkte in den Mittelpunkt des Interesses. Aufgrund der Zielsetzung, den Tourismus als Mittel zur Steigerung des Lebensstandards aller Stadtbewohner - speziell der in der Medina wohnhaften unteren sozialen Schichten - zu nutzen, sind folgende Fragestellungen von zentraler Bedeutung:

- Wie können die Flächenansprüche des expandierenden Tourismussektors befriedigt werden, ohne mit den Raumforderungen überdurchschnittlich wachsender Stadtbevölkerungen in Konflikt zu geraten?
- Kann der Fremdenverkehr einen Beitrag zur Rettung lebensfähiger Altstädte in Fès und Marrakech leisten?

Mit den letzten zwei Fragestellungen wird der Uebergang von der aktualgeographischen Raumanalyse zur prospektiven, planerischen Perspektive vollzogen, um einige tourismuszentrierte, empirisch abgestützte Diskussionsbeiträge zu den Rehabilitationsprogrammen der Altstädte von Fès und Marrakech zu leisten. Die Zukunft der Medina von Fès und Marrakech hängt von zahlreichen neuen strukturbildenden Faktoren - darunter der Fremdenverkehr - ab, deren Untersuchung Tendenzen und nicht einen definitiven Zustand feststellen lässt. Tendenzen, die es im Rahmen dieser Untersuchung mit besonderem Blick auf den Tourismus durchschaubar zu machen gilt, um sie besser kontrollieren resp. planen zu können.

1.2. Methodik

Um die determinierende Funktion des Tourismus in den zwei je deutlich in Medina und Neustadt geteilten Urbanräumen Fès und Marrakech zu erfassen, wurden drei verschiedene Arbeitsweisen in Kombination miteinander eingesetzt:

- die Nutzungskartierung,
- die Analyse von Statistiken,
- das Interview.

Während die Kartierung im wesentlichen der Erfassung der rezenten räumlichen Struktur diente, konnten mit Hilfe des Studiums diachroner Statistiken und der Interviews vor allem die räumliche Dynamik, also die Prozesse, erfasst werden.

Die zur Ermittlung des quantitativen Wandels notwendigen touristischen Grundlagestatistiken konnten auf der "Délégation Régionale du Ministère chargé du Tourisme" in Fès resp. Marrakech eingesehen werden. Während sich die Datenlage für ältere Jahrgänge als sehr lückenhaft erwies, präsentierten sich die Statistiken für die Zeit nach 1978 wesentlich breiter. Die Arbeit in Fès wurde durch die Tatsache erleichtert, dass mir auch Einblick in alle Jahresberichte der regionalen Tourismusdelegation gewährt wurde, die in offener Sprache Erfolge und Probleme des Tourismus darstellen. In Marrakech standen mir neben den Statistiken der regionalen Tourismusdelegation statistische Erhebungen und Sitzungsprotokolle der "Association Provinciale des Opérateurs de Tourisme de Marrakech" (A.P.O.T.A.M.) zur Verfügung, die sich neben der zentralen Zielsetzung der Tourismusförderung auch mit den positiven und negativen Folgen des sich verstärkenden Fremdenverkehrs in Gesellschaft und Oekonomie der Stadt auseinandersetzt.

Als Basis für die Nutzungskartierungen wurden mir von der "Délégation Régionale du Ministère de l'Habitat et de l'Aménagement du Territoire" in Fès Pläne im Massstab 1 : 2 000 für die Medina und 1 : 5 000 für die Neustadt zur Verfügung gestellt. In Marrakech standen beim "Service du Catastre" keine entsprechenden nachgeführten Stadtpläne zur Verfügung, so dass als Kartierungsgrundlage der vom Tourismusministerium herausgegebene Plan von Medina und Neustadt im Masstab 1 : 6 500 diente.

Da sich die touristische Veränderung nicht nur in Form eines vollständigen Nutzungswandels einer Lokalität vollzieht, sondern sich bereits in Anschriften (z.B. "Souvenirs") resp. der Ergänzung einer Funktion (z.B. Geldwechsel) oder eines Verkaufsartikels (z.B. Ansichtskarten, Filme) manifestiert, wurde bei der Nutzungskartierung auch diesen durch den Fremdenverkehr bewirkten partiellen Aenderungen in Warensortiment, Funktion und/oder Physiognomie die nötige Aufmerksamkeit geschenkt. Die Markierung der Signaturen konnte infolge der stark unterschiedlichen Grösse der Geschäfte in den Neustädten bzw. der unregelmässigen Verteilung der oft sehr kleinen Lokalitäten in der Medina vielfach nicht absolut standortgetreu erfolgen, obwohl die Kartengrundlagen vorgängig in grössere Massstäbe transferiert worden waren. Bei der Reinzeichnung mussten die Geschäfte mehrfach in regelmässigen Abständen über einen Streckenabschnitt verteilt werden, was der Aussagekraft zur Interpretation touristischer Raumstrukturen aber in keiner Weise Abbruch tut.

Eindeutig am meisten Zeit beanspruchten die breit angelegten Interviews, welche Angehörige der verschiedensten sozialen Schichten erfassten, und mir so die Möglichkeit gaben, die Effekte des Tourismus aus den verschiedensten Blickwinkeln zu betrachten, um beurteilen zu können, wer aus gewissen Effekten des sozial nicht neutralen Tourismus Nutzen ziehen kann bzw. Nachteile erleidet. Mangels älterer statistischer Unterlagen oder Pläne zur Rekonstruktion des touristisch beeinflussten Wandels der zwei Urbanräume ist der Rückgriff auf orale Quellen besonders angezeigt, da sich bei zahlreichen älteren Stadtbewohnern - speziell Handwerkern - ein überaus reicher Schatz an Erinnerungen an alte Zustände erhalten hat, die im Laufe eines Interviews mit Freude aufgedeckt werden.

Da der Wahrheitsgehalt der Antworten der Befragten sehr stark vom Vertrauensverhältnis zwischen dem Inteviewenden und den Interviewten abhängt, wurde in den Interviews dem Zeitfaktor allgemein nur wenig Bedeutung beigemessen. Vor allem zeigte sich die unbedingte Notwendigkeit, den Eindruck zu vermeiden, dass die Umfragen im Auftrag der Stadtverwaltungen - genauer der Steuerbehörden - erfolgen. Waren diese Bedenken durch längere Gespräche erst einmal ausgeräumt, konnte - von ganz wenigen Ausnahmen abgesehen - auf eine äusserst kooperationsbereite Auskunftsfreudigkeit gezählt werden, die auch ökonomische Grössen umfasste, sofern diese bekannt waren. Die vom Geographen geforderte Einstellung und Methodik, um im orientalischen Raum verlässliche Informationen mittels Interviews zu gewinnen, hat der in Marrakech wohnhafte LAGDIM SOUSSI, welcher sich intensiv mit dem Handwerk dieser Stadt befasst hat, äusserst treffend formuliert:

> "Les moyens d'appréhension des activités artisanales sont assez diversifiés, assez nombreux et peuvent aboutir à des résultats efficaces si le chercheur qui a pris contact avec le milieu artisanal, a la patience du diplomate, l'esprit 'fouineur' de l'archéologue, la labeur de la fourmi et la finesse de l'artisan; c'est dans ces conditions seulement qu'on peut arriver à obtenir une vision géographique et des résultats positifs, là où les milieux officiels avec toute leur infrastructure n'arrivent à saisir que l'apparent. Si le géographe se fait aider par le recours à plusieurs sciences pour avoir une explication satisfaisante de l'espace et de ses occupants; l'enquêteur géographe doit maitriser la technique du dialogue et s'adapter à toutes les circonstances qu'il peut rencontrer. (13)

Spezielle Aufmerksamkeit galt es den sozial tief verankerten Tabus zu schenken, im besonderen Fragen über die Erwerbstätigkeit von im gleichen

Haushalt lebenden Frauen, Kindern und Eltern nicht selbst aufzuwerfen, sondern geduldig auf entsprechende Auskünfte zu warten. Der stark unterschiedliche Bildungsstand der Befragten und die in sehr verschiedenem Masse vorhandenen betriebswirtschaftlichen Unterlagen erforderten bereits bei der Ausarbeitung der Fragebogen ein differenziertes Spektrum.

So wurden zwei verschiedene standardisierte Interviews mit geschlossenen und offenen Fragen für homologierte und nicht klassifizierter Hotels ausgearbeitet. Ebenfalls mittels eines standardisierten Interviewbogens wurden alle Bazare (14) in der Neustadt und in der Medina von Fès resp. Marrakech erfasst, wobei mangels Kenntnis früherer Verhältnisse in zahlreichen Bazaren auf eine vollständige Beantwortung der diachron angelegten Fragestellungen verzichtet werden musste, was die Aussagekraft der Ergebnisse jedoch in keiner Weise schmälert. In Erweiterung des Bazarinterviews wurde für die Touristenpaläste (15) mit z.T. integriertem Bazar ein zusätzlicher Fragebogen geschaffen, der jeweils gemeinsam mit dem Besitzer oder Geschäftsführer beantwortet wurde.

Der Wert der intensiven Interviewtätigkeit lag vor allem auch darin, im Rahmen der durch die Fragebogen zwar geleiteten, aber nicht a priori bestimmten Gespräche zu zusätzlichen Informationen zu gelangen, die im Fragekatalog nicht angesprochen waren, für den Strukturwandel der Urbanräume und für das Wohlergehen der Stadtbewohner jedoch von wesentlicher Bedeutung sind.

2. FES UND MARRAKECH IM RAHMEN DER ENTWICKLUNG DES TOURISMUS IN MARROKO

"Il n'y a point d'hôtellerie, même arabe, à Fez. Si des amis ne l'accueillent, le voyageur européen n'a d'autre ressource que de bivouaquer sur l'esplanade des caravanes, parmi les bédouins, les jongleurs, les négros, les marabouts, les chameaux et les puces ..." (16), schreibt A. CHEVRILLON anlässlich eines Besuches in Fès im Jahre 1905 und weist damit auf den Mangel eines touristisch orientierten Bettenangebots hin. Auch in Marrakech, wo bereits im 18. Jahrhundert zahlreiche Touristen bezeugt sind (17), beschränken sich zu jener Zeit die Uebernachtungsmöglichkeiten für Fremde - sofern sie nicht bei Verwandten oder Bekannten Unterkunft finden - auf die jahrhundertealten Fondouks (Khane). Diese präsentieren sich z.T. bis heute als absperrbare Gebäude mit meist arkadenumgebenem Innenhof, die in standörtlicher Kombination Abstellplätze für Tiere resp. schwere Waren unter den Arkaden im Erdgeschoss und Unterkunft, einfache Büros resp. Lager wertvoller Artikel reisender Kaufleute in abschliessbaren Räumen des Obergeschosses beinhalten (Abb. 3).

Abb. 3: Fondouk Derb Mahroumed Lahloud in der Nähe von Bab Guissa in der Medina von Fès

In der französichen Protektoratszeit (1912 - 1956) fasst in Marokko die Hotellerie gemäss dem Vorbild der Kolonialmacht Fuss. Marschall LYAUTEY, der französiche Generalresident in Marokko, beschliesst 1921 persönlich, in Marrakech ein grösseres Luxushotel, das "La Mamounia", zu errichten. Der Grundstein einer vorerst bescheidenen touristischen Entwicklung Marokkos ist damit gelegt!

In der Wirtschaftspolitik der französichen Kolonialbehörden wird der Tourismusförderung noch im Investitionsprogramm von 1949 - 1952 nur in geringem Masse Bedeutung beigemessen, indem allein 1,24% des Budgets für die Promotion des Fremdenverkehrs reserviert werden (18). Die neue, nach europäischem Vorbild erstellte Hotellerie dient zu jener Zeit im wesentlichen drei Zielgruppen:

1. als Unterkunft für europäische Geschäftsleute, welche Marokko auf der Suche nach neuen Investitionsmöglichkeiten bereisen

2. in beschränktem Umfang für europäische Urlauber, die bei ihrer Fahrt in den Orient nicht auf die in Europa gewohnten Annehmlichkeiten eines Hotels verzichten wollen

3. für den Erholungsurlaub der in Marokko wohnhaften Ausländer, die sich besonders in der sommerlichen Hitzeperiode gerne in höher gelegenen Regionen aufhalten

"Les villes dites 'impériales' regroupaient la majorité de l'hotellerie de luxe et répondaient à la demande de ces hommes d'affaires ... (Casablanca, Rabat, Tanger) et aux besoins des résidents étrangers (Marrakech, Fès). Cette même minorité étrangère utilisait les installations de la deuxième région constituée par le Moyen Atlas et le Plateau Central. Cette région offrait surtout des petits hôtels pour un tourisme familial et des auberges à l'intention des chasseurs et pêcheurs." (19)

Marrakech geniesst um 1950 in gehobenen Kreisen Englands bereits einen ausgezeichneten Ruf für längere Winteraufenthalte, speziell im Luxusetablissement "La Mamounia". Ueberdies wird Marrakech - aber auch Fès - im Rahmen der meisten Ausflugsprogramme ins Landesinnere besucht, welche von exklusiven Kreuzfahrtgesellschaften veranstaltet werden (20). Neben dem Reiseverkehr von europäischen, mehrheitlich französischen, Geschäftsleuten, Politikern und Beamten prägt ein ausgesprochen aristokratischer Tourismus die Zeit bis zur Unabhängigkeit Marokkos im Jahre 1956, was sich in einer numerisch geringen Bedeutung des Fremdenverkehrs niederschlägt.

Die Investitionen in der marokkanischen Hotellerie werden in der Kolonialperiode in ihrer grossen Mehrheit von privater Hand getätigt, so zwischen 1949 und 1952 zu rund 93% (21). Im Gegensatz zu den an der Atlantikküste gelegenen neuen politischen und wirtschaftlichen Zentren Rabat und Casablanca erleben die sich im Landesinnern befindenden Königsstädte (Fès, Meknès und Marrakech) bedeutend schwächere touristische Impulse. Bei Erlangung der Unabhängigkeit 1956 verfügt Fès über 30 Hotels, Marrakech über deren 23 und zusätzlich 1 "Résidence touristique" (Appartementhaus für Touristen).

Die im Vergleich mit den politischen und ökonomischen Zentren am Atlantik moderate touristische Entwicklung in Fès lässt sich durch folgende Faktoren erklären:

1. Den Willen des französischen Generalresidenten LYAUTEY, die Stadt Fès, deren traditionelle Struktur und Atmosphäre er besonders schätzte, möglichst stark vor modernen Strömungen zu bewahren.

2. Das frühe Auftreten einer nationalistischen Unabhängigkeitsbewegung in Fès. Seit 1930 werden schwere verbale, ja sogar handfeste Angriffe auf in der Medina promenierende Touristen bezeugt.

3. Zahlreiche dynamische und finanzkräftige Fassi verliessen ihre Heimatstadt in Richtung der nationalen politischen und wirtschaftlichen Zentren Rabat und Casablanca, wo sie erfolgversprechendere Investitionsmöglichkeiten auszumachen glaubten als im Fremdenverkehr in Fès (22).

Das Problem der mangelnden Investitionsbereitschaft der Fassi im Tourismussektor ihrer Stadt stellt bis heute einen massgeblichen Hemmschuh für die Vergrösserung der Beherbergungskapazität in Fès dar, ein retardierender Faktor, der in Marrakech rezent weit weniger ins Gewicht fällt.

Entscheidend für die massvolle Entwicklung des Fremdenverkehrs bis zur Unabhängigkeit in Fès und Marrakech ist das unbedingte Bestreben LYAUTEYS, die traditionelle Lebensart der einheimischen Bevölkerung zu respektieren, ihre Schönheiten nur einer beschränkten Zahl Touristen zugänglich zu machen und sie nicht durch eine zu starke Besucherfrequenz zu zerstören. Nicht Assimilation sondern **Separation** bestimmt sein kolonialpolitisches Credo, was sich sowohl in der Stadt- (Abb. 4) als auch in der von ihm verfolgten Tourismuspolitik niederschlägt. Die fundamentalen Zielsetzung seiner Stadtplanungspolitik mit Blick auf den Fremdenverkehr formulierte LYAUTEY selbst folgendermassen:

> "Or ceci entrainaît la création d'une ville française, séparée de la ville indigène. La ville indigène doit nous servir de site; nos tracés doivent être faits avec le souci de l'avoir constamment sous nos yeux, de façon à permettre aux touristes de l'admirer (23)."

In den Jahren nach der Unabhängigkeit von 1956 bis 1964 erlebt der Tourismus in Marokko allgemein und in Fès resp. Marrakech im speziellen nur eine geringe Entwicklung. So wurde das koloniale Erbe von rund 200 Hotels mit einer Kapazität von ca. 7'300 Zimmern im gesamten Lande nur unwesentlich ausgeweitet. Die staatlichen Investitionen im Fremdenverkehr bleiben nach wie vor von geringem Umfang. Im Zweijahresplan 1958 - 1959 sind allein 0,22% des nationalen Budgets zur Tourismusförderung vorgesehen (24).

Abb. 4: Bipolarer Urbanraum Fès: Neustadt (im S) und Medina mit Fès el Jédid (im Zentrum) und Fès el Bali (im E). Aufnahmerichtung: NW

Der erste marokkanische Fünfjahresplan 1960 - 1964 schreibt dem Tourismus die Rolle eines beschränkten Mittels zur Verbesserung der Zahlungsbilanz zu (25), stellt aber nicht bedeutend mehr staatliche Mittel zu dessen Förderung zur Verfügung als vor der Unabhängigkeit. Gleichwohl erlebt der Fremdenverkehr in Marokko zwischen 1962 und 1964 eine markante Expansion (Tab. 1), welche durch die konjunkturell bedingte grosse Reisefreudigkeit und die Initiative der Tour Operators in Europa - besonders zur Promotion von Badeferien an der Mittelmeerküste - gefördert wird (26).

Aufgrund privater Initiative werden zwischen 1956 und 1964 in Fès 2 Kleinhotels eröffnet, in Marrakech gleichzeitig 3 Kleinhotels und 1 Hotel mittlerer Kapazität.

Nicht nur in quantitativer Hinsicht ändert sich der Fremdenverkehr seit 1962, auch seine Formen unterliegen einem fundamentalen Wandel. Die Ausländerkolonie hat seit der Unabhängigkeit stark an Bedeutung verloren, so dass die Belegungsraten der Hotels im Landesinnern und besonders der traditionellen Sommerstationen im Mittleren Atlas (Ifrane, Azrou, Immouzer du Kandar, Sefrou) massiv absinken (27). Der generell nach 1962 stark ansteigende Touristenstrom, dessen soziale Zusammensetzung nun viel breiter gestreut ist, bevorzugt die Strände am Mittelmeer, an der Atlantikküste und den der Sahara vorgelagerten Süden.

Tab. 1: Touristenankünfte in Marokko 1962 - 1985 (28)

Jahr	Anzahl (in 1 000)	Zuwachsrate (in %)	Jahr	Anzahl (in 1 000)	Zuwachsrate (in %)
1962	202		1974	1 205	
		48			3
1963	299		1975	1 245	
		28			- 11
1964	383		1976	1 108	
		- 1			29
1965	378		1977	1 428	
		12			3
1966	424		1978	1 477	
		- 6			5
1967	400		1979	1 549	
		20			2
1968	481		1980	1 517	
		29			3
1969	621		1981	1 567	
		20			16
1970	747		1982	1 815	
		10			3
1971	823		1983	1 877	
		29			3
1972	1 062		1984	1 936	
		26			13
1973	1 341		1985	2 180	
		10			

"Ainsi, de nouvelles formes de tourisme sont apparues à partir de 1962:
- **un tourisme de séjour balnéaire** utilisant des villages de vacances, implantés par des clubs européens ou loués en bloc à des agences de voyages européennes mais créés et gérés par le Maroc.
- **un tourisme itinérant,** réalisé par groupes, certains d'entre eux issus d'un village de vacances et effectuant quelques déplacements à partir de leur base. A ce type se rattachent les circuits des passagers de croisière, plus nombreux et plus modestes que jadis ...
- **un tourisme individuel** avec utilisation massive de l'automobile, tendant à être pratiquée pendant une longue période annuelle, mais dont la pointe estivale est des plus sensibles ...
- **un tourisme national,** actif principalement pendant l'été, de type familial, dont les centres d'intérêt vont du pèlerinage traditionnel aux loisirs de la plage." (29).

Vom steigenden Touristenaufkommen profitieren Fès und Marrakech bis 1965 im Gegensatz zu den Badestationen, speziell jenen am Mittelmeer, in weit geringerem Masse, obwohl sie Zentren der in Gruppen mit Cars oder individuell vorzugsweise mit Mietwagen durchgeführten Rundreisen darstellen und als traditionelle intellektuelle sowie religiöse Kapitalen auch für den sich weiter entwickelnden Inlandtourismus äusserst attraktiv sind.

1965 bringt den entscheidenden Wandel der nationalen wirtschafts- und tourismuspolitischen Leitideen, indem die Landwirtschaft, die Schulung der Kader und der Tourismus als die im Rahmen des Dreijahresplanes 1965 - 1967 prioritär zu fördernden Sektoren bezeichnet werden. 6,4% des Budgets werden für den Tourismus reserviert, so dass 80% der Investitionen im Fremdenverkehrsbereich aus der Staatskasse bestritten werden können. Mit dem gleichzeitigen ersten "Code des Investissements Touristiques" wird mittels Zollbefreiung für importierte und in Marokko nicht zu gleichen Preis- bzw. Qualitätsbedingungen erhältliche Ausrüstungen für Hotels, Steuererleichterungen, garantierter Transfermöglichkeiten erwirtschafteter Gewinne für ausländische Investoren und äusserst günstiger staatlicher Kredite auch die Privatinitiative im Tourismussektor weiter gefördert. Besonders begünstigt werden unter Beachtung der internationalen Nachfrage nach Badestationen Investitonsprojekte in den mediterranen und atlantischen Küstenregionen.

> "... si des facteurs internes expliquent le choix du tourisme comme secteur prioritaire, d'autres facteurs essentiellement externes expliquent son évolution actuelle qui se fait vers le tourisme balnéaire." (30)

Wenn auch in geringeren Umfang als die Badestationen erleben doch auch Fès und noch ausgeprägter Marrakech eine intensive Hotelbautätigkeit (Tab. 2). Wie die Küstenregionen Tanger, Smir, Al Hoceima und Agadir wird 1965 auch der "Grosse Süden" als "Zone à Aménagement Touristique Prioritaire" (Z.A.P.) ausgeschieden. Investoren in Marrakech kommen daher in den Genuss staatlicher Investitionsbeihilfen à fonds perdu, die 15% des im Hotelneubau investiertes Kapitals ausmachen (31).

Tab. 2: Anzahl der eröffneten Hotels in Fès und Marrakech (32)

Periode	Fès	Marrakech
vor 1956	30	23
1956 - 1964	2	4
1965 - 1972	7	22
1973 - 1980	2	15
1981 - 1985	1	16
unbekannt	-	2
Total	42	82

Investoren in Hotelbauten in Fès hingegen kommen nur in den Genuss der landesweit gewährten Vorteile. Die unterschiedliche touristische Förderungspolitik in Fès und Marrakech zeigt Konsequenzen: den zwischen 1965 und 1972 eröffneten 22 Hotels in Marrakech stehen nur deren 6 in Fès gegenüber.

Sofern der Staat zwischen 1965 und 1972 selbst als Promotor und Bauherr in Aktion tritt, konzentrieren sich seine durch die "Caisse de Dépot et de Gestion" (C.D.G.) investierten Gelder zu 75% in den Küstenregionen. Waren die politischen und wirtschaftlichen Zentren durch die französischen Kolonialbehörden bereits an der Atlantikküste angesiedelt worden, werden durch die marokkanischen Planungsinstanzen 1965 die touristischen Attraktivitätszonen in ihrer grossen Mehrheit auch an den Küsten von Atlantik und Mittelmeer verankert, eine raumplanerisch bedenkliche litorale Konzentration ökonomischer Aktiva besonders an der Atlantikküste, die in und ausserhalb Marokkos Kritiker auf den Plan ruft:

> "In Marokko wären die Unausgeglichenheiten und Gleichgewichtsstörungen auf nationaler und regionaler Ebene, in demographischer, wirtschaftlicher, sozialer und politischer Hinsicht nur dann zu vermeiden, wenn die Küstenzonen am Atlantik nicht mehr den Vorrang hätten ... Bei richtiger Förderung des Tourismus würden im Zentrum des Landes Arbeitsmöglichkeiten erschlossen und diese Gebiete dem Handel und der Industrie geöffnet ... Gerade auch für die jüngere Generation ist entscheidend, dass es ihr lohnend erscheint, im Hinterland zu leben und zu arbeiten.
>
> Die Ausrichtung der Entwicklungstendenz in Marokko muss sich nach dem Osten des Landes verlagern ... Hierbei würde der Tourismus der geeignetste Mittler sein." (33)

Unter Berücksichtigung dieser und ähnlich formulierter, konstruktiver Kritiken lässt der zweite "Code des Investissements Touristiques" von 1973 seine weitestgehenden Begünstigungen (die staatlichen à fonds perdu-Beiträge sind zugunsten einer zehnjährigen Steuerbefreiung der erwirtschafteten Gewinne gestrichen worden) mehrheitlich östlichen Provinzen (34) zugute kommen. Weder Fès noch Marrakech kommen in den Genuss der Meistbegünstigungen. Die mit dem zweiten Tourismusförderungsgesetz gewährten Investitionsanreize erreichen in ihrem quantitativen Umfang in keiner Weise jene, welche den vier Küstenzonen und dem "Grossen Süden" 1965 zugesprochen worden sind. Die Vorteile werden 1973 aber neu nicht nur Hotel-Neubauprojekten gewährt, sondern auch Bau- und Ausrüstungsfirmen für Hotels, touristischen Transportunternehmen und Organisationen, welche die Jagd bzw. Fischerei touristisch inwertsetzen. Durch diese Ausweitung trägt der "Code des Investissements Touristiques" von 1973 dem Multiplikatoreffekt des Tourismus Rechnung.

Unter dem zehnjährigen Regime des Tourismusförderungsgesetzes von 1973 setzt sich die ungleiche Expansion des Fremdenverkehrs in den zwei Untersuchungsräumen fort. Den in Fès zwischen 1973 und 1983 neu eröffneten 3 Hotels stehen 22 Hotels und zusätzlich 2 Appartementhäuser für Touristen in Marrakech gegenüber.

Der "Code des Investissements Touristiques" von 1983 bringt im wesentlichen nur eine Ausweitung der meistbegünstigten Provinzen (35), vor allem Richtung Südwesten in die ehemalige spanische Sahara, so dass beide untersuchten Urbanräume allfälligen Investoren ausser den landesweit gewährten finanziellen Anreizen keine weiteren Vergünstigungen anbieten können. Gleichwohl setzt sich die dynamische Expansion des Fremdenverkehrs in Marrakech ungebremst fort. In der Periode 1983 - 1985 entstehen 9 neue Hotels, gleichzeitig öffnen 2 Appartementhäuser für Touristen ihre Pforten. In der gleichen Periode wird in Fès kein einziges Hotel eröffnet, "Résidences Touristiques" fehlen in Fès sogar bis heute vollständig.

Ein summarischer Vergleich der Bettenkapazität in klassierten Hotels, Feriendörfern und Appartements für Touristen (Tab. 3) ein Jahr vor der Bezeichnung des Tourismus als prioritär zu fördernder Sektor, also 1964, und des Bettenangebots von 1985 zeigt, dass Fès mit einem Zuwachs von 240% quasi eine dem landesweiten Durchschnitt entsprechende Expansion erlebt hat. Der Anteil an der nationalen Bettenkapazität blieb deshalb mit 3,8% stabil.

Marrakech hingegen steigerte sein Bettenangebot weit über dem Landesdurchschnitt von 830 auf 9 537 Einheiten um 1 049% und vergrösserte seinen Beitrag zum touristischen Bettenaufkommen Marokkos von 4,7% auf 16,2%. Dies sind erstaunliche Wachstumsraten, die von jenen an der Atlantikküste aber gleichwohl weit in den Schatten gestellt werden. So vergrösserte z.B. die Region Agadir-Inezgane ihr Bettenangebot zwischen 1964 und 1985 von 144 auf 12 579 Einheiten, d.h. um volle 8 635%! Gleichzeitig verstärkte sich der Anteil von Agadir-Inezgane an der gesamten klassifizierten Bettenkapazität Marokkos von 0,8% auf 21,3% (36).

Tab. 3: Bettenkapazität in klassifizierten Hotels, Feriendörfern sowie Appartements für Touristen und prozentualer Anteil an der Gesamtbettenkapazität Marokkos (37)

Jahr	Marokko	Fès (Anteil)	Marrakech (Anteil)	Agadir - Inezgane (Anteil)	Mittelmeerküste (Anteil)
1964	17 488 (100%)	667 (3,8%)	830 (4,7%)	144 (0,8%)	1 032 (5,9%)
1985	58 950 (100%)	2 269 (3,8%)	9 537 (16,2%)	12 579 (21,3%)	4 009 (6,8%)
Zuwachs	41 462	1 602	8 707	12 435	2 977
Zuwachsrate	237%	240%	1 049%	8 635%	288%

Nicht mit gleicher boomartiger Zunahme wie die Atlantikküste kann die im Vergleich klimatisch benachteiligte Mittelmeerküste aufwarten, indem ihr Bettenangebot zwischen 1964 und 1985 allein um 2 977 Einheiten oder 288% anstieg, was den gleichzeitigen Zuwachs in Fès um 240% trotzdem immer noch deutlich übertrifft, aber noch markanter hinter der Zunahme um 1 049% in Marrakech zurückbleibt.

Die intensive Förderung der meeresorientierten Destinationen läuft parallel mit einer regionalen Spezialisation der Tourismusformen. Die Mittelmeerküste und die Region von Agadir am Atlantik konzentriert sich weitgehend auf den preisgünstigen, stationären Massentourismus. Der "Grosse Süden" und die Königsstädte hingegen sind stark auf den relativ teuren Rundreisetourismus ausgerichtet (38).

3. CHARAKTERISTIKA DES TOURISMUS IN FES UND MARRAKECH

3.1. Rundreisen - "Königsstädte" und "Grosser Süden"

"Erleben Sie auf dieser Rundreise die jahrtausendealte Geschichte Marokkos, die märchenhaften Königsstädte, die prunkvollen Paläste und die bezaubernden Moscheen. Sie besuchen sie alle, Rabat, Meknès, Fes und als Höhepunkt Marrakech." (39)

Mit diesen oder ähnlichen Worten wird in Reisekatalogen die klassische Rundreise in Marokko - die einwöchige Königsstädte-Rundreise - zum Verkauf angepriesen. Ausgangspunkte des "Circuit des Villes Impériales" sind in 12 untersuchten schweizerischen und deutschen Reisekatalogen von 1986 (40) Tanger, Casablanca, Marrakech und Agadir. Abgesehen von kleineren Abweichungen, die z.T. vom Ausgangspunkt der Rundreise abhängen, erweisen sich die in den Reisekatalogen vorgeschlagenen Routen als identisch:

1. Beginnt die Rundreise in **Agadir** (Karte 1) oder **Marrakech** (Karte 2) führt sie über Casablanca, Rabat, Meknès, Moulay Idriss, Volubilis, Fès und Beni Mellal zurück nach Marrakech bzw. Agadir.

Karte 1: Königsstädte-Rundreise
Ausgangspunkt: Agadir

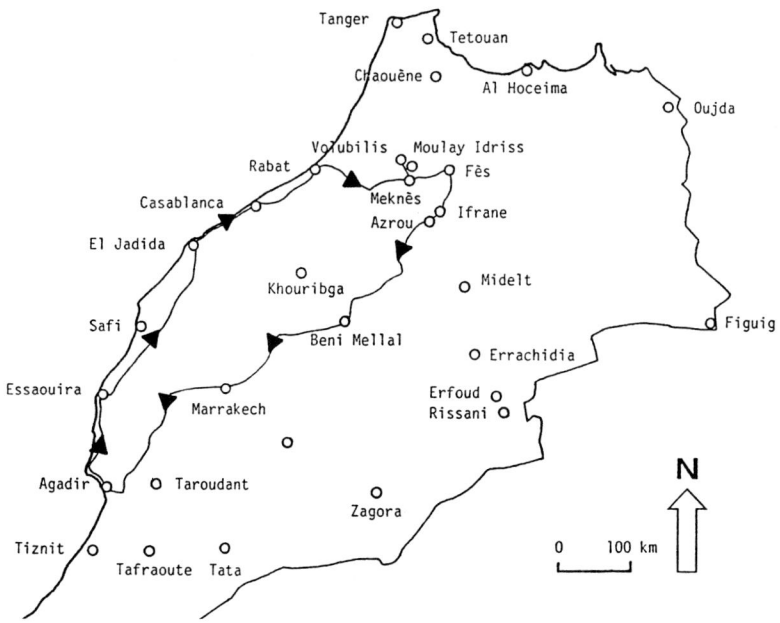

Karte 2: Königsstädte-Rundreise
Ausgangspunkt: Marrakech

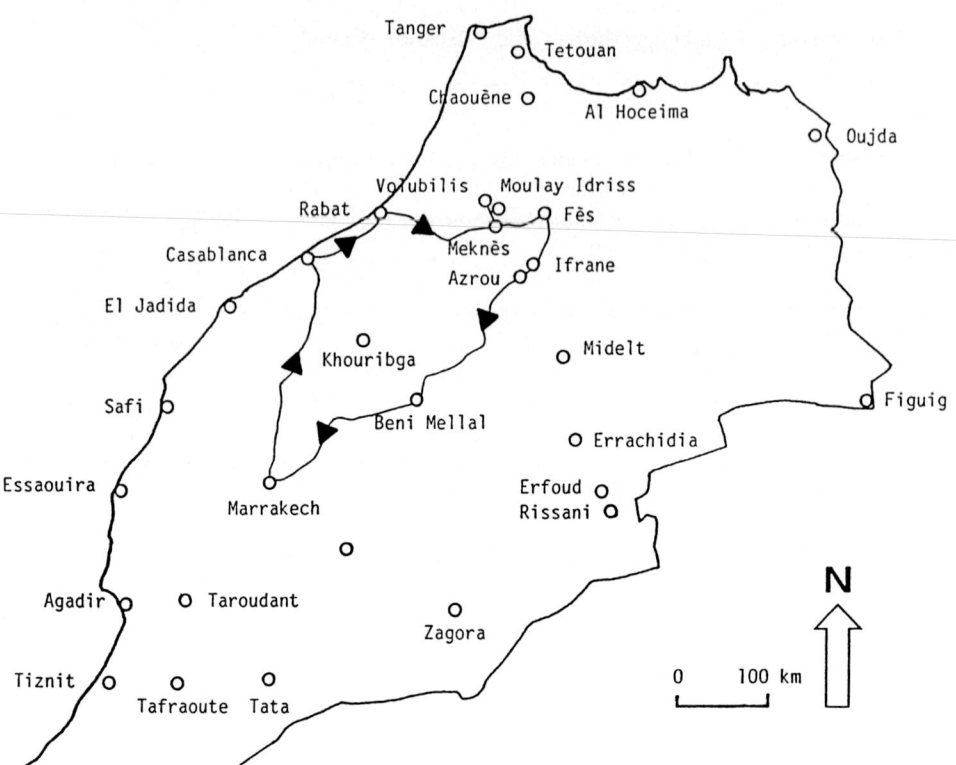

2. Fängt die Tour in **Tanger** an (Karte 3) führt sie über Tetouan, Chauouēne, Volubilis, Moulay Idriss, Meknès, Fès, Beni Mellal, Marrakech, Casablanca, Rabat zurück nach Tanger.

Karte 3: Königsstädte-Rundreise
        Ausgangspunkt: Tanger

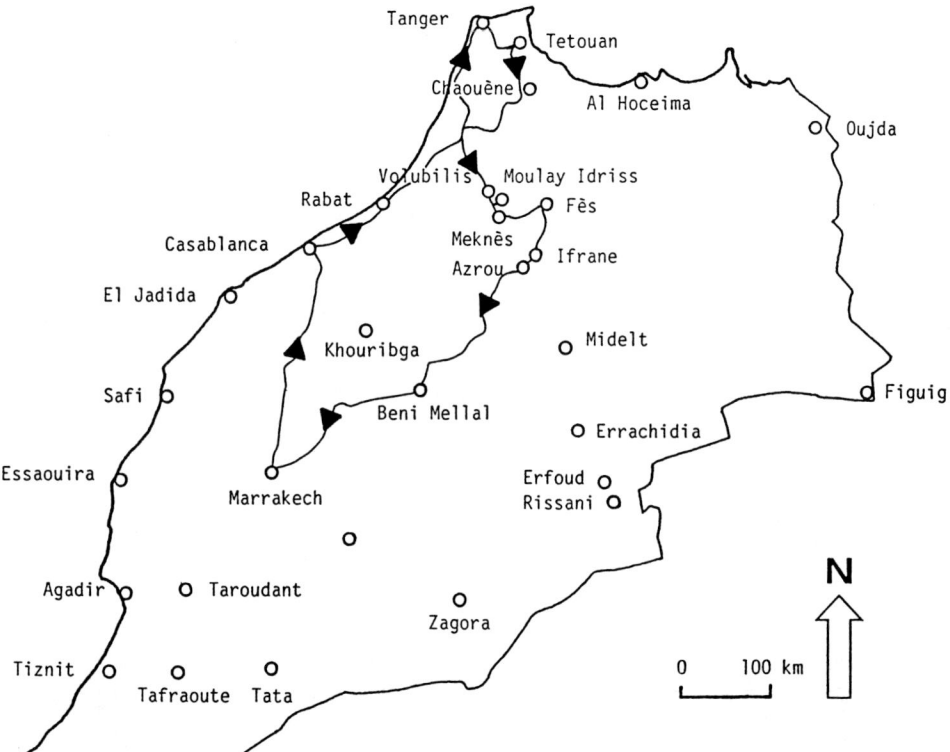

3. Befindet sich der Ausgangspunkt in **Casablanca** (Karte 4), werden im Verlaufe der Reise besucht: Rabat, Meknès, Moulay Idriss, Volubilis, Fès, Beni Mellal und Marrakech, wo die Tour endet oder weiter nach Agadir führt, um dem Gast noch einen längeren Badeferienaufenthalt zu erlauben.

Karte 4: Königsstädte-Rundreise
    Ausgangspunkt: Casablanca

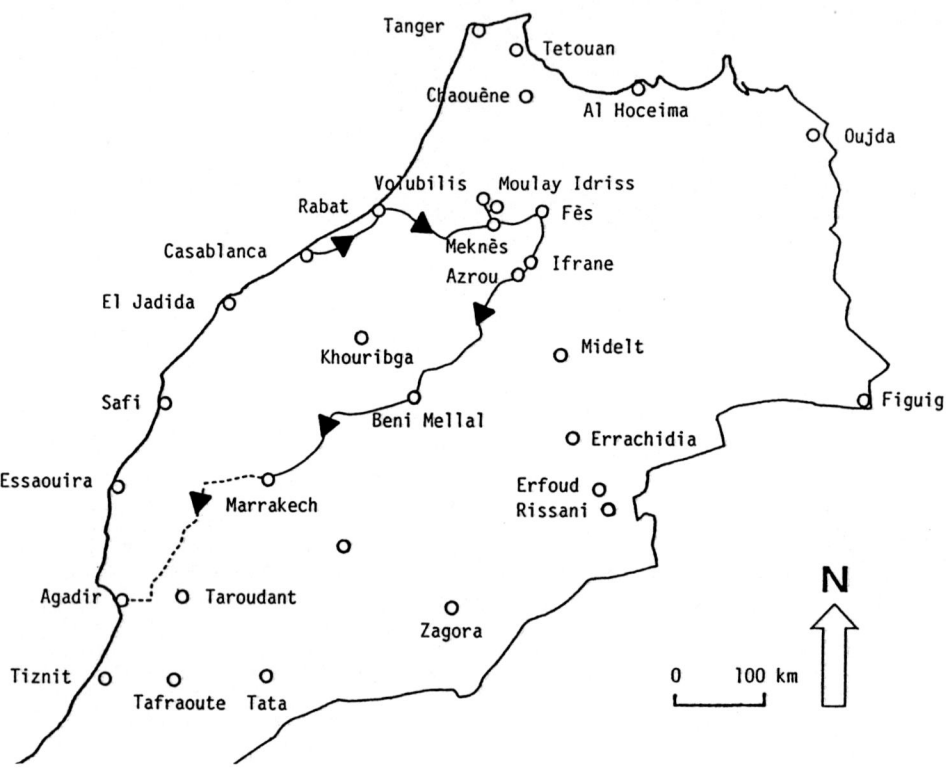

Im Gegensatz zu Marrakech bildet Fès weder Ausgangspunkt noch Endstation der Königsstädtetouren, was infolge kürzerer Aufenthaltszeit (41) zu einem geringeren ökonomischen Input führt. Marrakech ist überdies wie Agadir Ausgangspunkt für zahlreiche in den "Grossen Süden" führende einwöchige Rundreisen, die unter den charakteristischen Titeln "Kasbahs, Wüste und Oasen" oder "Im Land der Berberburgen und Dattelpalmen" angeboten werden. Mit Ausgangspunkt **Marrakech** wird die folgende Route am häufigsten offeriert (Karte 5): Marrakech - Ouarzazate - Zagora - Boumalne - Tinerhir - (Erfoud - Rissani) - Errachidia - Midelt - (Azrou) - Beni Mellal - Marrakech.

**Karte 5: Rundreise in den Grossen Süden
Ausgangspunkt: Marrakech**

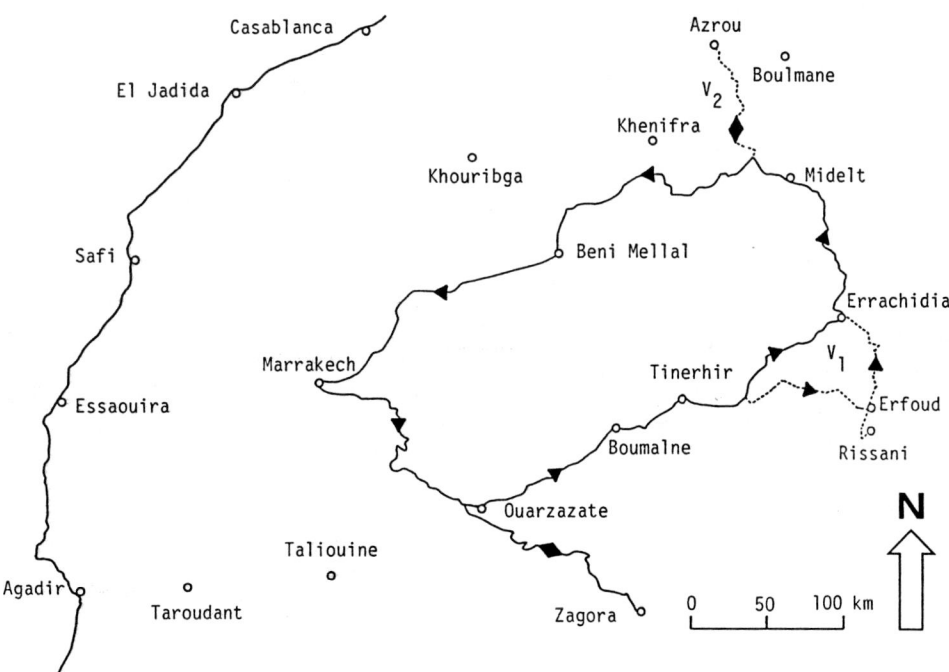

Im Rahmen von Rundreisen in den "Grossen Süden" ab **Agadir** spielt Marrakech als Etappenstation, vorzugsweise als letzter Aufenthalt vor der Rückkehr nach Agadir, eine zentrale Rolle. Die Touren sind mehrheitlich gleich aufgebaut wie jene, die in Marrakech beginnen. Aus Zeitgründen - infolge der zusätzlichen Distanzen und Attraktionen - werden die täglichen Strecken jedoch ausgedehnt, einzelne Etappenorte aus dem Programm gestrichen oder nur kurz besucht. Meistens folgen die Gruppen dem nachstehenden Parcours (Karte 6): Agadir - Taroudant - Taliouine - Ouarzazate - (Zagora) - Boumalne - Tinerhir - (Erfoud - Rissani) - Errachidia - Midelt - Beni Mellal - Marrakech - Chichaoua - Agadir.

Karte 6: Rundreise in den Grossen Süden
Ausgangspunkt: Agadir

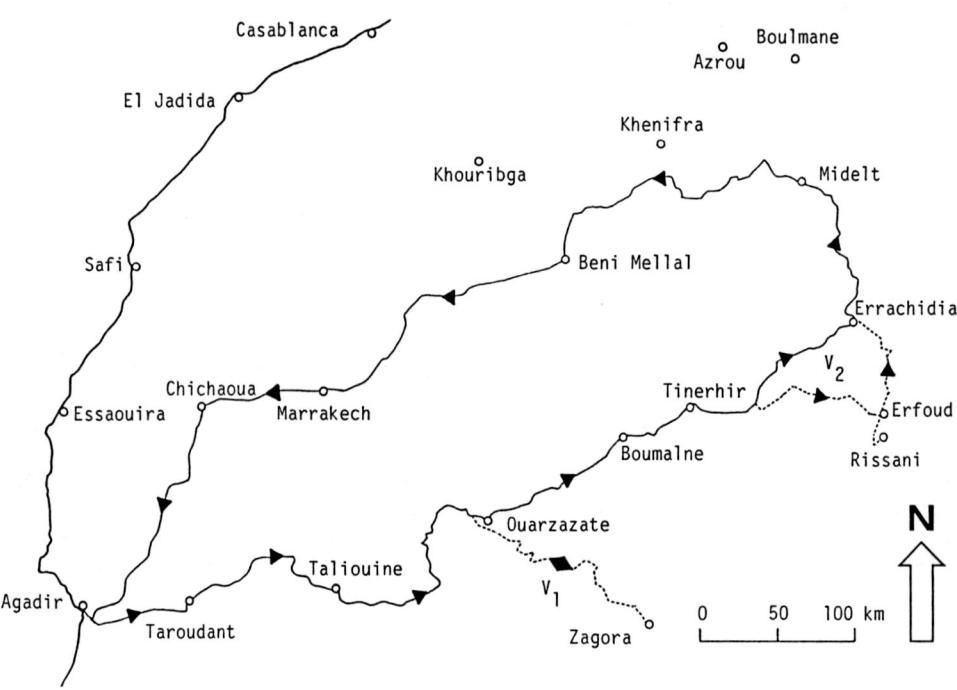

In Form von Kombinationen beider Rundreisetypen - "Königsstädte" und "Grosser Süden" - finden sowohl Fès als auch Marrakech als Etappenorte Berücksichtigung, wie die Route im Detail auch immer aussehen mag.

Im Rahmen der von den 12 Reisegesellschaften mit Bussen bzw. Landrovern (für einzelne Routen im Süden) durchgeführten 30 Rundreisen in Marokko werden 31 Mal Uebernachtungen in Fès und 52 Mal Uebernachtungen in Marrakech gebucht (Karte 7). Die Hotellerie der beiden Städte profitiert in direkter Weise am stärksten vom marokkanischen Rundreisetourismus, der auch auf individueller Basis mit der Formel "Fly and Drive" immer mehr an Bedeutung gewinnt. Automieter pflegen in ihrer grossen Mehrheit die gleichen Strecken zu befahren wie die geschlossenen Reisegruppen, da sie oft mit Hotelgutscheinen ausgestattet werden, die sie an eine bestimmte Route binden, bzw. die in Buchhandlungen angebotenen Reiseführer ebenfalls gemäss dem Schema "Königsstädte" und "Grosser Süden" aufgebaut sind. So finden Marrakech und Fès auch in den meisten individuell geplanten Varianten als Etappenziele Berücksichtigung. Bei Automieten auf der Basis "Fly and Drive" oder "Fly-Drive-Sleep" bleibt angesichts der beschränkten zeitlichen Verfügbarkeit des Wagens und der vielfach vorgegebenen Uebernachtungsorte fast keine Möglichkeit, längere Aufenthalte in Fès oder Marrakech einzulegen.

Marrokobesucher, die im Rahmen oder nach einer Rundreise einen längeren Aufenthalt (von einer Woche oder mehr) in Fès verbringen, sind äusserst selten. Marrakech hingegen besitzt auch als Aufenthaltsort nach einer Rundreise Bedeutung. Die Stadt wird im Rahmen der 30 untersuchten Rundreisen 3 Mal für einen anschliessenden Aufenthalt vorgeschlagen, Fès in keinem der 12 Reisekataloge. Weit zahlreicher als Marrakech wird jedoch Agadir für Verlängerungswochen angepriesen, total 25 Mal. Noch ungünstiger präsentiert sich das Verhältnis für Marrakech bei Berücksichtigung der vorgestellten Hotels. 80 Präsentationen (42) von Hotels für einen allfälligen Verlängerungsaufenthalt in Agadir stehen nur 5 Vorstellungen von Unternehmen in Marrakech gegenüber (Karte 7).

Die quantitative Bedeutung der organisierten Gruppenrundreisen zeigt sich am hohen Anteil der Gruppenankünfte in Fès und Marrakech (Tab. 4), der erwartungsgemäss in den zwei höchsten Kategorien (43) am stärksten ausfällt.

Tab. 4: Prozentualer Anteil der Gruppenankünfte nach Hotelkategorien in Fès und Marrakech (44)

Hotelkategorie	Fès	Marrakech
5*	ca. 60%	ca. 50%
4*	ca. 75%	ca. 60%
3*	ca. 30%	ca. 40%
2*	ca. 10%	ca. 20%
1*	0%	0%

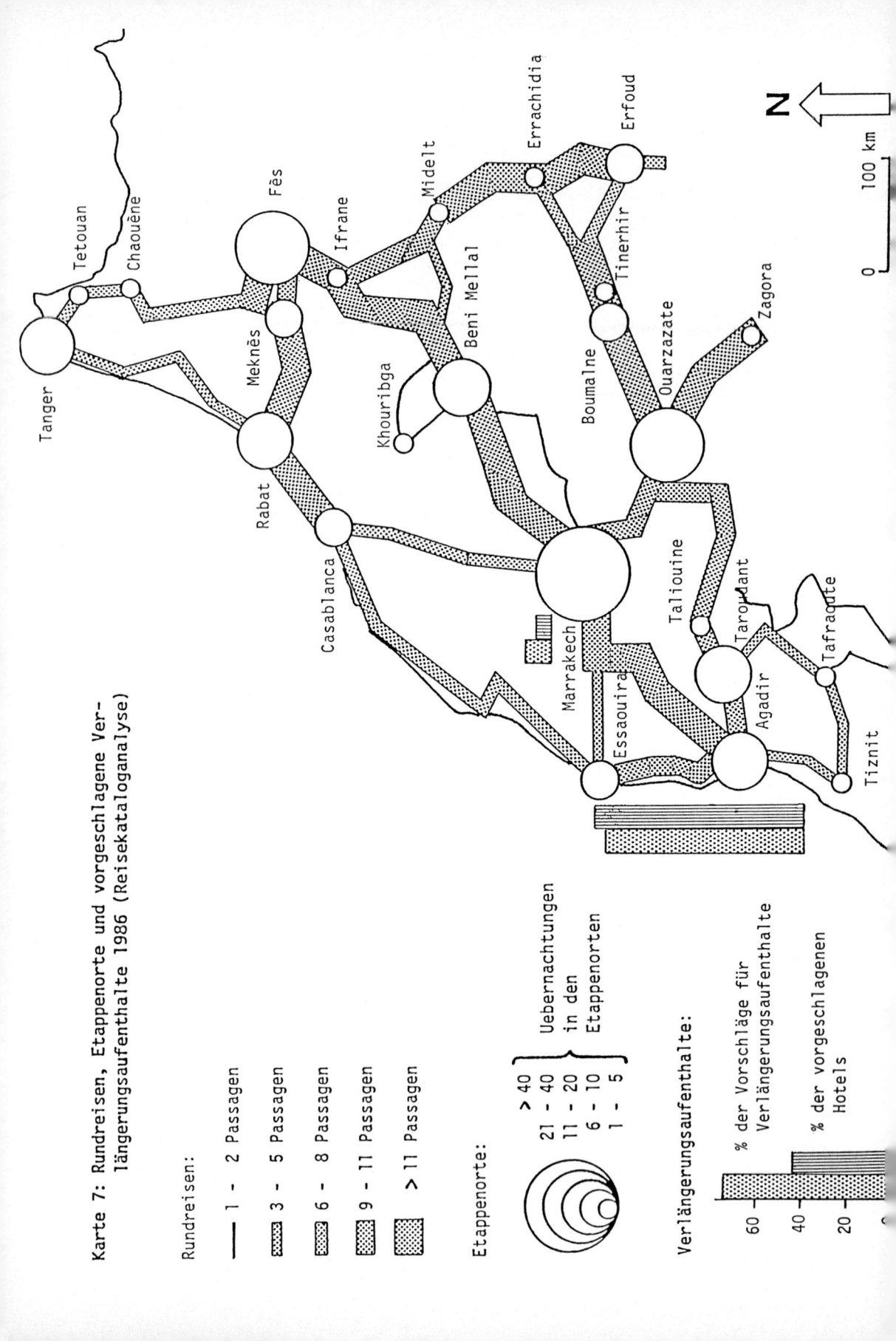

Karte 7: Rundreisen, Etappenorte und vorgeschlagene Verlängerungsaufenthalte 1986 (Reisekataloganalyse)

Rundreisen:
— 1 - 2 Passagen
▒ 3 - 5 Passagen
▒ 6 - 8 Passagen
▒ 9 - 11 Passagen
▒ > 11 Passagen

Etappenorte:
> 40 ⎫
21 - 40 ⎬ Uebernachtungen
11 - 20 ⎪ in den
6 - 10 ⎪ Etappenorten
1 - 5   ⎭

Verlängerungsaufenthalte:
% der Vorschläge für Verlängerungsaufenthalte
% der vorgeschlagenen Hotels

Besonders beliebt in der Planung der "Tour Operators" sind die Viersternbetriebe, welche über die bei Gruppenreisen notwendige hohe Bettenkapazität und eine sehr gute infrastrukturelle Dotation verfügen. Die Leistungen der Viersternhotels werden dank der z.T. massiven Gruppenrabatte für zahlreiche Kunden erschwinglich, die sich im Rahmen einer individuellen Reise keine derartige Unterkunft leisten könnten. In den zwei höchsten Kategorien ist der Gruppenanteil in Fès höher als jener in Marrakech, wo (längere) Individualaufenthalte die Belegungsziffern wesentlich mitbestimmen.

Das bis anhin geringe Bettenangebot der Dreisternbetriebe in Fès (45) ermöglicht keine intensive Nutzung durch mehrere Reisegesellschaften. Nicht zuletzt deshalb reservieren in Fès nur ca. 30% der Gäste im Rahmen von Gruppen in Dreisternhotels. Organisierte Reisegesellschaften stellen in Marrakech ca. 40% der Kunden in den zahlreichen Unternehmen mittlerer Kategorie, die dank ihres im allgemeinen guten Preis-Leistungsverhältnisses in beiden Städten über eine bedeutende Einzelkundschaft verfügen.

Hotels der zweiten Kategorie werden von Gruppen nur in der Hochsaison als Ausweichsmöglichkeiten benutzt, wenn die höher klassierten Unternehmen ausgebucht sind, oder was in beiden Städten keine Seltenheit darstellt, mit Ueberbuchungen zu kämpfen haben. Stellen die Gruppen in Fès immerhin ca. 10% der Gäste in Zweisternhotels, quartiert sich in Marrakech sogar jeder fünfte Besucher eines Zweisternunternehmens im Rahmen einer Gruppe ein. Infolge ihrer bescheidenen Infrastruktur wird die unterste homologierte Hotelkategorie als Unterkunft für Reisegesellschaften generell nicht genutzt.

Schätzungsweise 45 - 50% der Ankünfte in klassierten Hotels der beiden Städte erfolgen im Rahmen organisierter Gruppenreisen. Ein Prozentsatz, welcher für Marrakech durch eine im Jahre 1984 durchgeführte Touristenbefragung bestätigt wird. Von den 500 Interviewten waren 241 oder 48,2% im Rahmen einer organisierten Reisegesellschaft nach Marrakech gekommen (46).

3.2. Alte und neue Tourismusformen - Grundlagen einer Expansion

Der marokkanische Fremdenverkehr wird generell durch verschiedene Tourismusformen geprägt, die drei divergierende Typen von Tourismuszentren entstehen lassen (47):

1. Zentren, die vor allem vom **Rundreisetourismus** geprägt werden. Zu ihnen gehören z.B. die Königsstädte Fès und Meknès, die südlichen Etappenorte Taroudant, Ouarzazate und Erfoud sowie Zwischenstationen bei Rundreisen im Rif wie Chaouène und Ketama.

2. Zentren, die einem **Aufenthaltstourismus** - vor allem Badetourismus - verpflichtet sind. Darunter fallen die Badestationen am Atlantik, para-

digmatisch Agadir, und am Mittelmeer, am bekanntesten Al Hoceima.

3. Zentren, die quantitativ von diesen **beiden Tourismusformen** profitieren, und weitere spezielle Eigenheiten aufweisen, wie dies bei Casablanca, Rabat und Marrakech der Fall ist:

   - Casablanca und Rabat als wirtschaftliche sowie politische Zentren werden stark vom **Geschäftstourismus** geprägt. Casablanca profitiert überdies vom **Kreuzfahrttourismus**, indem zahlreiche anlegende Kreuzfahrtschiffe zusätzliche Kurzzeitaufenthalter bringen.

   - Marrakech profitiert ungefähr zu gleichen Teilen vom Rundreise- und vom Aufenthaltstourismus. Seine Einbindung im Programm der Königsstädte-Rundreisen und seine Bedeutung als Ausgangspunkt für Touren in den "Grossen Süden" sind für den Anteil des durch Kurzzeitaufenthalte charakterisierten Rundreisetourismus verantwortlich. Seine günstigen klimatischen Verhältnisse - besonders im Winter (48) - und die Tatsache, dass Marrakech auch attraktiver Endpunkt der in den "Grossen Süden" führenden mehrtägigen Rundreisen und einiger Königsstädte-Touren bildet, sorgen für ebensoviele längere Aufenthalte. Die Gäste pflegen sich nach den z.T. strapaziösen Rundreisen am Endpunkt Marrakech (aber noch häufiger in einer Badestation) mehrere Tage zu erholen.

Bereits vor der prioritären Förderung des Tourismus 1965, welche den Boom der Marokko-Rundreisen initiierte, profitierte das Gastgewerbe in den Städten Fès und Marrakech von deren zentralen Stellung im nationalen Verkehrsgeschehen. Ein Faktum, welches auch durch spätere Verkehrszählungen bestätigt wird (Karte 8). Fès und Marrakech liegen an den Schnittpunkten bedeutender West-Ost- und Nord-Süd-Verbindungen. So führt **die** Ost-West Achse von der algerischen Grenze bei Oujda über Taourit, Taza, Fès zwischen Mittlerem Atlas und den Vorbergen des Rif an den Atlantik in die Kapitale Rabat, eine zweite weniger gewichtige Route nach Kenitra. Die bedeutendste Nord-Süd-Linie im Landesinnern führt von Fès über Azrou und Beni Mellal nach Marrakech.

Marrakech steht überdies am südlichen Ende der stark frequentierten Achse Kenitra - Rabat - Casablanca. Die kürzeste Verbindung von Marrakech an die Atlantikküste führt über die im Süden am meisten befahrene Ost-West-Route nach Essaouira. Im nördlichen Vorland des Hohen Atlas gelegen, ist Marrakech Ausgangspunkt der über die Pässe in die Oasenlandschaften des Südens verlaufenden Routen. Besonders intensiv befahren wird die über den Tizi-n-Tichka-Pass nach Ouarzazate und Zagora - also in die Flussoase des Drâa - führende Strecke.

Für die ursprüngliche Entwicklung des Fremdenverkehrs von ebenso grosser Bedeutung wie die Uebernachtungen vieler Durchreisender in Fès und Marrakech ist die Attraktivität der zwei Städte als Zentren des **Pilgertourismus**. Das Grabmal und die Moschee von Moulay Idriss II., dem Stadtgründer von Fès im Jahre 808, wird täglich von Tausenden von Marokkanern - darunter selbstverständlich einer Mehrheit Fassi - aufgesucht. Pilger aus schwarzafrikanischen Staaten hingegen besuchen vor allem das Grabmal von Sidi Ahmed Tijani (49).

Karte 8: Intensität des Motorfahrzeugverkehrs 1977 in Marokko (50)

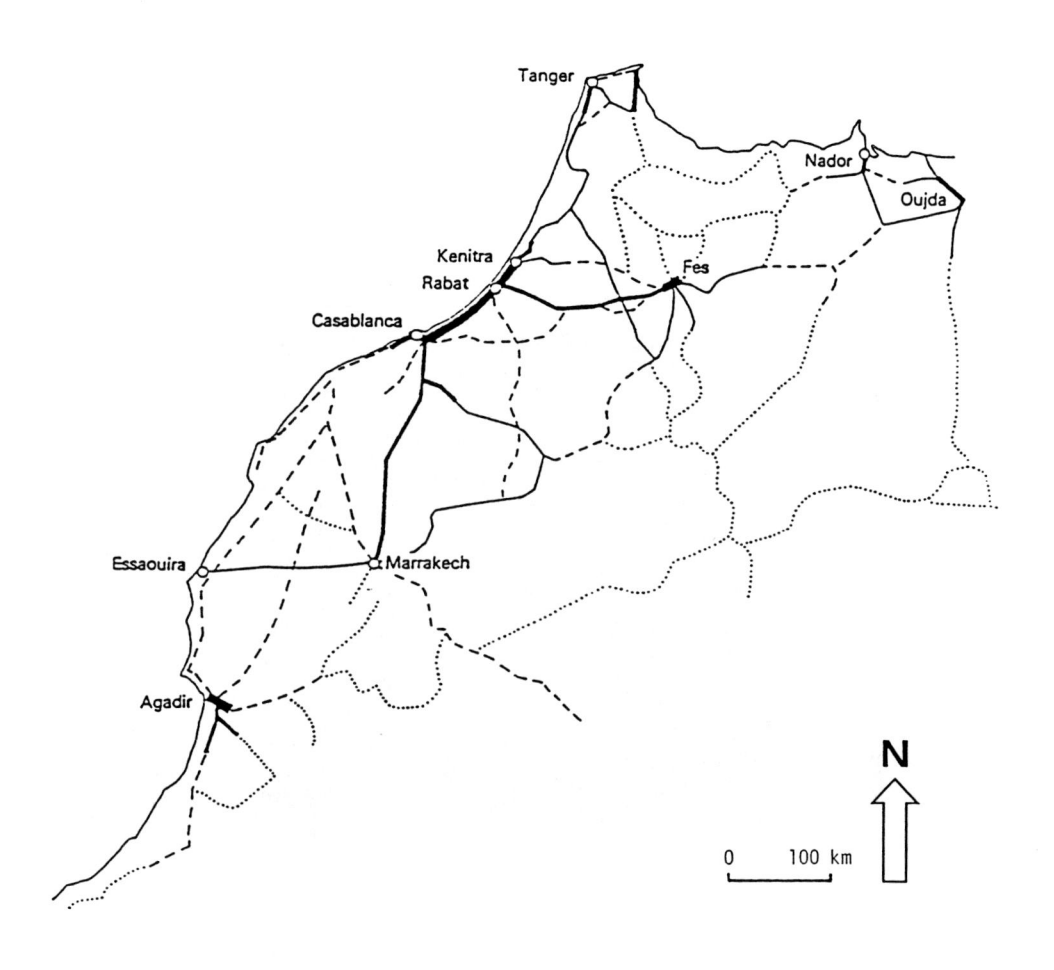

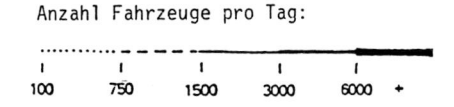

Anzahl Fahrzeuge pro Tag:
100   750   1500   3000   6000   +

Auf alle Mohammedaner übt die 857 gegründete Karaouine-Moschee - eine der grössten Moscheen Nordafrikas, welche maximal 22 000 Menschen Platz bietet - eine gewaltige Anziehungskraft aus, weil sie während Jahrhunderten ein, wenn nicht gar **das** Zentrum des maghrebinischen und des gesamten arabisch-islamischen Geisteslebens darstellte (Abb. 5).

Nach Marrakech pilgern jährlich Tausende traditionell eingestellter Marokkaner, um dem Grabmal eines von Ihnen verehrten Heiligen (Marabout) einen Besuch abzustatten.

"Pour beaucoup de marocains, les ruraux et les habitants des bidonvilles des villes côtières et des petites et moyennes villes intérieures qui restent attachés au culte des tombeaux, la médina de Marrakech est une ville sainte où 'sous chaque pas du marcheur repose un marabout'; c'est une ville de pèlerinage populaire, où chaque confrérie a son mausolée réel ou symbolique fréquenté, au moins une fois par an, par des milliers d'adeptes originaires de toutes les régions du Maroc." (51)

Abb. 5: Karaouine-Moschee in Fès -
renomiertestes Zentrum des
maghrebinischen Geisteslebens

Ein Grossteil dieser nationalen Pilger mit beschränkter Kaufkraft logiert während seines Aufenthaltes in nicht klassifizierten Billigunterkünften in der Medina der Urbanräume Fès und Marrakech, sofern er nicht bei Verwandten oder Bekannten Unterkunft findet. Diese Verwandten- oder Bekanntenbesuche stellen eine Form des Tourismus dar, der sich mangels Statistiken nicht empirisch fassen lässt. Infolge der zahlreichen in die Küstenzentren ausgewanderten Fassi, die periodisch zu Besuchen in ihre Heimatstadt zurückkehren, besitzt der Verwandtentourismus vor allem in Fès grosse Bedeutung.

Gegenwärtig fordern neue Tourismusformen wie der **Kongresstourismus** die Fremdenverkehrstrategen in Fès und Marrakech heraus. Beide Städte stellen sich dieser neuen Herausforderung. Auf Initiative König Hassan II wird Fès' Bedeutung als Konferenzstadt immer mehr aufgewertet, indem sie zum Schauplatz gesamtarabischer Konferenzen wie der Palästinakonferenz 1982 gewählt wird.

> "... et nulle cité marocaine ne saurait être plus indiquée pour de telles rencontres que Fès, première grande capitale historique du Maroc, creuset de notre culture national et haut lieu de l'épanouissement de la civilisation arabe-musulmane dans ses manifestations artistiques, littéraires et scientifiques ..." (52)

Im Kampf um Marktanteile in diesem neuen Tourismuszweig stehen sich Fès und Marrakech als Konkurrenten gegenüber. Ein eigentliches Konferenzzentrum fehlt bis anhin in beiden Städten. Grosse Konferenzen finden deshalb in entsprechend infrastrukturell dotierten Sälen von Hotels und in Fès im umgewandelten "Ensemble Artisanal" statt (53). Ende 1987 wird in Marrakech der auf privater Basis (Gruppe Dounia Hotels-PLM) erstellte Kongresspalast mit 1 000 Plätzen für Simultanübersetzung bzw. 3 000 bei normaler Bestuhlung eröffnet werden. Dem ganzen Komplex wird ein Hotel mit 300 Zimmern, 30 Appartements, Sportgelände und ein medizinisch betreutes Erholungszentrum angegliedert werden (54). Damit wird dieser Konkurrenzkampf, dessen gegenwärtiger Stand sich mangels Statistiken nicht beurteilen lässt, mindestens bis zum Vorliegen einer konkreten Antwort in Fès zugunsten Marrakechs entschieden sein. Die Tourismusverantwortlichen in Marrakech versprechen sich von dieser Angebotserweiterung eine weitere Expansion der seit 1970 fast kontinuierlich ansteigenden Touristenankünfte (Tab. 5).

Besuchten 1971 noch mehr Touristen Fès als Marrakech, sind seit 1972 mehr Gäste in Marrakech zu registrieren. Mit einer durchschnittlichen jährlichen Zuwachsrate von 11,9% zwischen 1970 und 1985 vermag Marrakech seine Touristenankünfte um 438% zu steigern, Fès mit einer mittleren jährlichen Zuwachsrate von 6,2% erreicht in der gleichen Zeitspanne eine Zunahme um 147%.

Die zahlreicheren quantitativen Rückschläge in Fès weisen auf eine bedeutendere Sensibilität des Tourismus gegenüber dem nationalen resp. internationalen politischen und wirtschaftlichen Geschehen hin als in Marrakech. Der im Nahen Osten tobende Oktoberkrieg 1973, die damals initiierte Energiekrise und die daraus resultierende Anheizung der Inflation lassen den Touristenstrom nach Fès leicht absinken. Gleichzeitig setzt sich die Expansion in Marrakech erstaunlicherweise aber fort! Erst die Gefahr einer kriegerischen Auseinandersetzung Marokkos mit Algerien im Rahmen des Westsaharakonflikts Mitte der siebziger Jahre hat auch in Marrakech ein Absinken der Zuwachsraten zur Folge. 1978 gehen die Touristenankünfte in Marrakech sogar leicht zurück, eine Ausnahme in der ganzen Periode 1970 - 1985. Die 1980 zu verzeichnende leichte Einbusse in Fès ist vermutlich auf den von Generälen inszenierten fehlgeschlagenen Putsch gegen König Hassan II zurückzuführen.

Tab. 5: Touristenankünfte in Fès und Marrakech 1970 - 1985 (55)

Jahr	Fès Anzahl	Zuwachsrate	Marrakech Anzahl	Zuwachsrate
1970	122 407		97 053	
		21,8%		23,8%
1971	149 173		120 197	
		0,1%		36,6%
1972	149 348		164 197	
		- 3,4%		16,9%
1973	144 314		192 003	
		0,8%		25,5%
1974	145 468		241 051	
		37,3%		6,9%
1975	199 762		257 693	
		- 16,5%		5,5%
1976	166 887		271 777	
		20,7%		12,2%
1977	201 376		304 966	
		9,0%		- 2,1%
1978	219 435		298 464	
		23,0%		2,4%
1979	269 930		305 531	
		- 1,6%		7,9%
1980	265 713		329 573	
		1,8%		15,8%
1981	270 505		381 497	
		5,6%		10,1%
1982	285 579		419 908	
		4,0%		8,7%
1983	297 000		456 400	
		3,9%		4,0%
1984	308 601		474 547	
		- 2,0%		10,0%
1985	302 549		522 008	

Aufgrund seiner stärkeren Abhängigkeit vom Inlandtourismus (56) erlebte Fès infolge einer lange andauernden Trockenperiode 1985 eine erneute minime Einbusse.

"Si le tourisme international dépend de l'état de la conjoncture économique internationale, le tourisme intérieur dépend surtout de l'état de la pluviométrie annuelle." (57)

Die ökonomischen, sozialen und räumlichen Effekte des Fremdenverkehrs korrelieren jedoch nicht allein mit der Schwankungen unterworfenen Zahl der Touristen, sondern hängen ebenso stark von deren Aufenthaltsdauer ab, welche ihrerseits mit der die Stadt generell kennzeichnenden Tourismusform(en) zusammenhängt. In bezug auf die Aufenthaltsdauer müssten zwischen der allein durch den Rundreisetourismus geprägten Stadt Fès und dem sowohl dem Rundreise- als auch dem Aufenthaltstourismus verpflichteten Urbanraum Marrakech also klare Unterschiede zutage treten.

3.3. Aufenthaltsdauer - Marrakech im Vorteil

Tatsächlich zeigt eine Gegenüberstellung der mittleren Aufenthaltsdauer eines Fès- und Marrakech-Besuchers, dass der erstere rund 1,8 Tage, der zweitere ca. 2,8 Tage in der jeweiligen Stadt verweilt. Ausser deutschen Urlaubern, die in beiden Städten durchschnittlich 1,8 Tage bleiben, und Angehörigen afrikanischer Staaten, die sich sogar länger in Fès aufhalten, verweilen alle andern Staatsangehörigen länger in Marrakech (Tab. 6).

Die längere Aufenthaltszeit von Angehörigen afrikanischer Staaten in Fès ist auf die zahlreichen Pilger ans Grabmal von Ahmed Tijani zurückzuführen. Diese bringen z.T. Waren aus ihren schwarzafrikanischen Herkunftsländern zwecks Verkauf in Fès mit, um sich einen längeren Aufenthalt in der Moschee und am Grabmal des von ihnen verehrten Heiligen erlauben zu können. Vor allem für Senegalesen hat das Grabmal des Landsmannes Sidi Ahmed Tijani eine grosse Bedeutung und wird deshalb im Rahmen der Pilgerfahrt nach Mekka (Hadsch) häufig ebenfalls aufgesucht (58).

Auch in der nicht homologierten Hotellerie lassen sich analoge Differenzen in der mittleren Aufenthaltsdauer feststellen. Gemäss den Beobachtungen (59) der Besitzer/Rezeptionisten nicht klassierter Herbergen bleiben die Gäste in Fès äusserst selten mehr als zwei Nächte, in Marrakech stellt das dreimalige Uebernachten die häufigste Erscheinung dar. Aber auch vier, fünf Uebernachtungen bilden in Marrakech keine Seltenheit.

Extrem kurze Aufenthaltszeiten werden in nahe bei den Toren bzw. Busbahnhöfen gelegenen Unterkünften in der Medina von Fès registriert. Im Frühling und Sommer ist in diesen einfachen Hotels oft eine zweimalige Vermietung des gleichen Zimmers pro Nacht festzustellen, weil die Gäste um Mitternacht bei Abfahrt und Ankunft der nächtlichen Ueberlandkurse die Herbergen verlassen resp. neu belegen.

Obwohl beide Städte ihre Besucher zu 45 - 50% im Rahmen von Gruppenrundreisen empfangen, widerspiegelt die um einen Tag differierende mittlere Aufenthaltsdauer den unterschiedlichen Charakter des Tourismus in beiden Urbanräumen. Fès ist nicht nur bei Gruppenrundreisen ausschliesslich Durchgangsstation, sondern geniesst diesen Status auch bei der grossen Mehrheit der in- und ausländischen Individualgäste.

"Le tourisme à Fès souffre du fait que cette ville miroir limpide de la civilisation arabe et islamique est considérée par les touristes comme un lieu de passage, or il conviendrait de faire de cette ville impériale, vestige d'une autentique civilisation, un lieu de séjour, par excellence pour les touristes." (60)

Tab. 6: Aufenthaltsdauer der Touristen in klassierten Touristikbetrieben in Fès und Marrakech nach Nationalitäten 1985 (61)

Nationalität	durchschnittliche Aufenthaltsdauer (in Tagen)	
	Fès	Marrakech
Grossbritannien	2,1	4,0
Skandinavische Staaten	1,7	3,7
Belgien	1,8	3,6
Frankreich	1,8	3,2
Schweiz	1,7	3,1
Niederlande	2,2	3,0
Italien	1,9	2,6
USA	1,7	2,5
Spanien	1,8	2,3
Marokko	1,7	2,3
Portugal	1,5	2,2
Afrikanische Staaten	2,4	2,2
Kanada	2,0	2,1
In Marokko wohnhafte Ausländer	1,6	2,1
Arabische Staaten	2,0	2,1
Deutschland	1,8	1,8
Andere	1,7	2,5
Durchschnitt	**1,8**	**2,8**

In Marrakech werden gemäss einer Befragung von 1978 rund 50% der Uebernachtungen im Rahmen längerer Aufenthalte getätigt (62), die nach Auskunft der Hoteldirektoren meist eine Woche, im Winter aufgrund günstiger klimatischer Bedingungen (63) häufig sogar noch länger dauern. Im weiteren profitiert Marrakech von der Tatsache, dass die Stadt im Programm einiger Reiseunternehmen Anfangs- und Endpunkt von Rundreisen bildet und deshalb für längere Ferienaufenthalte genutzt wird (64). Voraussetzung und gleichzeitig Konsequenz des quantitativ bedeutenderen und qualitativ sowohl dem Durchreise- als auch dem Aufenthaltstourismus zugewandten Fremdenverkehrs in Marrakech ist eine intensivere Prägung von Raum und Oekonomie durch diesen tertiären Wirtschaftssektor als in Fès.

Das Ausmass der räumlichen Veränderungen im weitesten Sinne, die durch den Tourismus ausgelöst oder zumindest stark gefördert werden, hängen von der absoluten Zahl der Touristen, ihrer Aufenthaltsdauer und der Grösse des Gebietes ab, in welchem die Gäste üblicherweise den touristischen Attraktionen nachgehen. Die beschriebenen Zusammenhänge lassen sich knapp in folgender von MARR entwickelten Verhaltensfunktion zusammenfassen (65):

$$\Delta R_{At} = f \frac{c_1 \cdot T_t \cdot a_{Tt}}{c_2 \cdot A}$$

wobei:

ΔR_{At} Veränderungen des bestehenden Zustandes des Raumes R_A im Zeitintervall t

T_t Anzahl der Touristen während t

a_{Tt} mittlere Aufenthaltsdauer der Touristen während t

c_n Konstante

A touristisch beeinflusste Arealgrösse

Erwartungsgemäss erweisen sich aufgrund der stark differierenden Gästeziffern - 1985 rund 220 000 Touristen mehr in Marrakech als in Fès - und der unterschiedlich langen mittleren Aufenthaltsdauer - 1985 im Mittel 1 Tag länger in Marrakech - die Hotelbetriebe sowohl in ihrem zahlenmässigen Auftreten (66) als auch in ihrer Grösse und Infrastruktur different. Klassifizierte Hotels in Fès verfügen durchschnittlich über 72 Zimmer und 132 Betten, Hotels in Marrakech im Mittel über 113 Zimmer und 210 Betten (67). Ueberdies treffen wir im Urbanraum Marrakech auf für den Aufenthaltstourismus typische Einrichtungen wie das Feriendorf des "Club Mediterranée" und 6 Appartementhäuser für Touristen.

Vom ökonomischen Input in die städtische Wirtschaft präsentiert sich der Durchreisetourismus als von beschränkter Grösse, die sich im Detail aber nur schwer quantifizieren lässt, zumal es sich bei der Fremdenverkehrsnachfrage nicht um **ein** Gut handelt, sondern um eine ganze Palette von Gütern resp. Dienstleistungen. Im wesentlichen bestimmen drei notwendige Positionen das Ausgabebudget eines Reisenden:

1. Unterkunft
2. Verpflegung
3. Transport

Diese drei Aufwendungsbestandteile entsprechen den zwei Elementen des Fremdenverkehrs: dem **dynamischen Element** der Ortsveränderung (Ausgabenposition: Transport) und dem **statischen Element** des Aufenthaltes (Ausgabepositionen: Unterkunft und Verpflegung). Weitere Positionen im Warenkorb eines Urlaubers wie der Einkauf von Souvenirs, Eintritte zu kulturellen oder sportlichen Veranstaltungen usw. sind zwar charakteristisch und von grosser volkswirtschaftlicher Bedeutung, prinzipiell für den Reisenden aber nicht notwendig. Im Falle von finanziellen Engpässen oder - für die Beurteilung der unterschiedlichen ökonomischen Folgeerscheinungen in Fès und Marrakech ebenso entscheidend - bei knappem Zeitbudget werden Abstriche im allgemeinen zuerst im substituierbaren Bereich vorgenommen und nicht bei Unterkunft, Verpflegung und Transport.

So wird ein Grossteil des Ausgabenbudgets - auch der Individualgäste - angesichts der kurzen Aufenthaltsdauer in Fès für die Transporte aufgewendet, die nur in beschränktem Umfang in Fès selbst von den Reisebüros organisiert werden, weil gerade die Rundreisegruppen ihre Busse bereits mitbringen.

> "... il faut noter que le revenu obtenu à partir de ce secteur (= tourisme, R.W.) est très maigre. Il ne concerne souvent que quelques achats des produits artisanaux, car les agences de voyages accaparent la majorité du revenu du fait qu'elles se chargent du programme du touriste, c'est-à-dire du transport, de l'hôtel et du programme de visite des lieux qu'elles choisissent ..." (68)

Die marokkanischen Reisebüros beschäftigen sich mit einem weit gefassten Aufgabenspektrum, was den Empfang und die Betreuung ausländischer Reisegruppen betrifft. Ungefähr 90% ihres Gesamtumsatzes resultieren aus diesen Betreuungs- und Organisationsaufgaben (69). Sie übernehmen für Gruppen Reservationen von Hotels, Restaurants, Cars, organisieren Ausflüge mit Fremdenführern, sportliche Aktivitäten und Kongresse. Alle diese Aufgaben werden in der Regel von einem Reisebüro erledigt, das sich in jener Stadt befindet, wo die Reisegruppe per Flugzeug eintrifft, sich aufhält und gegebenenfalls eine Rundreise beginnt. Angesichts dieser Tatsache überrascht es keineswegs, dass Reisebüros in den zwei betrachteten Städten sehr unterschiedliche Entwicklungschancen besitzen. Nur 6 Reisebüros bieten ihre Dienste in Fès an. In Marrakech teilen sich 43 Unternehmen in den Reisemarkt. Z.T. beschäftigen sich die Reisebüros zusätzlich mit der Vermietung von Autos.

Der Dienstleistungszweig der Autovermietung an sich erlebt in Marrakech aufgrund der zahlreichen beliebten, mit einem Hauch Abenteuer versehenen Exkursionsmöglichkeiten in den (vor)saharischen Süden eine Hausse sondergleichen. Insgesamt 20 Firmen mit 95 Angestellten vermieten Fahrzeuge, in Fès finden sich nur 7 Büros mit total 16 Beschäftigten (70). Die eklatante Zunahme der "Rent a car"-Unternehmen trug in Marrakech nicht nur positive Züge, weil

Firmen mit wenigen, auf Kredit angeschafften Fahrzeugen gegründet wurden, welche angesichts eines starken Konkurrenzdruckes mit den Markt zerstörenden Dumpingpreisen operierten, um wenigstens die Wagen abzahlen zu können. Um derartige ungesunde Firmengründungen, welche ihren Kunden auch keinen 24-Stundenservice bieten konnten, zu verhindern, wird seit 1985 im Falle einer Neugründung eines Autovermietungsunternehmens ein Kapitalnachweis von 1 Million Dirham (71) verlangt. Auf diese Weise soll auch die permanente Bezahlung des Personals sichergestellt werden (72).

Weniger markant als in den Sektoren Reisebüros und Autovermietung zeigen sich die Unterschiede im Restaurationsbereich, weil die meisten Gäste - auch die Aufenthaltstouristen in Marrakech - mindestens zwei Mahlzeiten im hotelinternen Restaurant einnehmen, also wenigstens Halbpension gebucht haben. Den 21 Restaurants mit marokkanischer und/oder internationaler Küche, die von der Tourismusdelegation in Fès Besuchern empfohlen werden, stehen deren 32 in Marrakech gegenüber.

Vom betriebswirtschaftlichen Gesichtspunkt sind die Hotels in Fès gegenüber jenen in Marrakech benachteiligt, weil die infolge des Durchreisetourismus rasche Fluktuation der Gäste einen nicht speziell entschädigten Mehraufwand in Administration und Unterhalt mit sich bringt, so dass sich das Verhältnis zwischen Aufwand und Ertrag im Vergleich zu Betrieben in Marrakech mit immerhin ca. 50% Aufenthaltsgästen verschlechtert.

Nachteilig wirkt sich der Kurzzeitaufenthalt in Fès auch auf das Ausgabenvolumen der Touristen aus. Ein kurzer - bei mindestens 45% der Gäste überdies in Gruppen absolvierter - Besuch der Medina ergibt nur beschränkt die Möglichkeit, Einkäufe von Handwerksartikeln zu tätigen.

> "Aussi transformer le tourisme itinérant qu'est celui de Fès, en TOURISME DE SEJOUR apparait comme une nécessité, entre autre, pour l'artisanat artistique. En effet le fait de retenir plus longuement le touriste dans la ville permet de le tenter plus d'une fois à se porter acheteur des produits artisanaux." (73)

Längere Aufenthalte in Marrakech - auch im Rahmen von Gruppen, die mindestens einen halben Tag zur freien Verfügung einräumen - werden für mehrere Besuche der Medina genutzt, im Laufe derer mit grosser Wahrscheinlichkeit Einkäufe getätigt werden. Falls Marrakech am Ende einer Rundreise besucht wird, werden noch mehr Souvenirs gekauft, weil sie nicht mehr dauernd mittransportiert werden müssen. Da Fès bei Gruppenrundreisen nie Endpunkt bildet, bleibt der ökonomische Input gegenüber Marrakech auch aus diesem Grunde geringer.

Besonders geeignet als Indikator zur Erfassung des differenten ökonomischen Inputs sind die Bazare (Abb. 6), die bereits traditionell vorwiegend auf den touristischen Absatz ausgerichtet waren (74). Bazare sind Verkaufslokalitäten von Teppichen (auch als "Maison de Tapis" bezeichnet) oder eines gemischten Warenangebots (Maroquinerie, Töpfer-, Kupfer-, Messing-, Silberwaren, Babouches, Djellabas, Antiquitäten etc.) resp. von Antiquitäten allein (75). 194 Bazare gemäss dieser weitgefassten Definition bieten in Marrakech ihre Waren feil, in Fès finden sich nur 68 Bazare (76).

Abb. 6: Bazare im Souk Nejjarine in Marrakech

Da der Tourismus in seiner idealen Form weit mehr als einen wirtschaftlichen Faktor darstellt, sollen die in Fès und Marrakech praktizierten Tourismusformen auch unter sozio-kulturellem Gesichtspunkt knapp gewürdigt werden.

> "La promotion du secteur touristique dans son acception plus large, consiste en premier lieu à donner au mot tourisme sa véritable signification, en plus des relations commerciales, c'est une plate-forme de rencontres des populations, des civilisations et des cultures humaines." (77)

Angesichts dieser im Jahresbericht 1980 der Tourismusdelegation in Fès formulierten Leitidee des Fremdenverkehrs als Mittel der kulturellen Bereicherung von Gast (und Gastgeber) nimmt sich der Wert des Durchreisetourismus (speziell in grossen Gruppen), wie er in Fès in extremer Form praktiziert wird, recht bescheiden aus. Ein in der Regel höchstens eintägiger Besuch der Medina von Fès kann kaum zu einem eingehenderen Verständnis der geistigen Bedeutung dieser Stadt für den arabischen Kulturkreis, der Stadtentwicklung sowie ihrer jahrhundertealten handwerklichen, gastronomischen, musikalischen und religiösen Traditionen führen. Auch die heute anstehenden gewaltigen Probleme einer übervölkerten, sozial verarmenden Altstadt werden dem in Eile durch die Gassen zu den bedeutendsten Monumenten geführten Stadtbesucher kaum bewusst.

Im Rahmen der meisten von Reisebüros angebotenen Rundreisevarianten wird Fès an einem Abend nach einer längeren Busfahrt mit Besuchsprogramm erreicht, so dass der Gast nach Zimmerbezug und Nachtessen kaum mehr Lust verspürt, sich mit der gastgebenden Stadt auseinanderzusetzen. Am nächsten Tag sieht das Programm eine halb- oder ganztägige geführte Besichtigung der Königsstadt vor. Anschliessend bzw. nach einer häufigen zweiten Uebernachtung wird Fès bereits wieder verlassen.

> "En réalité le touriste venant à Fès, n'en fait qu'une étape, au cours de laquelle il n'a d'autre contact avec la ville qu'une traversée générale-ment en groupes ...
>
> Dans l'impossibilité de tout échange culturel, de toute découverte des valeurs ou des tempéraments fassi, le visiteur n'en retient forcement qu'une impression superficielle d'autant plus fausse que le milieu qui l'a pris en charge - comme les hôtels et les organisations de groupes - est totalement artificiel ou pour le moins, étranger aux traditions et aux structures sociales de Fès.
>
> Une telle pratique tend à enforcer Fès dans la vocation stérilisante de VILLE-MUSEE ou plutôt, DE VILLE-BAZAR que l'on visite comme un jardin exotique. En retour, la population a souvent tendance à ressentir ce tourisme comme une activité marginale qui lui est imposée, dont elle subit davantage les conséquences qu'elle n'en tire de profit." (78)

Eine harte Kritik, der in Fès - selbst bei in einen starren Zeitplan eingebundenen Gruppenrundreisen - in bescheidenem Rahmen Rechnung getragen werden könnte, indem die Reiseführer kleinere Gruppen mit Geschichte und Gegenwart der Stadt vertraut machen würden. Heute sind die Reisegruppen erst bei über 31 Teilnehmern verpflichtet, einen zweiten Fremdenführer beizuziehen, der im wesentlichen nur sicherzustellen hat, dass die hintersten Mitglieder den Kontakt zur Gruppe in den verwinkelten Sackgassen nicht verlieren (79).

Wesentlich sinnvoller wäre es, Gruppen von höchstens zehn Personen zu bilden, was eine intensivere Auseinandersetzung mit Fès und ein persönliches Kennenlernen des Fremdenführers als Repräsentanten und Vermittler des Gastgeberlandes Marokko erlauben würde (80). Da sich am traditionellen Konzept der einwöchigen Königsstädterundreisen - oft in Verbindung mit einer Woche (Bade-)Aufenthalt - leider kaum etwas ändern lässt, könnte wenigstens durch eine intensivere Betreuung kleinerer Gruppen auch ein eintägiger Besuch zur angestrebten Einsicht in die Schönheiten und Probleme der Stadt Fès leisten, zumal auch vermehrt auf individuelle Interessen der Besucher Rücksicht genommen werden könnte. Voraussetzung für den Erfolg bildet einerseits die Bereitschaft der Stadtbesucher, für die Reise etwas mehr auszulegen, andererseits der Wille der Fremdenführer, persönliche materielle Interessen gegenüber ihrem "Bildungsauftrag" zurückzustellen (81).

Eine Möglichkeit, der im allgemeinen ebenso kurzen Aufenthaltsdauer der Individualgäste in Fès zu begegnen, bilden zu einem bestimmten Thema angebotene Studienaufenthalte, wie sie seit 1983 in Zusammenarbeit der Reiseorganisationen "Wagons-Lits-Tourisme" und "Jet Tour" angeboten werden.

> "... certaines agences ... viennent de créer des séjours à thème de deux semaines, que l'on pourrait placer sous le signe de rencontres culturelles. Ces séjours réunissent des intellectuels, des artistes qui essaient de découvrir la véritable vie fassi et où les activités commerciales sont rangées au second plan." (82)

Da die grosse Mehrheit der Individualgäste in Fès auch in Zukunft kaum zweiwöchige thematische Seminare besuchen wird, müssen die Massnahmen zur Attraktivitätssteigerung auch an andern Punkten ansetzen. Denn nicht nur die bereits erwähnte geographische Lage, die Fès weniger zum Ausgangs- bzw. Endpunkt von Rundreisen oder Ausflügen prädestiniert, trägt zur kurzen Aufenthaltsdauer bei, ihre Ursachen sind wesentlich vielfältiger.

Die im internationalen Stil erbauten Hotels der Neustadt sind wenig dazu angetan, die Touristen zu längerem Aufenthalt zu bewegen, weil sie mit Ausnahme des Hotels Zalagh keinen Blickkontakt zur Medina von Fès, **der** Attraktion dieses Raumes erlauben. Die zwar gepflegten Gartenanlagen der Hotels in Fès können in einem Vergleich mit den zahlreichen, weit ausgedehnten, prächtigen Parks der Hotels in Marrakech nicht mithalten. Diese Nachteile in Verbindung mit einem geringen hotelinternen Sportangebot (z.B. besitzt nur 1 Hotel in Fès Tennisplätze, in Marrakech deren 10) fallen um so stärker ins Gewicht, weil die Stadt selbst den Touristen am Abend, wenn die attraktiven Souks geschlossen sind, nur wenige Attraktionen bietet.

Neben den Hotelrestaurants stehen im Gegensatz zu Marrakech nur wenige Gaststätten höherer Qualität zur Auswahl. Spezialitäten des überaus reichen gastronomischen Speisezettels von Fès können in der Neustadt nur in einem typisch marokkanischen Restaurant genossen werden. In der Neustadt von Marrakech stehen immerhin 13 Lokalitäten zur Auswahl, welche marokkanische Spezialitäten in ihrem Angebot führen. Zur Unterhaltung nach westlichem Muster stehen 5 hoteleigenen Nachtklubs in Fès deren 10 in Marrakech gegenüber (83). Im Sinne einer originalen Begegnung der Gäste mit dem traditionellen autochthonen Musikschaffen könnten in Fès vermehrt öffentliche Konzerte einheimischer Gruppen organisiert werden, um einer Isolierung der Touristen in den Hotels nicht weiter Vorschub zu leisten und gleichzeitig zur Erhaltung des überlieferten Kunstschaffens beizutragen.

> "... il serait souhaitable de procéder à l'élaboration de concerts de musique andalouse et de malhoun ainsi que des représentations folcloriques échelonnées sur toute l'année et en temps opportun. Ces représentations permettraient non seulement l'animation continue de la ville, mais aussi de ressusciter les patrimonaux les plus importants au niveau de cette ville." (84)

Mit der Einrichtung eines Amphitheaters auf dem heutigen Gelände der im Zuge einer Strukturverbesserung zu verlegenden Gerberei von Sidi Moussa (85) könnte die Grundlage für eine abendliche Attraktivitätssteigerung der Medina für Touristen **und** Fassi gelegt werden (Abb. 7). Eine unabdingbare Voraussetzung zur Verlängerung der mittleren Aufenthaltszeit der Stadtbesucher, weil die Altstadt am Abend nach der Schliessung der Souks viel von ihrer orientalischen Ausstrahlung und Vitalität verliert.

Abb. 7: Gerberviertel von Sidi Moussa - geeigneter Standort eines Amphitheaters zur kulturellen Attraktivitätssteigerung in Fès?

Ein dem Platz Jema el Fna in Marrakech vergleichbares Zentrum der Volksunterhaltung, wie es bis vor einigen Jahren um Bab Segma zu finden war (86), existiert nicht mehr. Effektiv kann der Medinabesucher in Fès am Abend nur 2 Touristenpaläste besuchen, wenn er neben dem Genuss einheimischer Spezialitäten auch orientalische Unterhaltung (Musik, Tänze, Akrobatik) erleben möchte.

In der Altstadt von Marrakech stehen neben der grossen Freilichtarena des Platzes Jema el Fna (Abb. 8) 5 Touristenpaläste mit Unterhaltungsangebot zur Auswahl. Ein weiteres Spezialitätenlokal gewährt unmittelbar Ausblick auf das Spektakel auf dem Platz Jema el Fna, so dass bewusst auf ein internes Unterhaltungsangebot verzichtet wird.

Eine Attraktion ganz spezieller Natur stellt das in einem 7 Hektaren grossen Park lokalisierte Spezialitätenrestaurant "Chaouia" in Marrakech dar. Vor den Augen der in Grosszelten sitzenden Besucher, welche marokkanische Leckerbissen kosten, werden die unter der Bezeichnung "Fantasia" bekannten Reiterspiele gezeigt. Um die Orginalität der Vorführungen, die auch Musik und Tänze beinhalten, nicht zu zerstören, werden alternierend verschiedene Gruppen aus der Umgebung von Marrakech beigezogen (87).

Eine dem "Chaouia" vergleichbare Attraktion besteht in Fès nicht. Die angesichts zahlreicher negativer Beispiele berechtigte Angst vor der touristischen Degradation traditioneller kultureller Werte und die ökonomisch motivierte Furcht vor der fehlenden (touristischen) Kundschaft lähmen in Fès die Privatinitiative im Bereich der Gastronomie mit Attraktionen. Gerade wenn man beiden Befürchtungen Rechnung trägt, dürfte die auf dem Gelände der zu transferierenden Gerber von Sidi Moussa vorgeschlagene Freilichtarena mit angegliederten Restaurants eine ideale Lösung darstellen, weil eine spontane Beteiligung der Fassi als Akteure und Zuschauer eine Entwicklung zur touristischen "Konserven-Folklore" verhindern und eine genügende Frequenz der Gaststätten garantieren würde. Gleichzeitig würden die sozialen Kontakte zwischen autochthoner Bevölkerung und Touristen nicht allein auf kommerzieller, sondern auch auf der Basis gemeinsamer Unterhaltung gefördert.

Abb. 8: Akrobatik auf dem Platz Jema el Fna in Marrakech

Der Einwand, dass zahlreiche Reisende in organisierten Gruppen die ausserhalb des Hotels in der Medina von Fès angebotene Unterhaltung vermutlich nicht zur Vergrösserung ihrer sozialen Kontakte nutzen werden, ist allerdings nicht pauschal von der Hand zu weisen. Der abendliche Betrieb auf dem Platz Jema el Fna in Marrakech beweist aber ebenso, dass viele im Rahmen von organisierten Gruppenreisen eingetroffene Gäste willens sind, sich gewisse individuelle Freiheiten zu bewahren, wenn es um die Gestaltung des Abendprogramms geht. Im übrigen können kulturelle Veranstaltungen auch in geschlossenen touristischen Kleingruppen mit grossem Gewinn besucht werden, wenn sie von einem Fremdenführer begleitet werden, der die Darbietungen kompetent erläutert. Die Zahl der sozialen Kontakte bleibt zwar so recht beschränkt, das Verständnis für den andersartigen Kulturraum braucht dies aber nicht automatisch auch zu bleiben. Die profunden Kenntnisse und speziell das

Engagement eines Fremdenführers vermögen zahlreiche oberflächliche soziale Kontakte bei weitem aufzuwiegen!

Sowohl aus rein ökonomischen als auch aus sozialen Ueberlegungen ist eine Aenderung des Tourismustyps in Fès in Richtung jenes in Marrakech anzustreben. Aber nicht was die Zahl der Ankünfte betrifft, ist eine Steigerung ins Auge zu fassen, vielmehr soll eine Verlängerung der mittleren Aufenthaltszeit anvisiert werden, um bei gleichzeitiger Erhöhung des nicht messbaren intellektuellen Gewinns der Stadtbesucher die betriebswirtschaftlichen Grössen der Hotellerie zu verbessern und die Multiplikatoreffekte in Annexunternehmen der Hotellerie und im Handwerk zu verstärken.

3.4. Saisonalität - zwei Spitzenperioden

Sowohl die Gästeziffern in Fès als auch jene in Marrakech zeigen ausgeprägte saisonale Schwankungen mit zwei Spitzenperioden im Frühling und im Spätsommer/Herbst (Fig. 1). Die zwei Hochsaisons präsentieren sich in Marrakech in ihrem Verlauf etwas ausgeglichener als in Fès, wo sich 1985 deutlich zwei Monate - April und speziell August - abheben. Der Spitzenmonat August totalisierte allein 13,4% der Ankünfte in Fès. In Marrakech wurden im führenden Monat April 12,3% aller Stadtbesucher des Jahres 1985 registriert.

Die dreimonatige Frühlingshochsaison in Marrakech fällt besonders auf und führt fast alljährlich zu Kapazitätsengpässen in der Hotellerie, was angesichts der Tendenz gewisser Unternehmen zum "overbooking" (88) dazu führt, dass einige Gäste jeweils in normalerweise anderweitig genutzten Hotelräumlichkeiten (z.B. Büros) einquartiert werden müssen.

Die saisonalen Schwankungen der Gästeziffern beider Stationen werden nicht nur durch die (Schul-)Ferienzeiten der Gastländer diktiert, sondern in wesentlichem Masse durch die klimatischen Verhältnisse beider Städte bestimmt (Fig. 2/3). Der Ferienreisende - im Unterschied zum Geschäftsreisenden - stellt an die klimatischen Verhältnisse während seines Aufenthaltes in Marokko folgende ideale Ansprüche:

1. Die tägliche Sonnenscheindauer soll möglichst lange sein.

2. Die Wahrscheinlichkeit, Niederschläge zu erleben, soll möglichst gering sein, und wenn Regenfälle auftreten, sollen deren Mengen bescheiden bleiben.

3. Die Temperatur soll keine langandauernden körperlich belastenden Maxima erreichen.

4. Die relative Luftfeuchtigkeit darf nicht unter ein Minimum absinken, was

zusammen mit der hohen Temperatur zu Stresserscheinungen infolge Dekompensation des körperlichen Wärmehaushaltes führen kann.

Wenn auch die Toleranz auf Klimastressfaktoren individuelle Unterschiede zeigt, können aufgrund der obengenannten Kriterien doch Perioden ausgeschieden werden, welche für touristische Aktivitäten in Fès und/oder Marrakech vorteilhaft bzw. ungünstig sind.

Fig. 1: Verteilung der Ankünfte in homologierten Touristikbetrieben der Region Fès und der Stadt Marrakech 1985 nach Monaten (89)

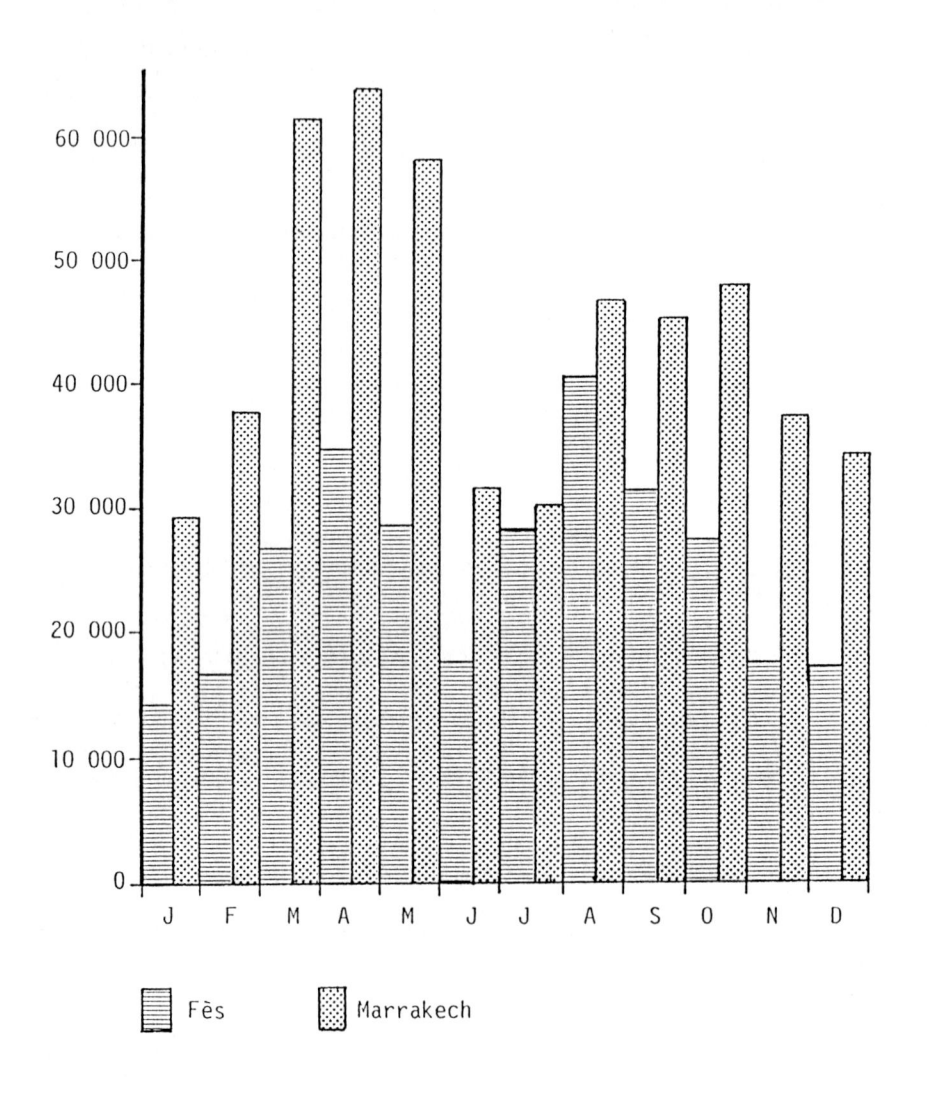

Fig. 2: Klimaverhältnisse in Fès (90)

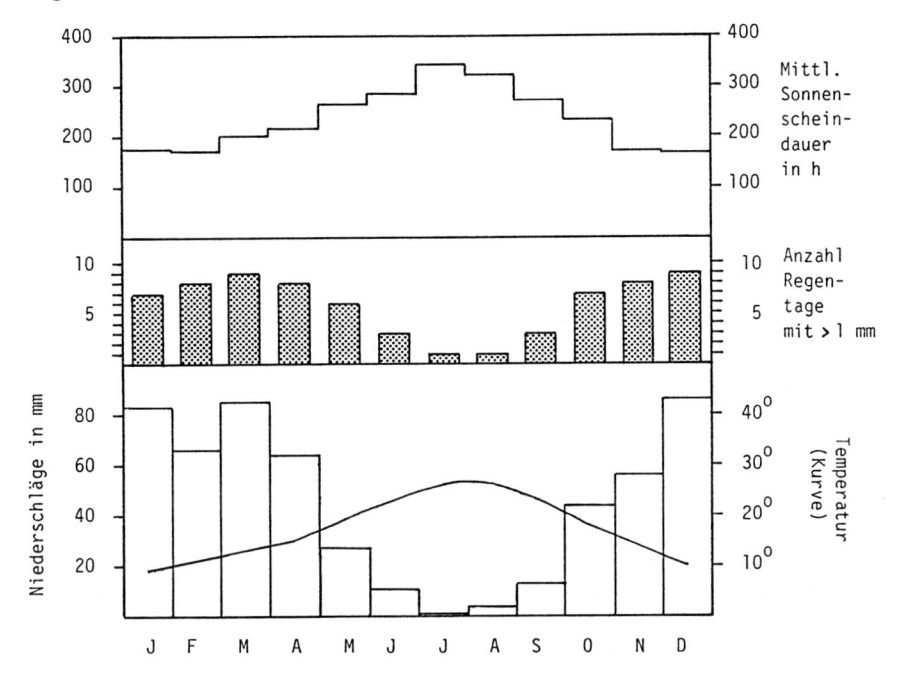

Fig. 3: Klimaverhältnisse in Marrakech (91)

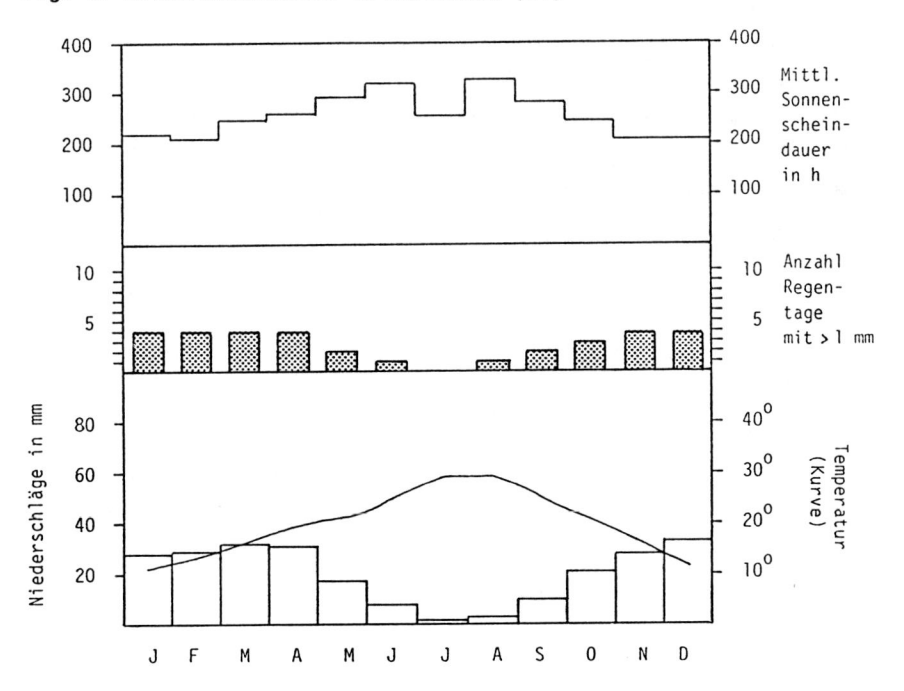

Wie für das im subtropischen Winterregengebiet lokalisierte Fès (Csak-Klima nach KOEPPEN) erweist sich auch für das ein Steppenklima aufweisende Marrakech (BSh1-Klima nach KOEPPEN) die sommerliche Hitzeperiode mit gleichzeitig geringer relativer Luftfeuchtigkeit als einer weiteren touristischen Entwicklung hinderlich. Beide Städte zeigen im Juni erwartungsgemäss starke Rückgänge der Gästeziffern, welche sich in Marrakech im Juli noch leicht fortsetzen. In Fès beginnen die Besucherzahlen bereits im Juli wieder markant anzusteigen. Fès profitiert dabei von Gruppenrundreisen, welche von den zur Hauptreisezeit ausgezeichnet frequentierten Badestationen am Mittelmeer und Atlantik ausgehen. Wie in Fès versiegt auch im noch heisseren sommerlichen Marrakech der Strom des Rundreisetourismus nie, aber die zweite Säule des Fremdenverkehrs in Marrakech - der Aufenthaltstourismus - verliert in den Sommermonaten Juni und Juli stark an Bedeutung. Gäste, die sich während mindestens einer Woche in Marrakech aufhalten, sind im Vergleich zu den andern Jahreszeiten viel weniger zahlreich.

Der Besuch einer Stadt im marokkanischen Landesinneren in der hochsommerlichen Hitze im Rahmen einer Rundreise kann heute den meisten Touristen ohne Bedenken zugemutet werden, weil die körperlichen Anstrengungen in der heissen Umgebung beschränkt bleiben und für die Unterbringung vollklimatisierte Hotels und für den Transport ebensolche Busse zur Verfügung stehen. Nicht zu empfehlen sind Stadtbesuche im sommerlich heissen, trockenen Landesinnern allerdings Herzkranken, Kranken mit chronischen Leiden der Atemwege oder Stoffwechselkrankheiten sowie generell alten Menschen (92), weil die nur zu Fuss möglichen Medinabesuche - obwohl weite Teile der Souks schattenspendend gedeckt sind - körperliche Anstrengungen bedeuten, welche im Rahmen der an sich bereits knappen Akklimatisationszeit ein zu grosses Risiko darstellen. Die Gefahr eines Erkältungsinfektes infolge rascher Wechsel zwischen durch Klimaanlagen kühl temperierten Räumen und der heissen Umgebung besteht für alle Reisenden, in besonders ausgeprägter Weise aber für chronische Bronchitiker.

Die Klimaverträglichkeit auch gesunder Menschen kann wesentlich durch die psychische Ausgangslage des Reisenden und das persönliche klimaangepasste Verhalten bei Kleidung, Ernährung (speziell Flüssigkeits- und Salzzufuhr, Alkoholkonsum), Rauchen und Nachtruhe beeinflusst werden (93). In diesem Rahmen kommt den Reiseveranstaltern als prophylaktische Informanten über diese Zusammenhänge in den Reiseunterlagen und den Empfehlungen der Fremdenführer in Marokko selbst grosse Bedeutung zu.

Angesichts des hohen Flüssigkeitsbedarfes in den heissen Sommermonaten, aber auch an gewissen Frühlings- und Herbsttagen, welcher dazu führt, dass zahlreiche Stadtbesucher Getränke in der Medina zu sich nehmen, ist von den Gesundheitsbehörden gleichzeitig strikt darauf zu achten, dass sich die entsprechenden Verkaufslokalitäten und ihr Inventar in hygienisch einwandfreiem Zustand befinden, um für den Touristen unanagenehme Erkrankungen und für das Gastgeberland Negativwerbungen durch Hinweise auf Beschwerden infolge parasitär oder bakteriell verdorbener Getränke durch betroffene Stadtbesucher zu vermeiden.

Wesentlich verschieden präsentieren sich die klimatischen Verhältnisse und die Bewegungen der Gästeziffern in den zwei Vergleichsstädten im Winter. Die winterlichen Frequenzen fallen in Marrakech weniger ab als in Fès, weil das bei 31° 37' nördlicher Breite, 8° 02' westlicher Länge auf 466 m.ü.M. gelegene Marrakech auch im Winter äusserst angenehme Klimabedingungen zu bieten vermag, die bereits anlässlich der touristischen Erschliessung in der Kolonialzeit eine wesentliche Rolle spielten. Die monatlichen Durchschnitts- und Minimaltemperaturen bleiben in Marrakech ganzjährig rund 2,5° über den Werten des weiter nördlich bei 34° 02' nördlicher Breite und 4° 59' westlicher Länge auf 414 m.ü.M. verorteten Fès. Während in der südlicheren Stadt die Temperatur zu Jahresende und -beginn nicht unter 0° C abzusinken pflegt, werden in Fès gleichzeitig Minimaltemperaturen von - 1° C registriert.

"Dank dem ausserordentlich milden und gesunden Winterklima ist Marrakesch in den letzten Jahren zu einem sehr beliebten Ferienziel geworden" (94), so der Werbetext im Katalog eines schweizerischen Reiseveranstalters. Selbst im Dezember beträgt die mittlere monatliche Sonnenscheindauer in Marrakech volle 208 Stunden (Fig. 3), in Fès allein deren 167 (Fig. 2), was im Vergleich mit mitteleuropäischen Daten - z.B. Basel mit 52 Stunden mittlerer Sonnenscheindauer im Dezember (95) - noch immer einen hohen Wert darstellt.

Auch in bezug auf die Niederschläge zeigt Marrakech gegenüber Fès Vorteile. In der winterlichen Regenzeit fallen die Niederschläge sowohl was die Menge als auch was die Zahl der Regentage betrifft in Fès wesentlich umfangreicher aus. Zwischen November und Februar sind in Fès 32 Regentage mit insgesamt 291 mm Niederschlag zu verzeichnen (Fig. 2). Im gleichen Zeitabschnitt regnet es in Marrakech im Mittel nur an 16 Tagen total 118 mm (Fig. 3). Die Polarfront mit ihren Depressionen im Gefolge erreicht Marrakech im Gegensatz zu Fès nur kurz und in abgeschwächter Form.

Da das in bedeutendem Masse durch den Gruppenrundreise-Tourismus gespiesene Fès sehr viele Gäste aus den Badestationen am Mittelmeer und Atlantik empfängt, pflegt im Winter der Touristenstrom aus dem mittelmeerischen Winterregengebiet stark abzunehmen, während die Besucher aus den ganzjährig betriebenen südmarokkanischen Badestationen am Atlantik weiterhin in Fès eintreffen. Marrakech hingegen als Station des Rundreise- und Aufenthaltstourismus profitiert gerade im Winter von zahlreichen Langzeitaufenthaltern, so dass die durchschnittliche Aufenthaltszeit der Touristen in Marrakech in den Wintermonaten Januar und Februar am längsten ausfällt (Tab. 7). Die wie in Fès im Winter rückläufige Zahl von Rundreisegästen wird so mindestens partiell durch Langzeitaufenthalter kompensiert.

Tab. 7: **Durchschnittliche Aufenthaltsdauer der Touristen in homologierten Touristikbetrieben der Stadt Marrakech 1985 nach Monaten** (96)

Monat	J	F	M	A	M	J	J	A	S	O	N	D
Tage	3,3	3,2	2,9	3,0	2,6	2,6	2,3	2,5	2,5	2,5	2,9	2,9

Da der Fremdenverkehr in Fès ganzjährig hauptsächlich duch den Rundreisetourismus bestimmt wird, präsentieren sich die durchschnittlichen Aufenthaltszeiten der Stadtbesucher im Monatsvergleich quasi identisch (Tab. 8).

Tab. 8: Durchschnittliche Aufenthaltsdauer der Touristen in homologierten Touristikbetrieben der Region Fès 1985 nach Monaten (97)

Monat	J	F	M	A	M	J	J	A	S	O	N	D
Tage	1,8	1,8	1,5	1,8	1,9	1,8	1,8	1,8	1,7	1,7	1,7	1,8

Die winterliche Gästeflaute in Fès wird etwas durch die Tatsache gemildert, dass zahlreiche Familienfeste am Jahresende und -anfang in den Hotels stattfinden und deren auswärtige Teilnehmer z.T. dort nächtigen. Viele in die Wirtschaftsmetropolen an der Atlantikküste ausgewanderte Fassi nutzen die Festtage, um in die Stadt ihrer Kindheit zurückzukehren. So steigt der Anteil der von Marokkanern gebuchten Uebenachtungen in den allgemein schlecht frequentierten Wintermonaten in Fès bis auf 42% im Januar an, während der nationale Anteil an den Uebernachtungsziffern in Marrakech höchstens 20% - ebenfalls im Januar - erreicht.

Für europäische Besucher sind beide Stationen im Winter attraktiv, weil aufgrund deren geographischen Breiten die Wintertage länger ausfallen als in nördlicheren Lagen in Eurpoa. Aufgrund seiner gleichzeitig günstigen klimatischen Verhältnisse vermag speziell Marrakech diesen astronomisch bedingten Vorteil touristisch auszunützen.

Die Tourismusverantwortlichen beider Städte versuchen der vorwiegend klimatisch bedingten Saisonalität durch Veranstaltungen kultureller Natur zu begegnen. So findet in Marrakech mit dem Ziel der Verlängerung der Saison (98) alljährlich gerade anfangs Juni das bekannte "Festival National des Arts Populaires" im Palast El Badi statt, in dessen historischen Mauern sich während gut zwei Wochen allabendlich Folkoregruppen aus den verschiedenen Regionen Marokkos musikalisch und tanzend vorstellen. Lebendige Ritualbräuche im Zusammenhang mit Hochzeit, Geburt und Beschneidung finden dabei ebenso ihren Ausdruck wie Kriegs- und Reiterkünste, Akrobatik sowie fröhliche Gemeinschaftstänze. Dies alles in bunten Farben, voller Kraft und Poesie, mit mannigfaltigen, oft schwer zu enträtselnden Bezügen auf alte Symbolvorstellungen verschiedener Berber- und Araberstämme. Die nächtlichen Glanzstunden der Volkskunst im Palast El Badi werden jeweils während der ganzen Dauer des Festivals ergänzt durch temparamentvolle Reiterspiele ("Fantasia") vor den rötlich schimmernden Stadtmauern, durch prunkvolle Umzüge und Ausstellungen einheimischen Kunsthandwerks.

Nur mit dem Zeitpunkt des Folklorefestivals werden eindeutig tourismusplanerische Leitideen verfolgt, das "Festival National des Arts Populaires", das bedeutendste Folklorefestival Marokkos, dient ansonsten allein der Wahrung traditionsreicher Kulturwerte in ihrer ursprünglichen Form und der Stärkung des postkolonialen Selbstbewusstseins. Es stellt also keineswegs eine touristisch orientierte Veranstaltung ohne inneren kulturellen Wert dar, sondern ist vielmehr eine Demonstration kultureller Eigenständigkeit mit hoher touristischer Attraktivität.

1986 wurde mit dem anfangs Juli durchgeführten ersten "Festival International de la Musique et de la Jeunesse", in dessen Rahmen Rock-, Pop-, Jazz-, Country-, Reggae-, Samba- und Folkmusiker auftraten, eine zweite Initiative zur Verlängerung der Saison lanciert, mit der vor allem die marokkanischen Jugendlichen als Gäste Marrakechs gewonnen werden sollten. Jedes Hotel stellte 10% seiner Kapazität gratis für Teilnehmer zur Verfügung. Gleichzeitig offerierten die Bahnen, Autolinien und Hotels für Festivalbesucher eine Reduktion der Tarife um 50%. Durch dieses attraktive kulturelle und finanzielle Angebot konnten rund 2 500 zusätzliche Hotelgäste in einer sonst touristisch flauen Periode gewonnen werden (99).

Aehnliche Versuche zur Lancierung eines Festivals - allerdings mit andalusischer Musik - im Spätherbst wurden auch in Fès gestartet, konnten sich im Gegensatz zum nationalen Folklorefestival in Marrakech, welches 1986 bereits zum 27. Mal durchgeführt wurde, aber nicht etablieren (100). So bleiben Fès zwei Perioden mit relativ wenig Gästen, in denen die Hotels nur an drei Tagen in der Woche akzeptable Belegungsziffern aufweisen: Dienstag, Mittwoch, Donnerstag, wenn die Cars mit den Rundreisegästen eintreffen.

Im Sinne einer knappen Bilanz der kontrastiven Betrachtung der Saisonalität in Fès und Marrakech lässt sich folgendes festhalten: Die klimatischen Verhältnisse verstärken die bereits durch die topographische Lage gegebenen touristischen Vorteile Marrakechs gegenüber Fès, indem die günstigeren Temperatur- und Niederschlagsverhältnisse zusätzlich eine längere Saison erlauben.

3.5. Nationale Zusammensetzung der Gäste - koloniales Erbe

Gäste aus zwei Nationen - Frankreich und Marokko - dominieren die Besucherstatistiken beider Urbanräume (Tab. 9). 1985 stellten die zwei mit Abstand führenden Staaten in Fès 50,8%, in Marrakech sogar 61,2% aller Touristen. Die Franzosen als Spitzenreiter in beiden Städten füllten in Marrakech 46,0% aller Kontrollzettel aus, in der Region Fès zeichneten sie allein für 28,2% aller Ankünfte in homologierten Hotels verantwortlich. Zeigt sich in der Frequenz durch Gäste aus der ehemaligen Kolonialmacht Frankreich eine recht bedeutende quantitative Differenz zugunsten Marrakechs, fällt diese in bezug auf den Inlandtourismus wesentlich geringer aus und präsentiert ein umgekehrtes Bild. 22,6% marokkanischen Gästeankünften in Fès steht ein 15,2%iger inländischer Anteil in Marrakech gegenüber. In diesem Verteilungsmuster spiegelt sich die nach wie vor grosse Bedeutung der Stadt Fès als kulturell-religiöses Zentrum Marokkos mit ausgeprägter Wallfahrtsfunktion.

Tab. 9: Touristenankünfte in homologierten Touristikbetrieben der Region Fès und der Stadt Marrakech 1985 nach Nationalitäten

Region Fès (101)			Stadt Marrakech (102)		
Nationalität	absolut	in %	Nationalität	absolut	in %
Frankreich	85 286	28,2	Frankreich	240 277	46,0
Marokko	68 398	22,6	Marokko	79 262	15,2
BRD	32 127	10,7	BRD	53 555	10,3
Spanien	31 379	10,4	Spanien	29 524	5,6
USA	20 205	6,7	Italien	27 763	5,3
Italien	15 241	5,0	USA	22 970	4,4
Grossbritannien	8 946	2,9	Grossbritannien	16 371	3,1
Arabische Staaten	8 352	2,8	Arabische Staaten	9 210	1,8
Schweiz	5 311	1,7	Schweiz	7 830	1,5
In Marokko wohnhafte Ausländer	3 861	1,3	Skandinavische Staaten	6 164	1,2
Afrikanische Staaten	2 838	0,9	Kanada	4 752	0,9
Portugal	2 544	0,8	Belgien	4 742	0,9
Niederlande	2 445	0,8	Portugal	3 271	0,6
Kanada	2 420	0,8	Niederlande	2 080	0,4
Skandinavische Staaten	2 320	0,8	In Marokko wohnhafte Ausländer	1 681	0,4
Belgien	2 129	0,7	Afrikanische Staaten	1 368	0,3
Andere	8 747	2,9	Andere	11 187	2,1
Total	302 549	100,0	Total	522 008	100,0

Von den andern Staaten, welche Besucher in den zwei Königsstädten stellen, vermögen sich nur noch die Deutschen und Spanier in Fès, wo sie je über 10% der Besucher verkörpern, und Deutsche in Marrakech, wo sie ebenfalls für wenig mehr als jeden zehnten Stadtbesucher verantwortlich zeichnen, abzuheben.

Nur geringe Differenzen zeigen sich in bezug auf die Wahl der Hotelkategorien durch die Besucher der zwei Städte. Eine grosse Mehrheit der Hotelgäste - 72,2% in Fès, sogar 76% in Marrakech - steigen in Hotels der zwei obersten Preisklassen ab (Tab. 10/11).

Tab. 10: Verteilung der Ankünfte in- und ausländischer Touristen in der Region Fès 1985 nach Hotelkategorien (103)

Kategorie	Ausländer		Marokkaner		Total	
	absolut	in %	absolut	in %	absolut	in %
5*	77 183	39,2	16 760	30,1	93 943	37,2
4*	79 333	40,3	9 024	16,2	88 357	35,0
3*	20 751	10,6	10 498	18,8	31 249	12,3
2*	13 154	6,7	9 668	17,3	22 899	9,1
1*	6 374	3,2	9 840	17,6	16 214	6,4
Total	196 795	100,0	55 790	100,0	252 585	100,0

Tab. 11: Verteilung der Ankünfte in- und ausländischer Touristen in der Stadt Marrakech 1984 nach Hotelkategorien (104)

Kategorie	Ausländer		Marokkaner		Total	
	absolut	in %	absolut	in %	absolut	in %
5*	93 099	23,6	14 062	17,7	107 161	22,6
4*	226 348	57,2	26 994	34,1	253 342	53,4
3*	49 127	12,4	20 082	25,3	69 209	14,6
2*	13 278	3,4	7 521	9,5	20 799	4,4
1*	13 436	3,4	10 606	13,4	24 042	5,0
Total	395 288	100,0	79 265	100,0	474 553	100,0

Die extrem starke Stellung der Vier- und Fünfsternbetriebe wird massgeblich durch die ausländischen Besucher bestimmt, von denen 79,5% in Fès bzw. 80,8% in Marrakech Unternehmen der zwei obersten Kategorien berücksichtigen. Aber auch die nationale Kundschaft wählt zu 46,3% in Fès und 51,8% in Marrakech Unterkünfte mit vier resp. fünf Sternen. Die vermehrte Berücksichtigung der höchsten Kategorien durch eine nationale Kundschaft in den letzten Jahren ist nicht zuletzt eine Folge von Beschlüssen des marokkanischen Tourismusministeriums zur Förderung und Demokratisierung des nationalen Fremdenverkehrsvolumens, um der lautgewordenen Kritik (siehe nachstehendes Zitat) an einer zu starken Promotion des internationalen Tourismus in Marokko zu begegnen:

"... on doit souligner l'inadéquation entre un équipement hôtelier prévu pour le tourisme international et les fortes potentialités du tourisme intérieur qui ne peut avoir accès à ces hôtels au coût élevé. En effet, alors qu'ils concèdent aux agences de voyages internationales des prix excessivement bas pour les groupes, les hôteliers affichent des prix élevés pour le touriste individuel ..." (105)

Seit 5. Januar 1984 wird marokkanischen Staatsangehörigen sowie in Marokko wohnhaften Ausländern eine Reduktion um 25% in allen Hotels gewährt (106):

- mit Beginn des ersten Aufenthaltstages bei Halbpension
- mit Beginn des zweiten Aufenthaltstages in einem Hotel ohne Restaurant

Mit diesem Beschluss wurde eine bereits seit 4. März 1981 gewährte Vergünstigung um 25% für Marokkaner und in Marokko wohnhafte Ausländer bei einer mindestens zweitägigen Halbpension (107) auch auf eintägige Halbpensionate ausgeweitet und zusätzlich Hotels niederer Kategorien ohne Restaurants in die Tarifermässigung einbezogen.

Während in Fès 1985 die höchste Kategorie mit 30,1% am meisten nationale Gäste verbuchen konnte, absorbierten 1984 in Marrakech die Viersternbetriebe mit 34,1% den grössten Anteil des einheimischen Potentials. Generell nimmt in Fès die Nachfrage in- und ausländischer Gäste mit sinkendem Hotelstandard ab. In Marrakech nehmen die Viersternbetriebe eine Sonderstellung ein. Sie zeigen sich mit 53,4% aller in Hotels nächtigenden Touristen wesentlich bedeutender als die Fünfsternbetriebe, welche nur einen Marktanteil von 22,6% verzeichnen. Diese differierende Verteilung ist u.a. eine Folge der unterschiedlichen Bettenkapazitäten der zwei höchsten Hotelkategorien in den Vergleichsstädten. Marrakech verfügt über ein bedeutend grösseres Bettenangebot in Viersternbetrieben als Fès (108).

Werden die Gästeziffern der fünf Hotelkategorien prozentual auf Ausländer und Marokkaner aufgeschlüsselt (Fig. 4), zeigt sich mit Ausnahme der zwei höchsten Kategorien, dass die Bedeutung der Inländer in beiden Städten mit sinkender Preisklasse stetig zu- bzw. der Ausländeranteil entsprechend abnimmt. Stellen die Marokkaner in den Dreisternhotels der Provinz Fès 33,6% aller Gäste, rekrutieren sich 60,7% der in Einsternbetrieben Nächtigenden aus dem Inland. Nicht ganz so gross präsentiert sich die den Inlandanteil betreffende Differenz zwischen Dreistern- und Einsternhotels in Marrakech: 29,0% gegenüber 44,1%.

Fig. 4: Prozentualer Anteil der inländischen bzw. ausländischen Touristen an den Ankünften in der Region Fès 1985 und der Stadt Marrakech 1984 nach Hotelkategorien (109)

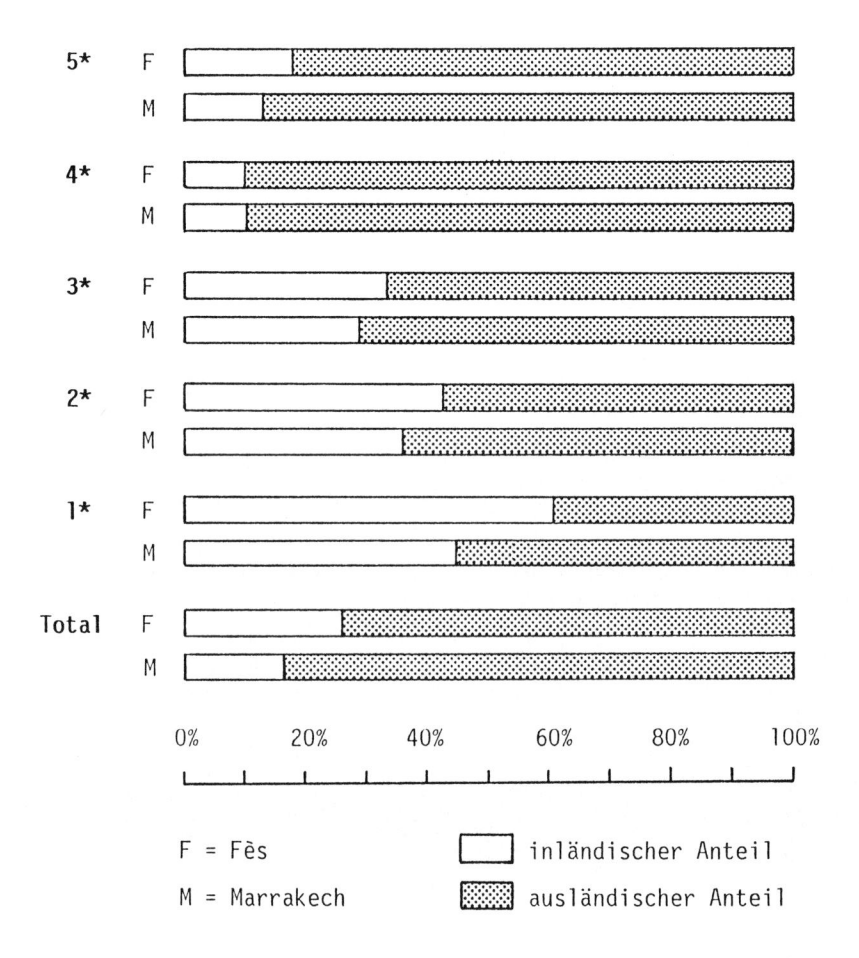

F = Fès   ☐ inländischer Anteil
M = Marrakech   ▦ ausländischer Anteil

Die Bedeutung des In- und Auslandtourismus in nicht homologierten Hotels lässt sich aufgrund des Mangels an statistischen Unterlagen nicht quantitativ präzis erfassen, aber eine durch Interviews realisierte Aufstellung nach Rangpunkten (110) lässt in eindeutiger Weise den Schluss zu, dass diese Billigherbergen sowohl in Fès als auch in Marrakech mit Abstand am stärksten von marokkanischen Staatsangehörigen aufgesucht werden (Tab. 12/13).

Stehen andere Nationalitäten als die marokkanische an erster Stelle der Absteigenden, spielen persönliche Beziehungen des Besitzers/Receptionisten, die er z.B. als Gastarbeiter in Europa geknüpft hat, oder die Publikation in europäischen Billigreiseführern eine entscheidende Rolle. Im Gegensatz zu den homologierten Hotels treffen wir die Franzosen erst an zweiter Stelle, mit Abstand gefolgt von Gästen aus der BRD, Grossbritannien und den USA in

Fès bzw. Grossbritannien und der BRD in Marrakech. Das Spektrum der drei häufigsten die nicht homologierten Unterkünfte aufsuchenden Nationalitäten präsentiert sich in Marrakech etwas breiter als in Fès.

Tab. 12: Ankünfte von Touristen in nicht klassifizierten Hotels der Stadt Fès 1985 nach Nationalitäten

Nationalität	Nennungen je Rang			Rangpunkte insgesamt
	1. Rang	2. Rang	3. Rang	
Marokko	23	1	-	71
Frankreich	1	12	3	30
BRD	-	4	6	14
Grossbritannien	-	2	6	12
USA	-	5	-	10
Italien	-	-	3	3
Schweiz	-	-	3	3
Spanien	-	-	2	2

Tab. 13: Ankünfte von Touristen in nicht klassifizierten Hotels der Stadt Marrakech 1985 nach Nationalitäten

Nationalität	Nennungen je Rang			Rangpunkte insgesamt
	1. Rang	2. Rang	3. Rang	
Marokko	42	-	1	127
Frankreich	3	28	7	81
Grossbritannien	1	6	18	36
BRD	1	3	6	15
USA	-	1	3	5
Italien	-	-	3	3
Belgien	-	1	-	2
Kanada	-	1	-	2
Australien	-	-	1	1
Niederlande	-	-	1	1
Schweiz	-	-	1	1

Den Hauptharst der ausländischen Gäste in nicht klassifizierten Herbergen stellen jüngere Touristen, die auf möglichst billige Art und Weise Marokko entdecken wollen. Als Alternative für jugendliche Stadtbesucher mit geringem finanziellem Spielraum bieten sich die Jugendherbergen in Fès und Marrakech an, deren Benützer in ihrer grossen Mehrheit aus anglophilen Ländern stammen, nämlich aus Australien, Neuseeland, England und den USA (111). Spanische und französische Benutzer folgen erst auf den nächsten Plätzen.

Im Gegensatz zu den vorwiegend jüngeren ausländischen Benützern der Jugendherbergen und nicht klassifizierten Hotels repräsentieren die marokkanischen Gäste in nicht homologierten Herbergen ein weites Altersspektrum. Sie rekrutieren sich aus mittleren und unteren sozialen Schichten, wobei häufig ganze Familien Unterkunft finden.

3.6. Struktur der Hotellerie - Dominanz der höchsten Kategorien

70,3% der Bettenkapazität in homologierten Touristikbetrieben der Stadt Fès bzw. 75,9% in ebensolchen in Marrakech werden durch die zwei höchsten Hotelkategorien gestellt (Tab. 14).

Tab. 14: Kapazitäten homologierter Touristikbetriebe in den Städten Fès und Marrakech 1985 nach Kategorien (112)

Kategorie	Anzahl		Zimmer		Betten		% aller Betten	
	F	M	F	M	F	M	F	M
5*	3	4	556	950	988	1 790	43,9	20,0
4*	3	16	295	2 661	594	5 018	26,4	55,9
3*	3	10 (113)	173	719	274	1 311	12,2	14,6
2*	4	5	107	225	192	469	8,5	5,2
1*	5	5	145	123	204	204	9,0	2,3
Appartementhäuser	-	5	-	93	-	180	-	2,0
Total	18	45	1 276	4 771	2 252	8 972	100,0	100,0

In Marrakech vereinigen die Viersternunternehmen allein mehr als die Hälfte aller Betten auf sich, gleichzeitig wird jedes fünfte Bett von einem Luxusbetrieb der höchsten Preisklasse angeboten. In Fès nimmt die höchste Preisklasse die dominate Stellung ein, indem sie 43,9% der Bettenkapazität stellt und die Viersternhotels nur etwas mehr als jedes vierte touristische Bett anbieten.

Die ausserordentlich dominante Stellung der Hotellerie der zwei höchsten Preisklassen in Fès und Marrakech manifestiert sich deutlich, wenn wir einen Vergleich mit einer typischen Fremdenverkehrsstadt in der Schweiz, z.B. Luzern, anstellen (Tab. 15).

Tab. 15: Kapazitäten homologierter Touristikbetriebe in der Stadt
Luzern 1988 nach Kategorien (114)

Kategorie	Anzahl	Betten	% aller Betten
5*	4	875	15,3
4*	17	2 329	40,7
3*	28	2 059	36,0
2*	3	83	1,5
1*	5	221	3,9
Appartement-häuser	1	150	2,6
Total	58	5 717	100,0

Die obersten zwei Hotelkategorien beanspruchen in Luzern nur 56,0% des Bettenangebotes der homologierten Touristikbetriebe. Ein starkes Gewicht hat in Luzern hingegen die mittlere Kategorie der Dreisternhotels mit 36% aller Betten, eine Kategorie, die in den zwei marokkanischen Königsstädten nur wenig mehr als 10% der Bettenkapazität zur Verfügung stellt. Der Anteil von 14,6% in Marrakech profitiert überdies von der Tatsache, dass das Bettenangebot des "Club Méditerranée" von offizieller Seite statistisch den Dreisternbetrieben zugerechnet wird. Die in Fès und Marrakech bevorzugten Investitionen in Vier- und Fünfsternhotels (Abb. 9) und die gleichzeitige Vernachlässigung der mittleren Kategorie, obwohl ihr die staatliche Tourismuspolitik mehrfach eine prioritäre Rolle zugeschrieben hat, ist weitgehend eine Folge der starken Stellung des Gruppentourismus in beiden Städten, der für je rund 50% der Touristenankünfte verantwortlich zeichnet.

Abb. 9: Dominante Luxushotellerie: das Fünfsternhotel
Palais Jamai am Rande der Medina von Fès

> "Si les catégories moyennes ont eu peu de succès auprès des investisseurs
> privés, c'est que ceux-ci ont concentré l'essentiel de leurs efforts sur
> les catégories de luxe. A côté des aides et subventions étatiques aux
> investisseurs privés qui encouragent ceux-ci à réaliser des projets d'un
> montant très élevé, il semble que l'explication essentielle de ce choix
> réside dans l'existence ... du tourisme de masse qui, grâce à ses for-
> mules à forfait et ses prix de groupe, peut mettre ces hôtels de haut
> standing à la portée des revenus moyens." (115)

Durch diese Entwicklung verloren die Fünf- und Viersternbetriebe immer mehr ihren exklusiven Charakter, welchen sie anfangs der 60er Jahre - speziell in den Königsstädten - noch genossen hatten, als sich vor allem Geschäftsleute und Passagiere von Luxuskreuzfahrtschiffen in diesen prunkvoll ausgestatteten Hotels ein Stelldichein gaben.

Die Vernachlässigung der Hotels mittlerer Kategorie führt vor allem in Fès, wo im Gegensatz zu Marrakech auch keine Parahotellerie in Form familienfreundlicher, preisgünstiger Appartements oder Feriendörfer zur Verfügung steht, zu temporären Engpässen.

> "La D.R.T. (= Délégation Régionale du Tourisme, R.W.) note ... un manque
> d'hôtels de classe moyenne 2 et 3 étoiles. En effet, pendant les vacances
> scolaires, nombreuses sont les familles marocaines de Casablanca qui
> viennent passer quelques jours à Fès pour voir des parents. Les hôtels
> 2 - 3 étoiles sont alors surchargés." (116)

Mit der Erweiterung des Dreisternhotels "Splendid" von 33 auf 80 Zimmer und dem Neubau eines Dreisternunternehmens bei Dar Batha wird sich die Mangellage der Stadt Fès im mittleren Preissektor der Hotellerie nach 1987 vermutlich etwas entspannen.

Eine spürbare Entlastung für die schwach dotierte mittlere Hotelkategorie bringt in Marrakech die für den Aufenthaltstourismus typische Erscheinung der Parahotellerie. So stehen in Marrakech in 5 Appartementhäusern für Touristen immerhin 93 Gästezimmer zur Verfügung und in 2 - zwar für eine eingeschränkte Benützerschar reservierten - Feriendörfern drei Kilometer nordöstlich vor Marrakech weitere 191 Bungalows verschiedener Grössen (117).

Im Kapazitätsvergleich ebenfalls nicht numerisch erfasst ist der 2 ha grosse Camping in Marrakech, der für individuell Reisende eine preiswerte Alternative darstellt. Der 6 ha umfassende Camping in Fès wurde 1985 zugunsten eines Hotelprojektes aufgegeben, so dass Fès im Bereich der nicht hotelgebundenen Aufenthaltsmöglichkeiten keine Alternative mehr anbieten kann (118). Ein folgenschwerer Verzicht, zumal Camper in ihrem volkswirtschaftlichen Input - speziell im Bereich Handwerk - keine unbedeutende Rolle spielen (119). Der Beschluss, den Camping mit jährlich ca. 40'000 Benützern zugunsten eines Hotels mit rund 400 Betten aufzugeben, wurde aufgrund der städtischen Bodenknappheit bzw. -spekulation getroffen, welche eine weitere Expansion touristischer Primärinfrastrukturen in Fès stark behindert (120).

Aufgrund der Tendenz zur weiteren Demokratisierung des Tourismus in Europa, des in Marrakech verbreiteten Aufenthaltstourismus und möglicher guter Verdienste finden Kleinhotels mittlerer Kategorie und speziell Appartements für Touristen in Marrakech einen guten Nährboden.

"Cela s'explique par la préférence actuelle des promoteurs de construire des petits hôtels ou des résidences meublées pouvant bénéficier des avantages accordées aux projets touristiques plutôt que de construire des appartements qui semblent difficilement se louer." (121)

Angesichts eines eigentlichen Booms an Baugesuchen - darunter zahlreiche Spekulationsprojekte, die vermutlich nie verwirklicht werden (122) - ist es für Marrakech im Gegensatz zu Fès unmöglich, genau anzugeben, um wieviel Einheiten die Kapazitäten in den nächsten Jahren anwachsen werden.

Die bis anhin in Fès und Marrakech erfolgte starke Forcierung der Hotellerie höchster Kategorien erweist sich heute angesichts der identischen Zielsetzung der Tourismuspromotoren, die Städte zu eigentlichen Zentren des Konferenz- und Kongresstourismus zu entwickeln, auch als Vorteil. Eine grosse Mehrheit von Konferenz- und Kongressbesuchern bevorzugt Fünf- und Viersternhotels, weil sie auch ausserhalb der offiziellen Aktivitäten Möglichkeiten zu Kontakten bieten und über die notwendige Infrastruktur zur Verhandlungsführung (Tagungsräume, Büros, Telex etc.) und Unterhaltung (Restaurants, Bars, Nachtklub, Kino, Schwimmbad, Sportplätze etc.) verfügen.

Trotz des umfangreichen Bettenangebots reicht die Kapazität in Hotels höchster Kategorien in Fès für Mammut-Konferenzen - wie die Palästinakonferenz von 1982 - nicht aus. So mussten während der angesprochenen Konferenz Delegationen auch ausserhalb der Stadt Fès in Drei- und Viersternhotels in Sidi Harazem, Immouzer du Kandar und Sefrou einquartiert werden (123). Eine Tatsache, die Fès gegenüber dem über ein grösseres Potential verfügenden Marrakech deutlich benachteiligt, weil das Zeitbudget hochrangiger Persönlichkeiten tägliche Dislokationen nicht gerne vorsieht und überdies sicherheitstechnische Ueberlegungen dagegen sprechen. Aus diesen praktischen Gründen lässt sich der Konferenztourismus kaum langfristig im Rahmen der Zielsetzung, den Fremdenverkehr als regionalen Integrations- und Wirtschaftsförderungsfaktor in der Region Fès einzusetzen, nutzen. Der moderne Konferenz- und Kongresstourismus politischer bzw. wirtschaftlicher Natur setzt umfangreiche Beherbergungs- und Tagungslokalitäten auf kleinem Raum voraus, wie sie mit dem auf privater Basis lancierten Grossprojekt in Marrakech geschaffen werden.

Im Vergleich zu den zwei höchsten Hotelkategorien nimmt sich die Bettenkapazität der zwei untersten Preisklassen in beiden Untersuchungsorten recht bescheiden aus. Sie leisten insgesamt nur einen Beitrag von 21,3% in Fès bzw. 8,2% in Marrakech zum touristischen Bettenangebot. Verhältnismässig umfangreich präsentiert sich allein die Bettenkapazität der Zweisternhotellerie in Fès. Aufgrund des gleichzeitigen Mangels an Dreisternbetrieben in Fès werden in der Hochsaison oft Gruppengäste, die eigentlich für eine höhere Kategorie gebucht haben, in Zweisternhotels untergebracht. Unangenehme Auseinandersetzungen zwischen unzufriedenen Gästen, Reiseleitern und Hoteliers bilden die unvermeidliche Folge davon (124).

Gewichtiger als die Ein- und Zweisternbetriebe sind die nicht homologierten Hotels, von denen in Fès 26 mit 464 Zimmern und in Marrakech 43 mit total 754 Zimmern zur Auswahl stehen (125). Nur über bescheidene Kapazitäten verfügen die vor allem von jungen anglophilen Reisenden frequentierten Jugendherbergen. Die in Fès verortete Jugendherberge verfügt über 6 Zimmer mit total 50 Betten, jene in Marrakech über 7 Zimmer mit gesamthaft 60 Schlafplätzen.

Keinerlei statistische Angaben können zu den Beherbergungskapazitäten der äusserst bescheiden ausgestatteten Khane (Fondouks) gemacht werden, die nur noch eine geringe Bedeutung als Unterkünfte für Händler besitzen, die im gleichen Gebäude ihre Tragtiere und/oder Waren unterbringen wollen.

Ein resümierender Ueberblick über die aktuelle Struktur der Hotellerie in Fès und Marrakech zeigt zwar die gemeinsame starke Dominanz der höchsten Preisklassen, gleichzeitig aber auch markante Unterschiede, die auf die verschiedenen Tourismusformen - Rundreisetourismus in Fès, Rundreise- und Aufenthaltstourismus in Marrakech - zurückzuführen sind. Die in Marrakech verorteten zahlreichen Hotels der obersten Kategorien sind im allgemeinen grösser und mit umfangreicherer Infrastruktur zur Unterhaltung und für Konferenzen dotiert, was die anvisierte Förderung des Konferenztourismus wesentlich erleichtert. Gleichzeitig fällt der Mangel an Hotels der mittleren Kategorie in Marrakech weniger ins Gewicht, weil Angebote der Parahotellerie zur Verfügung stehen, die in Fès vollumfänglich fehlen.

Die Vermietung von Appartements z.B. geht von längeren Mietverhältnissen bzw. Aufenthalten aus, welche in Fès die Ausnahme bilden. Die Rentabilität weniger - noch zu erstellender - Appartements für Touristen in Fès aber a priori ausschliessen zu wollen, wäre sicher falsch. Zahlreiche (ausländische) Geschäftsleute und Techniker, die sich längere Zeit in Fès aufhalten, logieren mangels eines Angebots an Appartements in Hotels mittlerer und höchster Kategorien. In Marrakech stellen aber gerade diese Personen eine häufige Benützergruppe von Appartements für Touristen dar.

Im Sinne der Förderung des nationalen Fremdenverkehrs ist es sicher richtig, die Hotels - speziell jene der oberen Kategorien - landesweit durch Verbilligungsaktionen vermehrt für marokkanische Gäste zu öffnen. Diese auf eine einheimische Kundschaft ausgerichtete Rabattierungsaktion ist auch geeignet, der Kritik am exklusiven Charakter des ausländischen Pauschaltourismus, der in den Genuss von Gruppenrabatten kommt, zu begegnen. Durch die stärkere Belegung infolge der Preisreduktionen für nationale Gäste kann gleichzeitig ein Beitrag dazu geleistet werden, dass sich im Hinblick auf den Konferenztourismus geschaffene Vier- und Fünfsternhotels nicht als überdimensionierte, unrentable Kapazitäten in konferenzlosen Perioden erweisen.

Da die Hotels der obersten Preisklassen aber trotz Verbilligungsaktionen nur einer Minderheit von marokkanischen Reisenden zugänglich sind, sollten in Fès und Marrakech verstärkt auf den Familientourismus ausgerichtete Hotels mittlerer Preisklasse und Grösse geschaffen werden, auch um der privaten unternehmerischen Initiative zur Hotelneugründung vermehrt Raum zu geben. Ueberdies können Hotels mittlerer Kategorie bei Mammutkonferenzen ohne Bedenken zur Ueberbrückung von Bettenkapazitätsengpässen verwendet werden. Da nationale Gäste nicht generell das gleiche saisonale Verhalten zeigen wie ausländische Touristen, ermöglichen sie auch eine bessere mittlere jährliche Belegungsrate. Speziell in den Wintermonaten steigt bereits jetzt der nationale Fremdenverkehrsanteil in beiden Untersuchungsräumen jeweils spürbar an. Durch eine gezielte Förderung von Hotels mittlerer Kategorien könnte diese die monatlichen Belegungsraten nivellierende Funktion der nationalen Gäste noch weiter gefördert werden.

Speziell auf eine nationale Kundschaft ausgerichtet sind die rund drei Kilometer ausserhalb von Marrakech lokalisierten zwei Feriendörfer ("Village de l'Electricien", "Centre de Vacances du Personnel de Distribution d'Eau et d'Electricité au Maroc"), die neben einem Hotel mit 36 Zimmern über 132 Bungalows unterschiedlicher Grösse verfügen, welche an die Mitglieder der die Feriendörfer besitzenden staatlichen Gesellschaften preisgünstig vermietet werden (126). Der permanente Erfolg - in Form hoher Belegungsraten - dieser familienfreundlichen Unterkünfte veranlasst die nationale Elektrizitätsgesellschaft als Besitzerin des "Village de l'Electricien", die Anlage 1986 um weitere 59 Bungalows und zwei Hotels mit 40 resp. 20 Zimmern zu erweitern.

Die Familien belegen die Bungalows im Durchschnitt während 10 Tagen und bleiben so wesentlich über der für die Hotellerie von Marrakech kurzen mittleren Aufenthaltszeit von 2,8 Tagen. Die Bungalows des Elektrikerdorfes werden auch an Mitglieder befreundeter Elekrizitätsgesellschaften in Frankreich, Italien und der Sowjetunion vermietet. Ausländische Gäste pflegen einen Mietvertrag sogar über zwei bis drei Wochen abzuschliessen. Von staatlicher Seite werden die Feriendörfer gerne zur Veranstaltung berufsbezogener Konferenzen benutzt, die nicht nur die Bereiche Elekrizitäts- und Wasserversorgung zu betreffen brauchen. Diese Kongresse dauern zwischen drei und acht Tagen und tragen ganz wesentlich zu einer guten, regelmässigen Auslastung der Feriendörfer bei und erklären auch die geplanten erhöhten Investitionen in den Hotelsektor, da Hotelzimmer vor allem von individuellen Kongressbesuchern ohne Familienbegleitung nachgefragt werden.

In der unmittelbaren Umgebung von Fès steht kein entsprechendes preisgünstiges, vor allem auf Familienferien ausgerichtetes Feriendorf zur Verfügung. Erst in der 17 Kilometer von Fès entfernten Thermalstation Sidi Harazem treffen wir auf ein vergleichbares Angebot von 71 Bungalows verschiedener Grösse. Zwecks Förderung des nationalen Fremdenverkehrs in Fès ist angesichts der positiven Erfahrungen in Marrakech die Anlage eines Feriendorfes mit preisgünstigen Bungalows und einem ergänzenden Kleinhotel angezeigt. Das neu zu schaffende Feriendorf könnte wie jenes in Marrakech von einer staatlichen, nicht dem Tourismus verpflichteten Gesellschaft getragen werden. Angesichts des erhöhten Platzbedarfes eines Feriendorfes mit zahlreichen Bungalows, welches auch mit einer familien- bzw. kinderfreundlichen Infrastruktur dotiert werden müsste, wird die Anlage infolge der städtischen Bodenknappheit und entsprechend hoher Bodenpreise nicht in der Stadt Fès selbst errichtet werden können, sondern wie in Marrakech in kleinem Abstand von derselben, was beim Vorhandensein eines regelmässigen Busservice nach Fès aber keine Probleme für die Gäste stellen würde.

Feriendörfer bieten sicher gute Chancen, um - wie durch Hotels mittlerer Kategorien - der weiteren Demokratisierung des nationalen Fremdenverkehrs Auftrieb zu geben und den Konferenztourismus nicht nur höchsten Verantwortungsträgern in Politk und Wirtschaft vorzubehalten, sondern auch für mittlere und untere Kader möglich und attraktiv zu machen, indem Weiterbildung mit Familienferien verbunden werden kann.

4. WIRTSCHAFTS- UND SOZIALGEOGRAPHISCHE EFFEKTE DES TOURISMUS IN FES UND MARRAKECH

4.1. Direkte Beschäftigungseffekte des Tourismus in der Hotellerie und Parahotellerie - unerreichte staatliche Beschäftigungsziele

In der Hotellerie und Parahotellerie der Stadt Fès sind insgesamt 1 167 Personen ganzjährig beschäftigt, weitere 17 Personen werden saisonal eingesetzt. Die über das ganze Jahr in der Hotellerie und Parahotellerie von Fès arbeitenden 355 Frauen stellen 30,4% aller in diesem Dienstleistungssektor Tätigen. Noch etwas höher präsentiert sich der weibliche Anteil in der Hotellerie und Parahotellerie von Marrakech: 1 325 oder 34,1% der 3 862 ganzjährig Beschäftigten sind Frauen. Weitere 947 Personen werden je nach Bedarf in den Belegungsspitzen der Hotels und Appartements in Marrakech rekrutiert (Tab. 16).

Tab. 16: Beschäftigte in der Hotellerie und Parahotellerie der Städte Fès und Marrakech 1985 nach Kategorien und Geschlecht

Kategorie	Männer		Frauen		Total		Saisonal Beschäftigte	
	F	M	F	M	F	M	F	M
5*	450	563	168	377	618	940	-	320
4*	206	1 428	82	658	288	2 086	-	553
3* (127)	71	318	46	149	117	467	13	63
2*	23	72	15	36	38	108	3	-
1*	17	21	15	22	32	43	1	-
Appartementhäuser	-	50	-	18	-	68	-	6
Nicht homologierte Hotels	43	84	28	65	71	149	-	4
Jugendherberge	2	1	1	-	3	1	-	1
Total	812	2 537	355	1 325	1 167	3 862	17	947

Die personalintensiven Hotels der zwei höchsten Kategorien beschäftigen in Marrakech besonders viele saisonale Arbeitskräfte, nämlich 553 in den Viersternunternehmen und 320 in den Fünfsternbetrieben. Die gleich hoch klassifizierten Hotels in Fès kommen hingegen erstaunlicherweise ganzjährig mit dem gleichen Personalbestand aus, was auf eine durchschnittlich bessere Personaldotation je Zimmer während des ganzen Jahres zurückzuführen ist (Tab. 18).

Umgekehrt präsentiert sich das Bild bei den Ein- und Zweisternbetrieben. Während in Marrakech angesichts einer ganzjährig höheren mittleren Beschäftigtenzahl je Zimmer zur Ueberbrückung von Arbeitsspitzen überhaupt nicht auf temporäre Arbeitskräfte zurückgegriffen werden muss, finden in Fès immerhin 4 Personen vorübergehend Arbeit in einem Ein- oder Zweisternbetrieb. Die im Mittel pro Zimmer personell ungefähr gleich bestückten Hotels mittlerer Preisklasse setzen in beiden Vergleichsstädten saisonale Arbeitskräfte ein, um die Frühlings- und Spätsommer/Herbstspitzen der Belegung ohne qualitativen Leistungsabbau für die Kundschaft bewältigen zu können.

Die temporäre Beschäftigung erfolgt im übrigen nicht nur zur Ueberbrückung längerer Personalengpässe, sondern ebenso kurzfristig im Falle von Feiertagen, umfangreichen Konferenzen oder selbst bei grösseren Familienfesten. Die temporären Arbeitskräfte sind in ihrer grossen Mehrheit weiblichen Geschlechts.

Der ausländische Personalbestand erweist sich sowohl in Fès als auch in Marrakech als bescheiden (Tab. 17). 7 Personen oder 0,6% der in der Hotellerie und Parahotellerie von Fès Beschäftigten sind nicht marokkanischer Nationalität. In Marrakech machen die 111 Ausländer(innen) 2,9% der in der Hotellerie und Parahotellerie Tätigen aus. Ihr Anteil präsentiert sich vor allem wesentlich höher als in Fès, weil im "Club Méditerranée" allein permanent rund 70 ausländische Personen tätig sind (128). Werden die Angestellten des "Clubs" nicht berücksichtigt, machen die nicht marokkanischen Arbeitskräfte nur noch 1,1% aller direkt in der (Para)Hotellerie von Marrakech Tätigen aus. In der mittleren Hotelkategorie allein sinkt der Ausländeranteil ohne Berücksichtigung des "Clubs" von hohen 15,4% auf bescheidene 0,7%.

Ausländische Arbeitskräfte werden allein in den drei höchsten Hotelkategorien eingesetzt, wo sie in der Regel führende Positionen in der Verwaltung, Küche oder an der Réception bekleiden. So werden in Marrakech insgesamt 7 Vier- und Fünfsternhotels durch ausländische Direktoren - 4 Franzosen sowie je ein Brite, ein Däne und ein Deutscher - geführt. In Fès steht nur ein Fünfsternhotel unter einem Direktor deutscher und ein Dreisternbetrieb unter einem solchen schweizerischer Nationalität. Trotz grosser Anstrengungen in der Schaffung landeseigener Ausbildungszentren ist es noch nicht möglich, alle Führungspositionen mit genügend qualifizierten marokkanischen Personen auszufüllen. Zur Besetzung anderer offener Stellen in der Hotellerie stehen jedoch genügend Absolventen marokkanischer Hotelfachschulen zur Verfügung.

Tab. 17: Ausländische Arbeitskräfte in der Hotellerie
und Parahotellerie der Städte Fès und Marrakech
1985 nach Kategorien

Kategorie	Anzahl		% aller Beschäftigten	
	F	M	F	M
5*	6	11	1,0	1,2
4*	-	28	-	1,3
3*	1	72	0,9	15,4
2*	-	-	-	-
1	-	-	-	-
Apartement-häuser	-	-	-	-
Nicht homologierte Hotels	-	-	-	-
Jugendherbergen	-	-	-	-
Total	7	111	0,6	2,9

Marokko kennt verschiedene Ausbildungsgänge zur Schulung von in der Hotellerie Tätigen (129):

- In den sog. "Centres de Formation Professionnel" in Beni Slimane, Casablanca und Asilah werden zweijährige, stark praxisorientierte Ausbildungsgänge angeboten, deren Absolventen ein "certificat d'aptitude professionnelle" erhalten. Den Studenten stehen grundsätlich zwei Spezialisierungsmöglichkeiten offen: Réception/Restaurant oder Küche.

- Die gleichen Spezialisierungsmöglichkeiten erlauben die sog. "Ecoles Hôtelières pour la Formation des Cadres Supérieures Touristiques", welche in dreijährigen, mit mehr Theorie gefüllten Ausbildungsgängen zum Abschluss mit einem "diplôme de technicien hôtelier" führen. Deratige Schulungszentren bestehen in Agadir, El Jadida, Fès, Marrakech, Ouarzazate, Rabat und Tanger.

Sowohl der zwei- als auch der dreijährige Ausbildungsgang ist gratis. Die Bewerber/innen haben eine Eintrittsprüfung abzulegen, welche Auskunft über eine für den Unterricht genügende Schulbildung geben soll. Für beide Ausbildungstypen sind dreimonatige Praxisphasen in den sommerlichen Ausbildungspausen vorgesehen. Obwohl diese Praktika obligatorisch sind, können nicht für alle Kursteilnehmer entsprechende Praktikumsplätze gefunden werden, sei es weil in der sommerlichen Hitzeperiode in den Hotels im Landesinnern kein Bedarf nach zusätzlichen Arbeitskräften besteht, sei es weil sich für ausländische Praktikumsplätze Visa- bzw. arbeitsrechtliche Probleme ergeben.

Auch nach der Diplomierung bestehen totz des weiter anhaltenden touristischen Aufschwungs Marokkos grösserer Probleme, genügend Arbeitsplätze für die Absolventen zu finden. Dies liegt einerseits daran, dass die Hotelleitungen die Unterrichtsprogramme für zu stark theorielastig halten, anderseits die Absolventen von Hotelfachschulen nicht das notwendige Verständis aufbringen, nach Abschluss ihrer Studien ihre praktische Tätigkeit nicht auf einem ihrem Theoriewissen entsprechenden Niveau beginnen zu können, sondern vorerst die dazu notwendige Praxis erwerben zu müssen.

Die Absolventen der Kurse sind nicht verpflichtet, nach der Diplomierung in Marokko tätig zu sein. Viele nutzen daher die Möglichkeit, um sich in ausländischen Hotels weiter zu qualifizieren und so die noch fehlende Praxis zu gewinnen. Umgekehrt sind auch die Hotelleitungen nicht gebunden, prioritär in marokkanischen Hotelfachschulen ausgebildetes Personal einzustellen. Jeder Hotelier ist bei der Rekrutierung seines Personals absolut frei und setzt die Löhne individuell fest. Im Gegensatz zu Berufen der öffentlichen Verwaltung bestehen keine fixen regionalen, sondern allein individuelle, d.h. von Hotel zu Hotel differierende Bezahlungsunterschiede. Die Tätigkeit in einem Hotel mit sehr gutem Namen - unabhängig von der Region - kommt für die entsprechende Person einer weiteren Qualifiaktion gleich, welche ihr neue Aufstiegsmöglichkeiten öffnet.

Zahlreiche Grosshotels in Fès und Marrakech bieten ihren Angestellten interne Schulungskurse an, welche die Qualifikation der Mitarbeiter/innen erhöhen helfen. Die Bildungsanstrengungen im Tourismussektor haben ganz generell positive Ausstrahlungswirkungen, auch wenn ein Absolvent eines hotelorientierten Ausbildungsganges das Gastgewerbe verlassen sollte, indem die Kenntnisse auch in Annexbetrieben der Hotellerie wie Reisebüros, Autovermietungsfirmen oder ganz generell im kaufmännischen Sektor eingesetzt werden können. Dank ihrer breiten erworbenen Kenntnisse haben Diplomierte einer Hotelfachschule eine grössere berufliche Flexibilität erlangt, welche ihre Chancen zur Berufstätigkeit wesentlich erhöht.

Zwecks Schulung mittlerer Kader, die nach wie vor sehr gesucht sind, wurde in Tanger das sog. "Institut Supérieur International du Tourisme" eröffnet, welches einen vierjährigen Studiengang anbietet. Trotz dieser Einrichtung ist es bis jetzt noch nicht gelungen, die Lücken an qualifizierten mittleren Kadern in Hotels der höchsten Kategorien ganz zu schliessen. Die hotelinterne, stark praxisorientierte Karrierenplanung gemäss dem Motto "Lernen von der Pike auf" besitzt daher immer noch grosse Bedeutung.

Wie gross sind nun aber die Beschäftigungseffekte eines Hotelzimmers der verschiedenen Hotelkategorien? Das nationale Tourismusministerium hat aufgrund von Erfahrungswerten Normen ausgearbeitet, die von den Unternehmen der verschiedenen Preisklassen beachtet werden sollten. Deren Nicht-Beachtung zieht nach Auskunft der regionalen Tourismusdelegierten in Fès und Marrakech bis anhin aber keine unmittelbaren Konsequenzen nach sich. Es überrascht daher nicht, dass zahlreiche Betriebe in beiden Untersuchungsräumen die entsprechenden Vorgaben nicht einhalten (Tab. 18).

Tab. 18: Beschäftigungsnormen und erreichter Personalbestand in den Hotels der Städte Fès und Marrakech 1985 nach Kategorien

Kategorie	Personalbestand je Zimmer Norm (130)	effektiv		Hotels erfüllt		nicht erfüllt	
		F	M	F	M	F	M
5*	1,1	1,1	1,0	2	2	1	2
4*	0,9	1,0	0,8	3	7	-	9
3*	0,7	0,7	0,7	1	4	2	6
2*	0,5	0,4	0,5	2	2	2	3
1*	0,4	0,2	0,4	-	1	5	-

Im Mittel aller Betriebe der entprechenden Kategorie werden die Normen in Fès von den Unternehmen der drei höchsten Preisklassen erfüllt, wobei sich zwischen den einzelnen Hotels aber bedeutende Unterschiede zeigen. Allein bei den Viersternhotels wird die Vorgabe von mindestens 0,9 Angestellten pro Zimmer von allen Unternehmen in Fès beachtet. Bei den Hotels der höchsten Kategorie springt die starke Personaldotation des Luxusbetriebes "Palais Jamai" mit 1,4 Angestellten pro Zimmer ins Auge. Im Gegensatz dazu bleibt der ebenfalls luxuriöse Grossbetrieb "Hôtel de Fès" mit genau 1 Beschäftigten pro Zimmer sogar leicht unter der Norm von 1,1 Angestellten pro Zimmer, während sie im "Hôtel les Mérinides" gerade knapp erreicht wird.

Mit 0,6 Angestellten pro Zimmer verfehlen zwei Dreisternunternehmen in Fès die Limite von 0,7 pro Hotelzimmer nur knapp. Die über der Norm liegende Dotation im "Grand Hôtel" ist allein auf die Tatsache zurückzuführen, dass in diesem Betrieb ein Nachtclub integriert ist, in dem 12 zusätzliche Personen Verdienst finden.

Nur die Hälfte der Zweisternbetriebe in Fès efüllt die Norm von 0,5 Beschäftigten pro Zimmer. Die zwei die Limite stark unterschreitenden Unternehmen - je 0,2 Angestellte pro Zimmer - bauen auf den Einsatz von total 3 temporären Beschäftigten, mit denen Arbeitsspitzen ausgeglichen werden können. Keiner der vier Einsternbetriebe in Fès erfüllt die Zielvorgabe von 0,4 Beschäftigten pro Zimmer. Mit 0,2 Personen pro Gästeraum bleiben die 5 Unternehmen sogar stark darunter. Im Mittel nur unwesentlich weniger Personen pro Zimmer beschäftigen die 24 nicht klassifizierten Herbergen in Fès, nämlich 0,15

Personen gegenüber 0,22 in den klassifizierten Einsternunternehmen. Die nicht homologierten Unternehmen zeigen aber grosse Differenzen in ihrer durchschnittlichen Beschäftigtenzahl je Zimmer, indem diese zwischen minimalen 0,06 und maximalen 0,46 schwankt.

In Marrakech werden die vom Tourismusministerium festgelegten Limiten im Schnitt nur von den Drei- und Zweisternunternehmen knapp erfüllt, wobei auch hier bedeutende Differenzen zwischen den diversen Hotels festzustellen sind. Bei den Dreisternbetrieben schwankt die mittlere personelle Bestückung pro Zimmer zwischen minimalen 0,3 und maximalen 1,0. 75% der Dreisternhotels bleiben unter dem geforderten Persoanlbestand von 0,7 Angestellten pro Zimmer.

Die Norm wird im Mittel aller Dreisternunternehmen gerade noch knapp erreicht, weil ein Hotel ("La Renaissance") dank eines umfangreichen Restaurationsbetriebes - nicht zuletzt auf der Dachterrasse, von wo ein Blick über den ganzen Urbanraum Marrakech möglich ist - die Limite von 0,7 mit 1,0 Beschäftigten pro Zimmer weit übertrifft. Beim zweiten mit 0,8 Angestellten pro Zimmer die Norm übertreffenden Dreisternunternehmen, dem "Club Méditerrannée", gilt es allerdings zu bedenken, dass beinahe ein Drittel des Personals nicht in Marokko selbst rekrutiert wurde. Die unter den Dreisternunternehmen schwächste Dotation des Hotels "Yasmin" mit 0,3 Angestellten pro Zimmer ist darauf zurückzuführen, dass die Gäste die Hauptmahlzeiten im unmittelbar benachbarten und dem gleichen Besitzer gehörenden Viersternhotel "La Ménara" einzunehmen pflegen. Bei den Zweisternhotels in Marrakech schwanken die Personaldotationen je Zimmer zwischen maximalen 0,8 im neustädtischen "Al Mouatamid" und minmalen 0,1 im altstädtischen Hotel "Gallia", welches sich zu einem Treffpunkt von Homosexuellen entwickelt hat.

Gross präsentieren sich die Differenzen zwischen den Personaldotationen pro Zimmer bei den Luxushotels der höchsten Kategorie. Im ältesten und bekanntesten Renommierbetrieb "La Mamounia" kommen auf ein Gästezimmer rund 1,8 ganzjährig Angestellte. Zusätzlich werden in diesem personell am besten bestückten Hotel alljährlich rund 100 saisonale Arbeitskräfte eingesetzt. Im anderen Extrem, dem Hotel "Sofitel", beschränkt sich die ganzjährige Dotation auf 0,5 Personen je Zimmer. Gästespitzen werden in der Regel mit zusätzlichen 90 temporären Arbeitskräften überbrückt.

Nur 7 von 16 Viersternhotels in Marrakech erfüllen die staatlichen Beschäftigungsziele von 0,9 Personen je Hotelzimmer, wobei die Vorgabe nur in zwei Fällen markant übertroffen wird. Im Hotel "Le Tafilalet" werden ganzjährig 1,3 Personen je Zimmer beschäftigt. Die hohe ganzjährige Beschäftigungsquote pro Zimmer ist im wesentlichen darauf zurückzuführen, dass der Betrieb ohne Einsatz von temporären Arbeitskräften geführt wird. Die mittlere personelle Bestückung von 1,1 Personen je Zimmer im Hotel "La Ménara" ist in der Tatsache begründet, dass dieser Betrieb auch die Restauration des benachbarten Dreisternhotels "Yasmin" besorgt. Am wenigsten Personal je Zimmer weist das Hotel "Agdal" auf, nämlich 0,6. Allerdings werden bei Bedarf bis zu 50 zusätzliche temporäre Arbeitskräfte beigezogen.

Die staatlichen Vorgaben für Einsternhotels werden in Marrakech im Mittel aller Unternehmen äusserst knapp erreicht, denn nur ein Betrieb erfüllt mit 0,7 Beschäftigten pro Zimmer nicht nur die Limite von 0,4 Beschäftigten je Gästeraum, sondern übertrifft diese Norm sogar wesentlich und bewirkt so ein Anheben des Durchschnittes der fünf Einsternbetriebe auf das vom Tourismusministerium angestrebte Niveau.

Nicht zu unterschätzen in ihrer Beschäftigungswirkung sind die total 84 nicht klassifizierten Herbergen Marrakechs, die je Zimmer im Mittel immerhin 0,2 Personen Arbeit bringen, obwohl sie nur einen sehr bescheidenen Standard aufweisen.

Wesentlich höher ist der Beschäftigungseffekt in Apppartementhäusern für Touristen, wo durchschnittlich 0,7 Personen pro Zimmer Arbeit finden. Drei geschmackvoll möbilierte und gut unterhaltene Appartementhäuser mit gepflegtem Restaurationsservice schaffen pro Zimmer sogar mehr oder gerade soviele Arbeitsplätze wie es die staatlichen Normen für die Hotels der höchsten Kategorie vorgeben: im Appartementhaus "El Bahja" sind im Mittel pro Zimmer 1,7 Personen tätig, im "El Hamra" und im unmittelbar am Platz Jema el Fna verorteten "La Place" 1,1 Angestellte. In den zwei übrigen, wesentlich bescheidener ausgestatteten Appartementhäusern, die ihren Gästen neben einem "Salon de thé" kein Restaurant anbieten, bleibt der Beschäftigunseffekt wesentlich bescheidener, indem pro Zimmer allein 0,2 Arbeitsplätze geschaffen werden.

Die städtischen Appartements für Touristen in Marrakech zeigen, dass es sich auch aus beschäftigungspolitischen Gründen lohnt, die Parahotellerie nicht aus den Augen zu verlieren und die Prioritäten nicht zu einseitig auf Hotels der zwei obersten Kategorien zu setzen. Dieser Befund wird auch durch die Feriendörfer knapp ausserhalb der Stadt Marrakech bestätigt, wo für den Unterhalt eines Zimmers im Mittel sogar über 2 Personen eingesetzt werden. Diese hohe personelle Dotation ist auf den in einem Feriendorf besonders hohen direkten Multiplikatoreffekt zurückzuführen, indem den Gästen neben Restaurants auch Einkaufsmöglichkeiten angeboten und zahlreiche betreute Unterhaltungsangebote gemacht werden.

4.2. Warenbezug durch die Hotels - Wie steht es um die ökonomischen Relationen zur lokalen Neu- und Altstadt?

Auskunft über die Verankerung des Fremdenverkehrs in der städtischen bzw. regionalen Wirtschaft von Fès und Marrkech gibt insbesondere eine Analyse der Warenbezugsquellen der klassifizierten und nicht homologierten Hotellerie in den zwei Urbanräumen. Die Resultate der in diesem Teil der Interviews gewonnenen Ergebnisse müssen besonders vorsichtig interpretiert werden, da der finanzielle Umfang der Einkäufe unterschiedlich grosser Hotels mangels hotelinterner statistischer Unterlagen nicht entsprechend gewichtet werden konnte. Vielmehr geben die für Fès und Marrakech ermittelten Prozentziffern allein Auskunft auf die Frage, wieviel Prozent der Hotels welche Waren wo beziehen (131). Die gewonnenen Ergebnisse sind geeignet abzuschätzen, ob der Bau, Unterhalt und Betrieb der touristischen Primärinfrastruktur zur Stärkung der städtischen, regionalen bzw. nationalen Wirtschaft beizutragen vermag oder ob die Hotels bedeutende Devisenabflüsse ins Ausland nach sich ziehen und in Marokko selbst nur wenige Arbeitsplätze schaffen.

Da alle klassifizierten Hotels und eine repräsentative Auswahl der nicht homologierten Herbergen in beiden Untersuchungsräumen durch Intensivinterviews mit den Besitzern und/oder Direktoren, in Grosshotels z.T. zusätzlich ihren Food and Beverage Managern, erfasst wurden, kann den Resultaten eine Indikatorfunktion für die Integration der Hotels in der städtischen, regionalen und nationalen Wirtschaft zugesprochen werden. Angesichts der latenten Kritik, der Fremdenverkehr benütze die Altstädte nur als zu passierende Museen ohne diese ökonomisch in bedeutendem Masse für Einkäufe zu berücksichtigen, ist eine differenzierte Untersuchung auch der städtischen Bezugsquellen angezeigt, um herauszufinden, ob die Medina von Fès bzw. Marrakech als Versorgungsort für Güter, die zum Unterhalt und Betrieb von Hotels nachgefragt werden, ebenfalls Berücksichtigung findet.

4.2.1. Bezugsquellen der klassifizierten Hotellerie - grosse Bedeutung der lokalen Neustädte für Versorgungsgüter des kurzfristigen Bedarfs

In ihrer Einkaufspraxis für Güter des kurzfristigen Bedarfs sind die klassifizierten Hotels in Fès stärker auf die Neustadt orientiert als die vergleichbaren Betriebe in Marrakech (Fig. 5). Nur ein bescheidener Teil der Pfefferminzblätter wird in Fès bei altstädtischen Händlern bezogen. Eine Altstadtorientierung ist bei den klassifizierten Hotels in Marrakech hingegen nicht nur bei Pfefferminz, sondern bei allen Lebensmitteln festzustellen, am ausgeprägtesten bei den Gewürzen, von denen 12 Hotels oder 35,3% der homologierten Betriebe in der Medina beziehen. Immerhin 6 Unternehmen besorgen auch ihre Eier bei altstädtischen Verkäufern und 5 Hotels erwerben ihr Brot bei Bäckern innerhalb der Stadtmauern.

Von zentraler Bedeutung für die Grosseinkäufe tätigen Luxusbetriebe in Marrakech ist der neustädtische Engrosmarkt von Bab Doukala, wo vor allem Aepfel, Kartoffeln und Pfefferminz in grossen Mengen eingekauft werden, was zu günstigeren Bedingungen möglich ist als bei Detaillisten in der Neu- oder Altstadt.

Ein spezielles Warenbezugsmuster zeigen die Vier- und Fünfsternhotels beider Städte bei Fischen, indem diese direkt von Grossisten der atlantischen Küstenstädte bezogen werden. So bestellen in Fès drei Hotels resp. 23,1% der

Fische beziehenden Betriebe diese unmittelbar in Agadir, Larache oder Mehdiya. In Marrakech berücksichtigen 19 oder 42,2% der Unternehmen Grossisten in Agadir, Safi, Casablanca oder Essaouira.

Aufgrund des in den Altstädten herrschenden Alkoholverkaufsverbotes besitzen diese für den Handel mit Wein und Whisky keine Bedeutung. Alkoholika werden in Fès im wesentlichen über zwei marokkanisch-jüdische Gesellschaften bezogen, die ihre Niederlassungen in der Neustadt haben. Nur ein Dreisternhotel kauft Wein direkt bei je einem Grossisten in Meknès und Casablanca ein. Für nicht-alkoholische Getränke finden ausschliesslich Lieferanten in den Neustädten Berücksichtigung. In Marrakech ist der Direktbezug bei der im Industriequartier angesiedelten "Brasserie" besonders häufig.

Das "Quartier industriel" in Marrakech ist überdies nur noch für den Direktbezug von Fleisch aus dem städtischen Schlachthaus von Bedeutung, ansonsten wird von den Einkäufern der Hotels der Fleisch-, Gemüse-, Früchte- und Blumenmarkt im ebenfalls neustädtischen Quartier "Guéliz" frequentiert. Von ebenso zentraler Bedeutung für die Versorgung der touristischen Primärinfrastruktur mit Fleisch, Gemüse, Früchten und Blumen wie der Markt im "Guéliz" in Marrakech ist der "marché municipal" in Fès, wo sich allmorgendlich die Einkäufer der homologierten Hotels treffen, um sich mit Gütern des kurzfristigen Bedarfs einzudecken. Für die eindeutige Bevorzugung neustädtischer Metzger sprechen gemäss Aussagen der für den Fleischeinkauf Verantwortlichen vor allem Qualitäts- (das Fleisch wird in neustädtischen Metzgereien besser gelagert) aber auch Preisüberlegungen. Aus Qualitätsgründen berücksichtigen zwei Hotels höchster Kategorien in Marrakech sogar Fleischlieferanten in der nationalen Wirtschaftsmetropole Casablanca.

Ausser für Fische und Alkoholika, letztere besonders in Marrakech, bleibt die Bedeutung nicht ortsansässiger Lieferanten für Güter des kurzfristigen Bedarfs sowohl in Fès als auch in Marrakech gering. Nur drei Hotels in Marrakech versorgen sich mit Eiern bei drei in der Region tätigen Landwirten, in einem Falle werden beim gleichen Bauern auch die notwendigen Poulets eingekauft, ein anderes Unternehmen bezieht seine Frischmilch direkt bei einem in der Region Marrakech ansässigen Landwirtschaftsbetrieb. Ein weiteres Hotel Marrakechs deckt sich sich bei grossen Bestellungen von Poulets unmittelbar in einer Hühnerfarm bei Berrechid ein.

Während für Güter des kurzfristigen Bedarfs der Einkauf in den Neustädten von Fès und Marrakech selbst dominiert, präsentiert sich für einige moderne Artikel des langfristigen Bedarfs die nationale Wirtschaftskapitale Casablanca von zentraler Bedeutung (Abb. 10). Dies gilt in besonderem Masse für Bettzeug, Tischtücher, Kleider für Angestellte, Geschirr, Besteck, Betten, Tische, Stühle und Nachttischchen.

So haben sich 91,0% der klassierten Hotels in Marrakech mit Weisswäsche bei Grossisten in Casablanca eingedeckt, 78,1% der Unternehmen dort ihre Betten bestellt und 73,3% der Betriebe in der ökonomisch bedeutendsten Küstenstadt Marokkos ihr Geschirr und Besteck bezogen. Die in Fès für die gleichen Produkte feststellbare etwas geringere Orientierung auf die nationale Wirtschaftsmetropole ist darauf zurückzuführen, dass in Fès weniger Grosshotels vorhanden sind, die besonders stark dazu neigen, ihre primäre Infrastruktur nicht lokal, sondern in Casablanca zu beschaffen, wo ein grösseres, in Qualität und Preis überzeugendes Sortiment zur Auswahl steht. 61,9% der klassierten Hotels in Fès haben ihre Nachttischchen in Casablanca geordert, 55,6% dort ihre Betten bestellt und 55,5,% im nationalen ökonomischen Zentrum Tische resp. Stühle erworben. Vorwiegend zentrale Einkäufe in Casablanca werden von Betrieben getätigt, die einer Hotelkette angeschlossen sind, deren Haupquartier sich im nationalen Wirtschaftszentrum befindet.

Aufgrund der grösseren Nähe als Casablanca spielen für die Versorgung von Hotels in Marrakech mit Bettlaken, Tischtüchern und Kleidern für Angestellte auch Firmen in der südmarokkanischen Badestation Agadir eine bedeutende Rolle. Im Gegensatz zu Fès und Marrakech hat sich in dieser besonders stark auf den Fremdenverkehr ausgerichteten Stadt (132) eine namhafte Zulieferindustrie für gewisse Artikel des Hotelbedarfs zu etablieren vermocht.

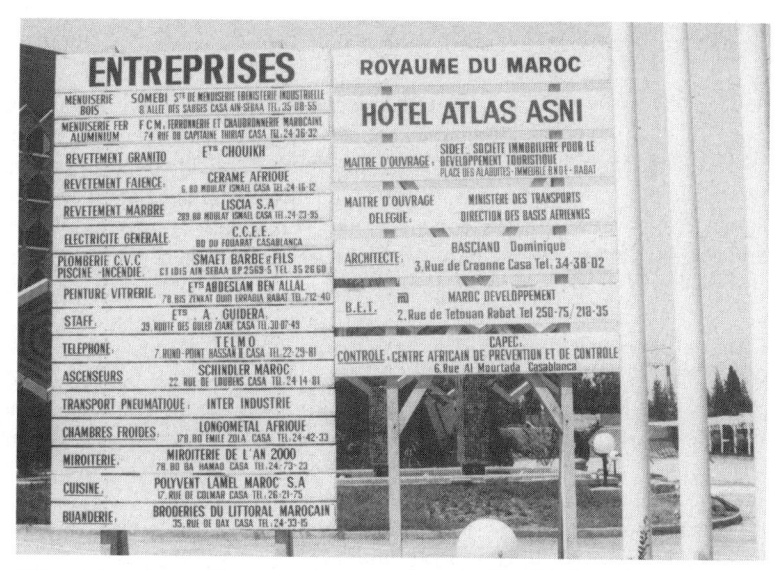

Abb. 10: Lieferfirmen eines im Bau befindlichen Grosshotels an der Avenue de France in Marrakech

Aus Kostenüberlegungen haben die Verantwortlichen zweier Drei- und eines Viersternhotels in Marrakech die Stoffe für die Kleidung der Angestellten in Casablanca eingekauft und die Näharbeiten durch Schneidereien in der lokalen Medina ausführen lassen. Die gleichzeitig in Casablanca erworbenen Stoffe für Bettlaken und Tischtücher wurden ebenfalls den entsprechenden Schneidereien zur Weiterverarbeitung überlassen, im Falle eines Dreisternhotels hat die Besitzerin die Näharbeiten sogar selbst ausgeführt! Der "Palais Jamai" in Fès lässt die gesamte Dienstkleidung des Peronals durch eine in der Altstadt ansässige Schneiderei herstellen, welche auch die dazu notwendigen Stoffe besorgt.

Eine relativ starke Auslandorientierung ist beim Erwerb von Geschirr sowie Besteck in Marrakech und besonders in Fès feststellbar. Immerhin 18,4% der klassierten Hotels in Marrakech beziehen diese Artikel direkt aus dem Ausland, in Fès sogar 30,8% der homologierten Betriebe. Während sich die Liefernationen der Hotels in Fès auf Frankreich und die Schweiz beschränken, treten in Marrakech auch deutsche, englische, italienische und österreichische Exporteure in Erscheinung. Auf nationaler Ebene dominiert wie bei der Wäsche Casablanca als Versorger. Nur ein Viersternbetrieb in Marrakech hat einen Teil seines Service in einem Unternehmen in Fès eingekauft, ein weiteres sein Geschirr und Besteck partiell aus Agadir bezogen.

Das Hotelmobiliar wird nur in sehr beschränktem Umfang im Ausland erworben. In Fès hat ein Fünfsternhotel alle Möbel direkt aus Frankreich bezogen und ein Viersternbetrieb von der Liquidation eines amerikanischen Hotels profitiert, indem er dessen Betten und Fenster aufgekauft und diese aufgrund der für Fremdenverkehrsbetriebe gewährten Vergünstigungen (133) zollfrei nach Marokko importiert hat. In Marrakech hat der als "Holiday Inn" eröffnete heutige Fünfsternbetrieb "Palais El Badi" das gesamte Mobiliar 1969 ebenfalls aus den Vereinigten Staaten eingeführt.

Viel bedeutender als ausländische Bezugsquellen für Möbel präsentiert sich das nationale ökonomische Zentrum Casablanca, wo die grosse Mehrheit der Hotels in Fès und Marrakech seine Betten, Tische, Stühle und Nachttischchen gekauft hat. Die in Casablanca erworbenen Einrichtungsgegenstände sind - gemäss Aussagen der Hoteldirektoren - nur zu einem geringen Teil aus Importen zusammengesetzt, weil die Grosshotels aus Kostengründen notwendige Importartikel direkt beim ausländischen Fabrikanten zu bestellen pflegen.

Die Schreinereibetriebe in Fès und Marrakech kommen ebenfalls in den Genuss zahlreicher Aufträge zur Herstellung von Hotelausstattungen, wobei bei Tischen, Stühlen und Nachttischchen neustädtische Betriebe von einem grösseren Auftragsvolumen profitieren als die Kleinwerkstätten der Medina. 25,0% der homologierten Beherbergungsbetriebe in Fès beziehen ihre Tische und Stühle aus neustädtischen Schreinereien, in Marrakech 26,7%. Die altstädtischen Kleinbetrieb werden in Fès von 13,9% der klassierten Hotels berücksichtigt, wenn es um die Herstellung von Tischen und Stühlen geht, in Marrakech von 17,8%. Bei der Fertigung von Betten hingegen finden Schreiner der Altstädte mehr Berücksichtigung als Werkstätten in den Neustädten. Altstädtische Schreiner verfertigen in Fès für 22,2% der klassierten Hotels die Bettgestelle, in Marrakech für immerhin 12,2% der homologierten Beherbergungsbetriebe.

Generell ist die Medina als Bezugsquelle für Mobiliar klassifizierter Hotels unterer Kategorien von grosser Bedeutung, weil die Möbelstücke zu günstigeren Bedingungen hergestellt werden und von den Hoteliers unterer Kategorien an die Qualität nicht die gleich hohen Masstäbe angelegt werden wie von den Besitzern von Luxushotels, womit allerdings nicht gesagt werden soll, dass in der Medina nicht qualitativ äusserst hochwertige Handwerksartikel erworben werden können. Doch haben diese aufgrund des grossen Zeitaufwandes im Rahmen der Fertigung auch einen entsprechend hohen Preis, welchen sich die Besitzer von Hotels unterer Kategorien kaum leisten können. Qualitative Abstriche werden deshalb in Kauf genommen.

Ausgesprochen kunsthandwerkliche Artikel wie Teppiche und Vasen werden auch von Hotels höherer Kategorien in der lokalen Medina erworben. So erstehen 47,8% der homologierten Hotels in Fès ihre Teppiche in der Altstadt, in Marrakech sogar 63,1%. Die lokale Neustadt - dies besonders im Falle der Hotels in Fès - resp. die Neustädte von Rabat, Casablanca und Fès - im Falle der Beherbergungsbetriebe in Marrakech - spielen nur eine bedeutende Rolle, wenn es um den Erwerb von Teppichen ab Stange (Spannteppiche oder Moquettes) geht. Ausländische Lieferanten finden bei der Ausstattung mit Teppichen überhaupt keine Berücksichtigung.

57,1% der klassierten Hotels in Fès sind mit in der lokalen Medina gekauften Vasen geschmückt, in Marrakech beziehen sogar 60,5% der Beherbergungsbetriebe ihre Vasen aus Produktions- und Verkaufslokalitäten der Altstadt. Nur ein Viersternhotels in Fès hat unter totaler Vernachlässigung des einheimischen Kunstschaffens seine Vasen aus der Schweiz bezogen, ein weiterer Fünfsternbetrieb in Fès die in traditionellem Stil gehaltenen, autochthon gefertigten Vasen durch in ihrem Dessin modernere aus Frankreich ergänzt. Einige Blumengefässe, welche Hotels in Marrakech schmücken, sind direkt im für seine Töpferei bekannten Safi oder im südöstlich von Marrakech gelegenen Ourika-Tal eingekauft worden.

Bedeutende Unterschiede in den Versorgungsstrukturen zwischen Fès und Marrakech zeigen sich bei der Vergabe von Glaserarbeiten durch die homologierten Unternehmen. Die Hotels in Fès sind extrem neustadtorientiert, indem 80,0% der Unternehmen ihre Aufträge an Werkstätten in der "ville nouvelle" erteilt haben. Weitere 10,5% der Beherbergungsunternehmen haben ihre Fenster direkt aus einer Glaserei in Casablanca bezogen. Je ein Fünf- bzw. Viersternhotel hat anlässlich des Baus seine gesamten Fensterfronten direkt aus Frankreich bzw. den USA importiert. Altstädtische Glasereien sind in Fès in keinem Falle in den Genuss von Ausstattungsaufträgen für Hotelfenster gekommen. Dies ganz im Gegensatz zu altstädtischen Glasereien in Marrakech, die von immerhin 28,8% der klassifizierten Hotels berücksichtigt worden sind. 40,5% der Hotels haben ihre Glasereiarbeiten von lokalen neustädtischen Werkstätten ausführen lassen, 30,9% haben anderen marokkanischen Unternehmen, die ausnahmslos in Casablanca ansässig sind, den Vorzug gegeben.

Je nach Stil des Hotels - moderne internationalistisch gehaltene Räumlichkeiten oder dem tradtionellen Intérieur von Palästen nachempfundene Ausstattung - schwankt die Bedeutung neu- bzw. altstädtischer Produzenten von Lampen. Besonders die Hotels höherer Kategorien versuchen ihren Etablissements einen Hauch von orientalischer Baukunst zu verleihen und integrieren deshalb mit Vorliebe traditionelle Lampen, die in ihrer grossen Mehrheit - z.T. in Spezialanfertigungen - in Werkstätten der Medina hergestellt werden. 17,4% der klassierten Hotels in Fès haben bei der Vergabe von Aufträgen für Lampen altstädtische Handwerker berücksichtigt, in Marrakech sogar 36,5%.

In den dem Personal vorbehaltenen Diensträumen von Hotels höchster Kategorien und in Beherbergungsbetrieben unterer Preisklassen generell werden aus Kostengründen industriell, in Massenproduktion hergestellte Lampen bevorzugt, die vor allem in den lokalen Neustädten bezogen werden. So wurden 65,2% der in klassierten Hotels von Fès zum Einsatz gelangenden Lampen in der Neustadt erworben, in Marrakech bedeutend weniger, nämlich 40,4%. Besonders bei grossen Serienbestellungen moderner Lampen sind auch Lieferanten ausserhalb der zwei Untersuchungsräume berücksichtigt worden, die mit je einer Ausnahme in Fès (Firma in Sidi Harazem) und Marrakech (Lieferant in Safi) in Casablanca ansässig sind. Nur eine ausländische Firma ist von einem Fünfsternhotel in Fès mit direkten Lieferaufträgen bedacht worden.

Da sich in Marrakech sieben klassifizierte Hotels innerhalb der altstädtischen Mauern befinden (134), ist es besonders interessant, festzustellen, inwiefern sich diese Unternehmen in ihren wirtschaftlichen Relationen von jenen der Neustadt unterscheiden. Die altstädtischen klassifizierten Hotels der zwei untersten Kategorien sind im allgemeinen stärker medinaorientiert als die Betriebe der gleichen Preisklasse in der Neustadt. Selbst Artikel des langfristigen Bedarfs wie Betten, Matrazen, Stühle und Lampen werden in der Regel in der Altstadt eingekauft. Für die innerhalb der Stadtmauern verorteten Beherbergungsbetriebe mit drei bis fünf Sternen hingegen präsentieren sich die ökonomischen Verbindungen zur Medina in sehr unterschiedlicher Weise: von geringer Medina-Orientierung bis zu sehr intensiven wirtschaftlichen Verbindungen zur Altstadt.

Besonders starke Relationen zur Medina unterhält das Viersternhotel "Chems", welches neben neustädtischen Lieferanten für Eier, Poulets und Pfefferminz auch solche in der Altstadt berücksichtigt, und das Brot aufgrund seiner als besser befundenen Qualität sogar vollumfänglich in der Medina besorgt. Aber auch Artikel des langfristigen Bedarfs wie Teppiche, Vasen, Tische, Stühle, Nachttischchen und Fenster sind in altstädtischen Werkstätten bestellt worden und werden dies - im Falle eines notwendig werdenden Ersatzes - auch heute noch. Tische und Stühle werden allerdings auch in neustädtischen Schreinereien in Auftrag gegeben.

Welche Unterschiede in den ökonomischen Verbindungen zur Neu- und Altstadt ergeben sich bei einer nach Hotelkategorien differenzierten Analyse der in der Neustadt von Marrakech angesiedelten Hotels? Ein besonders divergierendes Warenbezugsmuster weisen die vier in der Neustadt von Marrakech lokalisierten Einsternbetriebe auf, so dass sich keine allgemeingültigen Erkenntnisse gewinnen lassen. So findet sich z.B. sowohl eine Einsternunterkunft mit ausgeprägten Einkaufsverbindungen in die Medina (selbst für Artikel des langfristigen Bedarfs) als auch eine solche mit betont starken ökonomischen Relationen in die Neustadt und speziell nach Casablanca/Agadir. Die Verbindungen nach Agadir sind im Falle dieses Einsternhotels besonders ausgeprägt, wenn es sich um den Einkauf von Mobiliar und Wäsche handelt. Die zwei anderen neustädtischen Einsternbetriebe Marrakechs zeigen ein je individuelles Warenbezugsmuster, welches sowohl die lokale Neu- und Altstadt als auch das nationale Wirtschaftszentrum Casablanca beinhaltet.

Bei Hotels höherer Kategorien nimmt in Marrakech mit steigender Preisklasse generell die Neustadtorientierung und die Ausrichtung auf nationale Hotelversorgungszentren wie Casablanca und Agadir bzw. der Grad der Auslandimporte zu. Interessanterweise finden wir aber auch einen Dreisternbetrieb, das Hotel "Imilchil", welches zur Versorgung mit Gütern des kurzfristigen Bedarfs - entgegen den Bezugsverhältnissen aller anderen Drei- bis Fünfsternhotels - fast nur altstädtische Händler berücksichtigt. Diese Altstadtorientierung geht mit der Entscheidung des aus dem Christentum zum Islam konvertierten Direktors einher, die Hotelküche nach islamischen Grundsätzen zu führen und keine Alkoholika auszuschenken.

Die in Fès ausnahmslos ausserhalb der Medina lokalisierten Hotels der zwei tiefsten Kategorien sind im allgemeinen weniger medinaorientiert als die entsprechenden Hotels in Marrakech. Besonders augenfällig wird diese Tatsache bei Artikeln des kurzfristigen Bedarfs, denn nur Pfefferminz wird von den Betreibern der Ein- und Zweisternbetriebe in der Altstadt von Fès eingekauft. Ausgeprägt ist die Medinaorientierung allerdings für Bettlaken, Tischtücher und Kleider für die Angestellten, sofern solche angeschafft werden. Diese Artikel werden in Schneidereien der Altstadt kostengünstiger hergestellt als in Betrieben der Neustadt. Relativ stark ist die ökonomische Bedeutung der Medina als Versorger der Ein- und Zweisternbetriebe in Fès auch im Bereich des Mobiliars. Nur ein neustädtisches Unternehmen beliefert einen einzigen Einsternbetrieb mit den notwendigen Möbelstücken. Viel gewichtiger als die Neustadt als Lieferant von Hotelmobiliar homologierter Beherbergungsunternehmen der zwei tiefsten Preisklassen ist Casablanca, das aber nicht mehr Hotels mit Betten, Tischen und Stühlen versorgt (hat) als altstädtische Schreinereien.

Wie in Marrakech nimmt auch in Fès - mit Ausnahme von kunsthandwerklichen Artikeln - mit höher steigender Hotelkategorie die Bedeutung der Neustadt und Casablancas gegenüber der im allgemeinen kostengünstigeren Medina als Versorgungszentrum zu. Die nationale wirtschaftliche Kapitale Casablanca besitzt ein besonders grosses Gewicht, wenn es um die Beschaffung von Hotelmobiliar geht. Aus Gründen der Exklusivität neigen Hotels der zwei höchsten Kategorien beider Untersuchungsräume auch dazu, ihr Besteck und Geschirr unmittelbar von bekannten ausländischen Herstellern zu beziehen.

4.2.2. Bezugsquellen der nicht klassifizierten Hotellerie - ausgeprägte Medina-Orientierung

Die Lebensmittel für die wenigen Restaurants in den nicht homologierten Hotels werden in ihrer grossen Mehrheit in der lokalen Altstadt von Fès bzw. Marrakech besorgt (Fig. 6). In Fès erwirbt die einzige mit einem bescheidenen Restaurant dotierte Herberge sogar alle Artikel des kurzfristigen Bedarfs in der Medina. In Marrakech findet aus Kostengründen auch der neustädtische Gemüse- und Früchtegrossmarkt bei Bab Doukala Berücksichtigung, der von einem Drittel der nicht klassifizierten Hotels mit Restauration für Einkäufe von Obst und Gemüse genutzt wird. Die Hälfte der nicht homologierten Herbergen mit Restaurants in Marrakech bezieht ihre Milch von neustädtischen Lieferanten.

Da die in den nicht klassierten Herbergen Absteigenden sich in der Regel bei den preisgünstigen Garküchen in der Medina zu verköstigen pflegen, spielen die hotelinternen Restaurants für die nicht homologierten Beherbergunsunternehmen nur eine geringe ökonomische Rolle. In einigen Fällen besteht für die Uebernachtenden auch die Möglichkeit, ihre mitgebrachten, meist in der Altstadt erworbenen Lebensmittel innerhalb des Hotels selbst zuzubereiten oder dies durch die die Herberge betreuende Frau gegen ein kleines Entgelt vornehmen zu lassen.

Für alle Artikel des langfristigen Bedarfs präsentieren sich die nicht klassifizierten Herbergen beider Untersuchungsräume stark medinaorientiert und zwar unabhängig davon, ob sie in der Neu- oder Altstadt liegen. Die "ville nouvelle" von Marrakech spielt als Standort von Lieferanten infrastruktureller Ausrüstungsgegenstände wie Fenster, Lampen sowie Hotelmobiliar überhaupt keine Rolle. In Fès werden immerhin 25% der Betten, 6,3% der Tische/ Stühle sowie 22,2% der Fenster/Lampen in der Neustadt bezogen. Die entsprechenden Artikel des langfristigen Bedarfs werden in Marrakech in ihrer grossen Mehrheit in Geschäften an der altstädtischen Avenue Houmann el Fetouaki (Abb. 11) eingekauft, welche den südlichen Abschluss des Quartiers bildet, wo die meisten der nicht klassifizierten Hotels verankert sind (135).

Abb. 11: Avenue Houmann el Fetouaki in der Medina von Marrakech - Angebot von Ausrüstungsartikeln für die Billighotellerie

Ein wesentlich kleinerer Prozentsatz der nicht homologierten Herbergen Marrakechs - nämlich 12,5% für Betten, Fenster, Lampen sowie 18,8% für Tische und Stühle - hat diese Ausrüstungsgegenstände direkt in Casablanca angeschafft. Eine bedeutendere Rolle in der Versorgung der Billigherbergen Marrakechs spielt die nationale Wirtschaftskapitale beim Bezug von Weisswäsche und Geschirr/Besteck. Die Hälfte der Hotels ohne Sternen hat diese Artikel in Casablanca erworben und kauft sie im Falle eines notwendig werdenden Ersatzes auch heute noch dort ein.

Auch für die nicht klassifizierten Herbergen in Fès sind Händler in Casablanca von Bedeutung, wenn es sich um die Anschaffung von Weisswäsche, Betten, Tischen und Stühlen handelt. So kaufen 22,2% der befragten Hotels ihre Bettwäsche und allfällige für die Restauration benötigte Tischtücher in Casablanca ein, je 25,0% der nicht klassifizierten Herbergen in Fès haben auch ihre Betten, Tische und Stühle direkt in der atlantischen Wirtschaftsmetropole bestellt.

Im Vergleich zu den klassifizierten Hotels beider Untersuchungsräume, die gesamthaft betrachtet nur sehr intensive ökonomische Relationen zur lokalen Medina unterhalten, wenn es um die Beschaffung kunsthandwerklich gefertigter Artikel des langfristigen Bedarfs wie Teppiche, Vasen und Lampen geht, zeigen die nicht homologierten Herbergen für alle Produkte des kurz- und langfristigen Bedarfs sehr enge wirtschaftliche Verbindungen zur Medina und zwar unabhängig davon, ob die Billigherberge in der Altstadt selbst oder in der Neustadt liegt. Sowohl die klassifizierten als auch die nicht homologierten Hotels sind - was den kurzfristigen Bedarf betrifft - stark in der lokalen Wirtschaft verankert, wobei die klassierten Hotels im Gegensatz zu den nicht homologierten Herbergen innerhalb der Urbanräume bevorzugt Lieferanten in den Neustädten berücksichtigen.

Die nicht klassierten Beherbergungsbetriebe zeigen wesentlich geringere ökonomische Relationen in das marokkanische Wirtschaftszentrum Casablanca als die klassierten Unternehmen, deren Einkaufsverbindungen in die nationale ökonomische Kapitale mit höher steigender Hotelkategorie im allgemeinen zunehmen. Deren betont auf Casablanca ausgerichtete Einkaufspraxis gilt für ein breites Warenspektrum des langfristigen Bedarfs: Bettzeug, Tischtücher, Kleider für Angestellte, Geschirr, Besteck und Hotelmobilar. Bei den nicht homologierten Herbergen in Fès und Marrakech beschränken sich sich die entsprechenden Einkaufsverbindungen nach Casablanca auf Bettlaken, Hotelmobiliar sowie Geschirr/Besteck (letztere nur in Marrakech) und umfassen einen im Vergleich mit den homologierten Betrieben bedeutend geringeren Anteil der Hotels.

Direkte Auslandeinkäufe in grösserem Umfang bleiben den Hotels der zwei höchsten Preisklassen vorbehalten, die aus Gründen der Exklusivität ihr Geschirr und Besteck in prestigeträchtigen ausländischen Unternehmen bestellen. Für andere Waren des langfristigen Bedarfs (Mobiliar, Fenster, Lampen, Vasen) bleiben Lieferungen aus dem Ausland von untergeordneter Bedeutung.

4.3. Tourismus und Handwerk - Hilfestellung in der Krise?

> "Toujours est-il que le tourisme international fait revivre des métiers artisanaux et provoque la multiplication de la main d'oeuvre artisanale et de la main d'oeuvre qui a une relation étroite avec les activités artisanales, ses impacts positifs sur la médina, les métiers artisanaux traditionels archaïques et rénovés sont indéniables, mais il y a aussi des impacts négatifs sur le genre de production et sur l'artisan." (136)

In ökonomischem Sinne werden dem Tourismus durch LAGDIM SOUSSI unbestritten positive Impulse auf das Handwerk zugesprochen, in bezug auf die handwerkliche Produktionsweise und den Handwerker selbst aber negative Folgeerscheinungen konstatiert. Um zu dieser Aussage eines Marrakechi differenziert Stellung nehmen zu können, muss zuerst die Frage geklärt werden, welche Betriebe überhaupt zum Handwerk und welche zur Industrie gezählt werden.

Gemäss offizieller marokkanischer Definition verfügt ein Handwerksbetrieb maximal über 10 Beschäftigte, die begriffsgemäss vorwiegend mit den Händen arbeiten. Die Leistung der eingesetzten Maschinen darf 10 PS nicht übersteigen (137). Es liegt in der Natur der Sache, dass diese Abgrenzungskriterien nur eine Hilfskonstruktion darstellen. Die Grenze zwischen Handwerks- und Industriebetrieb präsentiert sich absolut fliessend. Alle das Handwerk betreffenden statistischen Angaben sind deshalb nur mit grossen Vorbehalten aufzunehmen. Ueberdies erfolgt die offizielle Erhebung oft nur lückenhaft.

> "Les artisans recensés sont ceux qui ont bien voulu se déclarer, soit dans l'espoir de profiter d'une aide quelconque ou pour faire une sorte de publicité pour leurs productions, et se faire connaître par les milieux officiels, soit encore pour ne pas payer d'impôt en raison de leur indigence. Ou encore, ils sont recensés parce qu'ils subsistent dans les souks, s'adaptent aux goûts des touristes ..." (138)

Angesichts der stark verbreiteten Schwarz-, Kinder- und Frauenheimarbeit sind die offiziellen Schätzungen, welche davon ausgehen, dass rund ein Drittel aller Beschäftigten in Fès (139) bzw. Marrakech (140) im Handwerk tätig sind, vermutlich zu tief angesetzt. Ohne Zweifel kann davon ausgegangen werden, dass das Handwerk de facto in beiden Städten den grössten Arbeitgeber verkörpert. In Anbetracht dieser zentralen volkswirtschaftlichen Bedeutung ist die Frage nach den Möglichkeiten des Fremdenverkehrs, dem kriselnden Handwerk Unterstützung zu leisten, von grosser Wichtigkeit für das Wohlergehen weiter Teile der Bevölkerung. Die Verschiedenartigkeit der manuell hergestellten Produkte verhindert es jedoch, allgemeine Antworten geben zu wollen.

Generell wird in Marokko zwischen drei verschiedenen Handwerkssektoren unterschieden, die neben gemeinsamen Problemen auch mit je individuellen Schwierigkeiten zu kämpfen haben:

"1. L'artisanat utilitaire: cordonnerie, fabricant de babouches, ébénisterie, poterie, etc. ... Ce type d'activité est soumis à une concurrence de plus en plus intense ... l'industrialisation croissante et les produits d'importation soumettent l'artisanat utilitaire à une concurrence de plus en plus vive ...

2. L'artisanat d'art: tapis, broderies, brocarts, dinanderie, céramique etc. ... Moins menacé dans son avenir que le précédent, il est appelé à se développer en corrélation avec l'extension de la demande. Les composants de cette demande sont:

   - l'accroissement de la demande nationale par suite de l'élévation du niveau de vie et de l'expansion de l'urbanisation
   - l'expansion de la demande touristique
   - possibilités qui restent énormes dans le domaine de l'exportation

3. L'artisanat de service: coiffeurs, réparateurs de cycles, mécaniciens, plombiers, électriciens, techniciens, teinturiers etc.

   C'est un secteur refuge, difficile à cerner, toutefois, une définition analytique nous permet de saisir son rôle qui consiste à compléter les champs d'action de l'industrie ou de l'entre-prise en général par des tâches minimes ne représentant qu'une intervention très limitée et n'exigeant qu'une qualification plus ou moins réelle." (141)

Von der touristischen Nachfrage profitieren in direkter Weise nur das "artisanat utilitaire" und speziell das "artisanat de l'art". Welche Produkte von den Touristen bevorzugt eingekauft werden, hängt auch von den handwerklichen Spezialitäten einer Stadt ab, obwohl eine Tendenz zur Uniformierung des Angebots - speziell in Bazaren - der grossen Touristenzentren festzustellen ist. Eine durch LAGDIM SOUSSI 1981 in Marrakech durchgeführte Erhebung zeigt, dass die geographische und soziale Herkunft der Touristen die Wahl der Artikel in wesentlichem Masse mitbestimmen (Tab. 19).

Ausländische Gäste interessieren sich in Marrakech besonders für Ledertäschchen. 65% der touristischen Käufe von Ledertäschchen werden im Sommer durch ausländische Stadtbesucher getätigt, im Winter reduziert sich ihr prozentualer Kaufanteil zugunsten gehobener städtischer Schichten aus Marokko auf 20%. Von Angehörigen niederer städtischer Schichten und Stadtbesuchern ländlicher Herkunft wird dieser moderne Modeartikel überhaupt nicht nachgefragt.

Ganz anders präsentiert sich die Verteilung der Kundschaft bei den (Berber-) Halsketten, die in Marokko traditionell eine hohe Wertschätzung geniessen, und zu 75% von nationalen Landbewohnern bzw. 20% von Angehörigen niederer städtischer Schichten Marokkos erworben werden. Der Anteil ausländischer Touristen erreicht im Rahmen dieser Schmuckkäufe nur minimale 2%. Erstaunlich bescheiden fällt der Umsatzanteil der ausländischen Gäste auch im Bereich der Bekleidung mit 1% und der Töpfereiwaren (Abb. 12) mit 0,5% aus. Bei beiden Gebrauchsartikeln dominieren die ländlichen Stadtbesucher mit 45%

bzw. 81% Anteil an den Verkäufen an Touristen. Ledergürtel sind als Souvenir mit Gebrauchswert besonders bei marokkanischen Besuchern städtischer Herkunft beliebt, finden aber auch bei Ausländern rechten Absatz.

Tab. 19: Zusammensetzung der touristischen Kundschaft für verschiedene Artikel in Marrakech 1981 (142)

Artikel	Ausländer	Marokkaner		
		gehobene städtische Schichten	niedere städtische Schichten	ländliche Herkunft
Ledertäschchen Sommer	65%	35%	-	-
Winter	20%	80%	-	-
Halsketten	2%	3%	20%	75%
Ledergürtel	15%	55%	25%	5%
Kleidung	1%	15%	39%	45%
Töpfereiwaren	0,5%	8,5%	10%	81%

Leider gibt die Befragung keinen Aufschluss über die Kaufanteile bei Teppichen, die als wertvolle Erinnerungsstücke grosse Popularität geniessen (143) und nicht zuletzt aus diesem Grunde die Ausfuhrstatistik handwerklicher Produkte Marokkos mit einem Anteil von 62,6% dominieren (Tab. 20).

Tab. 20: Exporte handwerklicher Produkte Marokkos 1985 (144)

Produkt	Wert in 1 000 DH	Anteil
Teppiche	393 386	62,6%
Kleider	145 246	23,1%
Korbwaren	22 433	3,6%
Lederwaren	22 423	3,6%
Kupferwaren	15 881	2,5%
Decken	3 047	0,5%
Holzwaren	2 384	0,4%
Töpfereiwaren	1 981	0,3%
Schuhwaren	1 008	0,2%
Schmuck	957	0,1%
Andere Produkte	19 227	3,1%
Total	627 973	100,0%

Aufgrund der zweifelhaften statistischen Grundlagen und der Schwierigkeit, touristische Anteile genau abzuschätzen, sind kaum Versuche zur Quantifizierung der touristisch induzierten Arbeitsplätze im Handwerkssektor unternommen worden. Schätzungen liegen nur für Marrakech vor. In seiner Untersuchung von 1980 stellt BERRIANE fest, dass ca. 2 500 produzierende Handwerker in direkter Beziehung zum Fremdenverkehr stehen und weitere 500 Arbeitskräfte handwerkliche Produkte an Touristen vermarkten (145), d.h. dass ungefähr 5% der 61 000 im Handwerkssektor von Marrakech Tätigen direkte Relationen zum städtischen Fremdenverkehr aufweisen. Wesentlich bedeutender sieht LAGDIM SOUSSI aufgrund persönlicher Befragungen zwischen 1981 und 1983 den Multiplikatoreffekt des Fremdenverkehrs im Bereiche des Handwerks in Marrakech, indem er genau 8 646 oder 23,2% der fertigenden Handwerker in direkte Beziehung zum Tourismus bringt, dabei aber nur von 37 195 handwerklich Tätigen ausgeht (146).

Abb. 12: Töpfereiwaren - überwiegend
von marokkanischen Touristen
aus dem ländlichen Raum nachgefragte Gebrauchsartikel

Die direkte (prozentuale) Abhängigkeit des Handwerks von Touristen als Nachfrager dürfte in Fès, wo weder derart präzise Erhebungen noch Schätzungen vorliegen, nur unwesentlich geringer sein, auch wenn der unmittelbare Absatz

93

an Touristen in Fès selbst bescheidener ausfällt als in Marrakech. Zwischen den einzelnen Handwerkszentren haben sich jedoch z.T. traditionelle Spezialisierungen erhalten oder neu entwickelt, d.h. gewisse Produkte, die z.B. in Marrakech (an Touristen) verkauft werden, sind in einer andern Stadt produziert worden. So werden z.B. rund 35% der in den Bazaren von Marrakech angebotenen Kupfer- resp. ca. 25% der zum Verkauf gelangenden Lederwaren (speziell Pouffs) in Fès hergestellt und durch Zwischenhändler nach Marrakech transferiert (147). Der touristische Marktanteil an der Handwerksproduktion fällt in Fès also bedeutender aus als die in der Stadt selbst zurückhaltende Kauffreudigkeit von Touristen vermuten liesse. Daher kann davon ausgegangen werden, dass in Fès ebenfalls rund 20% der fertigenden Handwerker in unmittelbarer Beziehung zum Fremdenverkehr stehen.

4.3.1. AUSGABEVOLUMEN DER TOURISTEN FUER HANDWERKLICHE PRODUKTE - VIEL GELD FUER SOUVENIRS

Gemäss einer Erhebung der "Caisse de Dépot et de Gestion" von 1973 fliessen durchschnittlich 39% der Ausgaben eines Marokkobesuchers dem Handwerk zu (Tab. 21).

Tab. 21: Ausgabestruktur eines Touristen in Marokko (148)

Ausgabeposten	in % der Gesamtausgaben
Unterkunft und Restaurant	23%
Handwerk	39%
Transport, Vergnügungen, andere Dienstleistungen	38%
Total der Ausgaben	**100%**

Infolge der durchschnittlich kürzeren Aufenthaltszeit und der Tatsache, dass Fès im Gegensatz zu Marrakech fast nie Endpunkt von Gruppenrundreisen bildet, was dazu animiert, übriggebliebenes, evtl. bereits gewechseltes Feriengeld (149) in kunsthandwerkliche Produkte zu investieren, wird das Portefeuille eines Touristen in Fès weniger weit geöffnet als in Marrakech, wenn es um den Kauf handwerklicher Produkte geht.

Eine Aufschlüsselung der Ausgaben der Touristen für verschiedene Bereiche im Vergleich aller Hotelkategorien und den Campings in Fès/Meknès im Jahre 1972 (Tab. 22) zeigt das erstaunliche Ergebnis, dass die Aufwendungen für handwerkliche Artikel bei den Campern nicht nur den höchsten Prozentanteil, nämlich 48,6%, sondern auch den höchsten absoluten Wert von 75,3 Dh erreichen.

In den Hotels der zwei höchsten Kategorien absteigende Gäste setzten dagegen allein 36,3% ihrer täglichen Ausgaben für das Handwerk ein, was absolut 72,3 Dh entsprach. Der grösste Teil ihres Budgets wurde erwartungsgemäss durch die hohen Logierkosten in den Vier- und Fünfsternhotels absorbiert.

Tab. 22: Mittlere tägliche Ausgabenstruktur eines Touristen nach Hotelkategorien bzw. Camping in Fēs/Meknēs (150)

Ausgabenposten	4* - 5* in Dh	in %	3* in Dh	in %	1* - 2* in Dh	in %	Camping in Dh	in %
Unterkunft	85,5	42,9	61,9	39,9	18,5	16,1	5,3	3,4
Restaurant	11,7	5,9	3,4	2,2	24,1	21,0	8,2	5,2
Lebensmittel	0,9	0,4	2,6	1,7	4,0	3,5	15,3	9,9
Vernügungen	9,3	4,7	4,9	3,1	8,3	7,2	10,7	6,9
Transporte	7,6	3,8	0,4	0,3	0,5	0,4	1,1	0,7
Benzin	4,4	2,2	0,9	0,6	29,1	25,3	20,6	13,3
Handwerk	72,3	36,3	57,3	36,9	20,5	17,9	75,3	48,6
Post	3,2	1,6	13,6	8,8	1,7	1,5	4,2	2,7
Zigaretten	3,6	1,8	7,8	5,0	5,7	5,0	6,9	4,5
Verschiedenes	0,9	0,4	2,3	1,5	2,4	2,1	7,4	4,8
Total der Ausgaben	**199,4**	**100,0**	**155,1**	**100,0**	**114,8**	**100,0**	**155,0**	**100,0**

Das oft als Billigtourismus ohne grossen volkswirtschaftlichen Input in die Gastgeberregion verschmähte Campieren beweist gemäss dieser empirischen Erhebung nicht nur seine starke Bedeutung für das Handwerk, sondern aufgrund seines gesamten Ausgabenvolumens auch, dass dieses in etwa dem Total eines Gastes in einem Dreisternhotel entspricht. Ein in einem Hotel der mittleren Kategorie absteigender Tourist setzt aber allein 36,9% seiner täglichen Ausgaben oder absolute 57,3 Dh für den Erwerb von Handwerksprodukten ein, womit er wesentlich unter den entsprechenden Werten eines Campers bleibt! Die Aufwendungen für die Unterkunft beanspruchen wie in den zwei höchsten Hotelkategorien bereits zuviel Geld, um noch bedeutende Ausgaben im Bereich Handwerk zu erlauben. Unter dem Gesichtspunkt der Förderung des Handwerks durch den Tourismus ist es daher unbedingt angezeigt, für den in Fēs aufgehobenen Campingplatz möglichst bald Realersatz zu schaffen.

Während die Camper ihre im Sektor "Unterkunft" eingesparten Mittel besonders in handwerklichen Erinnerungsstücken investieren, sind die Budgets der Benützer von Ein- und Zweisternhotels offensichtlich zu knapp bemessen, bzw. sie werden zu stark durch Restaurations- (151) und Benzinkosten beansprucht, als dass sie noch grosse Sprünge im Posten "Handwerk" erlauben würden. Die für das Handwerk reservierten täglichen Budgetanteile von 17,9% entsprachen daher 1972 bescheidenen 20,5 Dh.

Gemäss der landesweiten Studie der "Caisse de Dépot et de Gestion" von 1973, die bis heute durch keine neue, gleichartige volkswirtschaftliche Analyse abgelöst worden ist, vereinigen die Lederwaren den grössten Teil der touristischen Ausgaben im Bereich des Handwerks auf sich (Tab. 23).

Tab. 23: **Durchschnittliche Ausgaben eines Touristen in Marokko nach Handwerkssektoren** (152)

Handwerkssektor	in % der Ausgaben
Maroquinerie	45%
Teppiche und Textilien	21%
Kleider und Stickereien	20%
Andere	14%
Total der Ausgaben	**100%**

Diese durchschnittliche Ausgabenstruktur dürfte seit 1973 einige Retouchen erfahren haben, in groben Zügen als landesweiter Durchschnitt aber nach wie vor Gültigkeit besitzen. In einzelnen Städten spielen andere als die oben genannten Artikel ebenfalls eine bedeutende Rolle im Tourismusgeschäft. So hat der Fremdenverkehr in Fès als Nachfrager von Messingwaren - vor allem Plateaus in verschiedenen Grössen - in den letzten Jahren stark an Bedeutung gewonnen. Eine Hausse, die sich in einer starken räumlichen Ausdehnung des Metallhandwerks auf Kosten anderer Gewerbe in der Medina manifestiert. Die Metallhandwerker Marrakechs zeigen (bis anhin?) nicht den gleichen Unternehmergeist und die gleiche Kapitalverfügbarkeit wie die Fassi, um die touristischen Impulse auszunützen (153). Deshalb werden auch rund 35% der in Bazaren von Marrakech angebotenen Metallwaren in Werkstätten der Stadt Fès gefertigt (154).

Unterschiede in der touristisch induzierten Dynamik verschiedener Städte lassen sich auch im Bereich der Emailwaren feststellen, wo die Produzenten - vor allem in Fès - durch Innovation versuchen, dem Rückgang von Unternehmen dieser Branche zu begegnen. Die in Safi und Salé hergestellten emaillierten Tonwaren finden aufgrund ihrer moderneren Formen und Dekors, wie sie im Hinterland der Côte d'Azur gepflegt werden, bedeutenderen Absatz unter Touristen - vor allem ausländischer Provenienz - als die in Fès hergestellten Emailwaren. Angesichts dieser Nachfragelage gehen Betriebe in Fès dazu über, Salé- und Safiware zu kopieren. Trotz steigender touristischer Umsätze ist es bis anhin aber nicht gelungen, den Rückgang von Emailartikeln herstellenden Unternehmen in Fès ganz zu stoppen (155).

Viele junge in- und ausländische Stadtbesucher erwerben sich als Souvenir ein traditionelles Schlaginstrument in Form eines Tamtams oder eines Tambourins. Schätzungsweise 2 000 derartige Musikinstrumente verlassen jährlich im Feriengepäck von Stadtbesuchern allein Marrakech (156). Von der verstärkten Tamtamproduktion profitieren wiederum vor allem Töpfer, weil sie gebauchte Tonröhren brennen, über die geschabte Schaf- und Ziegenhäute gespannt werden, welche von Gerbern entsprechend bearbeitet worden sind.

Die übliche Gebrauchsware aus Ton (Wasserbehälter und Trinkgefässe) profitiert kaum von einer touristischen Nachfragesteigerung ausländischer Herkunft, weil sie sich für den Flugtouristen einerseits als zu sperrig, schwer und bruchgefährdet präsentiert, anderseits oft sehr grob verarbeitet ist und deshalb den Stadtbesucher nicht speziell anspricht. Hingegen verfügen die mit Katranmalerei geschmückten Trink- und Wassergefässe über eine respektable, in Marokko wohnhafte touristische Käuferschar. Von den im "Souk du henné" in Fès abgesetzten katrangeschmückten Tonwaren gehen nach Schätzungen der Katranmaler über 40% an marokkanische und weitere 5% an ausländische Touristen (157). In indirekter Weise profitieren auch die Färber von der Tatsache, dass marokkanische Kleider in Touristenkreisen als Erinnerungsstücke mit Gebrauchswert beliebt sind. Zwar werden die Färber vom sich ausbreitenden Metallhandwerk (Fès) bzw. Bazarlokalitäten (Marrakech) (158) teilweise von ihren ursprünglichen Standorten verdrängt, können aber gerade aufgrund des dieses Prozesse auslösenden bzw. fördernden Fremdenverkehrs an neuen Standorten überleben (159). Nur unwesentlich bleiben die touristischen Umsatzanteile im Baboucheverkauf (Abb. 13).

Abb. 13: Babouche-Verkäufer in Fès

"Dass es in Marokko überhaupt noch Pantoffelmacher gibt, liegt nicht im Tourismus begründet; die spitzen gelben oder goldbestickten samtblauen und grünen Pantoffeln entsprechen nicht europäischem Geschmack. Das neu erwachte Traditionsbewusstsein der marokkanischen Bevölkerung trägt zu-zusammen mit der Arabisierung, Nationalisierung und der Renaissance des Islam zum verstärkten traditionellen Trend bei. So bevorzugt man bei festlichen Anlässen (Hochzeit, Beschneidung etc.) wieder traditionelle Kleidung; für die Männer ist dabei die weisse Jellaba mit den gelben Pantoffeln (Belga) unerlässlich. Da diese Pantoffeln nicht maschinell hergestellt werden können, lebt das Handwerk der Pantoffelmacher weiter." (160)

In unmittelbarer Weise zur Erhaltung einer jahrhundertealten Handwerkstradition tragen die Ausgaben der Touristen im Falle der Tauscheure im Souk Zragine in Fès bei. Tauscheure veredeln Eisenwaren - ursprünglich vor allem Steigbügel, Sporen und Waffen - mit Edelmetallfäden. Da die traditionellen Waffen- und Reiterausrüstungen heute fast nur noch im Rahmen der bekannten Reiterspiele "Fantasia" Verwendung finden, wurde der Absatzmarkt entsprechend klein. Deshalb lässt sich in den Souks von Marrakech gegenwärtig kein einziger Tauscheur mehr eruieren, in den Souks von Fès sind nur noch deren zwei anzutreffen. Während in der einen Werkstatt gemäss der althergebrachten Fertigungstechnik Silberfäden in Steigbügel eingearbeitet werden und der touristische Absatz unbedeutend bleibt, zeichnen Touristen für rund 40% der Verkäufe (161) des zweiten Tauscheurbetriebes, in welchem Teller, Ringe, Armreifen und vor allem Tierfiguren mit Silberfäden geschmückt werden, verantwortlich (Abb. 14).

Abb. 14: Tauscheur in Fès - tourismusorientierte Innovation eines sterbenden Handwerks

Gerade die Tiere weisen darauf hin, dass sich die Kundschaft zu einem grossen Teil aus nicht-muselmanischen Ländern rekrutiert, weil der Koran die kopierende Darstellung von Lebewesen durch Menschen verbietet, weil damit der frevlerische Versuch unternommen werde, den einmaligen Schöpfungsprozess Allahs nachzuvollziehen. Allerdings wird diese islamische Verhaltensregel im Zuge einer weite Lebensbereiche der städtischen Bevölkerung erfassenden Säkularisation nicht mehr streng beachtet, so dass neben ausländischen nicht-muselmanischen Touristen auch zahlreiche sich zum Islam bekennende, marokkanische Personen zu den Käufern von mit Silberfäden geschmückten Tierfiguren gehören. Die Tatsache, dass die Touristen den Fertigungsprozess im Souk Zrgaine, unmittelbar neben dem von den meisten Touristen aufgesuchten Platz en Nejjarine beobachten können, steigert die direkten Absatzchancen an Stadtbesucher. Das ursprünglich auf einheimische Abnehmer ausgerichtete schmückende Handwerk für einen Gebrauchsartikel hat sich seit 1963 zu einer von ausländischer Kundschaft nachgefragten Produktion von Schmuckartikeln entwickelt. So profitiert der initiative und innovative Tauscheur - wie die Hersteller von Schmuck generell - vom zunehmenden Touristenstrom.

Die Handwerker haben sich auch in andern Sektoren und bereits vor der Touristenhausse als anpassungsfähig an neue ökonomische Bedingungen gezeigt. Die Drechsler ("Harrata"), welche früher darauf spezialisiert waren, die technische Betriebsausstattung der Weber herzustellen, begannen, ohne ihre traditionelle Arbeitstechnik (Arbeit mit Händen und Füssen) aufzugeben, bereits in der französischen Protektoratszeit, Schachfiguren und Dekorationsgegenstände für Stadtbesucher zu drechseln (162).

Andere Drechsler ("Merray"), die vor allem Türen, Fenster, Tische und Stühle schmückend bearbeiten, und Stukkateure ("Zellij"), welche auf die dekorative Gestaltung von Räumen - speziell der Decken - spezialisiert sind, erleben durch die touristische Bautätigkeit verstärkte Auftragseingänge, indem sie zur Verschönerung der Eingangshallen von Hotels, Reisebüros und Banken beigezogen werden.

> "Jamais l'artisan Marrakchi (et celui de Fès, R.W.) n'est resté figé, il améliore, crée, s'adapte au goût du consommateur national et étranger par des innovations, son doigté qui permet à l'article artisanal de rester toujours à la mode et d'être recherché par conviction, par intérêt ou simplement par snobisme.
>
> Les produits archaïques deviennent des antiquités bien cotées et recherchées d'abord par les européens connaisseurs qui ont vécu dans la pays, puis par les touristes et les marocains eux-mêmes.
>
> Pour répondre à cette demande sans cesse accrue, l'artisan ... fabrique des pièces semblables, tapis, serrures, articles de cuivre ... etc., et leur donne une allure archaïque dont seul le carbone 14 pourrait révéler la contrefaçon." (163)

Gegen die Herstellung dieser Imitationen ist prinzipiell nichts einzuwenden, sofern sie im Verkauf auch entsprechend deklariert werden und die verwendeten Materialien bzw. Motive den ursprünglichen noch entsprechen. Es hat keinen Sinn, pauschal über den Wandel von Gebrauchshandwerk zu touristisch orientiertem Kunsthandwerk zu klagen, denn jede wirtschaftliche Entwicklung - und darum handelt es sich bei der Förderung des Tourismus wie bei der Industrialisierung - hat kulturelle Wandlungen zur Folge. Viel wichtiger sind die Fragen, gegen welche neuen kulturellen Formen die alten eingetauscht und vor allem zum Vorteil welcher Bevölkerungsgruppen solche Veränderungen stattfinden sollen. In der Relation Tourismus - Handwerk kann die Antwort nur lauten: der qualifizierte Handwerker mit einem hochwertigen Angebot soll von den touristischen Nachfrageimpulsen profitieren. Es gilt dort einzuschreiten, wo der seriöse Handwerker mit einem ausgeprägten Berufsethos in Gefahr steht, durch Fertigungstechniken überrollt zu werden, die damit rechnen, dass die Kunden aus Unkenntnis auch Billigstfabrikationen aus schlechten Rohmaterialien zu hohen Preisen erwerben werden.

So gelangen immer wieder Decken in den Farben Weiss, Dunkel- oder Hellbraun auf den Markt, die als reine Wolldecken angepriesen werden, in Tat und Wahrheit aber aus Baumwolle, Zellstoff oder aufbereiteten Lumpen bestehen (164). Auch die Farbqualität von an Touristen abgesetzten Decken und Kleidungsstücken lässt manchmal zu wünschen übrig. Diese verwerflichen Unsitten gehen davon aus, dass der ausländische Gast nach der Entdeckung der schlechten Qualität bei sich zu Hause kaum mehr die Möglichkeit besitzt, seine Interessen wahrzunehmen. Im Bereich der neuen Teppiche stellen sich vergleichbare Qualitätsprobleme nicht, weil diese einer strengen Kontrolle unterliegen (165).

Besonders viele Artikel mit mangelhafter Qualität gelangen in der Sparte der Maroquinerie (Abb. 15) auf den Markt, wo Artikel aus minderwertigem Leder (schlechte Narben, ungenügende Gerbqualität, mangelhafter Glanz) zu Preisen von hochwertigem Schaf-, Ziegen-, Rinds- oder Kamelleder an Touristen abgesetzt werden. Lederwaren der Massenproduktion - speziell Portefeuilles - sind oft derart dürftig verleimt bzw. schlecht genäht (maschinell unsauber oder von Hand mit zu weit auseinanderliegenden Stichen), dass sie sich nach kurzer Gebrauchszeit in ihre Bestandteile aufzulösen beginnen. Zu dünne Leder von Ziegen oder Schafen tragen in einigen Fällen auch nicht gerade zur geldkonservierenden Stabilität der Portemonnaies bei!

Ebenso schwierig wie die Differenzierung verschiedener Lederqualitäten fällt es dem Nicht-Spezialisten, das Angebot der Neusilber-, Messing- und Kupferwaren kritisch zu beurteilen, um nicht an sich billige Artikel mit maschinell gefertigten Dessins als teure handwerkliche Ziselierarbeiten zu erwerben. Aus Kostenüberlegungen sind einige Ziseleure dazu übergegangen, ihre Motive nicht mehr gesamthaft mit Hammer und spitzem Meissel einzuarbeiten, sondern Meissel mit bereits vorgegossenen Motivpartien zu verwenden. Mit wenigen Schlägen auf den Meissel lässt sich so z.B. bereits ein ganzer Stern eingravieren. Mit der ursprünglichen, zeitaufwendigeren Technik musste jeder Strich des Sternes einzeln eingehämmert werden, was ein wesentlich genaueres

Vorzeichnen des Motivs und eine äusserst präzise Meisselführung notwendig machte. Der Kenner der Materie wird bei der Begutachtung eines Plateaus sofort feststellen können, welche der zwei Techniken zur Anwendung gelangte. Der nicht mit dieser Handwerkstechnik vertraute Stadtbesucher wird aber kaum entsprechende Nuancen eruieren können.

Abb. 15 Maroquinerie - starke Ausrichtung auf eine kauffreudige touristische Kundschaft

Deutlich touristisch induziert sind Motivänderungen auf Messing-, Neusilber- und Kupferwaren, die sich aufgrund ihrer als Kitsch zu apostrophierenden Bilder, welche in den Augen zahlreicher ausländischer Gäste **den** Orient symbolisieren, eindeutig vom traditionellen, bilderfeindlichen Formenschatz abheben.

> "La clientèle musulmane refuse les motifs emboutis considérés comme typiques par le touriste (chameau, palmier, minaret ...) et demande toujours le plateau gravé à motif géometrique." (166)

Häufig sind Fälle der Aufbereitung alter Kupferwaren (167): Kupferschmiede kaufen in bedürftigen ländlichen und städtischen Haushaltungen altes, z.T. verbeultes Kupfergerät und -geschirr auf, das sie mit grosser Sorgfalt auf-

101

bereiten, um den antiken Eindruck zu erhalten. Anschliessend werden durch geschickte Ziseleure auf den meist schmucklosen, glatten Flächen Dekors eingehämmert, die nach entsprechender Nachbereitung als originale Muster erscheinen. Diese schmuckvollen "Antiquitäten" finden in Bazaren unter Touristen guten Absatz.

Den Tiefpunkt in der rein touristisch orientierten Souvenirproduktion bildet die Fabrikation von billigen Plastik-Imitationen von Berber-Halsschmuck. Dass derartiger Ramsch offensichtlich seine Käufer findet - sonst wären die Plastikketten nach kurzer Zeit wieder vom Markt verschwunden - zeugt von einem äusserst geringen kulturellen Verständnis der kaufwilligen Touristen für ihr Gastland.

Selbstverständlich lassen sich nicht alle qualitativen Veränderungen handwerklicher Produkte (allein) auf die zunehmende touristische Nachfrage zurückführen, sondern diese sind vielmehr im allgemeinen Kontext der fortschreitenden Industrialisierung zu sehen. Die Entwicklungen im Metallhandwerk mit respektablem Tourismusgeschäft einerseits und der nur in geringem Masse vom Fremdenverkehr profitierenden Babouchiers andererseits vermögen diese Tatsache gut zu illustrieren.

Um der industriellen Konkurrenz die Stirne zu bieten und von der steigenden touristischen Nachfrage profitieren zu können, gehen die Metallhandwerker immer mehr dazu über, den Arbeitsprozess durch betriebsinterne Arbeitsteilung bzw. durch die Verteilung der Arbeitsschritte (Schneiden, Formen, Ziselieren, Verschweissen/Verlöten, evtl. Versilbern) auf mehrere Betriebe zu rationalisieren. Dadurch geht die im traditionellen Handwerk übliche enge Beziehung Produzent - Produkt immer mehr verloren.

Bereits seit dem Ende der Kolonialzeit werden Babouches z.T. nicht mehr mit einer Sohle aus Kuhleder, sondern mit einer Gummisohle versehen, weil diese widerstandsfähiger ist und sich in der Produktion maschinell annähen und abschleifen lässt (168). Diese semi-industriellen Babouches stellen eine Reaktion auf die Konkurrenz der industriellen Plastik-Sandalen dar und stehen in keinem unmittelbaren Zusammenhang mit der Hausse des Fremdenverkehrs.

Schon immer hat das orientalische Wirtschaftssystem nach Handlungsstrategien gesucht, um neue externe Impulse, von denen der Tourismus einer der neusten darstellt, aufzunehmen, um die Konkurrenzfähigkeit zu bewahren und Nutzen aus der neuen ökonomischen Konstellation zu ziehen, ohne althergebrachte Strukturen vollumfänglich über Bord zu werfen. Die Modernisierung des Handwerks manifestiert sich, wie die bisher angeführten Beispiele bereits zeigen, nicht allein in der Verwendung leistungsfähiger Maschinen, sondern in einer Vielzahl möglicher Veränderungen des Produktionsprozesses, deren häufigsten Varianten gemäss WIRTH die folgenden darstellen (169):

1. Herstellung von traditionellen Artikeln unter Wiederverwendung von Altmaterial aus westlicher Industrieproduktion (z.B. Babouchesohlen, Keilriemen, Tragtaschen aus alten Autopneus)

2. Verarbeitung moderner Materialien in traditionell strukturierten Betrieben (z.B. Färbereien verwenden anstelle der Naturfarben chemische Farbstoffe)

3. Einsatz traditioneller Fertigungsverfahren zur Produktion moderner Endprodukte (z.B. frühere Kupferschmiede fertigen aus Weiss- oder Zinkblech neu Boiler oder Gehäuse von Klimaanlagen)

Das Handwerk, ja das traditionelle Wirtschafts- und Sozialsystem im Orient im allgemeinen, reagiert auf Anstösse von aussen, wie sie die Industrialisierung und der Tourismus darstellen, zunächst einmal systemimmanent, d.h. es versucht, von den Industriestaaten kommende Neuerungen in das alte System mit einzubauen (170). Gleichwohl wird mit jeder Innovation ein Stück Handwerksgeschichte geschrieben und der traditionsbewusste Gewerbetreibende wird (wie der aufmerksam beobachtende Tourist, der einen Handwerksbetrieb nach einer gewissen Zeit wieder besucht) dem alten Zustand nachtrauern.

Angesichts des gewaltigen ökonomischen Drucks der in- und ausländischen industriellen Konkurrenz kann es aber keinesfalls darum gehen, nicht mehr lebensfähige Handwerkssektoren unter allen Umständen durch protektionistische Massnahmen bewahren zu wollen, ohne ihnen durch ein Mindestmass an Neuerungen auch Ueberlebenschancen für die Zukunft zu geben.

"Man kann nicht auf der einen Seite die - im weitesten Sinne - wirtschaftliche und soziale Entfaltung der Entwicklungsländer fördern und gleichzeitig auf der andern Seite dort eine heile und unberührte Welt bewahren wollen. Ob nun ein Teil des Dienstleistungssektors wie der Tourismus gefördert wird, oder ob Industrien aufgebaut werden, beides verändert die Landschaft und den Menschen, der in ihr wohnt oder arbeitet ... Wer die Entwicklung bejaht, bejaht auch die Veränderungen des Raumes und der Menschen!" (171)

Im Rahmen der Entwicklung des Handwerks heisst es aber, sorgsam darauf zu achten, dass die Wandlungen nicht zu starken Disparitäten führen, indem die Entwicklungschancen nur wenigen Handwerkern geboten werden und die aus dem Tourismusgeschäft abgeschöpften Gewinne sehr ungleich verteilt werden, im schlimmsten Falle nur zugunsten von "Pseudohandwerkern", die unter Aufgabe aller Qualitätsnormen massenweise produzierte Souvenirartikel ohne kulturellen Wert an Touristen absetzen.

4.3.2. PREISGESTALTUNG - DER PRODUZENT ALS VERLIERER

Der Umfang der positiven Impulse des Tourismus auf verschiedene handwerkliche Branchen wird wesentlich durch den Verteilerschlüssel des Verkaufserlöses zwischen Produzenten, Händlern und evtl. weiteren in die Transaktionen involvierten Personen bestimmt. Im nachfolgenden, in seinem Verteilungsmuster repräsentativen Fallbeispiel (172) wird der Absatzweg eines Messingplateaus vom Produzenten bis zum Endabnehmer, eines der arabischen Sprache unkundigen Touristen in einem Bazar in Marrakech, illustiert.

Tab. 24: Absatzweg eines Messingplateaus in Marrakech

1. Produktionskosten des Handwerkers: 50 Dh
   Verkaufspreis an Grosshändler: 58 Dh

   Bruttogewinn Handwerker: **8 Dh**

2. Verkaufspreis durch Grosshändler an Bazaristen: 66 Dh

   Bruttogewinn Grosshändler: **8 Dh**

3. a) Verkaufspreis durch Bazaristen an Touristen: 198 Dh

      Bruttogewinn Bazar: **132 Dh**

   b) Verteilung des Bruttogewinns von 132 DH:

      Bruttogewinn Fremdenführer (40%):   **52,8 Dh**
      Bruttogewinn Bazarist (25%):   **33,0 Dh**
      Bruttogewinn Verkäufer (25%):   **33,0 Dh**
      Bruttogewinn Begleiter/Gehilfe Bazar (10%):   **13,2 Dh**

4.3.2.1. Gewinnverteilung im Bazar - Provisionen bis zu 50%

Gemäss Auskunft verschiedener Bazaristen in Fès und Marrakech entspricht die Verdreifachung des Einstandspreises bei Verkäufen an Touristen einem Durchschnittswert, der je nach Fähigkeit des Kunden zu feilschen unter- oder sogar noch überschritten wird. Auf der letzten Stufe des Absatzweges - dem Verkauf an Touristen - sind die Bruttogewinne mit Abstand am grössten, im Vergleich zum Bruttoverdienst des Handwerkers geradezu exorbitant! Der Grund dafür ist in der Tatsache zu suchen, dass der Bruttogewinn des Bazars in der Regel unter mindestens drei Personen zu verteilen ist, wobei der offizielle

Fremdenführer, der den Touristen in den Bazar geführt hat, massive 30% bis 50% des Bruttogewinns des Bazars einstreicht. Bringt er einen Begleiter mit, welcher die Waren vor dem Kaufinteressenten ausbreitet, oder wird ein mit dieser Aufgabe betrauter Gehilfe im Bazar beschäftigt, so kommt dieser auch noch in den Genuss von rund 10% des Verkaufsgewinns. In die andere Hälfte des Bruttogewinns teilen sich der Besitzer und der Verkäufer des Bazars.

Im Verkaufsgespräch steht der branchenunkundige Tourist auf isoliertem Posten, weil alle - Bazarist, Verkäufer, Fremdenführer und evtl. Gehilfe - an einem möglichst hohen Verkaufspreis interessiert sind, um ihren persönliche Verdienst zu steigern. Besonders perfid präsentiert sich die Rolle des offiziellen oder des selbst ernannten Fremdenführers, von welchem der der arabischen Sprache unkundige Fremde annimmt, dass er im Verkaufsgespräch mit Vehemenz seine, des potentiellen Käufers, Interessen vertrete. In Tat und Wahrheit ist der Fremdenführer aber gar nicht an einer massiven Senkung des Preises interessiert!

Die offiziellen und die selbst ernannten Fremdenführer sind in den Bazaren in der Regel einzelnen Verkäufern verpflichtet, mit denen sie mündliche Abmachungen getroffen haben. Für jeden Artikel setzt der Bazarist (Besitzer und/oder Geschäftsführer) einen Mindestverkaufspreis fest, welcher vom Verkäufer nicht unterschritten werden darf. Je nach Dienstalter im betreffenden Bazar schwankt die Verdienstmarge des Verkäufers zwischen 15% und 25% am Bruttogewinn.

Verlierer dieser üblen Geschäftspraktiken des Provisionenunwesens der (offiziellen) Fremdenführer sind in erster Linie die Handwerker und die Reputation ihrer Gewerbe, weil sie billige Waren für die Bazare herstellen müssen, die deshalb oft auch qualitativ zu wünschen übrig lassen. Einige Bazaristen zeigen sich nicht mehr bereit, für qualitativ hochwertige Produkte auch einen angemessenen Preis zu bezahlen. Sie zwingen die Gewerbetreibenden geradezu, einen Qualitätsabbau vorzunehmen, damit das Verhältnis von Aufwand und Ertrag für den Produzenten auch noch einigermassen stimmt. Die Bazaristen gehen davon aus, dass sie die minderwertige Ware an branchenunkundige Touristen zu marktüblichen Preisen für hochwertige Artikel werden absetzen können. Ihre durch die hohen Provisionen der Fremdenführer geschmälerte Gewinnmarge kann dadurch - auf Kosten einer Qualitätseinbusse des Produktes - wieder etwas gesteigert werden.

Nachteile aufgrund der allgemeinen Praxis des Provisionenwesens erleiden auch die Bazaristen mit kleinen Lokalitäten, die aus Platzgründen keine Absprachen mit offiziellen Fremdenführern treffen können, welche ganze Reisegruppen in bestimmte Bazare führen. Vereinzelt werden die Verträge sogar direkt zwischen Bazaristen und Reiseveranstaltern abgeschlossen (173). Eine Tendenz zur Monopolisierung des Absatzmarktes an geschlossene Reisegruppen in einigen grossen Bazaren beider Untersuchungsräume ist unverkennbar. In den letzten Jahren wurde diese Tendenz noch verstärkt durch die vermehrt in Erscheinung tretenden standörtlichen Kombinationen von Bazaren und Restaurants in ehemaligen grossen Wohngebäuden der Medina von Fès (174).

Um der marktschädigenden Praxis des Provisionenunwesens offizieller Fremdenführer einen Riegel zu schieben, griff das Tourismusministerium zur drastischen Massnahme, (temporäre) Berufsverbote auszusprechen, falls Absprachen zwischen Bazaristen und Fremdenführern nachgewiesen werden konnten (175). Gleichzeitig wurden die staatlich lizenzierten Fremdenführer verpflichtet, nach jeder Führung ein Kurzprotokoll auszufüllen, in dem auch die besuchten Bazarlokalitäten notiert werden müssen, um zu kontrollieren, ob ein gewisser Wechsel stattfindet. Trotz dieser begrüssenswerten Massnahmen ist das Provisionenwesen unter offiziellen Fremdenführern noch weit verbreitet und führt manchmal zur für den Stadtbesucher unverständlichen Situation, dass Fremdenführer ablehnen, gewisse Personen in die Medina zu begleiten, weil sie annehmen, dass diese kaum etwas kaufen werden, für sie neben dem festgelegten Tarif der Besichtigung also wahrscheinlich keine Provisionen herausspringen werden (176).

Die Provisionen der sog. "guides clandestins", d.h. der selbst ernannten Fremdenführer, deren Zahl für Marrakech auf rund 1 200 - darunter ca. 600 Schüler - geschätzt wird (177), erreichen im allgemeinen nicht die gleich hohen Prozentsätze wie jene der "guides officiels". Sie schwanken gemäss Aussagen von Bazaristen, Verkäufern und inoffiziellen Fremdenführern selbst zwischen 15% und 30%.

> "Soyez le bienvenu à Fès. vous voulez visiter la médina? C'est très compliqué. Je peux vous montrer les monuments intéressants. La médersa Bou Inania, l'université du XIVe siècle. La Karaouine, plus grande mosquée d'Afrique du Nord. La kissaria. Les tanneurs. Le souk au henné. Si vous êtes content vous donnez ce que vous voulez. 10 dirhams, 15 dirhams. Sinon vous donnez rien. Moi, je suis étudiant. Je fais ça pour payer un peu les livres. Mais surtout c'est pour **faire connaissance.**" (178)

So oder ähnlich beginnt im allgemeinen die Konversation mit einem "guide clandestin", um sich im Falle einer Einwilligung, sich die Medina zeigen zu lassen, etwa so in bezug auf Einkäufe (Provisionen!) zu konkretisieren:

> "Tu habites le camping? L'hôtel? Tu restes combien de temps à Fez? Fez c'est la meilleure ville du Maroc. Tu veux acheter? Tu n'es pas obligé. Mais parce que je connais les bazars où il y a des bons prix. Les prix marocains. Tu peux venir pour le **plaisir des yeux** ..." (179)

Ein "guide clandestin" arbeitet in der Regel in einem Zweierteam. Während sich der sprachbegabtere des Duos der Touristengruppe annimmt, hält der Partner - dauernd in sicherem Abstand - nach Angehörigen der "brigade touristique" Ausschau, welche inoffizielle Fremdenführer auf die Polizeiwache bringt, wo ihnen als Höchststrafe ein achttägiger Aufenthalt in einer Gemeinschaftszelle droht. Im weiteren werden den jungen "guides clandestins" die Haare extrem kurz geschnitten, und ihre Eltern haben eine Busse zu bezahlen. Deshalb hat der Partner im Falle einer Festnahme einen Angehörigen des Arrestierten zu benachrichtigen, welcher sich bei der Polizei für die Freilassung seines Schützlings einsetzen kann. Neben diesen Sicherheitsaufgaben hat der für den Touristen unsichtbare Begleiter den zentalen Auftrag, nach einem Kaufabschluss umgehend die dem inoffiziellen Fremdenführer und seinem Partner zustehende Provision im besuchten Verkaufslokal abzuholen.

Unter den "guides clandestins" in Fès existieren ungeschriebene Gesetze, aufgrund derer die Gebiete, in denen Touristen zwecks einer Medinabesichtigung angesprochen werden dürfen, genau festgelegt werden. In einem Interview äussert sich Ali, ein knapp 15jähriger Fassi, der seine "Klienten" bei Dar Batha gewinnt, zur räumlichen Abgrenzung gegenüber den "guides clandestins" von Bab Boujloud:

>Interviewer: "Et s'il arrive qu' un guide de Boujloud prenne un touriste à Batha?"
>Ali: "Il se passera une chose, il donne le demi de ce qu'il a gagné. Ou on ne le laisse pas partir avec le touriste. C'est la loi. La loi des guides."
>Interviewer: "Il arrvie des bagarres?"
>Ali: "Parfois! C'est arrivé déjà! Maintenant, il n'y a pas. Boujloud c'est Boujloud. Batha, c'est Batha! Ca se passe bien!" (180)

Die mit steigenden Gästeziffern in Fès und Marrakech feststellbare Zunahme der "guides clandestins" stellt eine negative Folgeerscheinung dar, die von Handwerkern, Kleinhändlern, Lehrkräften an Primar- und Sekundarschulen, Tourismusverantwortlichen und Feriengästen gleichermassen, wenn auch aus verschiedenen Motiven, beklagt wird. Gespräche mit Lehrern haben gezeigt, dass einzelne Schüler wiederholt dem Unterricht fernbleiben, um der für sie finanziell attraktiven Beschäftigung des Begleitens von Touristen und der daraus sich ergebenden Abschöpfung von Provisionen nachzugehen. In einigen Fällen erfolgen diese Absenzen nicht nur unter Billigung, sondern auf Veranlassung der Eltern, welche auf die entsprechenden Zusatzverdienste der Kinder angewiesen sind.

Angesichts der grossen Zahl an inoffiziellen Führern und der hohen Verdienstmöglichkeiten im Rahmen des Provisionenwesens nehmen die Methoden zur Gewinnung von Touristen immer radikalere Formen an, die auch im nationalen Tourismusministerium mit Besorgnis registriert werden:

>"Le harcèlement des touristes pendant leur visite par 'gamins' ... L'agression qui était verbal, devient de plus en plus physique, et risque de se transformer en attaque." (181)

Mit Strafen allein wird dem Provisionenwesen angesichts dessen Ausmasses und seiner sozio-ökonomischen Hintergründe nicht beizukommen sein. Nur im Rahmen einer breit angelegten Aufklärungskampagne über die volkswirtschaftliche Bedeutung des Tourismus, die negativen Konsequenzen der agressiven Verkaufspraktiken für das Image der Königsstädte und der Schäden, welche die zu hohen Provisionen dem produzierenden Handwerk zufügen, kann diese Unsitte langfristig mit Erfolg bekämpft werden. Jeder Fassi und Marrakechi muss be-

greifen, dass der aggressive Kundenfang und die überrissenen Provisionen die
Attraktivität der Städte innert kurzer Zeit senken und die volkswirtschaftlich positiven Impulse damit ebenfalls vermindern werden.

Da das Abschöpfen von Provisionen und die Tätigkeit als "guide clandestin"
in vielen Fällen aus schierer Not (hohe Jugendarbeitslosigkeit) erfolgt,
kann die vorgeschlagene Aufklärungskampagne jedoch nur erfolgreich sein,
wenn sie von umfassenden Schulungs- und Beschäftigungsprogrammen für Jugendliche begleitet wird, welche eine attraktive, langfristige Alternative zur
Tätigkeit als inoffizieller Fremdenführer und dem damit verbundenen Abschöpfen von Provisionen zu bilden vermögen. Kinder, welche Touristen auf
Veranlassung der Eltern in die Bazare der Medina begleiten, werden diese
Aktivität nur aufgeben können, wenn den Eltern ein für den Familienunterhalt
genügendes Einkommen garantiert werden kann (182). Ohne ein breit abgestütz-
tes sozialpolitisches Programm wird dem die Marktverhältnisse und die Ertragslage des Handwerks schädigenden Provisionenwesen durch inoffizielle
Fremdenführer mit Sicherheit nicht erfolgreich begegnet werden können!

4.3.2.2. Grosshandel - spekulative Praktiken

Während das dem Handwerk parasitär anhaftende Provisionensystem in unmittelbarem Zusammenhang mit der touristischen Expansion seit den 1960er Jahren
steht, können die Wurzeln des spekulativen Gross- bzw. Zwischenhandels bis
in die Kolonialzeit zurückverfolgt werden, als das tradtionelle Dallasystem
(Abb. 16) zerstört wurde. Diese Marktorganisation funktioniert heute im
wesentlichen nur noch für Tierhäute, Leder, Babouches, Djellabas, Decken,
Kaftans, alte Silber- und Kupferwaren, beherrscht aber auch bei diesen Artikeln nicht mehr den ganzen Umsatz in Fès und Marrakech.

Abb. 16: Traditionelles Dallasystem (183)

Ablauf	Rohstoffproduzent—Dallal——►		Ankauf der Rohstoffe	Handwerker—Dallal——►		Verkauf der Fertigprodukte	Einzelhändler——►	Verkauf der Fertigprodukte	Endverbraucher
Standort	Ländlicher Raum oder Stadt	Versteigerung im festgelgten Zeitintervall von ca. 1 h am Rande der Souks		Arbeitsplatz am Rande der Souks	Versteigerung im festgelgten Zeitintervall von ca. 1 h im Zentrum der Souks		Laden in den Souks		Ländlicher Raum oder Stadt

Das Dallalsystem umfasst sowohl den Rohstoffhandel als auch den Absatz der
Fertigprodukte. Der Dallal tritt im Auftrag einer Gruppe von Rohstoffproduzenten bzw. einer Gruppe von Handwerkern, die ihm jeweils die abzusetzen-
den Waren überlassen, als Verkäufer auf. Der Handel findet ausser am Freitag
täglich in Form einer rund einstündigen Versteigerung an einem für jedes
Produkt anderen Ort in den Souks der Medina statt. Der Dallal versucht für

seine Auftraggeber den besten Preis herauszuholen, indem er mit seiner Ware von Kaufinteressent zu Kaufinteressent geht, sich nach ihrem Angebot erkundigt und schliesslich das Handelsgut dem Höchstbietenden überlässt. Der Dallal, welcher das Vertrauen aller Handelspartner geniesst, wird von seinen Auftraggebern je nach Abmachung pro Stück oder prozentual zum Verkaufserlös bezahlt.

> "Die Vorteile des Dallalsystems für den Handwerker, der im Kleinbetrieb mit maximal 2 - 3 Beschäftigten produziert, liegen auf der Hand. Aufgrund des permanenten Kapitalmangels ist er gezwungen, täglich seine Produktion zu verkaufen, um die entsprechenden Rohstoffe wieder erwerben zu können. Wenn er den Dallal mit dem Verkauf beauftragt, spart der Handwerker Zeit; er muss den Bazarhändler nicht selbst aufsuchen. Der Dallal veräussert immer für mehrere Handwerker; dadurch wird eine bessere Ausgangsposition gegenüber dem Händler erzielt. Schliesslich bietet dieses System einen ausgezeichneten Schutz gegen Grosshändler, die nur allzugerne die Handwerker in ihre Abhängigkeit bringen. Damit das System funktioniert, muss sowohl der Kauf der wichtigsten Rohstoffe als auch der Verkauf der Produkte über Dallal möglich sein." (184)

Wie wichtig die Vermarktung der Rohstoffe **und** der Endprodukte über Dallals ist, manifestiert sich am besten an der rezenten Marktsituation der rund 650 Weber (185) in Marrakech, wo sich sowohl die Lieferung der Rohstoffe als auch die Vermarktung der Webwaren in den Händen dreier Händler konzentriert. Durch Exklusivverträge mit den Rohstofflieferanten gelingt es den drei marktbeherrschenden Grosshändlern, ihr Monopol erfolgreich abzuschirmen. Um sich nicht gegenseitig ins Gehege zu kommen, haben sie auch untereinander die Absatzmärkte fix aufgeteilt (186).

Die fatale Situation der Weber von Marrakech steht stellvertretend für die missliche Lage zahlreicher Handwerker verschiedener Gewerbe beider Untersuchungsräume. Aufgrund der Unfähigkeit der handwerklichen Kleinbetriebe, selbst Lager von Rohstoffen und Endprodukten anzulegen (187), um bei guten Preisen vermehrt absetzen zu können, gelangen diese Kleingewerbetreibenden in eine permanente Abhängigkeit von Grossisten, bei denen sie mehrheitlich verschuldet sind.

> "Les grossistes locaux: il s'agit principalement des grands patrons artisans qui représentent en général un peu plus de 2% du total des artisans indépendants et des bazaristes (gilt für Marrakech, R.W.). Ils fixent et orientent les prix en cas de difficultés d'écoulement de la production. Le mode de règlement est le crédit ou le semi crédit; en effet, ces producteurs collecteurs de marchandises reçoivent durant les périodes de marasme économique la production quotidienne et hebdomadaire des artisans qu'ils paient par petites sommes d'argent échelonnées sur quelques semaines parallèlement à de nouvelles livraisons ..." (188)

Aufgrund dieses Auszahlungssystems ist es den Grosshändlern möglich, die dauernd unter Kapitalmangel leidenden handwerklichen Kleinbetriebe in Abhängigkeit zu halten. Der handwerkliche Kleinbetriebsinhaber, welcher sich jeden Tag neu mit Rohstoffen eindecken muss, ist gezwungen, regelmässig seine Endprodukte - zum vom Grosshändler festgelegten Preis - abzuliefern, um einen Teil des Geldes zu erhalten, damit er sich neu mit Arbeitsmaterialien versehen, die Ernährung seiner Familie und die Bezahlung der Angestellten sicherstellen kann.

Der Grosshändler selbst zieht nicht unbedingt sofort Profit aus seinen Kaufabschlüssen mit den Kleinproduzenten, vor allem wenn die Nachfrage nach dem von ihm vermarkteten Produkt momentan gering ist. Aber der Grosshändler baut sich ein Lager auf, welches er, wenn sich eine günstige Verkaufsgelegenheit bietet, oft gesamthaft mit grossem Gewinn absetzt, ohne dass er die von ihm abhängigen Kleinproduzenten mitprofitieren lässt. Diese liefern ihre Waren immer noch zum vom Grosshändler in der Periode mangelnder Nachfrage festgesetzten Tiefpreis ab!

Diese Abhängigkeitsverhältnisse zeigen unverkennbare Parallelen mit dem von BOBEK charakterisierten klassischen Rentenkapitalismus (189), indem die Grosshändler aus den von ihnen abhängigen Gewerbebetrieben alle Ertragsanteile abschöpfen, die über das Existenzminimum der meist verschuldeten Handwerker hinausgehen. Ebenso unterlässt es der heutige Grosshändler wie der klassische Rentenkapitalist, selbst Investitionen irgendwelcher Art zur Erhaltung oder gar Steigerung der Produktivität eines von ihm abhängigen Betriebes zu unternehmen.

Allerdings gibt es auch bedeutende Unterschiede zwischen der gegenwärtigen Lage des Handwerks und dem klassischen Rentenkapitalismus. Im klassischen Rentenkapitalismus wurde das abhängige Kleinunternehmen in eine Serie von Eigentumstiteln (z.B. Werkstatt, Arbeitsgeräte, Rohmaterialien) und Leistungen (Arbeit) aufgelöst, denen je ein Rentenanspruch - sprich Anteil am Rohertrag - des "Kapitalisten" entsprach. Die ausgebeuteten Handwerker zeigten daher nicht das geringste Interesse an einer Steigerung ihrer Produktion und an innerbetrieblichen Innovationen, weil der Mehrertrag ihrer erhöhten Aufwendungen und Anstrengungen ja nicht ihnen selbst, sondern nur den "Kapitalisten" zugute kam. Heute beruhen die Abhängigkeitsverhältnisse im wesentlichen auf dem Produktionsfaktor "Rohstoffe", indem die finanzschwachen Gewerbetreibenden ihre Fertigprodukte zu vom Händler festgelegten Tiefpreisen abliefern müssen, um überhaupt wieder Rohmaterialien zur Herstellung neuer Artikel zu erhalten (190). Der kapitalschwache Handwerksbetrieb ist gar nicht in der Lage, betriebsstrukturelle Verbesserungen vorzunehmen, weil ihm die dazu notwendigen finanziellen Mittel fehlen (191).

Die Abhängigkeit der Handwerker hat in der Regel in Zeiten eines Nachfrageschwundes ihren Anfang genommen, als diese ihre Fertigwaren ausschliesslich an (einen) Grosshändler absetzen konnten, um wieder flüssiges Geld zu erhalten. Rund 75% der Handwerker in Fès (192) und Marrakech (193) sind aus Kapital- und Raummangel gezwungen, einen fertiggestellten Artikel umgehend an einen Grosshändler zu verkaufen. Ihre marktbeherrschende Stellung haben die heutigen Grosshändler im Rahmen der Auflösung des Dallalsystems erlangt, als sie als Handwerker dazu übergingen, ihre Waren selbst zu vermarkten und Produkte anderer Betriebe zwecks Wiederverkauf, z.T. als Exporte in europäische oder andere afrikanische Staaten, aufzukaufen (194).

Als Reaktion auf die übersetzten Gewinnmargen des marokkanischen Grosshandels gehen ausländische Grossisten vermehrt dazu über, handwerkliche Produkte direkt bei den Produzenten einzukaufen, zu Preisen, die sowohl für den ausländischen Abnehmer als auch für den Gewerbetreibenden vorteilhaft sind (195). Der Direkteinkauf durch ausländische Grossisten ist jedoch nur möglich, wenn die Handwerker nicht von einem Rohstoffversorgungsmonopol eines lokalen Grosshändlers abhängig sind.

In unserem Fallbeispiel - Absatzweg eines Messingplateaus in Marrakech - verdient der marokkanische Grosshändler 8 Dh, ebensoviel wie der Handwerker, der für die Herstellung des Plateaus mit einfachem Muster mindestens vier Stunden investieren musste. In der Regel präsentiert sich die Gewinnmarge der Zwischenhändler im Metallhandwerk noch günstiger, zumal sie die Fertigprodukte beim Handwerker pro Kilogramm bezahlen, sie aber pro Stück an die Detaillisten veräussern (196).

Angesichts des dauernden ökonomischen Drucks, welcher durch die industrielle Konkurrenz noch weiter verstärkt wird, gehen Handwerker dazu über, die Rohstoff- (197) und die Verarbeitungsqualität ihrer Produkte zu senken. Eigentlicher Anlass für die Qualitätseinbusse bildet in diesen Fällen nicht der expandierende Fremdenverkehr an sich, sondern die spekulativen Praktiken des Grosshandels, welcher davon ausgeht, seine bedeutende Gewinnmarge auf Kosten der branchenunkundigen Touristen noch weiter zu steigern, ohne die langfristig kontraproduktiven Schäden für die Reputation des Handwerks zu bedenken. Damit sei nicht gesagt, dass es überhaupt keine Handwerker gebe, die ohne äussere Notlage vorsätzlich resp. ohne die notwendigen Branchenkenntnisse Schund herstellen, um kurzfristig vom Verkauf an Touristen zu profitieren. Besonders zu verurteilen bleibt das Verhalten von Grossabnehmern, welche durch ihre Preispolitik Kleinbetriebe dazu anhalten, billigen Ramsch herzustellen, um ihre eigenen - an sich bereits überrissenen - Gewinnmargen durch den Verkauf an unkundige Feriengäste noch weiter zu steigern.

Um den spekulativen Praktiken des Grosshandels zu entgehen, wird der Handwerker wenn immer möglich nach Gelegenheiten suchen, seine Ware selbst an den Endverbraucher zu vermarkten. Er wird deshalb nach einem Laden in einer passantenintensiven Soukgasse Ausschau halten, die im besten Fall auch noch stark von Touristen frequentiert wird. Die für den Fremden sichtbare Herstellung und der gleichzeitige Einzelhandel macht derartige Lokale sogar noch attraktiver als die meist nur dem Verkauf verpflichteten Bazare. Nicht zuletzt deshalb wird in einigen Bazaren heute auch dazu übergegangen, mindestens ein aktives Gewerbe - meist Teppichknüpferinnen (Abb. 17) - zu integrieren.

Abb. 17: Steigerung der Attraktivität von Bazaren durch die Integration von teppichknüpfenden Frauen

"Die Betriebe in der Bazarzone (= zentraler Abschnitt der Souks) haben die Möglichkeit, ohne Zwischenhändler zu verkaufen; sie können den gesamten Mehrwert der Produktion für sich in Anspruch nehmen, der beim Verkauf von Einzelstücken an europäische und amerikanische Touristen für marokkanische Verhältnisse sehr hoch ist. Die Betriebsleiter können ihr Ueberleben im Handwerk gut absichern, wenn der Touristenstrom erhalten bleibt. Diese Strategie wird aber auf einen kleinen Kreis begrenzt bleiben, da der Raum beschränkt ist und hohe Schlüsselgeldforderungen (202) erhoben werden." (203)

Können die zwei rettenden Strategien - Qualitätssenkung und Direktabsatz - nicht beschritten werden, weil der berechtigte Stolz auf jahrhundertealte Fertigungstechniken es nicht zulässt, minderwertige Ware herzustellen, bzw. die finanziellen Mittel nicht ausreichen, ein Lokal an passantenintensiver Stelle zu betreiben, bieten sich noch weitere Varianten im ökonomischen Ueberlebenskampf an, welche die Lebensverhältnisse vieler Handwerkerfamilien prägen: die Ausdehnung der Arbeitszeit, der Einsatz billiger Arbeitskräfte (u.a. zahlreicher Kinder) und die Senkung der familiären Lebenshaltungskosten.

4.3.2.3. Handwerker - schlecht entschädigte Attraktivität

Von den 148 Dh Bruttogewinn, die auf unserem exemplarischen Absatzweg eines Messingplateaus vom Handwerker in der Werkstatt bis zum Detaillisten in einem Bazar von Marrakech gesamthaft abgeschöpft werden, gelangen nur 8 Dh oder 5,4% in den Geldbeutel des Produzenten. Angesichts dieses sowohl relativ als auch absolut geringen Gewinnanteils und Verdienstes zeigt sich die Notwendigkeit für den handwerklichen Kleingewerbetreibenden, die Lohnkosten aller Arbeitskräfte möglichst gering zu halten.

Bevorzugt werden (eigene) Kinder als billige Arbeitskräfte in Kleinunternehmen eingesetzt (200). Ausser durch den temporären oder permanenten Einsatz von Kindern und die Ausdehnung der eigenen Arbeitszeit verbessern rund 10% der Handwerksmeister (vor allem Gerber, Maroquiniers, Babouchiers, Blasbalghersteller) ihre Einkommenssituation, indem sie sich als Mitglieder einer Bruderschaft der Medina musizierend oder Koranverse rezitierend an religiösen Feierlichkeiten wie Taufen, Beschneidungen, Verlobungen, Vermählungen, Begräbnissen beteiligen und dafür jeweils mit bis zu 30 Dh entschädigt werden (201). Andere Handwerker mit ungenügender finanzieller Basis beweisen ihre Flexibilität durch gleichzeitige Ausübung eines Kleinhandels, indem sie Zigaretten, Bonbons, Trockenfrüchte oder andere Lebensmittel verkaufen, Geschirr für grosse Festivitäten vermieten, sich anlässlich derselben als Köche betätigen oder die öffentlichen Bäder der Medina (Hammam) betreiben (202).

Da die Mieten für Wohnungen und Werkstätten in der Altstadt im allgemeinen tiefer liegen als in der Neustadt, bleibt die Medina Wohn- und Arbeitsort der finanzschwachen traditionellen Gewerbetreibenden. 15% der Handwerkerfamilien Marrakechs, die in einem Mietverhältnis stehen, vermieten Zimmer an Drittpersonen, um ihre eigene Miete z.T. zu decken (203). 42% der ihre Unterkünfte besitzenden Handwerker Marrakechs betreiben auf der Basis von Kaninchen, Hühnern und/oder Tauben Kleinviehzucht, um ihre Fleischversorgung günstig sicherzustellen. Andere Varianten zur kostengünstigen Proteinversorgung, die von Gewerbetreibenden in Marrakech gepflegt werden, bestehen im gemeinsamen Kauf ganzer Schafe und Rinder durch mehrere Familien, welche die schwarz geschlachteten Tiere unter sich teilen (204).

Die betriebserhaltenden Initiativen der Handwerker stossen selbstverständlich dort auf Grenzen, wo der Absatz der selbst verfertigten Produkte ein absolutes Minimum unterschreitet. Da die touristische Attraktivität der Medina wesentlich durch die **Vielfalt** der handwerklichen Gewerbe bestimmt wird, muss sorgfältig darauf geachtet werden, dass im Rahmen der staatlichen Förderungsprogramme nicht prinzipiell kunsthandwerkliche Produkte wie Teppiche, Textilien, Schmuck, Leder-, Messing-, Neusilber- und Kupferwaren (Abb. 18) bevorzugt werden, die zunehmenden touristischen Absatz garantieren. Nein, gerade Gewerbe ohne ausgeprägte Absatzmöglichkeiten an Touristen wie Schreiner, Färber, Töpfer, Eisenschmiede, Schuhmacher und Babouchiers, welche bei gezielten Restrukturierungsmassnahmen (gute) Ueberlebenschancen im Kampf gegen die industrielle Konkurrenz besitzen, sollten finanziell und technisch besonders unterstützt werden, um ein möglichst breites Spektrum an handwerklichen Aktivitäten in der Medina am Leben zu erhalten.

Abb. 18: Kupferschmied am Platz es Seffarin in Fès - hohe touristische Attraktivität

Ansonsten bleibt es nur zu gut verständlich, dass allein bestaunte und photographierte Handwerker, deren Produkte nicht (direkt) von Touristen erworben werden, immer mehr dazu neigen, die hohle Hand zu machen, um auch finanziell ein wenig vom Fremdenverkehr zu profitieren, für den sie ein wesentliches Attraktionselement darstellen. Die mehr oder weniger vehemente Aufforderung an Touristen, für die Beobachtungen und speziell das Photographieren des attraktiven Handwerks zu bezahlen, ist gegenwärtig am häufigsten bei den Gerbern festzustellen. Die Gerber repräsentieren ein arbeitsintensives Gewerbe, welches besonders stark unter der industriellen Konkurrenz zu leiden hat und nicht unmittelbar vom zunehmenden Absatz von Lederwaren an Touristen profitiert, von diesen aber sehr häufig aus Interesse besucht und als photogenes Motiv abgelichtet wird.

4.3.3. Kinderarbeit - soziales Lernen oder Ausbeutung?

Diskussionen über das Ausmass der Kinderarbeit, ihre Bedeutung für die Betroffenen selbst und die Volkswirtschaft eines Staates leiden oft darunter, dass unklar bleibt, worüber man überhaupt spricht. Bereits die Auffassungen, bis wann ein Mensch ein Kind sei, gehen je nach Nation, Region (Stadt/Land) und Kultur weit auseinander. Die in den Industrieländern übliche Trennung zwischen Kindheit, Berufstätigkeit und Ruhestand stösst in andern Gesellschaften oft nur auf wenig Verständnis.

Die Staaten, die sich der Konvention 138 der Internationalen Arbeitsorganisation (ILO) von 1973 zur Beschränkung der Kinderarbeit (205) angeschlossen haben, legen das 15. Lebensjahr als das Alter fest, in dem ein Mensch aufhört, ein Kind zu sein. In der Regel darf gemäss der ILO-Konvention 138 erst nach Abschluss der obligatorischen Schulzeit und nicht unter 15 Jahren eine regelmässige Erwerbstätigkeit aufgenommen werden. Das Mindestalter für die Zulassung zu Arbeiten, die für die Gesundheit oder die Sittlichkeit der Jugendlichen abträglich sind, wurde höher - auf 18 Jahre - festgelegt. Drittweltländern mit ungenügender Wirtschaftsentwicklung und schulischer Infrastruktur wird es gemäss ILO-Konvention 138 erlaubt, anfänglich den Geltungsbereich dieses Abkommens einzuschränken, vorausgesetzt, dass bestimmte Arten von schwerer bzw. gefährlicher Arbeit nicht ausgenommen werden.

Marokko hat die entsprechende ILO-Konvention bis heute nicht unterzeichnet. Die marokkanische Arbeitsgesetzgebung von 1947 sieht ein Mindestalter von 12 Jahren für die Aufnahme einer regelmässigen Erwerbstätigkeit vor, für gefährliche Arbeiten ein Mindestalter von 16 Jahren (206).

Die weltweit stark unterschiedlichen gesetzlichen Mindestalter zur Aufnahme einer Arbeit lassen erkennen, dass diese einen stark willkürlichen Charakter tragen. Die Altersgrenze, wie sie z. B. in der ILO-Konvention 138 zur Anwendung gelangt, kann deshalb nur **ein** Kriterium bilden bei der Bestimmung dessen, was Kinderarbeit ist.

Eine weitere Schwierigkeit besteht in der Definition, welche Tätigkeiten von Kindern als "Arbeit" bezeichnet werden müssen. Wenn Arbeit ganz generell als Einsatz körperlicher oder geistiger Energien umschrieben wird, so bringt dies nur die unbefriedigende Erkenntnis, dass Kinderarbeit a priori nicht abzulehnen ist. Denn so weitverbreitete Aufgaben der Kinder wie Abwaschen, Kochen, Botengänge und Putzen sind sicher nicht generell zur Kinderarbeit zu zählen. Vielmehr können diese kleinen Hilfstätigkeiten in der Familie als soziales Lernen betrachtet werden. Durch die Uebernahme kleiner Pflichten wachsen die Kinder langsam und organisch aus der Kinder- in die Erwachsenenwelt hinein. Direkt von ihren Eltern erwerben Mädchen und Knaben neue Fähigkeiten. Die Kinder ahmen zuerst nach, machen später bewusst mit und wenden das Gelernte (im Auftrag der Eltern) an.

Im Unterschied zum kontinuierlichen Hineinwachsen der Kinder in die Arbeitswelt der Erwachsenen innerhalb der Familien muss von Kinderarbeit gesprochen werden, wenn:

1. die Armut der Eltern die Kinder zur Arbeit zwingt. Bei den regelmässigen Tätigkeiten der Kinder handelt es sich nicht um ein spielerisches Lernen und Mitmachen, sondern um ein ökonomisches "Muss", um das eigene und das Ueberleben der Familie sicherzustellen.

2. das physische und psychische Leistungsvermögen der Kinder überfordert wird. Die Aufwachsenden werden körperlich und geistig nicht gefördert, sondern vielmehr behindert. Als Erwachsene zahlen sie später mit ihrer angeschlagenen Gesundheit und ihrem geringen Bildungsstand dafür, dass sie permanent überfordert worden sind und nie richtige Kinder sein durften.

Der Tourist wird in den marokkanischen Städten immer wieder mit Kinderarbeit konfrontiert. Am häufigsten und offensichtlichsten ist die selbständige Kinderarbeit des informellen Sektors, in deren Rahmen Kinder wiederholt direkt mit dem Stadtbesucher in Kontakt treten. Es sind fast ausschliesslich Knaben, die auf der Strasse und in den Gassen Kaugummis, Zeitungen, Ansichtskarten, Bonbons, Zigaretten und andere kleine Artikel an Touristen und andere Passanten verkaufen, Autos waschen oder bewachen, Schuhe putzen und Lasten tragen. Nicht so offensichtlich treten Knaben in Erscheinung, die gegen hohe Bezahlung Kontakte mit in- und ausländischen Homosexuellen pflegen oder trotz abschreckender Betäubungsmittelgesetze Haschisch an Reisende verkaufen (207), um sich meist ohne Wissen der Eltern ihren Lebensunterhalt zu verdienen. In einem Interview hat sich der noch nicht 15jährige, in Fès wohnhafte Bidos folgendermassen über seine Kontakte zu Homosexuellen, die - gemäss Aussagen verschiedener Knaben - die Stadt in einigen Fällen nur aus diesem Grund besuchen (208), geäussert:

"- Tu gagnes plus d'argent en allant avec les hommes qu'en faisant guide?
- Oui, je gagne plus d'argent avec les hommes.
- En une semaine, tu gagnes combien?
- Ca dépend. Si je travaille, si je travaille pas. Une semaine où ça marche, jusquà 1 000 ou 2 000 dirhams. Quand ça va pas, rien du tout. Même pas un paquet de cigarettes. (Il rit.)
- Qu'est-ce que tu fais avec cet argent?
- La maison, les habits, cigarettes, cinéma, les amis, dans un café ... Je donne à ma mère. Mon père, en France, il travaille.
- Tu donnes de l'argent à ta famille? Elle sait que tu fais guide?
- Oui, je donne de l'argent. Mais elle ne sait pas que je fais guide. Si je le dis, je sors de la maison. Si je dis: moi je vais avec les hommes, je me fais sauter ..." (209)

Ein Teil der Knaben, die im Umgang mit Homosexuellen ihr Geld verdienen, ist in "Kinderbanden" organisiert. Sie wohnen gemeinsam in einem Gebäude und werden von einem jüngeren Mann, der als einziger zu schreiben versteht, "betreut". Dieser beschützt sie - gemäss Aussagen der Knaben - gegenüber der Polizei und rabiaten Touristen. Der Chef der "Kinderbande" veranlasst sie auch, ihren Eltern einen Teil ihres Einkommens abzuliefern. Bei Schwierigkeiten zwischen Kindern und Eltern pflegt der Chef der "Kinderbande" als Vermittler aufzutreten (210).

Untersuchungen über die Zahl der Knaben, welche ihren Körper für Geld hergeben, und auf diese Weise einer für ihre psychische Entwicklung abträglichsten Formen der Kinderarbeit nachgehen, liegen keine vor. Ebensowenig existieren Erhebungen über die Bedeutung der Kinderarbeit im Rahmen der handwerklichen und industriellen Fertigung in Marokko im allgemeinen und in Fès bzw. Marrakech im speziellen. Gemäss einer amtlichen Schätzung sind rund 250 000 Kinder zwischen 5 und 14 Jahren in Marokko regelmässig erwerbstätig (211). Zwischen 1964 und 1982 hat die Kinderarbeit gemäss Beobachtungen von WIRTH in Fès nicht ab-, sondern eher zugenommen (212). In vielen Arbeitsräumen sind 1982 im Verhältnis zu den Erwachsenen die doppelte Zahl Kinder beschäftigt, welche aber nur rund einen Viertel des Entgeltes der Erwachsenen für die gleiche Arbeit erhalten.

LAGDIM SOUSSI schätzt aufgrund eigener Befragungen, dass rund 40% der Kinder im Primar- und Sekundarschulalter der Medina und der weiteren dicht bevölkerten Stadtteile, deren Bewohner nur über ein geringes Einkommen verfügen, im handwerklichen Sektor von Marrakech arbeiten (213), sei dies als permanente Arbeitskräfte oder temporär während der Schulferien, um einen Beitrag an ihr Schulgeld zu leisten oder dieses vollständig selbst bestreiten zu können. Gegen die Beschäftigung von Mittelschülern in den Ferien ist an sich nichts einzuwenden, obwohl der Wert der praktischen Arbeit während der Ferien vom pädagogischen und psychologischen Gesichtspunkt nicht unumstritten ist. Einerseits sind die Ferien eigentlich zur körperlichen und geistigen Regeneration der Schüler gedacht, anderseits kann eine vorübergehende praktische Tätigkeit der oft beklagten Realitätsferne von Schulabsolventen mindestens partiell begegnen, indem ein realistischer Einblick in die Arbeitswelt gewonnen wird.

Besonders zahlreich sind die temporären und permanenten Kinderarbeitskräfte in handwerklichen Sektoren, die um ihr Ueberleben kämpfen. Aber auch in prosperierenden Handwerkszweigen wie der durch den Tourismus profitierenden und expandierenden Teppichknüpferei ist die Kinderarbeit eine weitverbreitete Erscheinung (Abb. 19). Das besonders arbeitsintensive Teppichgewerbe ist aus der Sicht der Arbeitgeber speziell für den Einsatz von Kindern geeignet, weil diese mit ihren feinen Fingern und ihrer besseren Sehkraft die Arbeiten schneller und geschickter ausführen können als Erwachsene (214).

Ueber die Kinderarbeit bei der Herstellung von Teppichen, die ausschliesslich von Mädchen geleistet wird, wurde in Europa erstmals 1975 öffentlich diskutiert, als die in England beheimatete "Anti-Slavery Society" im Rahmen eines Besuchs von sechs Teppichfabriken in Marokko feststellte, dass bereits fünfjährige Mädchen permanent beschäftigt wurden, einige von ihnen bis zu 12 Stunden im Tag unter äusserst schlechten Arbeitsbedingungen (215).

Eine zweite, ausgedehntere Studie über die Arbeitsverhältnisse im Teppichgewerbe im Jahre 1977, bei der 62 private und 17 staatliche Teppichunternehmen unter die Lupe genommen wurden, zeigte, dass sich die Lage trotz entsprechender Versprechungen der marokkanischen Regierung gegenüber der "Anti-Slavery-Society" nicht gebessert hatte (216). In 28 Werkstätten war mindestens ein Drittel der Beschäftigten unter 12 Jahre alt. Zwei Unternehmen kannten Arbeitszeiten von 72 Stunden in der Woche, fünf solche zwischen 60 und 64 Stunden. Mehr als die Hälfte der Werkstätten, für die entsprechende Informationen zu erhalten waren, überschritten die gesetzliche Arbeitszeit von 48 Stunden pro Woche.

Abb. 19: Teppichknüpferei - weitverbreitete illegale Kinderarbeit

Besonders stossend waren die in den meisten Unternehmen festgestellten Entlöhnungsverhältnisse. Der Unternehmer beschäftigte eine "maalema" als Aufseherin über die jungen Arbeiterinnen. Die "maalema" wurde vom Unternehmer pro Quadratmeter fertig geknüpfter Teppich bezahlt, sie hatte also selbst ein grosses Interesse, möglichst viel aus ihren Arbeiterinnen herauszuholen. Dieses System, bei welchem die "maalema" ihre Knüpferinnen persönlich rekrutierte, brachte dem Unternehmer den Vorteil, dass er sich nicht selbst um die in seiner Teppichknüpferei Beschäftigten zu kümmern brauchte und sich entsprechend auch nicht für sie verantwortlich fühlte. Die staatlich fixierten Minimallöhne wurden in den meisten Fällen nicht eingehalten, und der gesetzlich vorgeschriebene bezahlte jährliche Urlaub nicht gewährt. Nur einige der kleineren und die staatlichen Knüpfereien boten bessere Arbeitsbedingungen, beschäftigten aber ebenfalls Mädchen im Alter von weniger als 12 Jahren, die gravierende gesundheitliche Schäden durch das dauernde Einatmen von Wollstaub in den Ateliers riskierten (217).

Seit der Publikation dieser zwei tristen Untersuchungen haben sich gemäss meiner Beobachtungen und der Gespräche eines Vertreters der "International Textile, Garment & Leather Workers' Federation" die Verhältnisse für die arbeitenden Mädchen nur unwesentlich verändert (218). Das 1977 stark kritisierte "maalema"-System wird in der Teppichindustrie, aber auch in der Bekleidungsbranche nach wie vor praktiziert. Aufgrund der grossen Verunsicherung der Unternehmer über die für die marokkanische Teppichherstellung rufschädigende Wirkung der 1975 und 1977 dargestellten Beschäftigungssituation für Kinder und des von staatlicher Seite eingestandenen illegalen Charakters der weitverbreiteten Kinderarbeit, ist es heute allerdings äusserst schwierig, zu verlässlichen Informationen über die gegenwärtigen Arbeitsverhältnisse in Teppichknüpfereien zu gelangen.

Die Kinderarbeit zeigt im Bereich der Teppichknüpferei ohne Zweifel enge Relationen zum sich verstärkenden Fremdenverkehr, was die Zahl der Beschäftigten betrifft. Ihre Anfänge können jedoch keinesfalls auf die intensive Förderung des Tourismus zurückgeführt werden. Die Kinderarbeit generell ist nicht aufgrund des sich massiv verstärkenden Fremdenverkehrs entstanden, sondern zeigte als traditionelles, praktisches Bildungssystem bereits vor Einführung der allgemeinen Schulpflicht im Jahre 1963, was zeitlich beinahe mit dem markanten Aufschwung des Tourismus in Marokko zusammenfällt, eine weite Verbreitung. Kinderarbeit ist auch heute in Betrieben des "artisanat utilitaire" und des "artisanat de service" ebenso anzutreffen wie in Werkstätten des "artisanat de l'art", welches im wesentlichen vom touristischen Absatz profitiert. Umgekehrt trägt der verstärkte touristische Verkauf infolge der für die Kleinproduzenten allgemein ungünstigen Handelsverhältnisse (spekulativer Grosshandel, exorbitante Provisionen) auch nicht zu einem Rückgang der Kinderarbeit in Kleinbetrieben des "artisanat de l'art" bei.

Von den Eltern der werktätigen Kinder wird die Kinderarbeit nicht a priori negativ beurteilt, weil der Wert der in der Schule erworbenen Kenntnisse - speziell für Mädchen - als äusserst gering eingeschätzt wird (219) oder die Kosten für den Schulbesuch nicht bestritten werden können (220). Als viel wertvoller wird die praktische Bildung in Ausübung einer handwerklichen Tätigkeit (Abb. 20) und der ökonomische Beitrag der Kinder zum schmalen Haushaltsbudget der Familie betrachtet, wie dies von LAGDIM SOUSSI, welcher in Marrakech als Lehrer tätig ist, explizit ausgesprochen wird:

> "Ils (= die Kinder, R.W.) participent, tout en se formant, à la production artisanale et touchent un salaire symbolique la 'tariba', mais qui va en croissant avec le savoir faire de l'enfant. Si on prend par exemple le cas d'un ménage pauvre polifique, chose courante dans les quartiers

populeux de la médina, ayant embauché sa progéniture dans plusieurs métiers, on constate que chaque enfant nourri à l'atelier par le patron touche quotidiennement 2 à 3 Dirhams et procure un revenu non négligeable pour le ménage ...

Pour les immigrés et pour ceux qui sont au seuil de la misère, la forte natalité est un atout sûr de leur promotion social et économique. La multiplicité des enfants n'est pas une charge pour ces parents qui n'ont pas le souci de scolariser leurs petits. Au contraire c'est un moyen d'avoir des polyrevenus, car plus le nombre d'enfants augmente, plus le revenu familial croît progressivement, même s'ils sont au début à l'étroit dans un petit logement insalubre où les membres du ménage ne se rencontrent que pour dormir." (221)

Für die Eltern ist es selbstverständlich, dass sie alle ihnen gebotenen Gelegenheiten zur Verbesserung der sozialen Lage der Familie nützen, Möglichkeiten, die sich im allgemeinen auf das Angebot der Arbeitskraft der Familienmitglieder beschränken. Die Eltern sind überzeugt, dass die Kinder - wie in den ehemaligen Familienbetrieben - ein Gewerbe erlernen, welches diesen auch in Zukunft nützlich sein wird, ohne dass sie die negativen Effekte einer zu frühen Erwerbstätigkeit entscheidend in ihre Ueberlegungen einbeziehen (können). Tatsächlich ist die Kinderarbeit in den Augen zahlreicher Eltern angesichts der miserablen Lage der Familie die einzige Chance, ihre Kinder vor der Bettelei oder dem Abgleiten in die Kriminalität zu bewahren.

Leider erweisen sich die praktischen Lehren, welche die Kinder zu absolvieren beabsichtigen, in vielen Fällen als nicht existent (222). Die Kinder werden allein zur Erledigung unangenehmer Arbeiten beigezogen, für die sie erst noch miserabel entlohnt werden. So beginnt für sie ein eigentlicher Teufelskreis: durch die Armut gezwungen, bereits im Kindesalter illegal eine Arbeit aufzunehmen, können sie keine Schule besuchen und keine systematische Lehre absolvieren, infolgedessen sie mit grosser Wahrscheinlichkeit für immer Hilfsarbeiten werden verrichten müssen, sofern sie nicht in Arbeitslosigkeit verfallen, wenn ihr Gehalt vom Arbeitgeber nicht mehr kindsgemäss - sprich extrem niedrig - gehalten werden kann. Das Argument, die Kinderarbeit stelle eine praktische Ausbildung dar, die vor späterer Arbeitslosigkeit bewahre, wie es von Arbeitgebern von Kindern in Diskussionen immer wieder eingebracht wird, entbehrt jeglicher Grundlage. Selbst wenn die Kinder im väterlichen Betrieb arbeiten, führt die zunehmende Mechanisierung dazu, dass die Kinder nicht mehr ein Handwerk von Grund auf - vielleicht sogar spielerisch - lernen, sondern sie haben nur noch wenige angelernte und immer wieder die gleichen Handgriffe zum Bedienen der Maschinen auszuführen (223).

Die Situation der illegal arbeitenden Kinder in Marokko zeigt, dass mittels Gesetzen allein keine neue soziale Realität geschaffen werden kann, ansonsten wäre aufgrund des bereits in der französischen Kolonialzeit erlassenen Verbotes der Kinderarbeit unter 12 Jahren diese längst verschwunden. Da die arbeitenden Kinder unter 12 Jahren durch das Gesetz von 1947 in die Illegalität abgedrängt wurden, hat sich ihre Situation eigentlich noch verschlechtert, indem sie von den Schutzgesetzen, welche die übrigen Erwerbstätigen erfassen, ausgeschlossen wurden. Daraus den Schluss zu ziehen, es wäre besser gewesen, die Kinderarbeit nicht gesetzgeberisch zu bekämpfen, wäre allerdings total verkehrt. Vielmehr gilt es dem erlassenen Verbot der Kinderarbeit unter 12 Jahren (mit der Intention, diese Alterslimite später noch weiter anzuheben) Nachachtung zu verschaffen. Dies geht einerseits über die verstärkte Tätigkeit von Arbeitsinspektoren, anderseits über die vehemente Förderung des Schulwesens. Der Einwand, dass die wirtschaftlichen und sozialen Grundlagen für einen derartigen nicht kurzfristig durchführbaren Effort in einem Entwicklungsland wie Marokko nicht gegeben seien, kann nicht akzeptiert werden, wie es der Generaldirektor der Internationalen Arbeitsorganisation (ILO) in seinem Jahresbericht von 1983 für die Entwicklungsländer generell formulierte:

> "Les lois sur le travail ne sont pas faites pour remplacer les mesures à long terme de réforme structurelle ou d'action contre la pauvreté mais bien pour les renforcer et les compléter chaque fois que possible, afin d'agir partout sur les pires formes du travail des enfants et d'assurer un degré minimum de protection là où il est inévitable. Sans changements socio-économiques à l'appui, la législation du travail, surtout quand elle vise les enfants, risque d'aboutir à encore plus de travail clandestin et d'exploitation; il ne faut donc jamais la concevoir ou l'appliquer indépendamment du contexte socio-économique ...
>
> Je rappellerai néanmoins qu'il existe certains principes absolus, inséparables de la dignité humaine ... Tout doit être mis en oeuvre, aux niveau national et international, pour amener et aider les gouvernements à adopter et appliquer une législation au moins capable de protéger les enfants contre les formes les plus graves d'exploitation et contre les conditions dangereuses de travail. Il n'y a ni besoin ni raison d'attendre des changements structurels ou des améliorations sensibles du niveau de vie général avant d'adopter une telle législation. Nier à la légère l'utilité des lois protectrices, ou invoquer misère et sous-développement pour laisser violer des principes absolument approuvés, c'est dans les deux cas admettre des abus universellement réprouvés." (224)

Mit dem für die Bekämpfung der Kinderarbeit wegweisenden, weltweit gebilligten Prinzip spricht der Generaldirektor der ILO auf die 1959 von der Generalversammlung der UNO beschlossene "Charta des Kindes" an, deren 9. Grundsatz im Rahmen der Diskussion um die Kinderarbeit besondere Bedeutung zukommt. Der entsprechende Artikel lautet in der deutschen Fassung:

> "Das Kind wird vor Vernachlässigung, Grausamkeit und Ausnutzung jeder Art geschützt. Es ist in keinem Fall Gegenstand eines Handels. Das Kind wird erst nach Erreichung eines geeigneten Mindestalters zur Arbeit zugelassen; nie wird es gezwungen oder wird ihm erlaubt, einen Beruf oder eine Tätigkeit auszuüben, die seiner Gesundheit oder Erziehung schaden oder seine körperliche, geistige oder moralische Entwicklung hemmen." (225)

Durch die zu frühe Integration der Kinder im profitorientieren Erwerbsprozess ohne Gelegenheit zum intensiven kindlichen Spielen, dem jede praktische Zielsetzung zugunsten einer absoluten Freude des Aktionsvollzuges an sich abgeht, erlebt das Kind eine äusserst beeinträchtigte Intelligenz- und Persönlichkeitsentfaltung (226). Die einseitig orientierte Tätigkeit steht einer kreativen Sozialisation des Heranwachsenden im Wege. Denn allein im ökonomisch konsequenzlosen Spiel können Kinder sich und die Umwelt umfassend kennenlernen und durch selbstgestellte Uebungen ihre körperlichen und geistigen Fähigkeiten verbessern (227).

Abb. 20: Ein Zehnjähriger bearbeitet bereits seit zwei Jahren Plateaus in einer Werkstatt in der Medina von Fès

Die dauernde Arbeit verändert den Charakter des Kindes in entscheidender Weise. Im Vergleich zu Gleichaltrigen, die nicht im Erwerbsprozess eingespannt sind, entwickelt das arbeitende Kind ein ausgeprägtes Gefühl der Wichtigkeit und der Autonomie, da es in unmittelbarer Weise zum Unterhalt der Familie beiträgt und meist einen bescheidenen Teil des Verdienstes für sich behalten darf. Aber das "Erwachsenwerden im Schnellverfahren" fordert auch seinen Tribut. Das Kind versucht sich wie die Erwachsenen für seine Frustrationen während der Arbeit zu entschädigen, indem es zu rauchen beginnt oder unüberlegt Ausgaben tätigt (228).

"L'imagination souvent si vive dans le jeune âge, ne peut guère s'exprimer dans le travail. Elle dépérit et fait bientôt place aux préoccupations pratiques que l'activité économique de l'enfant suscite. Les facultés créatrices, l'aptitude à transcender la réalité immédiate ne se développent pas, le monde intérieur de l'enfant est gravement appauvri.

La personalité enfantine est encore mal définie, très malléable. La brusque nécessité d'adopter une attitude et un comportement d'adulte provoque une sorte de blocage, une cristallisation rapide et prématurée dans le domaine intellectuel et affectif.

L'insouciance n'est plus de mise chez l'enfant qui travaille et qui risque, s'il n'est pas à son affaire, de provoquer des accidents, d'endommager du matériel, de faire du mauvais travail, de ne pas produire assez, de ne pas gagner de quoi vivre, etc. La responsabilité qui pèse sur l'enfant s'accompagne de soucis économiques qui ne sont pas de son âge, qui le marquent pour l'avenir." (229)

Die aus der Kinderarbeit resultierenden physischen und psychischen Probleme sind um so bedeutender, je jünger das Kind eine Arbeit aufnimmt. Körperlich ist das jüngere Kind weniger stark und geistig mehr beeinflussbar. Die mangelnde Spielpraxis, die Ueberanstrengung, das Schlafmanko, die schlechten Erfahrungen (speziell im informellen Sektor auf der Strasse) und die Unfälle aus mangelnder Vorsicht sind um so folgenschwerer, je mehr das Kind auch auf eine angemessene Betreuung durch die Eltern und deren Liebe verzichten muss (230).

Generell werden Kinder in familieneigenen Kleinbetrieben weniger geschädigt als im Lohnabhängigenverhältnis in familienfremden Unternehmen. Kinderarbeit bedeutet nicht, wie in einigen Definitionen explizit enthalten, dass jemand aus der schlechten Bezahlung der Kinder automatisch einen unangemessenen Profit ziehen muss. Kleine Familiengewerbebetriebe mit niedriger Kapitalausstattung und Produktivität können oft nur dank günstiger Kinderarbeit weiter produzieren. Die Kinder in familienfremden Unternehmen sind wesentlich schlechter gestellt, weil sie aufgrund der Illegalität der Kinderarbeit über keinerlei Schutz verfügen. Aus Angst, auf die Strasse gestellt zu werden, akzeptieren sie auch miserable Arbeitsverhältnisse, denn es sind genügend andere Kinder vorhanden, die ihre Stelle jederzeit einnehmen würden.

Die niedrig entlohnte Kinderarbeit ist Glied eines weiteren Teufelskreises: einerseits trägt der niedrige Lohn zur Erhöhung der Arbeitslosigkeit und zur Absenkung des Lohnniveaus für Erwachsene bei, anderseits zwingen gerade die Arbeitslosigkeit und die geringen Löhne die Familien, ihre Kinder sehr früh zur Arbeit zu schicken. Der Anteil der registrierten städtischen Arbeitslosen ist besonders in den jüngeren Jahrgängen beider Geschlechter besonders stark (Tab. 25). Aufgrund der zwei Tatbestände - weitverbreitete illegale Kinderarbeit und gleichzeitig hohe Arbeitslosigkeit unter arbeitsberechtigten Jugendlichen - liegt der Schluss nahe, dass die unter schlechten Arbeitsbedingungen beschäftigten Kinder den Jugendlichen den Eintritt ins

Erwerbsleben erschweren, ja oft verunmöglichen. Die Reaktion zahlreicher Jugendlicher, sich z.B. als "guide clandestin" den nötigen Lebensunterhalt zu verschaffen, ist angesichts dieser hohen Jugendarbeitslosigkeit nur zu verständlich. Dass unter den üblichen Provisionsmargen für inoffizielle Fremdenführer die Gewinnspanne für den produzierenden Handwerker allzusehr leidet und die Verdienstmöglichkeiten der offiziellen, ausgebildeten Fremdenführer geschmälert werden, sind allerdings die schwerwiegenden negativen Folgen dieses "Selbsthilfeprogramms" unter Ausnützung des prosperierenden Fremdenverkehrs.

Tab. 25: Städtische Arbeitslosenrate Marokkos 1984 nach Geschlecht und Alter (231)

Alter	Frauen	Männer	beide Geschlechter
15 - 24	34,9%	36,8%	36,2%
25 - 34	21,9%	14,6%	16,3%
35 - 44	16,3%	6,1%	8,0%
45 - 54	17,0%	7,3%	8,8%
56 - 64	13,1%	9,2%	9,8%
65 und älter	9,1%	8,0%	8,2%
Total	23,8%	16,6%	18,3%

Die Kinderarbeit abschaffen zu wollen, heisst auch, den Kindern sinnvolle Alternativen zur Verfügung zu stellen, die ihnen bessere Zukunftschancen eröffnen. Mit Sicherheit müssen die Anstrengungen zur Förderung einer umfassenden Elementarbildung noch intensiviert werden, dies auch im Hinblick auf eine notwendige Restrukturierung des Handwerks. Nur im Falle allgemeiner Elementarbildung ist Gewähr gegeben, dass die so nötige Innovationsfähigkeit des Handwerks weiter gefördert werden kann. Aus dieser Ueberlegung wird auch in den staatlichen Lehrwerkstätten ("Centres d'Apprentissage") darauf Wert gelegt, dass die Lehrtöchter und Lehrlinge neben den praktischen Kursen ihrer Metiers solche allgemeinbildenden Inhalts wie Arabisch, Französisch und Rechnen besuchen. Die seit 1963 obligatorische fünfjährige Primarschule für Kinder ab sieben Jahren hat den Prozentsatz der in Städten wohnhaften Menschen, die Lesen und Schreiben können, bereits markant ansteigen lassen (Tab. 26).

Im Rahmen zahlreicher Gespräche mit Lehrkräften an Primar- und Sekundarschulen in Fès und Marrakech musste festgestellt werden, dass eine Minderheit von Schülern wiederholt unentschuldigt dem Unterricht fernbleibt, wenn sich die Gelegenheit zu guten Verdiensten durch illegale Fremdenführertätigkeit und damit verbundene Kommissionen bei Verkaufsabschlüssen in der Medina bietet. In vielen Fällen wird dieses Verhalten durch die Eltern aus ökonomischen Ueberlegungen gedeckt, so dass den Lehrkräften und den Schulbehörden die Möglichkeit zu disziplinarischen Massnahmen genommen wird. Ob mit disziplinarischen Schritten diesem mehrheitlich sozio-ökonomischen Problem erfolgreich zu begegnen ist, bleibt allerdings sehr fraglich. Die Hilfestellungen für die Eltern, die auf die Zusatzverdienste ihrer Kinder angewiesen sind, müssen viel tiefer greifen und ihnen ein möglichst sicheres und für den Familienunterhalt genügendes Einkommen garantieren (232). Gleichzeitig sollten die Touristen - z.B. durch einen Anschlag im Hotel und Hinweise in Stadtführern - auf die negativen Konsequenzen für die den Schulunterricht vernachlässigenden Kinder und das Angebot der offiziellen Fremdenführer aufmerksam gemacht werden.

Tab. 26: Städtische Analphabeten Marokkos 1982 nach Altersgruppen (233)

Alter	Bevölkerung	Analphabeten	
		absolut	in %
10 - 14	1 083 530	163 531	15,1
15 - 19	1 034 935	260 282	25,1
20 - 24	938 136	336 306	35,8
25 - 29	739 474	290 872	39,3
30 - 34	537 299	244 125	45,4
35 - 39	376 673	219 666	58,3
40 - 44	383 244	271 153	70,8
45 - 49	318 801	241 752	75,8
50 - 54	296 356	239 811	80,9
55 - 59	194 793	160 435	82,4
60 - 64	190 679	164 372	86,2
64 und älter	270 571	240 935	89,0
Total	6 364 491	2 833 240	44,5

In Erkenntnis der negativen Folgen der gegenüber Stadtbesuchern z.T. aggressiven "guides clandestins" für das Image der gastgebenden Stadt und aus Sorge um die aus diesen unerwünschten Praktiken resultierenden sozialen Konflikte beabsichtigt die A.P.O.T.A.M. (Association Provinciale des Opérateurs de Tourisme de Marrakech) aus eigener Initiative einen positiven Beitrag zur Bekämpfung dieser Art von Kinderarbeit zu leisten, wie aus einem Arbeitspapier dieser Organisation zu entnehmen ist:

"Marrakech économiquement vit du Tourisme et les détenurs du pouvoir économique sont les professionnels du Tourisme. Donc ... le rôle des promoteurs du Tourisme ne doit pas se limiter seulement à faire de la promotion. Ils doivent également s'intéresser au côté social. Le fléau que connait Marrakech (mendicité, guides clandestins etc.) est engendré par le développement du Tourisme. Donc, c'est à nous de nous occuper de ces problèmes." (234)

Konkret wird an die Errichtung und Führung eines Zentrums für 200 sozial benachteiligte Kinder gedacht, wo diese unentgeltlich untergebracht, betreut und geschult werden (235). Quantitativ bedeutet dieses Vorhaben zwar nur den viel zitierten "Tropfen auf einen heissen Stein", aber von der Einstellung, welche dahintersteht, die negativen sozialen Folgen des Tourismus nicht zu verkennen, sondern vielmehr die soziale Not von Kindern an den Wurzeln anzupacken, ist dieses Projekt der A.P.O.T.A.M. vorbildlich und könnte wegweisend für Folgeprojekte sein.

Im Sinne der Zielsetzung, mittels verstärkter Einschulung die Kinderarbeit ganz zu beseitigen und unter Berücksichtigung der Tatsache, dass dieses Ziel kurzfristig nicht vollumfänglich erreicht werden kann, sind die Arbeitsbedingungen der noch illegal erwerbstätigen Kinder nicht aus den Augen zu verlieren, sondern diese vielmehr umgehend zu verbessern, wozu sich die von der Internationalen Arbeitsorganisation (ILO) empfohlenen Stossrichtungen anbieten (236):

- konsequente Durchsetzung des Verbotes der Kinderarbeit für gefährliche Tätigkeiten
- Verbesserung der Hygiene und der Arbeitssicherheit
- Sicherstellung einer angemessenen Entschädigung für arbeitende Kinder mit dem Ziel, die entsprechenden Löhne gemäss des Prinzips "gleicher Lohn für gleiche Arbeit" Salären für Erwachsene anzugleichen
- Garantie der Einhaltung der Arbeitszeitbestimmungen inkl. Freitage und Ferienregelungen
- Verstärkung der regelmässigen, unbestechlichen Inspektorentätigkeit
- Schaffung von ergänzenden Schulungsmöglichkeiten für Kinder, die aufgrund ihres sozialen Status zu einer ein regelmässiges Einkommen abwerfenden Arbeit genötigt sind
- Veröffentlichung von Betrieben mit ausbeuterischen Praktiken der Kinderarbeit
- intensive Oeffentlichkeitsarbeit zur Aufklärung über die physisch und psychisch negativen Folgen der Kinderarbeit

Die expandierende touristische Nachfrage nach bestimmten handwerklichen Artikeln darf nicht zu einer verstärkten Ausbreitung der Kinderarbeit führen und die Anstrengungen der marokkanischen Behörden z.B. im Bereiche der obligatorischen Schulpflicht gefährden. Der Ferienreisende soll seine Souvenirs nicht auf Kosten von ausgebeuteten Kindern erwerben können, sondern einen angemessenen Preis dafür bezahlen, welcher den familiären Lebensunterhalt sichernde Verdienste für erwachsene Gewerbetreibende erlaubt. Nur so trägt der Tourist zur Erhaltung einer schützenswerten, jahrhundertealten handwerklichen Tradition bei, die sich bestaunen lässt, ansonsten stützt er ein totes, im Verborgenen produzierendes illegales Gewerbe, welches sich nur noch unter Verletzung höchster moralischer Prinzipien - dem Schutz der Kinder - am Leben erhält. Umgekehrt hat auch der handwerkliche Artikel erwerbende Stadtbesucher ein Recht darauf, für sein Geld ein Produkt aus einwandfreien Rohmaterialien und von guter Verarbeitungsqualität zu erhalten.

4.3.4. STAATLICHE HANDWERKSPOLITIK - RUECKGRIFF AUF TRADITIONELLE INSTITUTIONEN

Im Rahmen der Qualitätssicherung handwerklicher Produkte schafft die Tatsache, dass jedermann - ohne den Nachweis spezieller Qualifikationen - einen Handwerksbetrieb eröffnen kann, besondere Probleme. Der Zerfall der jahrhundertealten Organisation des Handwerks in Form von Zünften (Sg. "Hanta"; Pl. "Hanati"), welche erfolgreich den Zugang zur Produktion regelten und die Qualität der Artikel sicherstellten, nahm seinen Anfang mit der Oeffnung des marokkanischen Marktes für billige europäische Industrieprodukte durch den englisch-marokkanischen Handelsvertrag von 1856. Seine Freihandelsbestimmungen wurden im Rahmen der Konferenz von Algeciras im Jahre 1906 auf insgesamt 11 europäische Nationen und die USA ausgedehnt, die somit ihre industriellen Erzeugnisse ohne protektionistische Schranken in den nordafrikanischen Staat exportieren konnten (237).

In der Zeit des französischen Protektorates über Marokko (1912 - 1956) wurden die bereits stark beeinträchtigten traditionellen Strukturen des Handwerks noch nachhaltiger verändert. Nach einer Periode (1912 - 1937) der Dokumentation des althergebrachten marokkanischen Gewerbes in Museen, Ausstellungen und wissenschaftlichen Werken, welche sich vorwiegend mit ästhetischen Aspekten befasste und die wirtschaftlichen Probleme des Handwerks nur am Rande berücksichtigte, folgte der Versuch, zur Verbesserung der Ueberlebenschancen des z.T. bereits stark serbelnden Gewerbes die traditionellen Zünfte zu erneuern. Diese Initiative zur Wiederbelebung der "Hanati" (1937 - 1947) war zum Scheitern verurteilt, weil die französischen Planer übersehen hatten, "dass es niemals Ziel und Aufgabe der traditionellen Zünfte war, die Konkurrenzfähigkeit des einzelnen Betriebes innerhalb marktkwirtschaftlicher Prinzipien zu stärken." (238)

Durch die französische Gesetzgebung in der frühen Protektoratszeit waren die markterhaltenden Kompetenzen der Zunftvorsteher (Sg. "Amin"; Pl. "Oumana") der diversen Branchen weitgehend beseitigt worden, d.h. diese konnten nicht mehr erzwingen, dass Lehrlinge oder ländliche Zuwanderer, welche ein Gewerbe erlernen oder ausüben wollten, der Zunftgemeinschaft beitraten. Die dadurch ermöglichte unqualifizierte handwerkliche Konkurrenz macht dem hochwertigen Gewerbe bis heute schwer zu schaffen:

> "L'une des concurrences que redoutent beaucoup d'artisans est celle que livrent les non-qualifiés. Ceux-ci, en majorité d'origine rurale, se hissent au niveau des maîtres-artisans pour vendre leurs produits à bas prix." (239)

Eine Aufgabe des "Amin" bestand auch darin, regelmässig die Qualität der Produkte seiner Zunftmitglieder zu überprüfen und im Falle minderwertiger Artikel einzuschreiten. Auch bei Zwistigkeiten zwischen Zunftangehörigen und Beschwerden von Kunden über ungenügende Qualität oder ungerechtfertigte

Preise intervenierte der Zunftvorsteher. Durch diese strikte zunftinterne
Kontrolle, die durch die räumliche Branchensortierung in den Souks erleichtert und gefördert wurde, konnte ein hohes Können der Handwerker und
ein entsprechendes Qualitätsniveau ihrer Produkte sichergestellt werden. In
eine Zunft wurden jeweils nur soviele Mitglieder aufgenommen, dass für alle
ein ausreichendes Einkommen sichergestellt war, um Arbeitslosigkeit und
Konkurse von Angehörigen der beruflichen Korporation zu vermeiden (240).

Ueber allen Zünften stand in der traditionellen Handwerksordnung der Marktaufseher ("Muhtasib"), der seinerseits die "Oumana" in ihrer Amtsführung
kontrollierte und auch den Gross- und Einzelhandel überwachte, indem er
Qualitäts- und Gewichtskontrollen vornahm, gleichzeitig aber auch die Preise
der Nahrungsmittel und wichtiger Rohstoffe festsetzte, um dem Gewerbe best-
mögliche Produktionsbedingungen zu erlauben (241). Das in den meisten Pro-
duktionszweigen übliche Dallalsystem sorgte ebenfalls dafür, dass der Produzent seine ihm zustehende, den Lebensunterhalt sicherstellende Verdienstmarge erreichte und die Abschöpfungen des Handels in Grenzen blieben. Erst
die weitgehende Ausschaltung des Dallalsystems zog die für die Kleinproduzenten so verhängnisvolle Monopolisierung des Rohstoff- und Absatzmarktes
durch die Grosshändler nach sich.

Die innere Stabilität der "Hanta" wurde gleichzeitig mit den zunehmenden
Importen industriell gefertigter Güter durch den Bau der französischen Neustädte erschüttert, indem sich neu die Gelegenheit bot, auch ausserhalb der
Medina zu produzieren und sich so der durch die Branchensortierung in der
Altstadt geförderten gegenseitigen Ueberwachung von Preis und Qualität durch
die Angehörigen des gleichen Gewerbes zu entziehen. Räumlicher Ausdruck
dieser wachsenden faktischen Bedeutungslosigkeit der Zünfte bildete die zunehmende Auflösung der Branchensortierung in der Medina, ein Prozess, der
bis heute noch nicht abgeschlossen ist (242).

Mit der Politik der "Atelier-Pilote" (1948 -1956) wurde der Versuch unternommen, die Handwerker durch das Vermitteln von Innovationen in Musterbetrieben an maschinelle Produktionsweisen heranzuführen, damit sie als
(semi-)industrielle Kleinbetriebe konkurrenzfähig bleiben bzw. werden
könnten. Die Musterbetriebe sollten gemeinsam mit modernen, nach europäischem Muster errichteten Genossenschaften anstelle der "Hanati" das
Ueberleben des Handwerks sicherstellen. Die Errichtung von Musterbetrieben
und gemäss modernen Grundsätzen geplanten Genossenschaften blieb infolge des
aufkommenden marokkanischen Nationalismus, welcher die Unabhängigkeit von
Frankreich anstrebte, in den Anfängen stecken.

Nach der Erlangung der Unabhängigkeit 1956 änderte sich bis 1959 die Hand-
werkspolitik nur insofern als die marokkanisierten Behörden die "Ateliers-
Pilotes" in "Centres d'Apprentissages" (Lehrlingswerkstätten) umwandelten
und von den Genossenschaften trennten. Erst durch die Schaffung von
"Chambres d'Artisanat" (Handwerkskammern), die sowohl die Interessen der
Handwerker zu vertreten als auch die staatlichen Grundsätze gegenüber den
Produzenten durchzusetzen hatten, wurde nach 1960 die Handwerkspolitik neu

strukturiert, um der in- und ausländischen industriellen Konkurrenz die Stirne bieten zu können. Die Industrialisierung in Marokko selbst, die nach der Unabhängigkeit im wesentlichen von Marokkanern fortgeführt wurde, bedeutet(e) in der Regel für das einheimische Gewerbe eine noch härtere Konkurrenz als die der importierten Industriewaren.

Um die heutigen gestörten Produktions- und Marktbedingungen zugunsten der handwerklichen Produzenten qualitativ hochwertiger Artikel zu verbessern, ist der Staat aufgefordert, sich noch intensiver zu engagieren, weil von den freien ökonomischen Kräften keine derartige Korrektur erwartet werden kann.

> "L'accession à la profession doit être soumise à l'inscription sur un registre de l'artisanat, elle-même conditionnée par la possession de certaines qualités dont une formation professionelle approbiée.
>
> Pour ce faire, l'etat doit multiplier ses efforts dans la domaine de la formation professionelle en créant d'autres centres d'apprentissage. Ces centres auraient pour tâche, entre autres, d'améliorer les méthodes de travail." (243)

Der Forderung, dass ein Handwerker vor der Eröffnung einer eigenen Werkstatt seine aufgrund eines Lehrgangs erworbenen Fähigkeiten im Rahmen einer Prüfung unter Beweis stellen sollte, ist der Staat bis heute nicht nachgekommen. So sind gerade in Handwerkssektoren mit starker touristischer Nachfrage wie der Maroquinerie und der Messingwaren in den letzten Jahren Betriebe unter unqualifizierter Führung entstanden, deren Verkaufsprodukte sowohl vom bearbeiteten Rohmaterial als auch von der Fertigungstechnik stark zu wünschen übrig lassen. Hingegen sind von staatlicher Seite die Anstrengungen zur handwerklichen Ausbildung und zur Förderung von Handwerksbetrieben mit hochwertigen Produktionsmethoden seit 1968 durch die Einrichtung von "Ensembles Artisanaux" (Handwerkszentren) nochmals erkennbar verstärkt worden.

4.3.4.1. "Ensembles Artisanaux" - polyfunktionale Zentren

Mit der Eröffnung eines Handwerkszentrums - "Ensemble Artisanal" (244) - in verschiedenen Städten Marokkos - selbstverständlich auch in den Handwerker-Hochburgen Fès und Marrakech (Abb. 21) - sollen dem Gewerbe im Sinne der Erhaltung eines jahrhundertealten kulturellen Erbes neue Impulse versetzt und dem Touristen gleichzeitig ein wertvolles Orientierungsmittel über Preise und Qualität in die Hand gegeben werden.

In den "Ensembles Artisanaux" werden alle Artikel durch die örtliche Verkaufsgenossenschaft der Coopartim ("Coopérative artisanale marocaine") zu fixen, angeschriebenen Preisen abgesetzt. Dies gibt dem Stadtbesucher -

selbst wenn er im Moment keinen Kauf tätigt - eine Vorstellung über angemessene Preise für jene qualitativ hochwertigen Produkte, die er zu erstehen wünscht. Man mag dieses partielle Abgehen vom typisch orientalischen Feilschen beklagen, zur Bekämpfung übler Verkaufspraktiken - speziell der exorbitanten Provisionen - ist diese Methode, welche sich auf die Mitarbeit der Touristen abstützt, aber unbedingt angezeigt.

"Les plaintes en provenance des touristes prouvent d'une manière intangible que les prix sont souvent exorbitants, et ceci ne peut aboutir qu'à une mauvaise réputation touristique de notre pays à l'extérieur ...

La majorité de plaintes relatives aux marchandises achetées et non parvenues à déstination, ceci s'explique par:
- ou bien par le dol des bazaristes
- ou bien par des retards prémédités car il paraît que certains bazaristes vendent plusieurs fois un tapis." (245)

Ebenso rufschädigend wie derartige Ungereimtheiten beim Verkauf wirken sich qualitative Mängel der Artikel selbst aus. Deshalb wird in den "Ensembles Artisanaux" hervorragenden Vertretern verschiedener Handwerksrichtungen gratis ein Arbeitsraum mit notwendiger Infrastruktur zur Verfügung gestellt, um einerseits einen Beitrag zur Erhaltung bedrohter Fertigungstechniken zu leisten, anderseits Stadtbesuchern die Möglichkeit zu geben, ungestört die Herstellung qualitativ hochwertiger Artikel, die auch zu fixen Preisen erworben werden können, zu beobachten. Als Gegenleistung für die unentgeltliche Ueberlassung der Werkstatt müssen die Handwerksmeister ("Maâllem") Jugendliche in ihr Gewerbe einführen (sog. "formation sur le tas").

Abb. 21: Ensemble Artisanal in Marrakech

Diese praktische Ausbildung bleibt für Jugendliche reserviert, die keine
Schule besucht haben, und deshalb dem theoretischen Unterricht der ebenfalls
im "Ensemble Artisanal" integrierten Lehrlingswerkstätten ("Centres d'Apprentissage") nicht folgen könnten (246). Im Sinne von Innovationszentren
wird darauf Wert gelegt, dass in den "Centres d'Apprentissage" auch an
modernen, aus Europa importierten Maschinen gearbeitet wird, um nicht einem
Konservativismus anzuhaften, welcher sich ausserhalb des Zentrums als nicht
mehr lebensfähig erweist.

Die Lehrlingwerkstätten werden wenn möglich mit Genossenschaften (247)
gekoppelt, um den in Ausbildung Stehenden die Gelegenheit zu Anschauungsun-
terricht zu bieten und den erfolgreichen Absolventen der zwei- oder dreijährigen Lehren - sofern sie sonst keine Arbeitsstelle finden - ein Weiter-
arbeiten in diesen Genossenschaften zu ermöglichen.

In den "Ensembles Artisanaux" sind alle staatlichen Organisationen, die sich
mit der Förderung des Handwerks befassen (ausser den Handwerkskammern),
räumlich unter einem Dach zusammengefasst. So soll z.B. der bürokratische
Aufwand für Gewerbetreibende, die sich um einen Kredit bemühen, verringert
werden, indem die Funktionäre der Genossenschaften und der Provinzdelegation
für das Handwerk eng zusammenarbeiten und entsprechende Begehren bei der für
die Ausschüttung von Krediten zuständigen "Banque Populaire" unterstützen
können. In den Handwerkszentren stehen für Wechselausstellungen handwerklicher Artikel oder Versammlungen von Genossenschaftern zusätzliche Räumlichkeiten zur Verfügung.

Aufgrund der polyfunktionalen Aufgaben wurde in Marrakech als Standort für
das Handwerkszentrum eine Mittellage zwischen Medina und Neustadt gewählt,
indem das "Ensemble Artisanal" am westlichen Rand der Altstadt, aber noch
innerhalb der Stadtmauern, verortet wurde. Mit der peripheren altstädtischen
Lage wurde verhindert, dass die zentrale Medina durch ein weiteres Grossge-
bäude belastet wurde. Gleichzeitig konnte aber sichergestellt werden, dass
für die meist in der Altstadt wohnhaften und im Handwerkszentrum tätigen
Handwerker der Arbeitsweg nicht zu gross wurde und die im "Ensemble Artisanal" integrierte Verkaufsausstellung für Touristen auf dem Weg von der
Neu- in die Altstadt leicht erreichbar bleibt. Die in Fès gewählte neustädtische Randlage an der nicht der Altstadt zugekehrten Seite verfügt nicht
über die gleichen städtischen Standortvorteile wie das Handwerkszentrum in
Marrakech.

4.3.4.2. Genossenschaften - ungenutztes Potential

Den als Nachfolgeorganisationen der untergegangenen Zünfte neu gegründeten
Genossenschaften ("Coopératives") werden in den Handwerkszentren ebenfalls
gratis Lokalitäten für die Geschäftsstelle und ihre Funktionäre überlassen.

Die verschiedenen "Coopératives" übernehmen in unterschiedlichem Masse Aufgaben von Einkaufs-, Verkaufs- und Produktionsgenossenschaften. Mitglied einer Genossenschaft kann jeder Handwerker der entsprechenden Branche werden, welcher ein verlangtes Minimum an Anteilscheinen zeichnet. Durch die genossenschaftliche Organisation soll für die Mitglieder sichergestellt werden, dass sie die notwendigen Rohstoffe, Werkzeuge und Werkstatteinrichtungen zu günstigen Preisen erwerben können, um ihre Produktionsbedingungen und Einkommensverhältnisse zu verbessern. Dazu trägt gemäss ihren Satzungen auch die genossenschaftliche Unterstützung bei der Kreditvergabe im Rahmen der Sanierung von Gewerbebetrieben bei. Die Genossenschaften sind zwecks Absatzsteigerung einer aktiven Marketingpolitik verpflichtet, indem sie in- und ausländische Märkte bearbeiten, eine Aufgabe, die vor allem die nationale Verkaufsgenossenschaft handwerklicher Produkte, die "Coopartim", wahrnimmt.

Im Unterschied zu den ehemaligen Zünften besteht bei den aktuellen Genossenschaften kein Beitrittszwang, was ihre Möglichkeiten zur Marktstabilisierung und zur Bekämpfung unseriöser Praktiken infolge z.T. geringer Mitgliederzahlen stark einschränkt. Auch verfügen weder in Fès noch in Marrakech alle Gewerbe über Genossenschaften. Auf der Suche nach Erklärungen für den teilweise bescheidenen Mitgliederbestand bzw. für das Nichtvorhandensein von "Coopératives" stösst man immer wieder auf massive Vorwürfe gegenüber der gegenwärtigen Führung der Genossenschaften.

> "Toutefois cette constitution qui est apparemment au profit du petit artisan, s'est avérée ... la domination des patrons sur la masse des artisans, le critère n'étant plus le savoir faire mais l'importance du capital, l'influence auprès de l'administration. Elle est devenue dans un pays qui a voulu oublier l'organisation archaïque de l'artisanat en s'ouvrant au capitalisme libéral, un instrument qui permet aux riches et aux entreprenants de dominer les pauvres, de canaliser les bénéfices du petit investissement à leur profit ainsi que les subventions de l'Etat." (248)

Dieses vernichtende Pauschalurteil über das Funktionieren aller gegenwärtigen Genossenschaften wird der Realität nur teilweise gerecht. Ohne Zweifel kämpfen einige Genossenschaften auf Kosten der Kleinhandwerker mit gravierenden Organisationsproblemen, es gibt jedoch auch Kooperativen mit beträchtlicher Mitgliederzahl und entsprechend hohem Kapitalbestand, was das Ergebnis einer seriösen Genossenschaftspolitik im Interesse aller angehörenden Gewerbetreibenden darstellt.

Wie stark die Meinung der Handwerker über die Kooperativen von deren Effektivität abhängt, zeigt eine in Fès durchgeführte Umfrage (249). 71% der befragten Gewerbetreibenden befürworten prinzipiell die Gründung von Genossenschaften, aber nur unter den Bedingungen, dass sie in korrekter Weise vom Staat geführt werden, ein Beitrittsobligatorium für alle Branchenangehörigen vorsehen und den ganzen Weg eines Produktes vom Einkauf der Rohstoffe über deren Verarbeitung bis zum Verkauf beinhalten. Denn nur durch die Kombination von Einkaufs-, Produktions- und Verkaufsgenossenschaften kann der

Kleingewerbetreibende ihrer Meinung nach erfolgreich vor der Uebermacht der Grosshändler geschützt werden.

Mittels einer geschickten Einkaufs- und Verkaufspolitik verbunden mit einer Lagerhaltung von Rohstoffen und Endprodukten können alle Genossenschafter von den konjunkturellen Höhen profitieren und das Risiko von Tiefs gemeinsam tragen. Ein bedeutender Fortschritt für rund 45% der Handwerker in Fès, welche ihre Produkte über Zwischenhändler absetzen (250), bzw. rund 75% der Gewerbetreibenden in Marrakech, welche aus ökonomischen Gründen gezwungen sind, einen fertiggestellten Artikel sofort an einen Grosshändler zu verkaufen (251).

Mit dem seit 1973 stark ansteigenden staatlichen Kreditvolumen für Handwerksbetriebe soll deren Unabhängigkeit und Innovationsbereitschaft gesteigert werden. In den Genuss von Krediten können nur Genossenschaftsmitglieder gelangen, die Anteilscheine gezeichnet haben. Mit grosser Sorgfalt muss darauf geachtet werden, dass die günstigen staatlichen Kredite nicht an Unternehmen ausgeschüttet werden, die aufgrund ihrer Grösse - gemäss offizieller Definition - nicht mehr als Handwerksbetriebe gelten, wie es in der momentanen Kreditvergabepraxis oft geschieht (252).

Besonders wichtig zur Gesundung des Handwerks sind permanente Qualitätskontrollen, die bis anhin lediglich bei neuen Teppichen stattfinden. Je nach Anzahl Knoten pro Quadratmeter wird die Qualität als "Extra Supérieur", "Supérieur", "Moyen" oder "Courant" eingestuft und der Teppich mit einem Prüfsiegel sowie einer nach Qualitätsstufe unterschiedlichen Farbkarte versehen. Aufgrund der auf dieser Farbkarte angegebenen Teppichgrösse und Musterbezeichnung sowie der im Verkaufslokal angeschlagenen, landesweit identischen Preisliste ist der nicht fachkundige Käufer in der Lage, selbstständig den korrekten Preis seines Teppichs zu ermitteln. Werden von Seiten des Verkäufers Manipulationen an Teppichsiegeln oder Farbkarten vorgenommen, muss er im Falle eines entsprechenden Nachweises mit der Schliessung seines Lokals rechnen.

Durch die klaren Verkaufsmodalitäten ist es gelungen, das Detailgeschäft für neue Teppiche zu beruhigen und die Konkurrenz nur über qualitative Kriterien laufen zu lassen. Konflikte nach dem Geschäftsabschluss treten im wesentlichen nur noch auf, wenn nicht klar - sprich schriftlich - geregelt wurde, wer für die Transportkosten aufzukommen hat oder der gleiche Teppich vom Bazaristen mehrmals verkauft wurde. Um auch dieses Konfliktpotential zu vermindern, ist im Teppichgeschäft ein obligatorisch auszufüllendes Formular einzuführen, in welches die wichtigsten Informationen (Datum des Kaufvertrages, Masse, Qualität, Muster des Teppichs, Verteilung der Transportkosten, Unterschriften der Vertragsparteien) eingetragen werden.

> "D'autre part, si le prix des tapis dits modernes est fixé, les autres, qui n'ont souvent d'ancien que le nom sont des sources continuelles d'abus. Il faudrait donc étudier et mettre en application un système d'estampillage pour ce genre de tapis également." (253)

In zahlreichen Gesprächen mit Gewerbetreibenden und Bazaristen mit kleinen Verkaufslokalen ist immer wieder die Forderung laut geworden, die Preisfixierung unter Berücksichtigung qualitativer Kriterien sei auch in anderen Handwerkssektoren mit betont touristischem Absatz einzuführen, weil minderwertige Artikel zu ungerechtfertigten Preisen - auch aufgrund der Provisionen - vor allem in grossen Bazaren an Ferienreisende abgesetzt würden.

Das Begehren der Preisfixierung zwecks Beruhigung des touristischen Marktes im Sinne der Vermeidung von Konflikten mit Stadtbesuchern resp. zur Unterstützung des hochwertigen Gewerbes findet auch in Kreisen der Tourismuspromotoren wie der A.P.O.T.A.M. (Association Provinciale des Opérateurs de Tourisme de Marrakech) Unterstützung. Eine Kommission der A.P.O.T.A.M. fordert eine Preisanschreibepflicht für handwerkliche Produkte in altstädtischen Bazaren, wie sie in den Neustädten bereits realisiert ist, und eine gleichzeitige Beseitigung der an Hotelconciergen, Taxifahrer und Fremdenführer ausbezahlten hohen Provisionen für die Vermittlung von Bazar-Kundschaft (254).

Für den Ferienreisenden europäischer Provenienz entstünde durch festgesetzte Preise in Bazaren eine Situation vertrauter Kaufgewohnheiten. Der handelsfreudige Tourist würde aber mit Sicherheit die spezielle Atmosphäre des Feilschens - oft bei einem heissen Pfefferminztee - vermissen. Um diese an sich attraktiven Preisverhandlungen, welche auch von der autochthonen Bevölkerung nach wie vor gerne gepflegt werden, nicht generell in Frage zu stellen, ist es sicher besser, dem Touristen im Rahmen der "Ensembles Artisanaux" qualitative und finanzielle Anhaltspunkte zu geben. Um sicherzustellen, dass in Bazaren ausserhalb der Handwerkszentren qualitativ einwandfreie Produkte in den Verkauf (an Stadtbesucher) gelangen, wäre es sinnvoll, geprüfte Artikel mit Qualitätssiegeln zu versehen, an denen unter Strafandrohung - wie im Teppichgeschäft - keine Veränderungen vorgenommen werden dürfen. Die arbeitsintensive staatliche Qualitätsprüfung handwerklicher Produkte könnte auf freiwilliger Basis erfolgen, d.h. der Produzent oder Bazarist wäre nicht dazu verpflichtet. Der dem Touristen bekannte Qualitätssiegel böte diesem im Falle seines Vorhandenseins aber Gewähr, dass er einen handwerklich einwandfreien Artikel erwirbt. Kauft der Stadtbesucher ein Souvenir ohne entsprechenden Qualitätssiegel, trägt er selbst das Risiko für ein evtl. mangelhaftes Verarbeitungsniveau bzw. schlechte Materialien.

Die Preisanschreibepflicht, welche für die Verkaufslokalitäten in den Neustädten bereits Gültigkeit besitzt, ist von staatlicher Seite in den Medinas bis anhin weder generell, noch speziell für die Bazare geplant, vielmehr soll durch Reaktivierung der Kompetenzen des Marktaufsehers ("Muhtasib") und der Zunftvorsteher ("Amin") unqualifizierten Gewerbetreibenden im wahrsten Sinn des Wortes das Handwerk gelegt und unseriösen Händlern verboten werden, Geschäfte abzuwickeln.

> "L'anime, le mohtasib ... qui ont été longtemps mis en veilleuse par les autorités locales, ont continué à jouir d'une grande autorité psychologique auprès des artisans qu'ils sont officalisés depuis 1981 par une décision royale ...

La réofficialisation des institutions corporatives, l'élection des amines dans toutes les professions artisanales, la nomination du mohtasib par les autorités sont des tentatives de restructuration des activités artisanales, et une confirmation d'un état préétabli ..." (255)

Im Kampf gegen qualitativ minderwertige Handwerksartikel und unseriöse Geschäftspraktiken der Bazaristen wurden in Fès und Marrakech Kommissionen geschaffen, an deren Spitze jeweils der "Muhtasib" steht. Die Kommissionen treffen sich regelmässig, um über entsprechende Klagen zu befinden. Angeschuldigte Produzenten oder Händler werden zur Stellungnahme vorgeladen. In der Kompetenz der Kommissionen liegt es, Verwarnungen auszusprechen und im Extremfall Geschäftsräumlichkeiten zu schliessen (256).

Effektive Hilfe wird den unter spekulativen Praktiken des Grosshandels leidenden Kleingewerbetreibenden tatsächlich nur geleistet werden können, wenn "Amin" und "Muhtasib" wie vor dem Untergang dieser Institutionen wieder mit weitreichenden Kompetenzen zur Qualitätskontrolle (mit Qualitätssiegeln) und Preisfixierung im Rohstoffhandel ausgestattet werden, um monopolistische Strukturen in Form der Koppelung von teurem Rohstoffverkauf und billiger Endproduktabnahme durch die gleichen Grosshändler bei finanzschwachen, ja oft verschuldeten Handwerkern zu zerschlagen. Mit der Restauration dieser traditionellen Einrichtungen, einer gleichzeitigen starken Genossenschaftspolitik und einem verstärkten Kampf gegen das Provisionenwesen sollte es allerdings gelingen, die Produktions- und Handelsverhältnisse im Interesse der ansässigen Handwerker und der Stadtbesucher weitgehend zu sanieren.

5. TOURISMUS UND STADTSTRUKTUR

Die Zweipoligkeit der Urbanräume in Fès und Marrakech (Karten 9/10) prägt in wesentlichem Masse das Verteilungsmuster der primären und sekundären touristischen Infrastruktur, d.h. der Beherbergungsbetriebe für Touristen einerseits und der von Touristen häufig frequentierten Dienstleistungsbetriebe wie Restaurants, Reisebüros und Autovermietungsfirmen andererseits. Durch das Zusammenwachsen der ursprünglich streng getrennten Siedlungsflächen der Neu- und Altstadt in Marrakech fällt die unterschiedliche Verteilung der touristischen Infrastruktur etwas weniger auf als in Fès, wo die Medina nach wie vor deutlich vom Siedlungskörper der Neustadt getrennt ist.

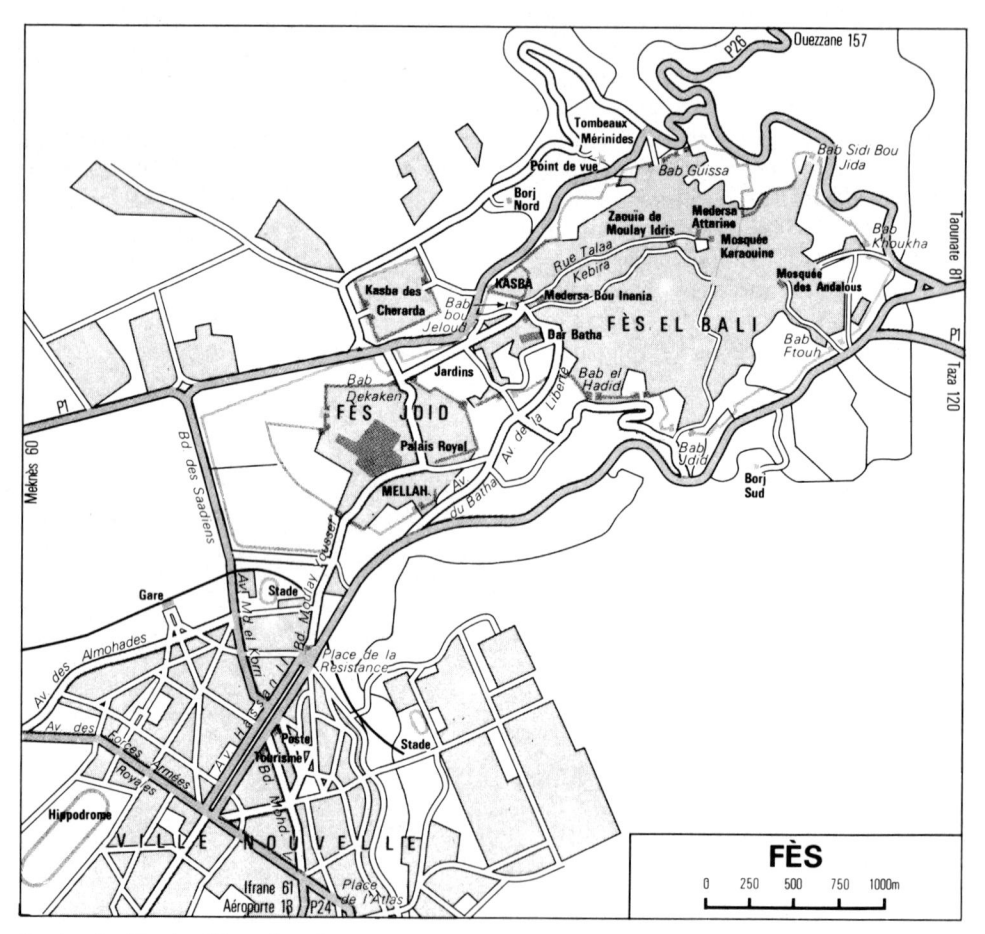

Karte 9: Zweipolige Struktur von Fès - Neustadt (Ville Nouvelle) und Altstadt (Fès Jdid/Fès el Bali) (257)

Der fliessende Uebergang von der Alt- in die Neustadt von Marrakech wird durch die Tatsache noch verstärkt, dass sich im westlichen Bereich der

Medina resp. im östlichen der Neustadt Hotels höherer Kategorien befinden. Entsprechende Beherbergungsbetriebe finden sich in Fès im Uebergangsbereich von Neu- und Altstadt keine. Gleichwohl lassen sich in der Verteilung der primären und sekundären touristischen Infrastruktur beider Urbanräume einige Parallelen feststellen.

Die Neustädte haben sich zu ausgeprägten Zentren der klassifizierten Hotellerie entwickelt, indem sie in Marrakech 84,1% und in Fès 79,9% der homologierten Hotelbetten auf sich vereinigen (Tab. 27/Karten 11 und 13).

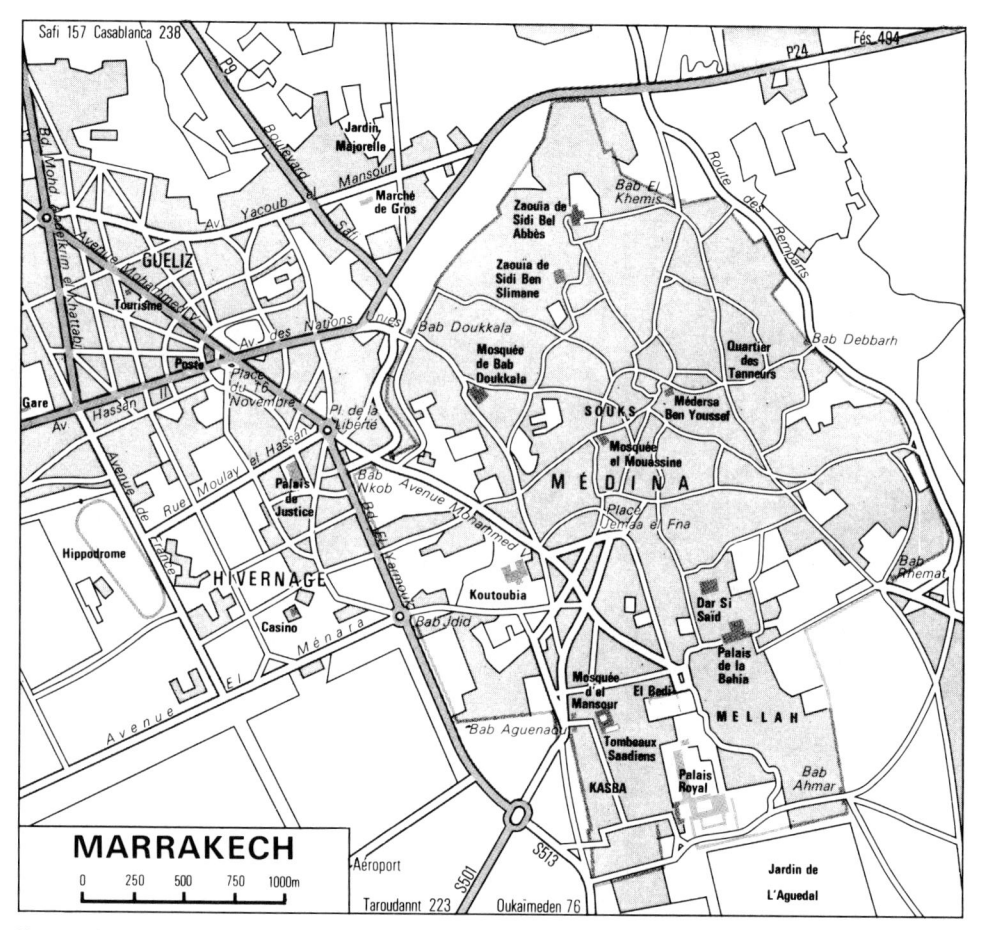

Karte 10: Zweipolige Struktur von Marrakech - Neustadt (Guéliz/Hivernage) und Altstadt (Medina) (258)

Die starke neustädtische Stellung der klassifizierten Hotellerie käme in Fès noch ausgeprägter zum Ausdruck, wenn das knapp ausserhalb des Mauerrings gelegene Hotel "Les Mérinides" nicht aufgrund seiner unmittelbaren Nachbarschaft zur Medina auch noch dieser zugerechnet würde. Direkt innerhalb der Stadtmauern liegt in Fès nur ein klassifiziertes Hotel: der 1929 aus einem Privatpalast in ein Luxushotel umgewandelte "Palais Jamai" (Karte 14).

In der Altstadt von Marrakech befinden sich immerhin 7 homologierte Hotels unterschiedlicher Kategorien und 1 Appartementhaus für Touristen (Karte 16/ Abb. 22). Die um 1960 noch vorhandenen bedeutenden Freiräume innerhalb der Stadtmauern erlaubten in Marrakech eine weit intensivere altstädtische Bautätigkeit von flächenintensiven Hotelprojekten höherer Kategorien als in Fès, ohne die Medina direkt zu dominieren, wie dies mit den Grosshotels in und unmittelbar am Rande der Medina von Fès erfolgt ist. Dabei erwies sich das ebene Relief des gesamten Stadtraumes von Marrakech gegenüber der Tallage der Altstadt von Fès als wesentlicher Vorteil.

Tab. 27: Touristische Primärinfrastruktur in Fès und Marrakech nach Stadtteilen 1985 (259)

Kategorie	FES				MARRAKECH			
	Medina		Neustadt		Medina		Neustadt	
	Anzahl	Zimmer	Anzahl	Zimmer	Anzahl	Zimmer	Anzahl	Zimmer
Hotel 5*	2	256	1	300	1	196	3	754
Hotel 4*	-	-	3	295	2	257	14	2 403
Hotel 3*	-	-	3	173	1(260)	243	9	476
Hotel 2*	-	-	4	107	3	115	2	110
Hotel 1*	-	-	5	145	1	25	4	98
Appartementhäuser	-	-	-	-	1	13	4	80
nicht klassifizierte Hotels	17	326	7	138	40	667	2	66
Total	19	582	23	1 158	49	1 516	38	3 987

Die Medina beider Untersuchungsräume ist der bevorzugte Standort der nicht klassifizierten, bescheideneren Hotellerie. In Fès verfügen die altstädtischen nicht homologierten Herbergen über 70,3% der nicht klassifizierten Zimmerkapazität des gesamten Urbanraumes, in Marrakech sogar über volle 91,0%.

Da die mehrheitlich in den Neustädten lokaliserten Hotels höherer Kategorien eine generell höhere Zimmerkapazität aufweisen, sind in der Neustadt von Fès zwar nur 54,8% aller Hotelgebäude verortet, bieten aber gleichwohl 66,6% der gesamten homologierten und nicht klassifizierten Zimmerkapazität des Urbanraumes an. In der "Ville Nouvelle" von Marrakech sind 46,3% aller Stadthotels zu finden, die 72,2% aller Gästezimmer zur Verfügung stellen.

Abb. 22: Unklassifiziertes Hotel (links) und Appartementhaus für Touristen (rechts) am Platz Jema el Fna in der Medina von Marrakech

Das Schwergewicht der homologierten Hotels in den Neustädten zog aufgrund der damit verbundenen Standortvorteile die Ansiedlung von Dienstleistungsunternehmen nach sich, die zum grössten Teil von touristischer Nachfrage abhängen. So sind alle 20 in Marrakech tätigen Autovermietungsfirmen, deren Jahresumsatz zu rund 92% (261) von Stadtbesuchern bestimmt wird, in der "Ville Nouvelle" anzutreffen (Karte 18). Die Nähe der homologierten Hotels und die nur in der Neustadt gegebene Strassenverkehrstauglichkeit führten auch in Fès zur Niederlassung aller 7 "Rent a car"-Unternehmen, deren Verträge im Mittel zu 87% (262) von Touristen unterzeichnet werden, in der Neustadt (Karte 17).

Die Reisebüros suchten wie die Autovermietungsfirmen die Nähe ihrer potentiellen Kundschaft und diese logiert fast ausschliesslich in klassifizierten Hotels der Neustadt. Die in nicht homologierten Herbergen Absteigenden nehmen infolge ihrer beschränkten Kaufkraft nur selten die Dienste eines Reisebüros in Anspruch. Deshalb finden sich alle 43 Reisebüros in Marrakech (Karte 18) und die 6 Reiseunternehmen in Fès (Karte 17) im durch die Franzosen angelegten Stadtgebiet.

Ein wesentlich differentes räumliches Verteilungsmuster als die klassifizierte Hotellerie, die Autovermietungsunternehmen und die Reisebüros zeigen die Bazare. Nur 24 der insgesamt 193 in Marrakech eruierten Bazare sind in der Neustadt verortet (Karten 21/32). In Fès finden sich allein 7 von 31 Bazarlokalitäten in der Neustadt (Karten 19/26). Als touristischer Einkaufsstandort erweist sich die mit traditionellem Handwerk durchsetzte Medina, wo um den Preis der Produkte gefeilscht werden kann, als wesentlich attraktiver als die Neustädte. Dort sind alle zum Verkauf gelangenden Artikel aufgrund einer staatlichen Preisanschreibepflicht preislich fixiert, so dass das typisch orientalische Feilschen nur noch sehr geringen Raum einnimmt. Geführte Reisegruppen suchen nur in Marrakech geschlossen neustädtische Bazare auf, in Fès werden im Rahmen von Reisegruppen allein altstädtische Bazare frequentiert. Absprachen über regelmässige Besuche von Touristengruppen zwischen Reiseveranstaltern und Besitzern von grossen Bazaren, wie sie für altstädtische Bazare in Fès und Marrakech verschiedentlich festgestellt wurden (263), existieren für die neustädtischen Bazare nicht.

Für den Reiseleiter besonders bequem sind Touristenpaläste mit integriertem Bazar, d.h. ehemalige Privatpaläste, welche in Restaurants umgewandelt wurden und gleichzeitig einen Bazar beinhalten (Karte 26). Derartige die Marktverhältnisse störenden standörtlichen Kombinationen von Restaurant und Bazar sind nur in Fès anzutreffen (264). 4 Touristenpaläste mit Bazaren befinden sich in der Medina, ein Palast mit integrierten Verkaufslokalitäten wurde gemäss islamisch-orientalischen Konstruktionstechniken in der Neustadt nachgebaut. Neben den 4 Touristenpalästen mit Bazaren finden sich 2 weitere Touristenpaläste, die ausschliesslich als Restaurants genutzt werden, in der Altstadt von Fès.

Angesichts der Hemmungen zahlreicher Stadtbesucher, nachts selbständig das "Sackgassengewirr" der Medina aufzusuchen, zeigen die von den Tourismusdelegationen empfohlenen Restaurants ausserhalb der Hotels ein neustädtisches Schwergewicht. Neben den 6 in der Altstadt angesiedelten Touristenpalästen werden in Fès 15 neustädtische Restaurants (inkl. Touristenpalast "Ambra") angepriesen (Karten 17/26). In Marrakech stehen den 14 innerhalb der Stadtmauern sich befindenden Restaurants (inkl. 11 Touristenpaläste) deren 18 ausserhalb gegenüber (Karten 18/32). Die Medina von Marrakech hat im Vergleich zu jener von Fès also eine bedeutend wichtigere Funktion im Restaurationsgewerbe erlangt. Die im Mittel längere Aufenthaltsdauer der zahlreicheren Stadtbesucher gibt in Marrakech vermehrt Gelegenheit, auch ausserhalb der Hotels in der orientalischen Altstadt marokkanische Spezialitäten zu geniessen.

Nicht nur zwischen den durch die französische Stadtpolitik geschaffenen zwei unterschiedlich geprägten Urbanräumen bilden sich typische touristische Funktionsteilungen aus, sondern auch innerhalb dieser orientalisch resp. europäisch geprägten Stadträume zeigen die diversen Einrichtungen, welche durch Touristen in Anspruch genommen werden, bestimmte Standortpräferenzen, die im wesentlichen durch ökonomische Prinzipien und stadtplanerische Ueberlegungen bestimmt werden.

5.1. Hotelstandorte in den Neustädten - Verlagerung an den Stadtrand

5.1.1. DIE KOLONIALE STADTPLANUNG ALS BESTIMMENDER FAKTOR DER REZENTEN HOTELSTANDORTE IN DER NEUSTADT VON FES

Die ältesten, vor 1956 errichteten Hotels siedelten sich mit wenigen Ausnahmen in der Nähe des einen Zentrums der kolonialen Neustadt Dar Debibagh - des Platzes Mohammed V - an (Karte 11). Diese Schwerpunktbildung nahe des Platzes Mohammed V entsprach den Planungsvorstellungen der französischen Urbanisten, die von zwei sich kreuzenden Hauptachsen (heute: Avenue Hassan II und Boulevard Mohammed V) mit unterschiedlichen Funktionen in der Neustadt Dar Debibagh ausgingen, ohne einen eigentlichen Stadtkern schaffen zu wollen, der zu einer punktuellen Citybildung hätte führen können (265).

An der ersten Hauptachse zwischen Medina und damaliger französischer Garnison (266) wurde fast die gesamte koloniale Administration angesiedelt. Diese administrative Nutzung ist auch nach der Unabhängigkeit an der Paradestrasse von Fès - der Avenue Hassan II (Abb. 23) - im wesentlichen erhalten geblieben, indem die östliche Seite fast ausschliesslich von staatlichen Verwaltungsgebäuden beansprucht wird. In der westlichen Hälfte dominiert eine gemischte Nutzung durch privaten Detailhandel und weitere tertiäre Funktionen.

Abb. 23: Avenue Hassan II in Fès - Standort der lokalen und regionalen Administration

Nur 2 Hotels wurden unter französischer Administration unmittelbar an dieser strategisch wichtigen Verbindungsachse, ein weiteres in einer westlichen Parallelstrasse dazu verortet. Die andern in der Protektoratsperiode errichteten Hotels suchten die Nähe der zweiten neustädtischen Hauptachse, des heutigen Boulevards Mohammed V. Diese zweite Hauptlinie führt vom im Norden angelegten Bahnhof Richtung Südosten und wurde vor allem dem privaten Detailhandel reserviert, eine Nutzung, die sich bis heute als persistent erwiesen hat. Auch die 1945 eröffnete Jugendherberge, die ursprünglich nur 2 Zimmer mit total 12 Betten umfasste (heute: 6 Zimmer mit 50 Betten), suchte die Nähe zum Boulevard Mohammed V. Infolge geringerer Bodenpreise wurde das Gebäude aber nicht an dieser Hauptachse selbst, sondern an einer weiter östlich verlaufenden Parallelstrasse zum heutigen Boulevard Abdallah Chefchaouini errichtet.

Nach Abzug der französischen Kolonialverwaltung trat ein zwölfjähriger Stillstand in der neustädtischen (und altstädtischen) Hotelbautätigkeit ein. Erst 1968 wurde am nördlichen Ende der von Administrationen geprägten Hauptachse, der Avenue Hassan II, ein Viersternhotel erstellt, dem 1970 auf der andern Strassenseite - anstelle der ehemaligen französischen Garnison - der Luxusbetrieb "Hôtel de Fès" mit 295 Zimmern folgte. Für die Luxushotels mit ihren bedeutenden Flächenansprüchen für Parking, Restaurants, Konferenzsaal, Bar, Nachtclub, Shoppingarkade, Autovermietung, Coiffeur, Park und Schwimmbad, vermochte das knapper und teurer werdende Bodenangebot im Zentrum von Dar Debibagh nicht mehr zu genügen, so dass eine Verlagerung an die nördliche Verlängerung der Avenue Hassan II stattfand.

Das 1981 noch an zentralerer Lage errichtete Viersternhotel "Sofia" profitierte allein von der Tatsache, dass der Bauherr das entsprechende mit einer flächenintensiven Fabrik belegte Grundstück bereits besass. Anstelle der abgerissenen Fabrik wurde das Hotel erstellt. Ansonsten sind in Dar Debibagh grössere Gelände zur Errichtung von Hotels gegenwärtig nicht mehr zu finanziell tragbaren Bedingungen zu erwerben, nicht zuletzt auch weil die Inflation die Immobilienbesitzer zu äusserster Zurückhaltung bei Verkäufen veranlasst, um nicht einen sicheren Sachwert aus der Hand zu geben.

> "Dans cette zone les terrains sont rares et s'il y a une nouvelle construction c'est au détriment d'une autre plus ancienne, la raison pour laquelle le coût du mètre carré a connu une augmentation gigantesque ..." (267)

Eine stadtplanerische Option zur Entlastung des angespannten Bodenmarktes zwecks Realisation neuer Hotelprojekte und einer gleichzeitig stärkeren Wohnnutzung dieses vor allem an der Avenue Hassan II nur schwach bewohnten Gebietes der Neustadt besteht darin, die linienhaft verorteten staatlichen Administrationen (Karte 12) an den noch nicht überbauten westlichen Rand des Quartiers Dhar-el-Mahres, wo sich gegenwärtig militärische Ausbildungsstätten befinden, zu verlegen. Durch den Gewinn neuer, im Staatsbesitz befindlicher Flächen an der Hauptachse Avenue Hassan II könnte der Bau neuer Hotels mittlerer Kategorie, von Appartementhäusern für Touristen und eine

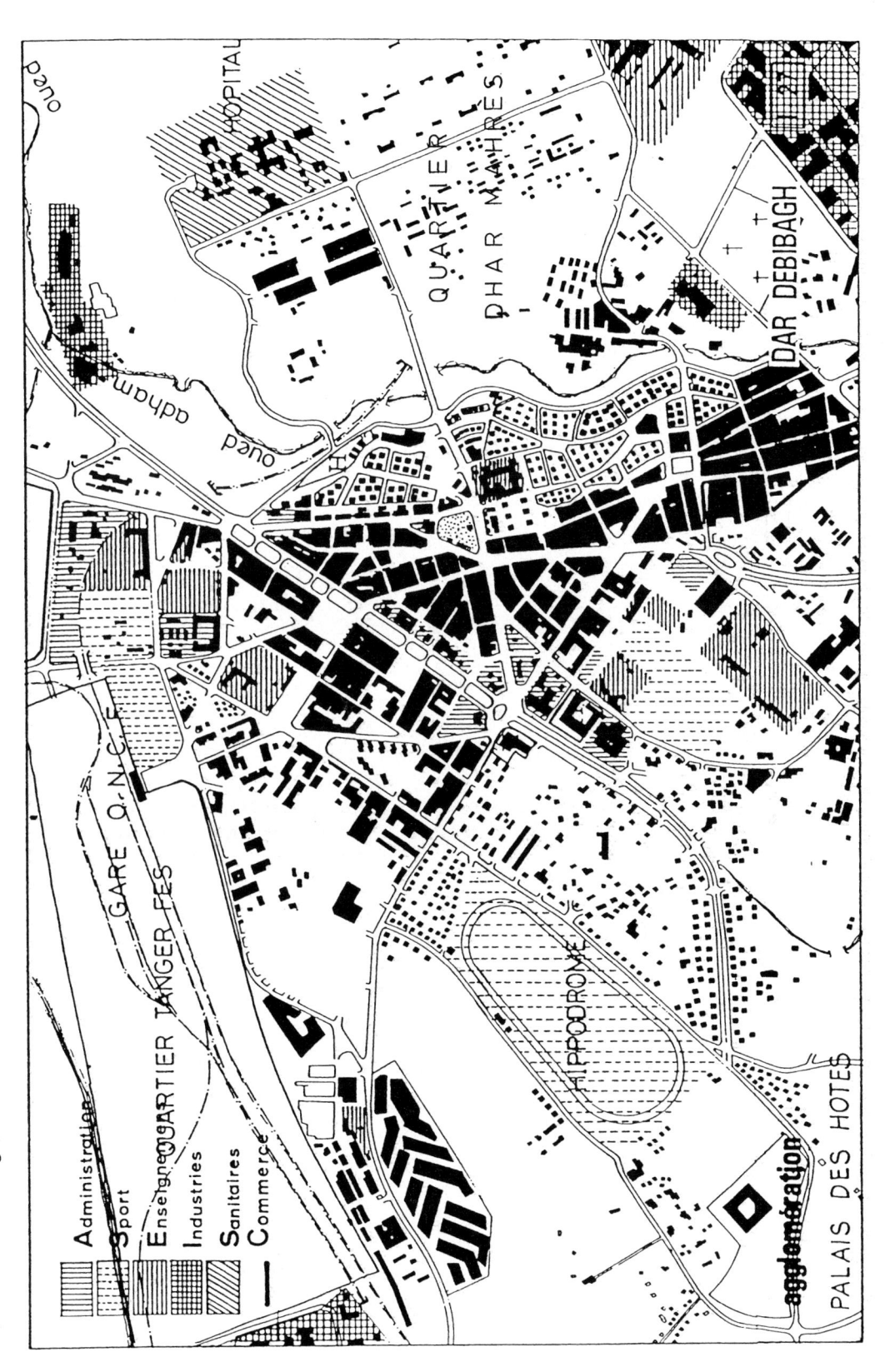

Karte 12: Nutzungsstruktur in der Neustadt von Fès (268)

gleichzeitige verstärkte Wohnnutzung realisiert werden. Denn nur durch den günstigen Verkauf oder die Abgabe des Bodens im Baurecht können - in Verbindung mit den übrigen staatlichen investitionsfördernden Massnahmen im Tourismussektor - neue, aus privater Hand finanzierte touristische Primärinfrastrukturen in Dar Debibagh erwartet werden (269).

Aufgrund des Ziels, den qualitativen Charakter des Fremdenverkehrs in Fès von einem reinen Durchreisetourismus in Richtung eines Aufenthaltstourismus zu ändern, war es sicher richtig, den sich auf Staatsgrund befindenden Campingplatz einem zukünftigen, in einem grossen Park sich befindenden Luxushotel mit rund 400 Betten und umfangreicher Unterhaltungsinfrastruktur zu opfern, weil dieses Hotel gleichzeitig die Chancen Fès' im Kampf um Marktanteile des Konferenztourismus verstärken wird. Anderseits wurde damit die letzte Einrichtung der Para-Hotellerie in Fès aufgegeben, für die nicht zuletzt aus volkswirtschaftlichen Gründen möglichst umgehend Ersatz geschaffen werden sollte (270). Da für diese flächenintensive Form der Para-Hotellerie in Dar Debibagh selbst kein substituierendes Gelände mehr gefunden werden kann, muss umgehend nach geeigneten Territorien in Stadtrandlage oder sogar in der weiteren Region Fès Ausschau gehalten werden.

5.1.2. HOTELS ALS MITTEL DER AKTUELLEN GRUENFLAECHENPLANUNG IN DER NEUSTADT VON MARRAKECH

In Marrakech lassen sich in der Neustadt drei von touristischen Primärinfrastrukturen geprägte Zonen unterscheiden (Karte 13):

1. Das zentral gelegene Quartier **Guéliz**, welches bereits in der Kolonialzeit das eigentliche Zentrum von Hotels kleinerer und mittlerer Grösse darstellte und diesen Status bis weit in die 1970er Jahre beibehielt. Erst 1977 haben Hotels höherer Kategorien mit einer Zimmerkapazität von 150 Räumen und mehr in diesem durch Wohnnutzung und Geschäftsaktivitäten geprägten Stadtgebiet Einzug gehalten.

War ursprünglich die Hauptgeschäftsstrasse des Guéliz - die heutige Avenue Mohammed V - der bevorzugte Standort für Hotels, ist gegenwärtig eine Verlagerung an den Boulevard Mohammed Zerqtouni festzustellen. Im Gegensatz zu den älteren typischen Stadthotels unterer und mittlerer Kategorien, die nur ein beschränktes hotelinternes Dienstleistungsangebot offerieren, welches sich in der Regel auf ein Restaurant mit Bar und/oder Cafeteria beschränkt, bieten die neueren Grosshotels der zweithöchsten Preisklasse und selbst die nach 1980 erstellten Hotels mittlerer Kategorie ihren Gästen ein weitergehendes Spektrum an Attraktionen an, welches neben Restaurants, Cafeteria und Bar auch eine Garage, interne Verkaufslokalitäten, einen Nachtclub und einen kleinen Park mit Schwimmbad umfassen kann. Aus Gründen der Platzökonomie resp. der hohen Bodenpreise

(Tab. 28) kann der Park auch in Form eines Dachgartens mit bescheidenem Schwimmbecken bestehen. Die zwei in der Kolonialzeit eröffneten, heute nicht mehr klassifizierten, neustädtischen Hotels und die vier Appartementhäuser für Touristen der Neustadt sind ebenfalls im Stadtteil Guéliz zu finden.

2. Das vor allem durch die Wohnnutzung geprägte, im Süden lokalisierte Quartier **Hivernage**, welches besonders als Standort flächenintensiver Grosshotels der zwei höchsten Kategorien mit mehr als 250 Zimmern, mehreren Restaurants, Ladenarkaden, einem Nachtclub, Schwimmbad und Tennisplätzen in Erscheinung tritt. Die ersten zwei Hotels im Hivernage liessen sich an der günstigen Uebergangsstelle von der Neu- in die Altstadt von Marrakech nieder. Die touristisch orientierte Bautätigkeit vor allem für zukünftige winterliche Stadtbesucher wurde im Hivernage schon in den 1930er Jahren aufgenommen. Durch die Integration eines (bis heute bestehenden) Kasinos sollte die Attraktivität des Quartiers, welches sowohl den Blick auf die Medina als auch auf den im Winter schneebedeckten Hohen Atlas erlaubt, noch zusätzlich gesteigert werden.

Abb. 24: Parkanlage des Hotels Es Saadi im Quartier Hivernage in Marrakech

Nach 1965 mit der prioritären Förderung des Tourismus erlebte das Quartier eine erneute intensive Hotelbautätigkeit, die bis heute ungebrochen anhält. Aufgrund der stark ansteigenden Nachfrage nach Grundstücken sind die Quadratmeterpreise zwischen 1965 und 1970 um mehr als 1 200% angestiegen, eine Verteuerung, die auf Privatland bis heute fortschreitet, aber nicht mehr die Teuerungsraten der Periode zwischen 1965 und 1970 erreicht (Tab. 29). Nur auf der Stadt Marrakech gehörenden Grundstücken ("terrain municipal") und auf Staatsland ("domaines") haben die Quadratmeterpreise nicht die gleiche Hausse erlebt (Tab. 28).

Mit ihren z.T. grossen Grünflächen und alten Baumbeständen - vor allem Palmen (Abb. 24) - tragen die Hotels im Hivernage zur Erhaltung des grünen Charakters dieses traditionell stark mit Palmen und Obstgärten durchsetzten Quartiers bei (271).

3. Das mehrheitlich durch Wohnfunktion charakterisierte Quartier **Semlalia**, welches 1973 erstmals als Hotelstandort für Unternehmen der zweithöchsten Kategorie inwertgesetzt wurde. Die an der "Route de Casablanca" (Chariaa Mohammed Abdelkrim el Khattabi) aufgereihten Viersternhotels stellen das nördliche Eingangstor in die Neustadt von Marrakech dar. Damit hat sich eine dem Djebel Guéliz (272) östlich vorgelagerte Hotelzone ausgebildet, welche in die für Marrakech so berühmte "Palmeraie" vorgestossen ist.

Die Dattelpalmen stehen geradezu als Markenzeichen für die touristisch attraktive Oase Marrakech. Obwohl die Qualität der Datteln nicht erstklassig ist, erfüllen die Dattelpalmen auch wirtschaftlich eine wichtige Funktion, z.B. als Rohstofflieferanten für die Backöfen in der Medina sowie die Herstellung von Besen, Korb-, Seiler- und Holzwaren (273). Für das Mikroklima der Stadt, im besonderen als Windbrecher für den Chergui und den Scirocco (274), spielen die ausgedehnten Palmenhaine Marrakechs ebenfalls eine bedeutende Rolle.

Es ist also nur zu gut verständlich, dass in den Stadtplanungsbehörden Marrakechs vor allem eine intensive Diskussion über den Expansionsdruck der flächenintensiven Hotellerie in die "Palmeraie" geführt wurde, deren Ergebnisse im für die aktuelle Stadtplanung massgebenden "Schéma directeur de Marrakech" wie folgt festgehalten sind:

"On notera que d'ores et déjà l'hôtelier est l'ami du palmier de Marrakech qu'il entretient et replante. Cette solicitude qui entoure le palmier traduit le souci de l'hôtelier de sauvegarder et de mettre en valeur l'un des symboles majeurs de l'image de marque de Marrakech.

Or, à l'heure actuelle, ce qui subsiste à l'Est de l'Oued Issil de la préstigieuse palmeraie de Marrakech semble potentiellement mis en question. L'experience prouve en effet que l'habitat, même pavillonnaire et soumis à de rigoureuses servitudes de surface, n'est guère particulièrement tendre pour le palmier ...

C'est à ce niveau que le tourisme se signale comme un allié potentiel de la sauvegarde de la palmeraie de Marrakech." (275)

In Abwägung von Wohnbau- und Hotelprojekten in der "Palmeraie" haben sich die Planungsinstanzen im Interesse des das Stadtbild wesentlich prägenden riesigen Palmengartens für eine beschränkte, reglementierte Hotelbautätigkeit unter weitgehendem Einbezug der bereits vorhandenen natürlichen Vegetation entschieden. Durch die Nutzung der "Palmeraie" mittels flächenintensiver Hotels mit grossen Parkanlagen wird eine zu starke Parzellierung in kleine Grundstücke vermieden. Um die Palmen nicht hinter riesigen Hotelgebäuden verschwinden zu lassen, wurden präzise Vorschriften über erlaubte Bauhöhen und Ausnützungsziffern erlassen. So dürfen in den Quartieren Semlalia und Hivernage die Gebäudehöhen 20 Meter nicht übersteigen. Gleichzeitig muss im Quartier Semlalia von der Strasse ein Mindestabstand von 30 Metern eingehalten werden und die Ausnützungsziffer darf 0,04 nicht überschreiten (276).

Im Interesse der autochthonen Stadtbewohner sollten die grossräumigen Gartenanlagen und Freizeiteinrichtungen der Hotels in der attraktiven "Palmeraie" nicht nur den Hotelgästen vorbehalten bleiben, sondern soweit wie möglich einer öffentlichen Nutzung zugänglich gemacht werden. Umgekehrt sollten in der "Palmeraie" zu schaffende Erholungs- und Freizeiteinrichtungen für die Bevölkerung von Marrakech auch für Touristen(familien) in den dort gelegenen Hotels attraktiv sein. Auf diese Weise kann die beklagte grosse soziale Distanz zwischen einer Mehrheit der Stadtbewohner von Marrakaech und der Gäste in dieser Stadt mindestens partiell, nämlich räumlich, etwas gemildert werden, indem sich die Touristen nicht in komplett unzugänglichen Isolaten vergnügen, sondern gegenseitige Kontaktmöglichkeiten auf der Basis gemeinsamer Freizeiteinrichtungen in der bei Stadtbewohnern und -besuchern genau so beliebten "Palmeraie" bestehen.

Angesichts der hohen Zahl an Hotelneubauprojekten in Marrakech - zur Zeit ungefähr 80 - wird die ausgeschiedene Hotelbauzone im Quartier Semlalia der "Palmeraie" (Abb. 25) allerdings nicht genügen, um nicht ein gigantisches Isolat von Hotels in **einem** Quartier der Neustadt von Marrakech entstehen zu lassen. Vielmehr empfiehlt es sich, auch im Quartier Hivernage weitere Flächen der Hotelbautätigkeit vorzubehalten, weil auch dort mittels für Langzeitaufenthalter geeigneter Hotels mit grossen Parkanlagen der momentane grüne Charakter des Gebietes bewahrt werden kann. Durch das Ausscheiden von der Hotelbautätigkeit reservierten Zonen in randstädtischer Lage kann gleichzeitg der spekulative Druck auf die Bodenpreise im ehemaligen kolonialen Zentrum Guéliz (Tab. 28), zu dem die touristische Nachfrage nicht unwesentlich beiträgt, gemildert werden. Allerdings muss auch verhindert werden, dass spekulative Bodenkäufe ohne reale Bauabsichten, wie sie bereits in den Quartieren Hivernage und Guéliz festgestellt wurden, nun auch die "Palmeraie" erfassen.

Bei innerstädtischen Hotelbauprojekten, z.B. im Guéliz, machen die Aufwendungen für den Bodenerwerb oft rund einen Drittel der gesamten Investitionskosten aus (277). Ende 1980 waren in Marrakech insgesamt 86 Gesuche für städtisches Bauland zwecks Realisation von Hotelneubauten hängig (278).

"Toutefois beaucoup de candidats ne sont pas des investisseurs potentiels, mais plutôt des spéculateurs essayant d'avoir à bon prix des terrains municipaux ou dominaux pour pouvoir les revendre ou monnayer leur participation dans l'investissement. Cela explique que 75% des terrains affectés étaient toujours vides 3 à 7 années après leur affectation. Ceci cause un grave préjudice à la communauté en empêchant d'autres investisseurs plus sérieux de créer les emplois si nécessaires à la population de Marrakech." (279)

Tab. 28: Bodenpreise in der Neustadt von Marrakech 1980 nach Stadtgebieten und Bodenbesitzern in Dh pro m^2 (280)

Stadtgebiet	Besitzer			
	Privat	Stadt	Habous (281)	Staat
Guéliz: Avenue Mohammed V Angrenzende Strassen Uebriges Gebiet	800 - 1 080 550 400			
Hivernage	500 - 600	50		120 (Hotelzone)
Palmeraie	50		3 - 10	

Tab. 29: Entwicklung der Bodenpreise (Privatland) zwischen 1960 und 1980 in der Neustadt von Marrakech nach Stadtgebieten in Dh pro m^2 (282)

Stadtgebiet	1960	1965	1970	1980	Mittl. jährl. Teuerungsrate 1960 - 1980
Guéliz	17	54	110	700	205,9%
Hivernage	10	23	300	550	275,0%
Palmeraie	6	10	25	50	41,7%

Tatsächlich gibt es Investoren, die vor mehr als 15 Jahren ihr Terrain zwecks Errichtung eines Hotels von der Stadt oder dem Staat erworben haben, ihre Hotelbauprojekte aber bis heute nicht in Angriff genommen haben, um das als spekulative Kapitalanlage gedachte Bauland weiter zu horten. Als Reaktion auf derartige bodenpreistreibende Praktiken hat das Tourismusministerium 1986 entschieden, dass diesen vermeintlichen Investoren in Hotelprojekten eine letzte Frist zur Realisation ihres angeblichen Bauvorhabens gesetzt werde. Im Falle der Nicht-Realisation innerhalb der eingeräumten Periode wird ihnen staatlicherseits das verkaufte Bauland wieder entzogen (283). Derartige einschneidende staatliche Interventionen sind in der Palmeraie und im Hivernage eher möglich, weil der Boden zu grossen Teilen von staatlichen Organen veräussert worden ist, während Terrainverkäufe für touristische Projekte im Guéliz meist aus privater Hand erfolgen (284).

Abb. 25: Ausgeschiedene Bauzone für Hotels im Quartier Semlalia in der "Palmeraie" von Marrakech

Trotz der die Palmenhaine und Gartenanlagen im Hivernage und der Palmeraie bewahrenden Funktion von Vier- und Fünfsternhotels soll an dieser Stelle keiner exklusiven Förderung der flächenintensiven Hotels der zwei höchsten Kategorien das Wort geredet werden (285), vielmehr erfordert jede Inangriffnahme eines Hotelbaus aller Kategorien sowohl von Seiten des Bauherrn als auch von Seiten der Bewilligungsinstanzen eine sorgfältige Analyse, ob das gesamte bereits vorhandene Bettenangebot der jeweiligen Preisklasse dem jährlichen Touristenaufkommen entsprechender Kaufkraft nicht bereits vollauf genügt.

Aufgrund der mittleren Belegungsraten der Viersternhotels für 1985 von 54,8% bei einem mittleren "break even point" von 49,7% (286) zeigt sich, dass die gegenwärtige Verdienstmarge der Viersternhotels auch bei einer weiter anhaltenden Zunahme der Touristen entsprechender Kaufkraft nicht für die zahlreiche Eröffnung neuer Hotels dieser Kategorie spricht. Vielmehr gilt es im Sinne hotelinterner betriebswirtschaftlicher Verbesserungen und eines sparsamen Umgangs mit dem knappen, sich verteuernden Produktionsfaktor Boden durch verstärkte Initiativen die Belegungsrate möglichst ganzjährig auf einen derart hohen Stand anzuheben, wie er vor allem im Frühling aber auch im Herbst erreicht wird.

Etwas weniger Zurückhaltung ist bei den Luxusbetrieben der höchsten Kategorie angebracht, die 1985 bei einem mittleren "break even point" von 48,3% im Jahresdurchschnitt eine Belegungsrate von 59,0% erreicht haben. Durch die Errichtung des infrastrukturell hervorragend dotierten Kongresszentrums (287) wird mit grosser Wahrscheinlichkeit die Nachfrage nach Zimmern der höchsten Preisklasse weiter ansteigen und gleichzeitig im oben erwähnten Sinne die Möglichkeit bestehen, durch geschickte Terminplanung von Kongressaktivitäten die saisonalen Schwankungen etwas zu glätten.

Die neuen Hotelbauprojekte müssen in den noch frei gebliebenen Terrains der Hotelbauzonen der Quartiere Semlalia und Hivernage realisiert werden. Damit wird eine neustädtische Raumordungspolitik verfolgt, welche den innerstädtischen Bodenmarkt im Guéliz nicht noch weiter anheizt und eine Verteilung der Hotelarbeitsplätze über weite Teile des neustädtischen Raums anstrebt. Gemäss dieser Option sind bereits weitere Bautätigkeiten von Hotels der zwei höchsten Preisklassen im Quartier Semlalia und im Hivernage - speziell westlich der Avenue de France (288) - festzustellen, wo im Sinne einer notwendigen verstärkten Förderung der Hotellerie mittlerer Preisklasse durchaus auch noch Raum für einige Betriebe dieser Kategorie mit grossen Gartenanlagen vorhanden ist. Die Integration von Hotels mittlerer Kategorie ist auch angezeigt, um die zwei Zonen Semlalia und Hivernage - trotz integrierter öffentlicher Freizeiteinrichtungen - nicht in den zweifelhaften Ruf von sozialen Isolaten kommen zu lassen. Der rezent westlich der Avenue de France bestehende Camping und die Jugendherberge bilden bereits eine bescheidene Grundlage zur verstärkten Diversifikation der touristischen Primärinfrastruktur in diesem durch die Hotellerie der zwei höchsten Preisklassen geprägten Stadtraum.

5.2. Hotelstandorte in den Medinas - ausgeprägte Verkehrsorientierung

5.2.1. KONZENTRATION DER HOTELS AN DEN STADTTOREN IN DER MEDINA VON FES

Alle Hotels der Medina von Fès präsentieren sich stark verkehrsorientiert, indem sie an den Ausgangspunkten der altstädtischen Hauptachsen und damit in der Nähe der Stadttore liegen. Diese bereits bei der Anlage der ersten Hotels in den 1920er Jahren gesuchte Nähe zu den Ankunfts- und Abfahrtspunkten bei den Stadttoren ist bei den nachkolonialen Hotels ebenfalls feststellbar. Entsprechend präsentiert sich das rezente räumliche Verteilungsmuster der altstädtischen, nicht klassifizierten Hotels in Fès (Karte 14), die zwischen 9 und 33 Zimmer aufweisen.

So finden sich an der von Bab Ftouh ins Stadtinnere von Fès el Bali führenden Hauptachse 4 nicht homologierte Betriebe, 6 unklassifizierte Hotels sind bei Bab Boujeloud anzutreffen, 1 nicht homologierte Herberge südlich von Bab Dekakene, dem nördlichen Eingangstor nach Fès el Jédid, 3 nördlich von Bab Smarine an der Grande Rue de Fès el Jédid und 3 sind östlich des Place des Alaouites verortet. Die drei letztgenannten unklassifizierten Hotels profitieren wie jene bei Bab Boujeloud und Bab Ftouh in starkem Masse vom dort ankommenden und abgehenden Ueberlandbusverkehr (Abb. 26), der bei Bab Boujeloud und Bab Ftouh sogar über gedeckte Busbahnöfe verfügt.

Abb. 26: Busstation bei Bab Ftouh in der Medina von Fès

Keinerlei direkte Verbindung zum regionalen und nationalen Busverkehr zeigt das zuerst als Privatresidenz in unmittelbarer Nachbarschaft zum nördlichen Bab el Guissa angelegte Fünfsternhotel "Palais Jamai". Von der Tornähe profitieren zwar heute die Gäste des entsprechenden Luxushotels, indem sie keine weiten Wege bis zu den sie erwartenden Cars zurückzulegen brauchen. Dieser Vorteil stellt aber allein eine Folge des günstigen Standorts des ehemaligen Privatpalastes dar, und die verkehrsgünstige Lage an sich bildete nicht wie bei den unklassifizierten Herbergen an den andern Toren den eigentlichen Anlass für den Hotelbau. In unmittelbarer Nähe von Bab el Guissa findet sich kein öffentlicher Busbahnhof.

Die nicht homologierten Herbergen an den Stadttoren sind wesentlich jüngeren Ursprungs als die z.T. jahrhundertealten Fondouks mit dominanter Hotelfunktion, die auch ein von den Hotels verschiedenes Verbreitungsmuster zeigen (Karte 15). Im Gegensatz zu den seit den 1920er Jahren entstehenden Hotels sind die älteren Khane mit vorherrschender Hotelfunktion nicht punktuell an den Stadttoren, sondern linienhaft an den wichtigsten Verbindungsachsen von Bab Boujeloud, Bab el Guissa und Bab Ftouh in den zentralen Soukbereich angeordnet.

Karte 15: Die ursprünglich dominante Funktion der Fondouks in der Medina von Fès (289)

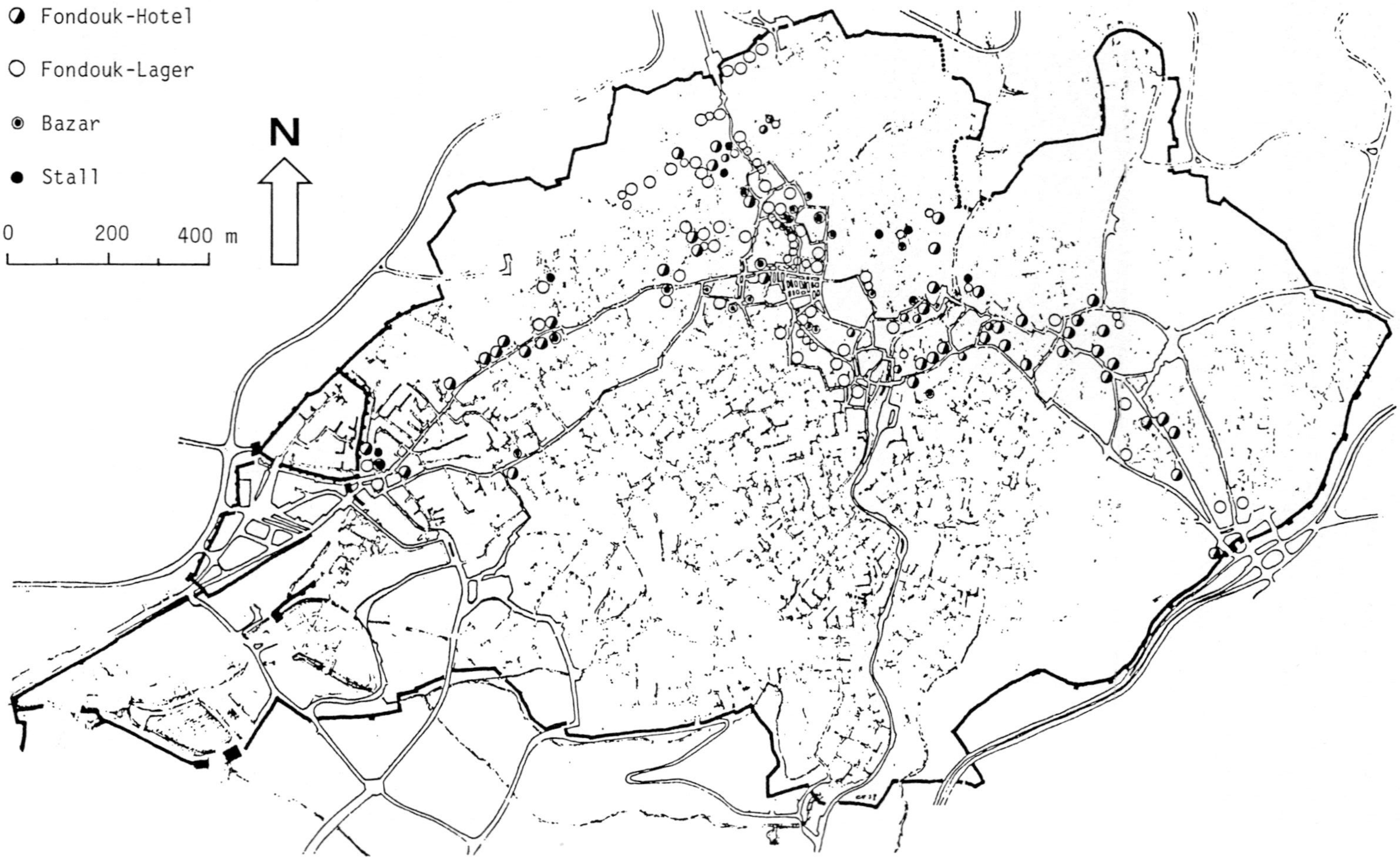
◑ Fondouk-Hotel
○ Fondouk-Lager
◉ Bazar
● Stall
0
200
400 m
N

Die Bedeutung der westlich des Oued Fès gelegenen Kairouan-Seite (ehemalige Stadt der zugezogenen Kairouaner) von Fès el Bali zeigt sich mit 28 Khanen mit ursprünglich dominanter Hotelfunktion nur unwesentlich grösser für den traditionellen Geschäfts- und Handelstourismus als die östlich des Oued Fès gelegene Andalusien-Seite (ehemalige Stadt der zugezogenen Andalusier), auf der 26 Khane mit originär vorherrschender Hotelfunktion zu finden sind.

Wesentlich gewichtiger sind die Unterschiede in bezug auf die Beherbergungskapazitäten der moderneren Hotellerie. Den innnerhalb der Stadtmauern lokalisierten 4 nicht klassifizierten Hotels auf der Andalusien-Seite stehen deren 6 auf der Kairouan-Seite gegenüber, wo sich zusätzlich noch der Fünfsternbetrieb "Palais Jamai" befindet. Dem Angebot von 73 nicht klassifizierten Hotelzimmern auf der Andalusien-Seite stehen 117 nicht homologierte Hotelzimmer auf der Kairouan-Seite gegenüber. Der "Palais Jamai" verfügt über eine zusätzliche Kapazität von 136 luxuriös ausgestatteten Zimmern. Die ungleiche Verteilung der modernen touristischen Primärinfrastruktur über den altstädtischen Stadtkörper kommt noch stärker zum Ausdruck, wenn die Zimmerkapazität des knapp ausserhalb der Stadtmauern, erhöht auf der Kairouan-Seite verorteteten Fünfsternsbetriebs "Les Mérinides" ebenfalls in den Vergleich einbezogen wird. So stehen den total 73 (nicht klassifizierten) Hotelzimmern auf der östlichen Seite des Oued Fès deren 333 (nämlich 117 nicht homologierte und 216 klassifizierte) auf dem westlichen Ufer gegenüber.

Diese räumliche Distribution der touristischen Beherbergungsunternehmen ist das Ergebnis der ungleichen Verteilung der touristischen Attraktionen und der unterschiedlichen ökonomischen Bedeutung des westlichen und östlichen Ufers des die Stadt von Norden nach Süden passierenden Flusses Fès. Da sich die wertvollsten kunsthistorischen Schätze und die für den Mohammedaner bedeutendsten religiösen Stätten auf dem linksseitigen Ufer des Oued Fès befinden, hat sich der Hauptharst der Stadtbesucher schon traditionell vermehrt über die Kairouan-Seite ergossen. Die bedeutendere Stellung des Westufers im Rahmen der Handelsaktivitäten kommt in der Tatsache zum Ausdruck, dass auf der Kairouan-Seite total 65 Fondouks mit ursprünglich dominanter Lagerfunktion verortet sind, auf dem Andalusien-Ufer aber nur deren 8.

Die durch die unterschiedliche Verteilung der Attraktionen vorgegebene und durch den Flussverlauf akzentuierte Teilung von Fès el Bali in zwei unterschiedlich von Touristen aufgesuchte Stadtgebiete schlägt sich nicht nur im Umfang der Hotelinfrastruktur nieder, sondern auch in räumlich und materiell differenten Persistenz- und Innovationserscheinungen in den Souks (290).

Im Rahmen der Stadtplanung stellt sich die Frage, ob es nicht möglich und sinnvoll wäre, auch die klassifizierte Hotellerie direkt (und nicht nur wie bis anhin in Randlage) in der Medina von Fès Einzug halten zu lassen, um die Altstadt nicht ausschliesslich - wie es von Kritikern des gegenwärtig in Fès mehrheitlich praktizierten Tourismus beschrieben wird - als in Gruppen zu durchquerendes Museum zu benützen. Die Planung eines klassifizierten Hotels in der Medina müsste mit sehr viel Fingerspitzengefühl für den Standort, die Zimmerzahl und die architektonische Gestaltung des Gebäudes in Angriff genommen werden. Eine Projektrealisation gegen den Willen vieler Medinabewohner, wie dies beim Bau des Hotels "Les Mérinides" der Fall war, welches gegen den Widerstand vieler Fassi am Standort eines beliebten maurischen Cafés errichtet wurde, sollte unter allen Umständen vermieden werden.

Als möglicher Standort für ein altstädtisches homologiertes Hotel bieten sich einige durch den Auszug der besitzenden Familien (in die Neustadt von Fès oder die atlantischen Küstenstädte) in Verfall geratene Paläste geradezu an. Bei einer sorgfältigen architektonischen Umgestaltung könnte der ausgewählte Palast eine neue Inwertsetzung erleben, die seiner kunsthistorischen Bedeutung keinen Abbruch tun würde, sondern den Bau sogar vor dem weitergehenden Zerfall bewahren könnte. In dem unter der Aegide der UNESCO ausgearbeiteten Massnahmekatalog zum Schutz und zur kulturellen Reanimation der Medina von Fès wird ebenfalls die Integration der klassifizierten Hotellerie in der Altstadt vorgeschlagen, wobei als Standorte auch infrastrukturell aufgewertete Fondouks zur Diskussion gestellt werden, die ihre ursprüngliche Funktion verloren haben.

> "Il y aurait lieu de créer à l'intérieur de la Médina, des équipements hôteliers qui se distinguent fondamentalement du type d'implantation touristique aux abors de la Ville Ancienne ... En aménagment des fondouk-s qui s'y prêtent, en réhabilitant des anciens palais situés près de l'aire centrale, ou en construisant des annexes adaptées à des bâtiments existants, on serait à même d'intégrer les participants aux activités culturelles proposées (291) et d'offrir un accueil aux vistieurs désireux d'avoir une expérience réelle de la Ville Ancienne." (292)

Um die traditionelle räumliche Ordnung der Medina nicht in Frage zu stellen, sollte das als Pilotprojekt zu realisiernde klassifizierte Hotel mit höchstens 40 Zimmern an einer der altstädtischen Hauptachsen und möglichst nahe des historischen Zentrums errichtet werden. Angesichts der starken Frequenzen durch Gäste, Personal und Lieferanten von und zu einem Hotel sollte das Projekt nicht in einem ruhigen, ausschliesslich der Wohnnutzung vorbehaltenen Quartier realisiert werden, sondern an einer Achse mit bereits rezent höheren Passantenfrequenzen angesiedelt werden.

Das auf Individualgäste, die in kein striktes Rundreiseprogramm eingebunden sind, ausgerichtete Hotel könnte mitunter auch eine Initialzündung zur Verlängerung der Aufenthaltsdauer der Einzelgäste bedeuten, sofern gleichzeitig die abendliche Attraktivität der Medina für die in der Altstadt Logierendenn gesteigert werden kann.

Angesichts eines durch die unmittelbare Nachbarschaft zu stark in Erscheinung tretenden sozialen Gefälles zwischen den Hotelgästen und den die benachbarten Gebäude Bewohnenden sollte prinzipiell auf die Konstruktion eines Luxusbetriebes im Herzen der Medina verzichtet werden. Aufgrund des Mangels an Hotels mittlerer Kategorie empfiehlt es sich vielmehr, einen Dreisternbetrieb zu realisieren, weil dieser auch vom bereits vorhandenen Nachfragepotential erfolgreich zu sein verspricht.

Die Errichtung einer ersten klassifizierten Beherbergungsstätte an zentraler Lage der Medina muss entweder von einem kompetenten, sensibiliserten staatlichen Planungsgremium als staatliches Bauprojekt an die Hand genommen oder die private Realisation an genau umschriebene Planauflagen gebunden werden, um der Physiognomie und dem sozialen Klima der Medina von Fès abträgliche Fehlentwicklungen, wie sie bei der Realisation des Hotels "Les Mérinides" und beim (Um)Bau des "Palais Jamai" begangen wurden, zu vermeiden.

5.2.2. HAEUFUNG VON HOTELS SUEDLICH DES PLATZES JEMA EL FNA IN DER MEDINA VON MARRAKECH

Die Hotels innerhalb des altstädtischen Mauerrings von Marrakech sind in ihrer grossen Mehrheit südlich des Platzes Jema el Fna zu finden, wo bereits vor der Unabhängigkeit Marokkos zahlreiche Hotels mit bis zu 40 Betten verortet waren (Karte 16). Der Platz Jema el Fna hatte sich schon in der frühen Kolonialzeit zur eigentlichen Verkehrsdrehscheibe Marrakechs entwickelt, von wo aus der regionale und nationale Busverkehr ausging, so dass zahlreiche Reisende nach in der Nähe gelegenen Uebernachtungsmöglichkeiten Ausschau hielten.

Augenscheinlichster Ausdruck des unmittelbaren standörtlichen Zusammenhangs zwischen hohem Reiseverkehrsaufkommen und dem Bau von Hotels ist das 1929 errichtete heutige Einsternhotel "C.T.M." unmittelbar am Platz Jema el Fna, wo in räumlicher Kombination die Autobusstation des nationalen Busunternehmens C.T.M. ("Compagnie de Transport Marocain") und ein bescheidenes Hotel mit 25 Betten im gleichen Gebäude untergebracht ist. Zwei weitere Hotels wurden in der Kolonialzeit in der Verlängerung der Verbindungsachse zwischen der seit 1913 wachsenden Neustadt und der Medina - genauer der Koutoubia-Moschee - gebaut, indem sie gleichzeitig die Nähe zum ersten europäisch dominierten Viertel in der Altstadt, dem Arset el Maach, suchten.

Nach 1956 ist neben einer Verstärkung der bereits intensiv als Standort nicht klassifizierter Hotels genutzten Zone die Erschliessung einer noch weiter südlich gelegenen Gasse für nicht homologierte Herbergen festzustellen. Punktuell wurde auch eine weiter östlich gelegene, Nord-Süd verlaufende Hauptachse neu als Hotelstandort inwertgesetzt. Im wesentlichen werden die nicht homologierten Hotels der Medina in ehemaligen Wohngebäuden errichtet, die von ihren Besitzern meist in Richtung Neustadt verlassen worden sind. Nach Erlangung einer entsprechenden Baubewilligung werden die grossen, um einen Innenhof gruppierten Wohnräume (293) durch feste Wände in kleinere Einheiten unterteilt und die einzelnen Zimmer durch Integration eines Lavabos mit fliessendem Wasser versorgt.

1980 wird ein erstes nicht klassifiziertes Hotel mit 20 Zimmern bei Bab Doukala, also weit ausserhalb der ausgeprägten Hotelzone beim Platz Jema el Fna, eröffnet. Der Bau eines ersten Beherbergungsbetriebes bei Bab Doukala erfolgte noch vor der Verlegung des Zentrums der regionalen und nationalen Buslinien an eben dieses Stadttor, bei welchem ein eigentlicher Busbahnhof errichtet wurde (Abb. 27), wo täglich ungefähr 130 Ankünfte und Abfahrten zu verzeichnen sind.

Abb. 27: Moderner Busbahnhof bei Bab Doukala in Marrakech

Seit diesem Transfer haben die Uebernachtungen in den unklassifizierten Herbergen in der Nachbarschaft des Platzes Jema el Fna um 40% bis 50% abgenommen. Dieser Rückgang ist im wesentlichen auf zwei verschiedene Ursachen zurückzuführen: einerseits wurden die Ankunfts- und Abfahrtszeiten der Kurse besser aufeinander abgestimmt, so dass die Wartezeiten verkürzt wurden, andererseits ist die Distanz zwischen dem Busbahnhof bei Bab Doukala und dem Platz Jema el Fna den Reisenden zu gross. Besonders rückläufig ist daher die Zahl der "Transitgäste" in den unklassifizierten Herbergen beim Platz Jema el Fna, also von Reisenden, welche spät in der Nacht in Marrakech ankommen und am Morgen früh die Stadt wieder verlassen. Einzig bei Festivitäten und im Frühling verzeichnen die nicht klassifizierten Hotels höchste Belegungsziffern, die in einigen nicht homologierten Betrieben sogar zu einem vorübergehenden Anheben der Uebernachtungspreise um mehr als 100% führen.

In Erwartung, dass bei Bab Doukala zahlreiche neue Hotels eröffnet werden, und in der Angst, dass dadurch die jährlichen Einnahmen noch weiter zurückgehen könnten, sind die in der "Association des Hôtels Populaires" zusammengeschlossenen Besitzer von nicht klassifizierten Hotels bei der Stadtverwaltung von Marrakech vorstellig geworden. Die "Municipalité" hat darauf entschieden, dass in der Umgebung von Bab Doukala keine neuen Hotels errichtet werden dürfen, um die Kundschaft der Hotels beim Platz Djema el Fna quantitativ nicht noch weiter absinken zu lassen (294).

Im übrigen hat nicht nur die Zahl der Uebernachtenden in den Hotels massiv abgenommen, sondern auch die Zahl der Gäste in den um den Platz Jema el Fna zu findenden Cafés, die in zwei Fällen direkt mit einem Hotel kombiniert sind. Nicht nur Fahrgäste gehörten vor der Verlegung des Busbetriebes nach Bab Doukala zu den regelmässigen Kunden der Cafés, sondern auch Chauffeure, die sich vor den z.T. langen Fahrten noch verpflegten. Allerdings wird der Kundenrückgang in den Cafés durch die zahlreichen ausländischen Gäste, die ihren Medinabesuch in der Regel auf dem Platz Jema el Fna beginnen resp. beenden und dabei eine Kleinigkeit konsumieren, etwas gemildert. Stadtbesucher, welche im Rahmen einer Rundreisegruppe in Marrakech eintreffen, pflegen den Car ebenfalls auf dem Platz Jema el Fna zu verlassen und wieder zu besteigen.

Eine Verlagerung der Busstationen für den regelmässigen regionalen und nationalen Linienverkehr an den Stadtrand nach Bab Doukala war aufgrund des täglich auf dem Platz Jema el Fna herrschenden Verkehrschaos unbedingt notwendig geworden, auch unter Inkaufnahme des möglichen Nachteils, dass der Platz Jema el Fna viel von seinem originalen Unterhaltungswert verlieren könnte, denn zahlreiche seiner Attraktionen waren primär auf ein marokkanisches Publikum ausgerichtet, welches sich zwischen Busankunft und Busabfahrt vergnügte. Bei Bab Doukala hat sich bis heute kein derartiges Unterhaltungsangebot entwickelt. Die auf dem Platz Jema el Fna auftretenden Artisten werden diesen auch kaum verlassen, weil ihnen dieser Standort durch die starke Präsenz ausländischer Touristen, für welche der Platz in allen Reiseprospekten als eine Hauptattraktion Marrakechs angepriesen wird, höhere Verdienstmöglichkeiten verspricht.

1929 wurde mit dem Luxushotel "Mamounia" ein erstes Grosshotel innerhalb der Stadtmauern unter Ausnützung der weiten altstädtischen Gärten erstellt. Im Bewusstsein jedes Moslems geniessen Gärten eine hohe Wertschätzung, weil im Koran das Paradies als ein himmlischer Garten geschildert wird. Das Bild des himmlischen Gartens berührt viele Moslems ganz besonders, weil die Gärten im Orient sehr oft - wie in der Oase von Marrakech - von lebensfeindlichen Bedingungen umgeben sind (295). Mit dem Bau des "Mamounia" wurde dieser attraktive altstädtische und auch als klimatischer Ausgleichsfaktor wichtige Grünraum Marrakechs erstmals für ein Grosshotel genutzt, wobei die Distanz zum eigentlichen Siedlungskörper der Medina grösstmöglich gehalten wurde. Mit dem 1968 erbauten Viersternbetrieb "Chems" und besonders dem im gleichen Jahr eröffneten Viersternunternehmen "Les Almoravides" rückte die klassifizierte Hotellerie mit über 100 Betten wesentlich näher an die Wohnquartiere der Medina heran.

Mit der Errichtung des "Club Méditerranée" (Abb. 28) 1971 in der Verlängerung des Platzes Jema el Fna drang die flächenintensive Hotellerie unmittelbar in den altstädtischen Siedlungskörper ein, ja stiess wie ein Pfropfen auf dessen seit der Kolonialzeit neues Zentrum, den Platz Jema el Fna, vor.

Obwohl sich der "Club" mit 243 Zimmern in seiner architektonischen Bauweise mit niedrigen, in rot-ockerem Ton gehaltenen Gebäuden und das Gelände umgebender Mauer nicht aufdringlich präsentiert, wurde sein Standort von weiten Teilen der Bevölkerung Marrakechs als Agression gegenüber "ihrem" Platz empfunden. So forderte der 1976 gewählte neue Stadtrat in einer seiner ersten Entscheidungen die Verlegung des "Club" (296). Besonders stossend wurde anfänglich der unmittelbare räumliche Gegensatz der zu dicht bevölkerten Medina mit allen ihren sozialen resp. wirtschaftlichen Problemen und der auf Vergnügen ausgerichteten Infrastruktur eines "Club" empfunden. Unterdessen hat sich der Widerstand gegen die Einrichtung des "Club Méditerranée" am gegenwärtigen Standort merklich beruhigt.

Abb. 28: Club Méditerranée am Platz Jema el Fna in Marrakech

Der "Club Méditerranée" selbst kämpft gegenwärtig mit Raumproblemen, weil auf der am Platz Jema el Fna zur Verfügung stehenden Fläche nur beschränkte Unterhaltungsinfrastrukturen angeboten werden können, wie sie von Besuchern eines Feriendorfes mit Clubcharakter erwartet werden. Um Marrakech aus seiner Funktion als Zwischenstation bei Reisen zwischen den marokkanischen Clubzentren in Al Hoceima, Malabta, Smir, Yasminia, Agadir, Ouarzazate und Layoune zu lösen und zu einer eigentlichen Aufenthaltsstation zu machen, hat der "Club" in der "Palmeraie" von Marrakech ein zusätzliches Freizeitgelände erworben, zu welchem ein regelmässiger Pendelverkehr mit Bussen eingerichtet wurde. Das Terrain in der "Palmeraie" beinhaltet neben einem Restaurant u.a. ein Schwimmbad, Tennisplätze, ein Reitgelände und einen Golfplatz.

Aufgrund der durch die Konstruktion des "Club Méditerranée" entstandenen Unruhe unter der Bevölkerung Marrakechs darf direkt innerhalb des altstädtischen Siedlungskörpers kein klassifiziertes Beherbergungsunternehmen mehr eine Baubewilligung erhalten. Ein weiteres Vordringen der homologierten

Hotellerie in die Altstadt ist auch aus Sicherheitsgründen nicht zu verantworten, weil innerhalb der Medina die schnelle Zugänglichkeit für Sicherheitskräfte - speziell der Feuerwehr mit grossen Fahrzeugen - nicht gewährleistet werden kann (297). Anderseits bieten die bereits im Südwesten der Medina errichteten Grosshotels mit ihren flächenintensiven Gartenanlagen Gewähr dafür, dass die innerhalb der altstädtischen Mauern gelegenen Freiräume auch weiterhin als Zeugen einer grossartigen altstädtischen Gartenarchitektur erhalten bleiben, dabei allerdings einer Mehrheit der autochthonen Bevölkerung vorenthalten bleiben. Aus diesem Grunde sollten auf den innerhalb der Stadtmauern noch verbleibenden öffentlichen Grünflächen keinesfalls weitere Hotelprojekte bewilligt werden, um der gesamten einheimischen Bevölkerung Gelegenheit zum Erholen in Parkanlagen der Altstadt zu geben.

5.3. Touristische Sekundärinfrastruktur des Dienstleistungssektors in den Neustädten - Kontaktvorteile durch Nähe zur klassifizierten Hotellerie?

Die touristische Sekundärinfrastruktur des Dienstleistungssektors wird im wesentlichen durch das Angebot von Reisebüros, Autovermietungsfirmen und Restaurants bestimmt. Die Kontaktvorteile durch die möglichst enge Nachbarschaft zu den die meisten Kunden stellenden klassifizierten Hotels und Appartementhäusern für Touristen führten aber nur in Fès zu einer räumlich relativ kompakten Struktur des entprechenden touristisch orientierten Dienstleistungssegments, während in Marrakech ausgeprägte Hotelzonen ohne umfangreiche touristisch orientierte Sekundärinfrastruktur geblieben sind (Karten 17/18). In der Folge soll der Versuch unternommen werden, die Strukturen und Ursachen dieser räumlichen Verteilungsunterschiede in Fès und Marrakech näher zu analysieren.

Zu einem eigentlichen touristischen Dienstleistungszentrum - neben zahlreichen Angeboten des kurz- und langfristigen Bedarfs für die autochthone Stadtbevölkerung - hat sich der Stadtteil "Guéliz" in der Neustadt von Marrakech entwickelt. Ihre zentrale Achse, die Avenue Mohammed V, verfügt über nicht weniger als 22 Reisebüros, 6 Restaurants und 9 Büros von **Autovermietungsunternehmen**. Aufgrund der hohen Bodenpreise und der Flächenintensität von Parkplätzen für "Rent a car"-Unternehmen sind an der Avenue Mohammed V jedoch nur Büros der entsprechenden Autovermietungsfirmen zu finden. Die Wagen selbst müssen von den Kunden auf Parkfeldern auf weniger teuren Grundstücken in Nebenstrassen abgeholt werden. In vier Fällen sind die neustädtischen Vermietungsbüros mit Reparaturwerkstätten kombiniert, wo auch Privatfahrzeuge zur Reparatur angenommen werden. Ein weiteres Unternehmen unterbreitet seine Mietwagenofferten im Rahmen der Verkaufsarkaden des weit vom neustädtischen Zentrum entfernten Hotels "Palais el Badia".

Mehrere international tätige Autovermietungsfirmen führen bei der Ankunft resp. beim Abflug von Linien- und Chartermaschinen in der Flughafenhalle von

Marrakech zusätzliche kleine, temporäre Zweigstellen, die auch nur aus einem mittels Firmenkleber gut sichtbar gemachten Aktenkoffer des Autovermietenden bestehen können.

Die permanenten Lokalitäten der Autovermietung in der Neustadt von Marrakech haben auf Kosten diverser Nutzungen Platz gegriffen. Je einmal wurde die Lokalität eines Lebensmittelgeschäfts, einer Versicherung und einer Telefongesellschaft übernommen. In zwei weiteren Fällen ersetzen die Büros von Autovermietungsfirmen die Produktions- und Verkaufsräumlichkeiten von Schneidern. Da die in der Neustadt von Marrakech an passantenintensiver Lage - besonders an der Avenue Mohammed V - im Parterre zur Verfügung stehenden Geschäftsräume aufgrund einer äusserst intensiven Nachfrage eine starke Miet- und Verkaufspreishausse erleben, ist gegenwärtig die Tendenz festzustellen, dass sich neben anderen Tätigkeiten des tertiären Sektors auch Büros von "Rent a car"-Unternehmen in höheren Stockwerken niederlassen und dort die Wohnnutzung konkurrenzieren. So sind zwischen 1983 und 1985 bereits drei Wohnungen in Büroräumlichkeiten von "Rent a car"-Unternehmen umgewandelt worden (298).

Die zahlenmässige und damit die räumliche Dynamik der Autovermietungsfirmen erreicht in der Neustadt von Fès wesentlich bescheidenere Ausmasse als in Marrakech. Nutzungskonflikte mit Wohnraum sind bis anhin keine feststellbar. Im Rahmen zweier materiell bekannter Sukzessionsprozesse in der Neustadt von Fès zwischen 1983 und 1985 sind je ein Metzger und ein Schneider verdrängt worden. Aufgrund der traditionell beschränkten Bedeutung von Fès als Ausgangs- und/oder Endpunkt von individuellen Rundreisen mit Mietwagen sind die ersten Autovermietungsunternehmen auch bedeutend später als in Marrakech eröffnet worden (Tab. 30).

Tab. 30: Anzahl der eröffneten Autovermietungsunternehmen in Fès und Marrakech

Periode	Fès	Marrakech
vor 1956	-	-
1956 - 1964	-	1
1965 - 1972	-	4
1973 - 1980	2	4
1981 - 1985	5	9
unbekannt	-	2
Total	7	20

Die erste Autovermietungsfirma in der Neustadt von Fès siedelte sich 1973 in den dem "Hôtel de Fès" angegliederten Verkaufsräumlichkeiten an. Bereits elf Jahre früher hatte die erste international tätige Unternehmung einen Sitz an der passantenintensivsten Achse der Neustadt von Marrakech, der Avenue Mohammed V, eröffnet! 4 Autovermietungsfirmen in der Neustadt von Fès besitzen ihre Büros nicht unmittelbar an der Strasse, sondern zurückversetzt in Lokalitäten, die um einen Innenhof angelegt sind. Angesichts der Bodenpreishausse im zentralen Bereich der Neustadt von Fès nördlich des Platzes Mohammed V findet rezent eine Verlagerung südwärts an den Boulevard Abdallah Chefchaouni statt, wo noch Räumlichkeiten für Büros und Kleinwerkstätten zu günstigeren Bedingungen erworben bzw. gemietet werden können. Diese von den Hotels entferntere Lage resp. die nicht unmittelbare Angrenzung an die Hauptachsen Boulevard Mohammed V bzw. Avenue Hassan II fällt nicht so stark ins Gewicht, weil die Autovermieter nach einem telefonischen Anruf ihre Verträge auch im Hotel selbst abschliessen und die Mietwagen dort abliefern kommen.

Ein vergleichbarer Kundenservice wird auch bei einem Teil der **Reisebüros** geboten. Ein Reisebüro befindet sich sogar unmittelbar in der Verkaufsarkade des Fünfsternhotels "Palais El Badia" in Marrakech. Andere Reisebüros schicken ihre Vertreter/innen vorbei, um Exkursionen direkt in den Hotels an Touristen zu verkaufen oder lassen ihre Ausflüge durch Hostessen/Reiseleiter ausländischer Tour Operators (meist im Rahmen organisierter Meetings) den Stadtbesuchern schmackhaft machen, wobei die Hostessen/Reiseleiter und die ausländischen Tour Operators, für welche sie tätig sind, finanziell am entsprechenden Umsatz beteiligt werden. Reisebüros mit derartigem indirektem Verkauf ihrer Leistungen, die im wesentlichen aus Exkursionen bestehen, sind nicht a priori auf eine Lage im Erdgeschoss, unmittelbar an der Strassenfront, angewiesen. Es genügt, wenn der administrative Stützpunkt in zentraler Lage bei den klassifizierten Hotels liegt. Reisebüros hingegen, die ihre Leistungen zur Hauptsache direkt an Kunden im Laden verkaufen, bevorzugen eine zentrale neustädtische Lage unmittelbar an der Strassenfront, um die Passanten auf ihre Angebote aufmerksam zu machen. Die Reisebüros in Fès, die nur unwesentlich vom organisierten Ausflugtourismus profitieren können, präsentieren sich daher ohne Ausnahme als Lokalitäten an passantenintensiver Lage mit auffälliger Schaufensterfront, während die stark exkursionsorientierten Reisebüros in Marrakech z.T. in oberen Stockwerken an zentraler Lage zu finden sind.

Sowohl in Fès als auch in Marrakech sind die Reisebüros in der Regel nicht aus den mit Hotels versehenen Zonen der Neustädte ausgeschert, wobei in Marrakech mit Ausnahme des Reisebüros in den Verkaufsarkaden des Hotels "Palais El Badia" nur das nördlichere Viertel "Guéliz" bestückt wurde, und das südlichere Quartier "Hivernage" unberücksichtigt blieb. Die Reisebüros bevorzugen als Standort in Marrakech in ausgeprägter Weise die Avenue Mohammed V. In einem einzigen Gebäude an dieser neustädtischen Hauptachse befinden sich neben der "Royal Air Maroc" im Parterre 10 weitere Reisebüros (neben 4 Autovermietungsfirmen) in den oberen Etagen, auf die mittels Firmenschilder am Eingang hingewiesen wird. Ein erstes Reisebüro ausserhalb des zentralen

"Guéliz" und abseits der Avenue Mohammed V verdankt seine Entstehung der Verlagerung des Busbahnhofes vom Platz Jema el Fna nach Bab Doukala. Es hat seine Pforten in einer Neubausiedlung am Rande des ausserhalb der Stadtmauern nach traditionellem orientalischem Muster erbauten Viertels el Hara geöffnet.

Die von der regionalen Tourismusdelegation in Fès registrierten neustädtischen **Restaurants** beschränken sich im wesentlichen auf das Gebiet, wo die ältesten Hotels der Neustadt stehen (Karte 11), also den Boulevard Mohammed V und die von Norden und Süden in diesen einmündenden Seitenstrassen (299). An der zweiten neustädtischen Hauptachse, der Avenue Hassan II, treffen wir auf nur ein Restaurant. Im Rahmen der Freizeitaktivitäten der Stadtbewohner von Fès nehmen die Restaurants, Cafés und Bars seit der Unabhängigkeit eine immer grössere Bedeutung ein, sie dürfen also keinesfalls als primär touristisch orientierte Dienstleistungsbetriebe angesprochen werden. Der zentrale Boulevard Mohammed V hat sich zu einem eigentlichen Freizeit- und Erholungsraum gemäss des Prinzips "sehen und gesehen werden" entwickelt, in dessen Rahmen die Touristen allabendlich und an Feiertagen nur eine Minderheit stellen.

> "La pratique de cet espace est une pratique culturelle nouvelle pour les citadins de Fès après l'indépendance, la pratique dite: 'faire le boulevard' est une flânerie quotidienne entre 17 H et 19 H effectuée par une importante proportion de la population jeune de Fès. Le café ou le bar sont rentrés dans les moeurs de la majorité des fonctionnaires qui prennent le temps de rencontrer leurs amis et confrères autour d'une table à la terrasse de l'un des cafés du boulevard." (300)

Besonders am Freitag sind die Gaststätten der Neustadt von Fès jeweils voll belegt, wenn sich auch Medinabewohner mit geringerem Einkommen eine Autobusfahrt in die Neustadt und einen Drink in einem Café, Restaurant oder einer Bar gönnen und sich so etwas leisten, das sich reichere Einwohner täglich erlauben können (301).

Die gleiche Entwicklung zur verstärkten Frequentation der neustädtischen Gaststätten nach Arbeitsschluss und an Freitagen durch die autochthone männliche Bevölkerung ist auch in Marrakech festzustellen. Die von der regionalen Tourismusdelegation in Marrakech verzeichneten Restaurants (302) sind ziemlich regelmässig über das Viertel "Guéliz" verteilt, mit einem leichten Schwergewicht um die Kreuzung der zwei am stärksten mit Hotels besetzten Achsen Avenue Mohammed V und Boulevard Mohammed Zerqtouni. In der Nähe der Grosshotels im "Hivernage" und in der "Palmeraie", die in den meisten Fällen bereits intern mehrere Restaurants aufweisen, hat sich bis anhin keine Gaststätte niedergelassen. Die umfangreiche hotelinterne Infrastruktur lässt auch in Zukunft für die Entwicklung einer touristischen Sekundärinfrastruktur in diesem südlichen resp. nördlichen Stadtteil nur wenig Möglichkeiten.

Die seit 1985 vor Grosshotels praktizierte **Vermietung von Velos und Mofas** zeigt aber, dass auch das hotelinterne Dienstleistungsangebot durchaus noch

Lücken aufweist, die bei entsprechender privater Initiative erfolgreich ausgenützt werden können. Vor den Hotels im "Hivernage" wurden eigentliche Vermietungsstationen mit Veloständern und Hinweistafeln errichtet, die unter vier Vermietungsunternehmen mit 3 bis 8 permanent Beschäftigten aufgeteilt wurden. Wie bei den "Rent a car"-Unternehmen lassen sich die Velos und Mofas auch telefonisch bestellen und werden umgehend gebracht. Gemäss Auskunft der Velo- und Mofavermieter läuft das Geschäft ausser in den für Pedaleure zu heissen Sommermonaten gut.

Auf die kurzzeitige Vermietung des traditionelleren Transportmittels **Kamel** haben sich weitere Personen auf den weiten Freiflächen südlich der Grosshotels an der Avenue de la Ménara im "Hivernage" spezialisiert. Der kurze Ritt auf dem Kamel erweist sich unter den ausländischen Besuchern von Marrakech als sehr beliebtes Photosujet.

Für die Fahrt von den Hotels im "Hivernage" bzw. der "Palmeraie" zur Medina, ins "Guéliz" oder um einen Teil der ummauerten Altstadt benutzen die Stadtbesucher mit Vorliebe die zweispännigen **Calèches** (Abb. 29), so dass vor den Grosshotels dauernd eine oder mehrere Pferdekutschen für entsprechende Fahrten bereitstehen. Das eigentliche Zentrum der Calèches liegt am Platz Jema el Fna innerhalb der altstädtischen Mauern, wo im Schatten der Palmen während des ganzen Tages zahlreiche Kutschen auf in- und ausländische Kunden warten. Eine Kutschenfahrt, um deren Preis üblicherweise gefeilscht wird, ist auch bei der einheimischen Bevölkerung äusserst beliebt. Im Gegensatz zum typisch touristischen Dienstleistungsgewerbe des Kamelreitens wird die Existenz der Droschken in ebenso starkem Masse durch autochthone Benützer aufrechterhalten.

Abb. 29: Calèche vor dem Minarett der Koutoubia-Moschee in Marrakech

Die unterschiedliche quantitative und qualitative Ausprägung des Tourismus in Fès und Marrakech zeigt ihre Folgen nicht nur in Umfang und Struktur der touristischen Primärinfrastruktur, sondern auch in der Sekundärinfrastruktur des Dienstleistungssektors. Das neustädtische Zentrum Marrakechs ist in wesentlich bedeutenderem Masse durch touristisch orientierte Lokalitäten des Dienstleistungssektors geprägt worden als jenes von Fès.

Während in Fès die Standorte der Hotels und der touristischen Sekundärinfrastruktur des Dienstleistungssektors nur unwesentlich divergieren und generell im Zentrum der Neustadt liegen, hat sich in Marrakech eine eigentliche bipolare Funktionsteilung herausgebildet. Die Reisebüros, Autovermietungsfirmen und Restaurants haben sich mit wenigen Ausnahmen alle im ältesten neustädtischen Siedlungsraum "Guéliz" niedergelassen, wo sich bereits traditionell zahlreiche Geschäfte mit Dienstleistungsangeboten und Verkaufslokalitäten für den kurz- und langfristigen Bedarf befinden. Die Gäste von Appartementhäusern für Touristen und Hotels mittlerer bzw. unterer Kategorien, die mit einer Ausnahme alle im "Guéliz" zu finden sind, profitieren direkt von der Nähe der touristischen Sekundärinfrastruktur des Dienstleistungssektors. Sie können im gleichen Stadtteil in ein Restaurant essen gehen, sich auf individueller Basis ein Fahrzeug mieten oder eine Exkursion buchen. Gleichzeitig sind die Touristen in der Lage, im selben Quartier Lebensmittel einzukaufen, welche sie als in Appartementhäusern oder Hotels unterer Kategorien Logierende benötigen, weil ihr Service höchstens das Morgenessen umfasst.

Im südlicheren Stadtteil "Hivernage" und in der nördlichen "Palmeraie" hingegen sind die Kunden von Hotels der höchsten Kategorien wesentlich stärker auf die mit einem umfangreichen Dienstleistungsangebot bestückten Beherbergungsbetriebe zentriert. Die Gäste suchen das Quartier "Guéliz" nur zum Zwecke des entdeckenden Flanierens oder zum als Abwechslung gedachten Essen in einem hotelexternen Restaurant auf, denn Angebote von Reisebüros und Autovermietungsfirmen können im Hotel selbst gebucht werden, nicht zu reden vom reichhaltigen kulinarischen Angebot der hotelinternen Gaststätten, das im Hotel selbst genossen werden kann. Für die Gäste der Luxushotels im "Hivernage" und der "Palmeraie" besitzt das "Guéliz" eine Ausgleichsfunktion, indem dieser älteste neustädtische Stadtteil eine bei längeren Aufenthalten willkommene Abwechslung zum vom Angebot her quasi geschlossenen Lebensraum des Grosshotels bietet. In gleichem Masse erfüllt das Quartier "Guéliz" diese Funktion auch für Gäste der innerhalb der Stadtmauern lokalisierten Hotels der höchsten Preisklassen.

Der Grad der touristischen Orientierung der Neustädte drückt sich nicht nur in einem spezifischen, von Touristen nachgefragtem Dienstleistungsangebot aus, sondern in ebenso bedeutendem Masse in einem zumindest partiell auf Stadtbesucher ausgerichteten Warensortiment, wofür die Bazare einen geeigneten Indikator bilden.

5.4. Bazare in den Neustädten - ungleiche Entwicklung

5.4.1. BAZARE IN DER NEUSTADT VON FES MACHEN ANDEREN NUTZUNGEN PLATZ

Der älteste der heute noch bestehenden Bazare in der Neustadt von Fès suchte die unmittelbare Nachbarschaft des damals grössten und am besten klassifizierten Hotels der Stadt, des "Grand Hôtel" (Karte 19). Die Vergesellschaftung von Hotel und Bazar ging so weit, dass bei der Erstellung des "Grand Hôtel" Bazarräumlichkeiten vorgesehen wurden, die bis heute als solche genutzt werden. Die Planungsidee der räumlich möglichst engen Kombination von Hotel und Bazar wurde bei den vier jüngsten Hotels der zwei höchsten Kategorien wieder aufgegriffen. Das grösste rezente Stadthotel, das "Hôtel de Fès", beherbergt neben anderen Verkaufsräumlichkeiten sogar drei Bazare. In den drei Viersternunternehmen zeigt der Bazar mehr den Charakter eines Kioskes, indem neben Zeitungen, Zeitschriften und Raucherwaren auch zahlreiche kunsthandwerkliche Produkte zum Verkauf gelangen.

Der Schwerpunkt der Bazare liegt wie jener der Hotels westlich des Platzes Mohammed V. Nur ein Bazar hat sich ausserhalb dieses Schwerpunktgebietes an der Avenue Hassan II in unmittelbarer Nachbarschaft eines Dreisternhotels etabliert. Ihre grösste Blüte erlebten die touristisch orientierten Verkaufslokalitäten zwischen 1965 und 1972, als der Fremdenverkehr erstmals als prioritär zu fördernder Wirtschaftssektor Marokkos ausgeschieden worden war, und in der Folge in Fès vier neue Hotels (drei in der Neustadt, eines am Rande der Medina) der zwei obersten Preisklassen mit einer Bettenkapazität von insgesamt 1 052 Betten errichtet wurden.

Im Durchschnitt werden rund 47% des Jahresumsatzes der 7 neustädtischen Bazare von Touristen bestritten. In den 61 Bazaren der Medina erreicht der durchschnittliche touristische Umsatzanteil zum Vergleich 60%. Die touristischen Umsatzanteile in der Neustadt Dar Debibagh schwanken zwischen 10% und 75% (Karte 20). Einen grösseren Stellenwert als in der Medina besitzen in der Neustadt Verkäufe an sog. "Coopérants", d.h. in ihrer grossen Mehrheit französische Gastarbeiter, Lehrer und Techniker, die sich für längere Zeit in Marokko aufhalten und rechtlich bzw. volkswirtschaftlich nicht als Touristen angesprochen werden dürfen. Rund 10% des Jahresumsatzes in Bazaren werden 1985 im Schnitt durch Verkäufe an "Coopérants" erarbeitet, im Bazar mit dem geringsten touristischen Umsatzanteil sogar 50%.

Relativ uniform präsentieren sich die Beschäftigtenzahlen der neustädtischen Bazare, die zwischen einer und drei ganzjährig Tätigen schwanken. Insgesamt sind während des ganzen Jahres 15 Personen in Bazaren der "Ville Nouvelle" beschäftigt. In zwei Bazaren wird saisonal zusätzlich je ein weiterer Verkäufer eingesetzt.

Die Schaffung der Bazare vollzog sich mit Ausnahme einer vor 1956 schon originär als Bazar genutzten Lokalität auf Kosten von Verkaufsräumlichkeiten des langfristigen Bedarfs (Kleider, Möbel, Papeterieartikel). Die Nachfrage nach Bazarräumlichkeiten scheint in der Neustadt von Fès gegenwärtig aber gebrochen zu sein. Die Nutzungen im Hinblick auf ein flanierendes einheimisches Publikum zeigen sich gegenüber Sukzessionsprozesse auslösenden Bazaren nicht nur persistent, nein, sie beginnen infolge ökonomischer Gesetzmässigkeiten sogar wieder Raum zurückzuerobern, weil der grösste Teil der zahlenmässig nicht stark zunehmenden Stadtbesucher als Kundschaft von den Bazaren in der Medina absorbiert wird. So sind infolge ungenügender Verdienstmargen zwischen 1982 und 1985 zwei neustädtische Bazare an passantenintensiven Seitenstrassen des Boulevards Mohammed V geschlossen worden, die vor 1956 bzw. 1977 eröffnet worden waren. An ihre Stelle trat ein Kinderkleidergeschäft und ein Café. Gerade Cafés und Kleidergeschäfte entwickeln in der "Ville Nouvelle" rezent eine wesentlich stärkere nutzungsverändernde Dynamik als Bazare, weil sie besonders auf die Bedürfnisse einer jungen Bevölkerung ausgerichtet sind, die nach Feierabend oder am Freitag, wenn die Geschäfte der Medina mehrheitlich geschlossen sind, gerne in der "Ville Nouvelle" flaniert.

Die Nachfrage einer stark wachsenden jungen Stadtbevölkerung nach Vergnügungsmöglichkeiten und nach modernen Kleidern, Literatur und Spielzeugen vermag im Kampf um Nutzungen das in der Neustadt von Fès stagnierende touristische Kaufpotential erfolgreich in den Schatten zu stellen. Dies um so mehr, als sich die Bazaristen in der Neustadt gleichzeitig mit der Tatsache konfrontiert sehen, dass die Zahl der "Coopérants", welche zu den wichtigsten Abnehmern ihrer Produkte zählten, in den letzten Jahren stark im Abnehmen begriffen ist. So waren in den zwei verschwundenen Bazaren die Coopérants 1982 noch für volle 60% bzw. 30% des Jahresumsatzes verantwortlich. Der entsprechende touristische Umsatzanteil betrug in den zwei Verkaufslokalitäten mit gemischtem kunsthandwerklichen Angebot 30% resp. 50%. Die nach 1982 in Fès nur schwach ansteigende touristische Kundschaft war nicht in der Lage, die durch die weniger zahlreichen "Coopérants" erlittenen Einnahmeausfälle in genügendem Masse zu kompensieren, so dass zwei auf die einheimische Bevölkerung ausgerichtete Sukzessionsprozesse ausgelöst wurden, in deren Folge ein Kinderkleidergeschäft und ein Café anstelle der Bazare traten.

5.4.2. BAZARE IN DER NEUSTADT VON MARRAKECH BREITEN SICH AUS

Der massiv sich verstärkende Touristenstrom in Marrakech vermag die durch abnehmende Käufe von "Coopérants" erlittenen Einnahmeausfälle in den Bazaren der Neustadt bei weitem zu kompensieren. Die Bazare zeigen sogar nach wie vor eine starke Ausbreitungstendenz an viel von Touristen begangenen Achsen, was auf eine genügende Rentabilität der entsprechenden Verkaufsräumlichkeiten schliessen lässt. Waren die ersten zwei 1930 und 1944 eingerichteten

Tab. 32: Altersstruktur der Bazarbesitzer in der Neustadt von Marrakech zum Zeitpunkt der Bazareröffnung (304)

Altersgruppe	Bazarbesitzer
20 - 30	9
31 - 40	6
41 - 50	4
51 - 60	4
älter als 60	-
unbekannt	3

Tab. 33: Altersstruktur der Bazarbesitzer in der Neustadt von Marrakech 1985 (305)

Altersgruppe	Bazarbesitzer
20 - 30	7
31 - 40	4
41 - 50	4
51 - 60	8
älter als 60	4

Die aktuelle Altersstruktur der Bazarbesitzer in der Neustadt von Marrakech (Tab. 33) zeigt ein weites Spektrum, wobei die Altersklassen zwischen 20 und 30 resp. 51 und 60 klar dominieren. Mindestens formal werden die Bazare von den Besitzern in der Regel bis ins hohe Alter selbst geleitet. Oft wird der Vater in seinen Aufgaben tatkräftig durch den Sohn/die Söhne unterstützt. Vor allem bei älteren Neu-Bazaristen hat der männliche Nachwuchs die Neuorientierung des Verkaufssortiments in Richtung eines tourismuszentrierten Angebots bereits in wesentlichem Masse mitbestimmt. In ihren Leitungsfunktionen werden (ältere) Bazaristen in einigen Fällen auch von jüngeren Angestellten unterstützt. In einem dokumentierten Falle vollzog sich die Neuorientierung Richtung Bazar im Rahmen einer im gegenseitigen Einverständnis von Vater und Sohn erfolgenden Sortimentserweiterung eines reinen Keramikladens zu einem Lokal mit gemischtem kunsthandwerklichem Angebot, wobei schwergewichtig die starken touristischen Absatz garantierende Maroquinerie ergänzt wurde.

Im Gegensatz zu Fès ist die expansive Tendenz der Bazare im Rahmen von Sukzessionsprozessen in der Neustadt von Marrakech nach wie vor ungebrochen. Die bedeutend höheren Besucherzahlen und ihre durchschnittlich längere Aufenthaltsdauer in Marrakech bilden die Basis für die räumliche Ausbreitung neustädtischer Bazare, welche in Fès mit dem markanten Rückgang der "Coopérants" nicht nur zum Stillstand gekommen ist, sondern sogar eine rückläufige Tendenz zeigt, weil das Nachfragepotential einer stark wachsenden jungen Stadtbevölkerung nach modernen Verkaufsartikeln die touristische Nachfrage nach kunsthandwerklichen Produkten bei weitem in den Schatten zu stellen vermag.

Angesichts der höheren Attraktivität sind die Touristen in beiden Urbanräumen prinzipiell eher geneigt, die Medina zum Einkauf von Erinnerungsstücken aufzusuchen, was in den Altstädten grundsätzlich zu einem wesentlich stärkeren Innovationsdruck führt als in den Neustädten, sofern nicht ökonomische resp. gesetzgeberische Schranken der Ausbreitung touristisch orientierter Verkaufslokalitäten entgegenstehen.

5.5. Bazare und Touristenpaläste in den Medinas - Expansion von den zentralen Souks und den Durchgangsachsen in die Wohnquartiere

5.5.1. BODENMARKT UND BODENWERTSTEIGERUNG - KEINE UNGEBREMSTE HAUSSE

Wie in westlichen bzw. in nach europäischem Vorbild gestalteten Geschäftszonen des Orients spiegeln die Bodenpreise (Grundrenten) auch in den Souks der Medina generell die Wertigkeit der einzelnen Standorte wider (306). Grundsätzlich resultieren die raumwirksamen Folgen des Nachfrage-Angebots-Mechanismus des Bodenmarktes in den Geschäftszonen der Neu- und Altstädte aus der Häufigkeit der möglichen direkten Kundenkontakte. Passantenintensivere Standorte verfügen über höhere Bodenpreise, weil die zahlreicheren Kundenkontakte vermehrte Kaufabschlüsse erlauben und eine entsprechende Umsatz- resp. Gewinnsteigerung nach sich ziehen.

Die höheren Bodenpreise ihrerseits haben ein Ansteigen der Verkaufspreise bzw. Mieten von Geschäftsloklitäten zur Folge. Geschäftsräumlichkeiten mit hohen Grundrenten bleiben so nur noch Nutzern mit hohen Umsätzen und Gewinnmargen vorbehalten, welche in der Lage sind, die hohen Kaufpreise bzw. Mieten von Immobilien zu bezahlen. Durch attraktive Kaufangebote für Lokalitäten an besonders passantenintensiver Lage werden Gewerbetreibende oder Händler, die in diesen im Eigenbesitz befindlichen Räumlichkeiten tätig sind, zum Verkauf ihrer Geschäfte motiviert.

Bodenpreisveränderungen resp. Variationen des Angebots in den Geschäftslokalitäten können aber nicht nur durch quantitative Fluktuationen, sondern auch durch Veränderungen des Kaufkraftniveaus einer wichtigen Nachfragegruppe ausgelöst werden (307). Im Rahmen des altstädtischen Bodenmarktes stellen die Touristen in Fès und Marrakech eine bedeutende Nachfragegruppe dar, deren Kaufkraftniveau sich von grossen Teilen der autochthonen Bevölkerung wesentlich unterscheidet. Die touristische Kundschaft ist aufgrund ihrer hohen Kaufkraft prinzipiell in der Lage, durch Bodenpreisveränderungen die Geschäftsstrukturen der Medina zu verändern, wenn ihre Frequenzen ein gewisses ökonomisches Minimum überschreiten. Besonders die Hauptachsen von den Stadttoren zu den im Zentrum liegenden Attraktionen der Medina bilden Standorte von Produktions- und Verkaufslokalitäten, die sich einer zunehmenden Nutzungskonkurrenz zwischen einem primär auf die einheimische Nachfrage ausgerichteten Angebot und einem vorwiegend touristisch orientierten Sortiment ausgesetzt sehen.

Die Grundlage für das freie Spiel von Angebot und Nachfrage verschiedener Nutzungen in der Medina von Fès und Marrakech wurde durch den Untergang der traditionellen Handwerksorganisation in Form der Zünfte und der von ihnen überwachten Branchensortierung in den Souks gelegt. Bereits zu einem frühen Zeitpunkt begann der Fremdenverkehr im Rahmen der Neuverteilung der altstädtischen Standorte für Handel und Gewerbe eine entscheidende Rolle zu spielen, wie das folgende zeitgenössische Zeugnis aus dem Jahre 1924 zeigt:

> "L'amin des Saffârîn de Fès se plaignait ... qu'un de leurs, Ben Dj... du Marqtân, eût été s'installer hors de leur soûq à Ain'Allou, pour drainer les touristes; mais le mohtasib ne pouvait le faire réintégrer son soûq sans s'exposer aux réclamations des Européens, qui préfèrent ne pas avoir à descendre jusqu'au Marqtân." (308)

Die aktuellen Zonenvorschriften in der Medina von Fès bzw. Marrakech kennen keine Auflagen betreffend der anzusiedelnden Branche, wenn eine Geschäftsräumlichkeit frei wird, so dass sich allein die Tradition den ökonomischen Kräften entgegenstellt (309). Gleichwohl zeigt der altstädtische Bodenmarkt der zwei untersuchten Urbanräume nicht die gleiche ungebremste (Eigen-)Dynamik, wie wir sie aus westlichen, aber auch aus den neustädtischen Geschäftszonen in Fès und Marrakech kennen. Nur so ist es zu erklären, dass wir selbst an passantenintensivsten Standorten noch zahlreiche Gewerbe im Mietverhältnis antreffen, deren Umsätze und Verdienste keine hohen Grundrenten erlauben. Bei einem absolut freien Spiel der Marktkräfte - gemäss dem oben dargestellten Szenario - müssten diese wenig lukrativen Betriebe längst von ihren hervorragenden Standorten verdrängt worden sein.

Von zentraler Bedeutung für eine gewisse Stabilisierung des altstädtischen Bodenmarktes in Fès und Marrakech sind die religiösen Stiftungen der Habous, die im Besitze zahlreicher Liegenschaften (Wohngebäude, Werkstätten, Läden, Bäder) in der Medina sind.

> "Le habous est un acte juridique par lequel une personne, en vu d'être agréable à Dieu se dépouille d'un ou plusieurs de ses biens, généralement immeubles, et les met hors du commerce, en les affectant à perpétuité à une oeuvre pieuse, charitable ou sociale, soit d'une manière absolue, exclusive de toute restriction (habous public), soit en réservant la jouissance de ces biens à une ou plusieurs personnes déterminées (habous de famille); à l'extinction des bénéficiaires, le habous de famille devenant habous public." (310)

Die öffentlichen Habous unterstehen dem nationalen Habous-Ministerium und werden durch die diesem Ministerium verantwortlichen lokalen Beamten, die sog. Nadir, verwaltet. Die Einnahmen, welche aus der Vermietung der den öffentlichen Habous gehörenden Immobilien resultieren, werden im wesentlichen zur Instandhaltung sakraler Bauten wie Moscheen und Koranschulen sowie für den Lebensunterhalt der muselmanischen Geistlichkeit und bedürftiger Studenten verwendet, generell gesprochen im Interesse der Gemeinschaft der gläubigen Muslime, der sog. Umma, eingesetzt (311).

Ueber die Familienhabous übt das Habous-Ministerium nur eine allgemeine Aufsicht aus (312). Die Familien-Habous sind in Marokko äusserst häufig, weil der einen Familien-Habous Einrichtende so die Integralität seines Familienbesitzes über meist meist zahlreiche Generationen sicherstellen kann und die

Immobilien nicht gemäss den erbrechtlichen Vorschriften unter (unliebsamen) Erben aufzuteilen braucht (313).

Die Mieten für Geschäftslokalitäten, welche im Besitze von Habous stehen, liegen oft markant unter den auf dem freien Immobilienmarkt geltenden Ansätzen. Bereits für die Zeit vor Beginn des französischen Protektorates werden die generell bescheidenen Mieten auf Habous-Besitzungen herausgestrichen (314), eine Erscheinung, die bis heute trotz aller Innovationen während und nach der Kolonialzeit erhalten geblieben ist. Die niedrigen Mieten sind das Ergebnis einer speziellen Vermietungspraxis der Habous.

Läden, Werkstätten und Fondouks der Habous werden im Rahmen von Versteigerungen an Mieter vergeben. Die Mietverhältnisse werden dabei nicht auf kurze Dauer, sondern de facto lebenslang abgeschlossen. Der Mieter kann die Lokalität solange nutzen, als er regelmässig seine Miete bezahlt, kein Verbrechen begeht und den Ort nicht definitiv verlässt. Selbst über den Tod des Mieters hinaus kann das Mietverhältnis bestehen bleiben: wenn ein Sohn des verstorbenen Mieters die entsprechende Lokalität weiter beanspruchen will, kommt es in der Regel zu keiner Versteigerung, weil die Uebernahme durch einen Sohn als ungeschriebenes Gesetz von allen ebenfalls an der Räumlichkeit interessierten Personen akzeptiert wird. Im Falle des Fehlens eines männlichen Nachfolgers im Mietverhältnis wird die Lokalität im Rahmen einer Versteigerung an einen neuen Mieter überlassen.

Die Mieten von Habouslokalitäten werden nur selten den auf dem privaten Liegenschaftsmarkt üblichen Ansätzen angepasst. Im allgemeinen erfolgen Erhöhungen nur, wenn ein Mietverhältnis wechselt, ansonsten bleiben Heraufsetzungen rar, so dass die Preise denjenigen auf dem freien Markt in vielen Fällen dauernd und z.T. massiv hinterherhinken. Die niedrigen Mieten bedeuten für zahlreiche traditionelle Gewerbe- und Handeltreibende ohne grosse Umsätze resp. Verdienste direkte ökonomische Ueberlebenshilfen (am gegenwärtigen Standort der Medina).

Im Rahmen zahlreicher Gespräche mit in Habouslokalitäten tätigen Handwerkern und Händlern musste festgestellt werden, dass diese bodenpreisstabilisierende Funktion der Habous durch die zunehmende Praxis von Untervermietungen mindestens in Ansätzen ins Wanken geraten ist, indem Habousbesitzungen vom Erstmieter zu höheren Ansätzen an Untermieter weitergegeben werden. Die Praxis der Untervermietung von Habousbesitz wird von streng gläubigen Moslems als zutiefst unmoralisch betrachtet, weil die günstigen Mieten, welche direkt zum Unterhalt religiöser Einrichtungen dienen und indirekt zum Erhalt des traditionellen Handwerks beitragen, nicht zur privaten Bereicherung genutzt werden sollten (315).

Gemäss den Vorschriften des Habous-Ministeriums sind Untervermietungen und deren Modalitäten dem lokalen Nadir zur Begutachtung einzureichen, der die Eingabe mit seiner Beurteilung dem nationalen Habous-Ministerium vorzulegen hat (316). Längst nicht alle Untervermietungen in Fès und Marrakech werden gegenwärtig dem lokalen Nadir zur Prüfung und Genehmigung durch das nationale Habous-Ministerium zur Kenntnis gebracht. Abmachungen über Untervermietungen mit offensichtlich weit übersetzten Zinsen werden mündlich getroffen, ohne sie dem Nadir bekanntzugeben, obwohl im Falle der Entdeckung eines ungebilligten Untermietverhältnisses die Kündigung der Erstmiete (und damit auch der Untermiete) durch die Habous-Administration droht. Zeigt sich ein Untermieter stark an der Nutzung eines bestimmten Lokals interessiert, wird er es jedoch tunlichst vermeiden, den illegalen Charakter der Untermiete je irgendwo zur Sprache zu bringen. Sowohl der Erstmieter (reiche Einnahmequelle) als auch der Untermieter (Lokal an passantenintensiver Lage) sind aus ökonomischen Gründen nicht gewillt, den Fortbestand des entsprechenden ungebilligten Untermietverhältnisses zu gefährden!

Analog der Verhältnisse auf dem privaten Immobilienmarkt haben sich auch bei den Geschäftsräumlichkeiten, die einer Habous gehören, im Laufe der Jahrhunderte Nutzungsrechte überlagert, die ebenfalls finanziell abgegolten werden müssen (317). Die Nutzungsrechte setzen sich aus dem bereits vor der Kolonialperiode bekannten Schlüsselkauf - als droit de clé, droit de meftah, droit de sarrout (318) oder pas-de-porte bezeichnet - und dem durch die Franzosen institutionalisierten "fonds de commerce" zusammen.

> "Etymologiquement, l'expression 'pas-de-porte' désigne le seuil de la maison. Elle a ensuite été employée pour désigner l'avantage pour le commerçant d'avoir une boutique dont la porte ouvre directement sur la voie publique.
>
> De nos jours, le pas-de-porte est la somme que doit payer le commerçant afin d'obtenir la jouissance d'un local, soit directement du bailleur, soit par acquisition du droit d'un locataire en place." (319)

Der Verkauf des Schlüssels ist prinzipiell nur bei Geschäftsräumlichkeiten erlaubt, bei Wohnungen ist die entsprechende Praxis unter Androhung harter Strafen verboten. Ueber die ökonomische Bedeutung des Schlüsselkaufs bestehen grundsätzlich zwei verschiedene Auffassungen. Im ersten Fall wird der Schlüsselkauf als eine Ergänzung der Miete betrachtet, damit sich der Besitzer der Liegenschaft angesichts der bei Geschäftsräumlichkeiten im Vergleich zum realen Wert üblichen geringeren Mieten einigermassen schadlos halten kann. Die zweite Entstehungstheorie geht davon aus, dass mit dem Schlüsselkauf, der - durch das Recht auf Erneuerung des Mietverhältnisses - für den Besitzer entstandene Verkaufpreisverlust der Liegenschaft abgegolten werden soll (320).

Im Falle der Neuvergabe von Geschäftslokalitäten im Habous-Besitz wird um eben diesen "Schlüssel" gesteigert. Wenn sich zahlreiche Interessenten an einer Auktion beteiligen, vermag der Schlüsselpreis - wie auf dem privaten Liegenschaftsmarkt - respektable Höhen zu erreichen. Die über eine lange Periode stabil bleibende Miete für die Habous-Lokalität, die nur anfänglich den marktüblichen Ansätzen entspricht, vermag diese hohen Auslagen für den "Schlüssel" in der Regel langfristig aber bei weitem wettzumachen. Im Falle des Ablebens eines Mieters ohne männlichen Nachfolger im entsprechenden

Mietverhältnis geht der "Schlüssel" vor der Versteigerung durch den Nadir entschädigungslos an die religiöse Stiftung zurück.

Während mit dem "Schlüssel" allein das Nutzungsrecht einer Räumlichkeit erworben wird, gelangt ein Geschäftsmann durch den Kauf des "fonds de commerce" einer Lokalität in den Besitz zahlreicher weiterer ökonomischer Elemente sowohl materieller (Mobiliar, Werkzeuge, Rohstoffe) als auch nichtmaterieller Natur (Firmenname, Renommee des Unternehmens, Kundschaft, Mietvertrag). Die Preise für den "fonds de commerce" erreichen in vielen Fällen die gleiche Höhe wie der Verkaufspreis der Geschäftslokalität an sich. Der Wert des "fonds de commerce" steigt in etwa parallel mit den Umsatzzahlen. Die teuersten "fonds de commerce" sind daher in den passantenintensivsten Hauptachsen der Medina zu finden (321). Verfügt eine Räumlichkeit über eine steigende touristische Kundschaft, trägt dies zur Erhöhung des Preises für den "fonds de commerce" bei. Handelt es sich um ein gemietetes Geschäftslokal, kann gleichzeitig durch den Besitzer auch die Miete an die neuen Umsatzverhältnisse angepasst werden, ohne dass dieser Angleichung gesetzliche Schranken entgegenstehen würden.

Umgekehrt stellt sich das marokkanische Mietrecht der aktiven Forcierung von Sukzessionsprozessen durch die ungerechtfertigte Heraufsetzung von Mieten oder der Kündigung im Hinblick auf ein neues Mietverhältnis mit höheren Zinsen mindestens partiell erfolgreich entgegen. Grundsätzlich hat ein Mieter kommerziell genutzter Räumlichkeiten das Recht auf Erneuerung seines Mietverhältnisses, wenn er aufgrund eines oder mehrerer schriftlicher Mietverträge mindestens zwei Jahre bzw. auf der Basis mündlicher Abmachungen mindestens vier Jahre im entsprechenden Mietverhältnis gestanden hat. Ist der Besitzer nicht zur Prolongation des Mietverhältnisses bereit, hat er dem Mieter mindestens sechs Monate vorher zu künden, für die Kosten des Umzuges aufzukommen und ihm eine Entschädigung in der Höhe von sechs Monatsmietzinsen zu bezahlen (322).

Die Korrektheit der Miete eines kommerziell genutzten Mietobjektes wird gemäss eines Erlasses aus dem Jahre 1955 aufgrund der folgenden drei Kriterien beurteilt (323):

1. der dem Empfang der Kundschaft gewidmeten Fläche
2. der Gesamtfläche der weiteren Räumlichkeiten des Mietobjektes
3. der Art der kommerziellen Nutzung

Die Miete hat also grundsätzlich auf die im Mietobjekt ausgeübten Aktivitäten Rücksicht zu nehmen, d.h. konkret: die Miete darf z.B. für einen Kesselflicker bzw. einen Bazaristen in derselben Lokalität nicht gleich hoch angesetzt werden. Ein Hausbesitzer ist deshalb nicht berechtigt, die Miete für einen Kesselflicker an passantenintensiver Lage mit hoher touristischer Frequenz derart zu steigern, damit dieser zur Aufgabe des Mietverhältnisses gezwungen wird, und damit neu ein höhere Umsätze versprechender, touristisch orientierter Bazar in die Lokalität einziehen kann, welcher in der Lage ist, die heraufgesetzte Miete zu bezahlen.

Allerdings wird gemäss der aktuellen Gerichtspraxis diese der Nutzung angepasste Mietpreisfestlegung je nach Wirtschaftslage beachtet oder nicht in die Beurteilung einbezogen, indem in wirtschaftlichen Krisenzeiten die Interessen der Liegenschaftsbesitzer wesentlich höher gewichtet werden als jene der Mieter:

> "- en période de prospérité économique, le loyer doit être évalué en considération du commerce prévu au bail et de son exercice dans les conditions économiques du moment;
>
> - tandis qu'en période de crise économique ou de dépression, l'évaluation du loyer doit permettre au propriétaire la conservation de l'immeuble et la rentabilité du capital investi" (324).

Im Kampf gegen überrissene Gewinnmargen im Immobliensektor wurde bereits 1950 ein Dekret gegen unerlaubte Spekulation in Kraft gesetzt, welches bis heute Gültigkeit besitzt. Explizit wird der Tatbestand der unerlaubten Spekulation darin wie folgt umschrieben:

> "Se rend coupable de spéculation illicite, quiconque perçoit ou tente de percevoir un prix de location ou sous-location manifestement supérieur à la rémunération légitime du capital représentant:
>
> - la valeur actuelle de la propriété et
> - du capital réellement engagé ou
> - hors de proportion avec les avantages et les utilités que la situation des lieux loués et les conditions de leur aménagement sont de nature à procurer au preneur, soit pour son habitation, soit pour l'exercice de sa profession (325).

Massgebend für den Tatbestand der unerlaubten Spekulation ist also einerseits das Verhältnis zwischen investiertem Kapital resp. aktuellem Marktwert der Liegenschaft und der Miete, andererseits die Relation zwischen der Infrastruktur der gemieteten Räumlichkeit und der Miete. Beide Verhältnisse müssen vom Richter unabhängig voneinander beurteilt werden, denn die Relation des investierten Kapitals bzw. des Marktwertes der Liegenschaft zur Höhe der Miete kann durchaus stimmen, die Vorteile der Räumlichkeiten für den Mieter aber in keinem korrekten Verhältnis zum geforderten Mietzins mehr stehen. Durch den zweiten Gesichtspunkt, die monetäre Bewertung der dem Mieter durch die Lokalität erbrachten Leistungen, kann der Spekulation mindestens partiell erfolgreich begegnet werden, denn so können keine Liegenschaften zu massiv übersetzten Preisen erworben und die zu hohen Kosten auf die Mieter überwälzt werden.

Dem Dekret über die unerlaubte Spekulation kann eine abschreckende Wirkung zugesprochen werden, zumal seit den 1960er Jahren weder in Fès bzw. Marrakech noch in Marokko insgesamt ein Urteil aktenkundig ist, welches sich mit diesem Tatbestand befasst (326). Der entsprechende anti-spekulative Erlass verhindert auch, dass durch das massive Heraufsetzen der Mieten Wohngebäude geleert und anschliessend neu als Bazare vermietet werden, was wesentlich höhere Zinsen erlaubt. Will der Besitzer selbst sein ausgemietetes Wohngebäude in einen Bazar umwandeln, wird das vom Mieter angerufene Gericht die entsprechende Kündigung nicht akzeptieren, weil der Anspruch auf Eigenbedarf einer gegenwärtig bewohnten Liegenschaft prinzipiell nur für Wohnzwecke geltend gemacht werden kann. Selbst im Falle, dass der Besitzer Eigenbedarf für Wohnzwecke anmeldet, werden für die Rechtmässigkeit der Kündigung verschiedene Bedingungen gestellt: die Liegenschaft muss mindestens drei Jahre im Besitze des jetzigen Vermieters stehen, und dieser darf nicht bereits ein Haus oder eine Wohnung sein eigen nennen, welche seinen Wohnbedürfnissen vollauf genügen kann (327).

In ihrer grossen Mehrzahl sind die in ehemaligen Wohngebäuden installierten Bazare - wie die nicht klassifizierten Hotels - in Wohngebäuden der Medina entstanden, die von ihren Bewohnern in Richtung Neustadt verlassen worden sind. In ihrem ehemaligen Wohnhaus betreiben die Besitzer nun auf eigene Rechnung einen Bazar oder vermieten die Lokalitäten zu hohen Preisen an einen Bazaristen weiter.

Durch die Einrichtung eines Bazars in einem ehemaligen Wohngebäude steigen die Mieten in der Regel markant an. So erhöhte sich die Miete in einem ehemaligen Wohngebäude in der Medina von Marrakech nach der Integration eines Bazars 1986 schlagartig von monatlichen 900 Dh auf 3 000 Dh. Diese Steigerung darf als repräsentativ für die Verhältnisse anderer seit 1980 in Bazare umgewandelter Wohnhäuser in Marrakech betrachtet werden. In Fès bleiben die Anstiege der Mieten nach entsprechenden Nutzungsänderungen nur wenig hinter jenen in Marrakech zurück. Allein die Miete als Indikator für die Bodenpreishausse verwenden zu wollen, erweist sich allerdings als äusserst problematisch, weil sich im allgemeinen eine unmittelbare Korrelation des Schlüsselpreises und der Miete zeigt. Wird der "Schlüssel" sehr teuer erworben, präsentiert sich die Miete in der Regel relativ gemässigt. Kann der "Schlüssel" aber verhältnismässig günstig gekauft werden, schlägt sich dies umgekehrt in einer hohen Miete nieder.

Stellt der Tourismus in den Altstädten von Fès und Marrakech unbestritten einen entscheidenden Innovationsfaktor in bezug auf Nutzungen dar, welcher die Grundrenten an viel von Touristen begangenen Achsen massgeblich verändert, so entwickelt er aufgrund der anti-spekulativen marokkanischen Gesetzgebung, die sich sowohl auf die Mietverhältnisse von Geschäfts- als auch Wohnräumlichkeiten erstreckt, keine Eigendynamik, welche zum aktiven Verdrängen von ökonomisch weniger einträglichen Nutzungen auf der Basis von Mietverhältnissen führt. Der Einfluss des Tourismus wird bei den zahlreichen staatlich verwalteten Habous-Besitzungen sogar künstlich herausgehalten, um langjährige Mieter mit nicht mehr konkurrenzfähigen Aktivitäten an ihrem Standort zu schützen.

Im Falle der Aufgabe eines Mietverhältnisse an touristenintensiver Passantenlage wird aber unweigerlich ein preistreibender Prozess in Gang kommen. Sowohl die Miete resp. die Untermiete als auch der "fonds-de-commerce" und der "pas-de-porte" werden eine Hausse erleben, welche die Lokalität nur noch einem Geschäft mit hohem Umsatz - oft einem touristisch orientierten Bazar - werden erschwinglich machen. Gleichartige stark selektive Sukzessionsprozesse sind auch im Falle von Handänderungen auf der Basis von Verkäufen festzustellen. Mit den Nutzungsänderungen verändert sich aber nicht nur die Angebotsstruktur, sondern in vielen Fällen auch die architektonische Gestaltung einer Verkaufslokalität resp. eines Wohngebäudes in der Medina.

5.5.2. PHYSIOGNOMISCHER WANDEL DURCH DIE BAZARE IN DEN SOUKS - DIE NEUSTAEDTISCHEN VERKAUFSLOKALITAETEN ALS VORBILD

Der traditionelle Laden (Sg. "Hanut", Pl. "Hawanit") in den Souks von Fès und Marrakech präsentiert sich als Boxe von für mitteleuropäische Verhältnisse extrem kleiner Grösse. Der ursprüngliche Hanut ist gegenüber der Strassenseite komplett geöffnet. In der Regel liegt der Laden durch die Einrichtung eines Holzbodens 50 - 100 cm höher als das Strassenniveau, so dass trotz des Fehlens eines Schaufensters bzw. einer Eingangstür eine räumliche Trennung zwischen Verkaufslokal und Strassenraum entsteht und gleichzeitig eine Sitzmöglichkeit für den Händler oder Handwerker geschaffen wird. Ist nicht die ganze Ladenfläche auf diesem erhöhten Niveau verankert, gibt es mindestens eine ca. 50 cm breite Sitzbank ("Mastaba") an der Ladenfront, auf der sich der Verkäufer und auch der potentielle Kunde zum Verkaufsgespräch niederlassen können. Durch die Erhöhung der Sitzfläche befindet sich der Händler mit seinem Kopf in etwa auf gleicher Höhe wie die Passanten, was die Konversation wesentlich erleichtert.

Die ursprünglich als Sitzfläche genutzte Mastaba dient heute meist nur noch als Ausstellungsfläche und der Händler hat sich hinter dem Brett auf einem Stuhl niedergelassen. Um sich in seinen Hanut zu begeben, benützt der Verkäufer ein am Plafond befestigtes Seil, an dem er sich entweder über bzw. auf die Mastaba oder auf den erhöhten Fussboden schwingt. Als Ausstellungsraum wird auch die Strasse genutzt, so dass eine eigentliche Wechselbeziehung zwischen Strasse und Laden spürbar wird.

> "Die Unabgeschlossenheit und 'Oeffentlichkeit' der Bazargasse gibt jedem Verkaufsgespräch und jeder Musterung von Waren einen willkommenen Hauch völliger Unverbindlichkeit; in Läden, deren Türe sich hinter dem Eintretenden schliesst, würde sich gerade der einfache Mann im Orient - und nicht nur im Orient! - beengt und verpflichtet fühlen ...
>
> Der Bummel im Bazar steigert das Lebensgefühl; auch der Aermste kann hier am öffentlichen Leben teilhaben. Hier darf man in gewohnter Art begaffen, befühlen, schwatzen, handeln; ganz unverbindlich, im Vorübergehen, hat man direkten Kontakt mit Ware und Verkäufer." (328)

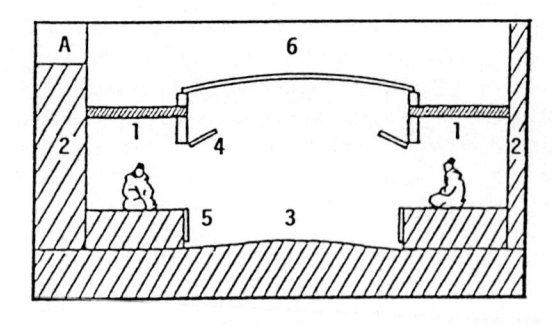

A: Hanut mit rückwärtiger Anlehnung an Wohngebäude

1: Hanut
2: Wohngebäude
3: Strasse
4: oberes Schliessbrett
5: unteres Schliessbrett
6: Flechtwerk aus Schilfrohr (329)

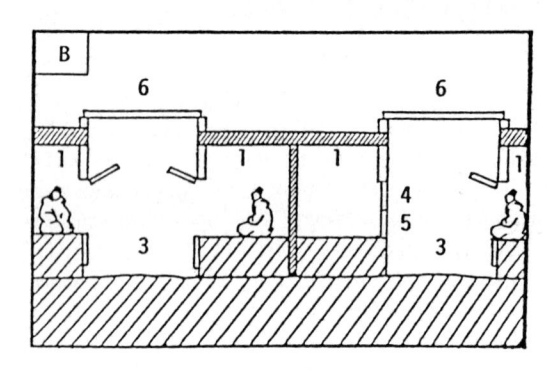

B: Hanut mit rückwärtiger Anlehnung an Hanut

Abb. 31: Ursprüngliche Physiognomie und Anordnung der Boxen in den Souks der Medina (330)

Die Läden und Werkstätten sind entweder an den blinden Aussenmauern von Wohngebäuden angelegt (Abb. 31 A) oder rückwärtig an andere Verkaufslokalitäten angelehnt, die ihre Oeffnung auf die nächste Parallelstrasse haben, was besonders für die Kissaria typisch ist (Abb. 31 B). Die Geschäfte sind in den Soukgassen in geschlossener Reihe aneinandergefügt (Boxenzeile).

Geschlossen werden die nach originären architektonischen Prinzipien erstellten Hanut durch zwei Bretterverschläge, die durch ein Vorhängeschloss bzw. einen Eisenstab mit Vorhängeschloss gesichert werden (Abb. 32). Bei der Oeffnung des Lokals wird der untere Laden Richtung Mauerwerk, worauf der Hanut ruht, hinuntergeklappt, der obere Laden nach oben gedrückt, wo er von einer Stange in horizontaler oder in leicht geneigter Stellung festgehalten wird. Auf diese Weise bildet der obere Laden eine Art Vordach der Lokalität. Untertags, wenn der Verkäufer lediglich für kurze Zeit - z.B. für ein Gebet - sein Geschäft verlässt, pflegt er aufgrund des relativ grossen Aufwandes den Hanut nicht abzuschliessen, sondern seine Waren nur mit Tüchern zuzudecken, wobei im allgemeinen ein Nachbar für die Sicherheit seiner Güter garantiert.

Bei Gewerben, die zur Produktion in wesentlichem Masse auch den Strassenraum in Anspruch nehmen, wie z.B. Färber und Schmiede, wurde bereits bei der Konstruktion der Räumlichkeiten darauf geachtet, dass die Eingänge ebenerdig und die Lokalitäten grösser angelegt wurden, so dass der Arbeitsprozess erleichtert wird (331).

Abb. 32: Traditionelle Schliesstechnik der Hawanit mit
klappbaren Bretterverschlägen (links) und moderne
Schliesstechnik der Hawanit mit Falttüre (rechts)

Im Zuge der Verwestlichung, die durch das Vorbild der neustädtischen, nach französischem Muster erstellten Ladengeschäfte mit Eingangstüre und Schaufenster wesentlich gefördert wurde, begann sich der Charakter der Boxenzeilen in der Medina physiognomisch markant zu wandeln. Bereits in der Kolonialzeit wurden die schliessenden Bretterverschläge durch metallene Rolläden, Falttore (Abb. 32) oder - in seltenen Fällen - durch Eingangstüren aus Glas ersetzt. Der erhöhte Boden resp. die Mastaba wurde entfernt, so dass der Kunde die Räumlichkeit ebenerdig betreten konnte.

Durch den sich verstärkenden Touristenstrom wurde dieser bereits im Gang befindliche architektonische Innovationsprozess weiter intensiviert. Die Bazarlokalitäten präsentieren sich in ihrer grossen Mehrheit als ebenerdige Verkaufslokalitäten mit modernen Schliesstechniken. Da keine Vorschriften über das Anbringen von Schaufenstern oder das Zusammenlegen von nebeneinanderliegenden Boxen bestehen (332), ist gegenwärtig das Bestreben der Bazaristen festzustellen, zwei kleine, benachbarte Ladengeschäfte räumlich durch das Herausschlagen der trennenden Wand miteinander zu verbinden und den so gewonnenen grösseren, ebenerdigen Verkaufsraum mit Eingangstüre und Schaufenster auszustatten (Abb. 33).

Gleichartige architektonische Veränderungen des äusseren Erscheinungsbildes der Hawanit sind rezent auch bei vor allem auf eine jugendliche Kundschaft ausgerichteten Geschäften mit Unterhaltungselektronik, modernen Schuhen,

Kleidern, Papeterieartikeln und Büchern festzustellen. Bereits früher haben Geschäfte mit Schaufenstern und Eingangstüren aus Sicherheitsgründen bei den wertintensiven Gewerben der Uhrmacher und Juweliere Einzug gehalten, die mehrheitlich in den Kissaria anzutreffen sind.

Abb. 33: Bazar mit Schaufenster am Talaa Seghira in Fès

In flächenmässig grossen Bazaren, die entweder durch die Zusammenlegung mehrerer Hawanit oder in ehemaligen Lager- bzw. Wohngebäuden entstanden sind, präsentieren sich die angebotenen Waren sortiert nach Branchen wie das Ausstellungsgut in beleuchteten Vitrinen in einem Museum (Abb. 34) oder dick aufgeschichtet und eng nebeneinandergestellt wie die Auslagen eines westlichen Warenhauses.

Vom architektonischen Gesichtspunkt hat sich die Zellenstruktur der Hawanit für Veränderungen der Raumnutzung und Warensortierung in grösserem und kleinerem Massstab immer wieder als äusserst flexibel erwiesen, und dies lange bevor der Tourismus durch seine ökonomische Bedeutung zu einem entscheidenden Innovationsfaktor in den Souks wurde! Angesichts der rezenten, durch den Fremdenverkehr wesentlich geförderten Ausbreitung moderner Ladenarchitektur stellt sich allerdings die Frage, ob die architektonische Flexibilität der traditionellen Verkaufsräumlichkeiten nun nicht auf Kosten einer kontinuierlich verlustig gehenden architektonischen Gesamtstruktur der Souks zu stark strapaziert wird. Ohne einer musealen Bewahrung kleiner Läden ohne ökonomische Lebensfähigkeit das Wort zu reden, gilt es aber gerade auch unter den an einer touristischen Kundschaft interessierten Bazaristen ernsthaft zu bedenken, dass die Attraktivität des altstädtischen Marktes durch eine zu intensive Gestaltung der Souks nach neustädtischen Architekturprinzipien stark verlieren wird.

Abb. 34: Moderner Bazar in einem ehemaligen
Grosshandelsgeschäft mit Stoffen
am nordwestlichen Rand der Mellah
in der Medina von Marrakech

Die Stadtplanungsinstanzen sind aufgerufen, die architektonische Substanz der Souks mindestens partiell unter Schutz zu stellen. Wo das noch in den zentralen Souks verortete Gewerbe zur Erhaltung seiner Lebensfähigkeit nach architektonischen Veränderungen verlangt, sollen diese zugestanden werden, im Verkaufssektor ist jedoch äusserste Zurückhaltung angezeigt, nicht zuletzt auch um die touristische Attraktivität der zwei orientalischen Altstädte von Fès und Marrakech zu bewahren.

5.5.3. BAZARE UND TOURISTENPALAESTE IN EHEMALIGEN WOHNGEBAEUDEN - VOM SOZIALEN PRINZIP DER ABSCHIRMUNG ZUR KUNDSCHAFTSORIENTIERTEN OEFFNUNG

Vom äusseren Erscheinungsbild weniger ins Auge springend sind die Veränderungen, welche durch die Einrichtung grosser Bazare resp. von Touristenpalästen (mit Bazaren) in ehemaligen privaten Wohngebäuden erfolgen. In ihrem Charakter wandeln sie die Grundgedanken der architektonischen Hausgestaltung und des altstädtischen Raummusters aber in ebenso entscheidendem Masse wie die Hawanit mit Schaufenstern und gläsernen Eingangstüren.

Die Architektur des traditionellen privaten Wohnhauses in der Medina ist wie der Stadtgrundriss von der Zielsetzung bestimmt, die familiäre Intimsphäre so gut wie möglich abzuschirmen. Das sich mit allen Funktionen des täglichen Bedarfs selbstversorgende Quartier mit Lebensmittelsouk, Moschee/Gebetssaal, Bad ("Hammam") und Backofen (Karte 23) ist seinerseits in kleinere Einheiten, die sog. Derbs, aufgeteilt. Ein Derb umfasst ungefähr hundert an einer Sackgasse gelegene Häuser, die ausschliesslich der Wohnnutzung dienen. Nur am Eingang des Derbs befinden sich gemeinschaftliche Einrichtungen, im Falle des typischen Derbs Tizougarine in Marrakech eine kleine Moschee und ein Backofen (Karte 24/Abb. 35). Die teilweise Ueberdachung der Derbs verstärkt den Eindruck der Intimität des Sackgassenkomplexes ebenso wie die Tatsache, dass sich am Eingang der Sackgasse - ursprünglich aus Sicherheitsgründen - oft eine schwere Türe befindet, die heute in der Regel kaum mehr geschlossen wird.

Karte 23: Quartier Dabachi in Marrakech (333)

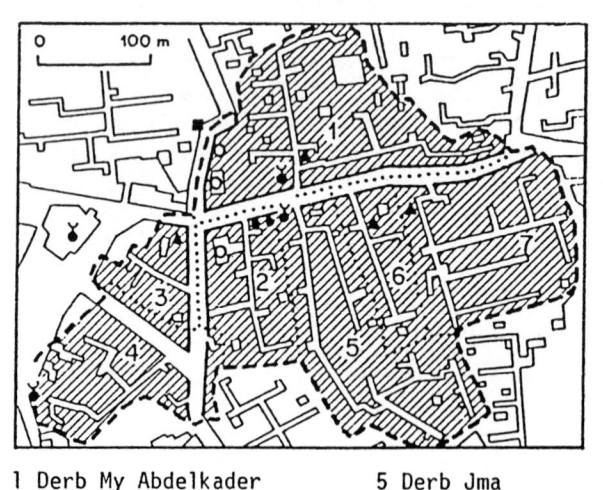

1 Derb My Abdelkader
2 Derb Sidi ben Aissa
3 Derb Ourka
4 Derb Zaari
5 Derb Jma
6 Derb el Hajra
7 Derb Jdid

Karte 24: Derb Tizougarine in Marrakech (334)

▨	Wohngebiet
⋯⋯	Grenze des Derbs
≡≡≡	gedeckte Gasse
⊟	ungedeckte Gasse
☐	Innenhof
▲	Backofen
◼	Moschee

0   50   100 m

Abb. 35: Backofen am Eingang ins Derb Tizougarine in der Medina von Marrakech

Bildet bereits der gemeinschaftlich-private Bereich der Sackgasse einen äusseren Schutzkordon für die familiäre Privatsphäre, wird das Prinzip des Sichtschutzes bei der Hausanlage selbst noch intensiver berücksichtigt. Dabei spielt es keine Rolle, ob es sich um ein Gebäude mit Garten ("Riad") oder um ein Wohnhaus ohne interne Grünanlage ("Dar") handelt. Das nur eine Familie beherbergende Wohnhaus ist um einen Innenhof gebaut (Abb. 36), wo sich verschiedene Aktivitäten im Schutze der umgebenden Gebäudeteile entwickeln können. Gegen aussen auf die Strasse bzw. Gasse bleiben die Mauerdurchbrüche auf ein Minimum beschränkt. Nur in den Obergeschossen sind kleinere Fenster oder Ventilationsöffnungen zu finden, die aber infolge ihrer Vergitterung keinen Blick ins Hausinnere erlauben. Die grösseren Fenster und Türen weisen auch im Obergeschosss auf die auf Säulen stehende innenhofzentrierte Galerie. Die auf die Strasse bzw. Gasse reichenden Fensteröffnungen sind z.T. mit einem aus Holz gefertigten rundlichen Sichtschutz versehen, der nur kleine Schlitze enthält und gegen unten - in Richtung Türe - ein kleines Loch aufweist, um feststellen zu können, wer durch Klopfen Einlass begehrt (Abb. 37).

Abb. 36: Lage und Grundriss eines typischen Wohngebäudes in der Medina von Fès oder Marrakech (335)

Parterre:

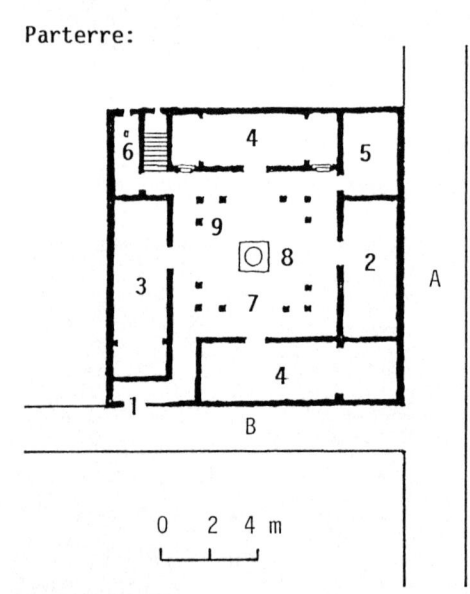

A: Durchgangsachse
B: Sackgasse

1: Eingang
2: Empfangszimmer
3: Salon
4: Zimmer
5: Küche
6: Toilette
7: Innenhof
8: Brunnen
9: Säulen
10: Galerie

0 2 4 m

Obergeschoss:

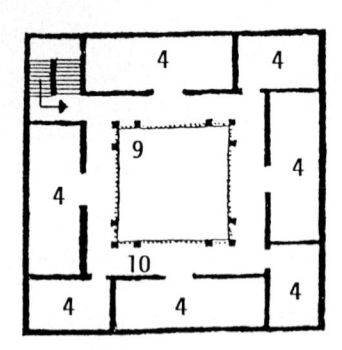

Selbst wenn sich das Haus an einer Durchgangsachse befindet, werden die Hauseingänge wenn immer möglich an einer Sackgasse plaziert. Eine kleine, von der Durchgangsachse wegführende Sackgasse mit je einem Hauseingang auf der rechten, der linken und der Stirnseite bildet daher keine Seltenheit. Im

Bestreben der Abschliessung des Familienlebens finden sich in den Gassen in der Regel jedoch keine unmittelbar gegenüberliegenden Hauseingänge. Der an einer Hausecke plazierte Zugangsweg ins Haus ist generell abgewinkelt, um einem zufällig bei geöffneter Haustüre Passierenden den Blick ins Hausinnere zu verwehren. Aus dem gleichen Grunde sind in der Medina auch keine überhöhten Bauten zugelassen (336). Gebäude stark unterschiedlicher Höhe würden ja den Einblick in benachbarte Innenhöfe erlauben!

Abb. 37: Rundlicher Sichtschutz mit Schlitzen und kleiner Oeffnung mit Blick auf die Hauseingangstüre im Derb Sidi Ahmed Ghaoui in der Medina von Fès (Bild links: Lage; Bild rechts: Details)

Mit der Einrichtung eines grossen Bazars oder Touristenpalastes (mit Bazar) ändert sich die soziale Zielsetzung der architektonischen Gestaltung des Gebäudes prinzipiell. Nun soll das Hausinnere nicht mehr mit verschiedenen baulichen Gestaltungsmitteln nach aussen abgeschirmt, sondern vielmehr der Passant wenn immer möglich mit den im Hause angebotenen Waren vertraut gemacht werden. Dies geschieht auf unterschiedliche Weise: der vorbeigehende Tourist wird lautstark auf das Angebot des Bazars aufmerksam gemacht oder durch Schilder mit phantasievollen, für den Stadtbesucher oft nach "Tausendundeiner Nacht" klingenden Bezeichnungen ins Hausinnere gelockt. Die entsprechenden Affichen können direkt über dem Hauseingang angebracht sein (Abb. 39) oder in den Gassenraum hinausragen.

Selbst architektonische Veränderungen werden vorgenommen, um den potentiellen Kunden den Zutritt leichter zu machen. Der auf die Sackgasse hinausführende traditionelle Familieneingang wird zugemauert (Abb. 38) und an der für Kundschaft interessanten Durchgangsachse ein neuer direkter Eingang herausgebrochen (Abb. 39). Das soziale Prinzip der Wahrung der familiären Intimsphäre durch die Anlage eines abgewinkelten Eingangs an einer ruhigen Sackgasse wird architektonisch zugunsten des ökonomischen Prinzips der Marktorientierung durch einen direkten Zutritt an der passantenintensivsten Stelle aufgegeben. Für das einzelne, vom Transfer des Eingangs betroffene Gebäude bedeutet die Umpolung einen bedeutenden architektonischen Eingriff. Vom sozialen Gesichtspunkt, dass die andern an der Sackgasse verorteten Wohngebäude weiterhin von zahlreichen Passanten verschont bleiben, welche den neuen Bazar oder Touristenpalast frequentieren, ist die Verlegung des Eingangs an die Durchgangsachse aber zu begrüssen, denn durch die neue Oeffnung des Bazars oder Touristenpalastes auf die Durchgangsachse hin wird der halbprivate Charakter der Sackgasse nicht in Frage gestellt.

Abb. 38: Zugemauerter Hauseingang eines in einen Bazar umgewandelten Wohngebäudes in einer Sackgasse südwestl. der Karaouine-Moschee in Fès (links); abgewinkelter Zugangsweg in ein Wohngebäude (frontal)

Im Hausinnern bleibt durch die Einrichtung eines Bazars oder Touristenpalastes der ursprüngliche architektonische Charakter im wesentlichen unverändert. Die ehemaligen Aufenthalts- und Schlafzimmer werden neu als Verkaufs- und Lagerlokalitäten des Bazars genutzt. Der durch die Schliessung des ursprünglichen Hauseingangs gewonnene abgewinkelte Zugangsraum wird, sofern es seine Grösse erlaubt, vielfach als Büro gebraucht. Selbst die Küche bleibt im Bazar meist erhalten, sei es, um den im Bazar Arbeitenden die Möglichkeit zur Zubereitung kleiner Zwischenverpflegungen zu geben oder sei es auch nur zwecks Präparation des Pfefferminztees, mit dem die Kundschaft während der Verkaufsgespräche verwöhnt werden soll. Von den in sehr grossen Wohngebäuden enthaltenen zwei Küchen - eine im Parterre für die Sommerzeit, eine im ersten Stock für den Winter - wird meist eine ihrer ursprünglichen Funktion entfremdet, indem sie neu als Lagerraum für Bazarartikel Verwendung findet. Bei Touristenpalästen behalten alle vorhandenen Küchen ihre ursprüngliche Funktion, ja werden in ihrer Infrastruktur im Hinblick auf die umfangreiche Restauration oft noch aufgewertet. Die einstigen Schlaf- und Aufenthaltszimmer des Wohngebäudes dienen in Touristenpalästen neu als Restaurationsräume.

Abb. 39: Neu herausgebrochener direkter Eingang in den Bazar an der passantenintensiven Durchgangsachse südwestl. der Karaouine-Moschee in Fès

Vom architektonischen Gesichtspunkt trägt die Einrichtung von Bazaren oder Touristenpalästen in Wohngebäuden der Medina zu deren in vielen Fällen notwendigen Rehabilitation bei, weil die Bazaristen resp. Restaurateure ihre Kunden in einem vorbildlich unterhaltenen Gebäude zu empfangen pflegen, um eine angenehme, den Umsatz steigernde Atmosphäre zu schaffen. Deshalb wird die Einrichtung von Touristenpalästen und Bazaren in ehemaligen Wohngebäuden von den sich mit der Stadtarchitektur befassenden Instanzen beider Untersuchungsräume prinzipiell nicht ungern gesehen (337). Durch die Einrichtung von touristisch orientierten Bazaren und Touristenpalästen besteht keine Gefahr einer zu intensiven Nutzung durch zu zahlreiche Familien, wie es in vielen schlecht unterhaltenen Wohngebäuden der Medina der Fall ist, nachdem sie von ihren wohlsituierten Besitzern in Richtung der lokalen Neustadt oder der Zentren an der Atlantikküste verlassen worden sind.

Der Exodus wohlhabender Schichten aus den Altstädten von Fès und Marrakech erlebte ihren Höhepunkt unmittelbar nach der Unabhängigkeit Marokkos, als zahlreiche Franzosen das Land verliessen, und Familien einer neuen marokkanischen Bürgerschicht in die dadurch freigewordenen Logis und Villen der Neustädte einziehen konnten. Dieser Schritt über die altstädtischen Mauern in die "Ville Nouvelle" wurde von den im jungen unabhängigen Staat vor allem administrative Funktionen übernehmenden marokkanischen Bürgern modern-westlicher Einstellung als bedeutender sozialer Aufstieg empfunden. Für die in der Medina verlassenen Gebäude hingegen begann in vielen Fällen ein kontinuierlicher Prozess des Abstiegs:

> "Bien sûr, immédiatemment après se posa le problème de l'utilisation de la maison abandonnée qui fut soit cédée à des prix modiques à des spéculateurs détenteurs de capitaux frais, soit louée à plusieurs ménages, opération qui rapportait beaucoup plus que la vente.
>
> Dans le premier cas, il est rare que le nouvel acquéreur élise domicile dans le logement récemment acheté. Le plus souvent il procède à une **restructuration de la construction** pour produire un maximum de petits logements destinés à la vente ou à la location, si toutefois il ne se contente pas purement et simplement de **fractionner** la demeure entre plusieurs locataires.
>
> Dans un cas comme dans l'autre, la maison 'bourgeoise' est livrée à une dégradation rapide à cause de l'entassement des ménages d'une part, et de l'absence totale d'entretien et de réparations d'autre part." (338)

Für den teuren, regelmässig notwendigen Unterhalt dieser älteren Wohngebäude mit z.T. palastartigem Charakter, die mit Schmuckwerk wie Gipsstukkaturen, ornamentalen Malereien, Mosaiken, eingelegten und geschnitzten Holzarbeiten versehen sind, kommen weder die sozial schlecht gestellten Mieter noch der Vermieter auf, der sich nur an einer möglichst hohen Rendite interessiert zeigt.

Die ursprünglich nur für eine Familie angelegten Wohngebäude werden durch primitive Wände weiter unterteilt, um die Intimsphäre verschiedener nun im Haus wohnhafter Familien so weit als möglich zu wahren. Es gibt sogar Wohngebäude, in denen selbst einzelne Räume mittels Paravents in Wohneinheiten für zwei Familien untergliedert werden, ja der Eingang in den Raum so halbiert wird, weil sich die primär mietende Familie aus ökonomischen Gründen gezwungen sieht, die Räumlichkeit mit einer untermietenden Familie zu teilen. Gekocht und abgewaschen wird unmittelbar vor der halbierten Eingangstüre im Parterre oder auf der Galerie des Innenhofes. In der Regel hat eine Familie in diesen zu Elendsquartieren degradierten ehemaligen luxuriösen Wohngebäuden nur einen Raum zur Verfügung, unabhängig von der Grösse der Familie resp. des Raumes (339). Neben den durch die Uebernutzung entstehenden Schäden führen die Unterteilungen an sich zu einem bedeutenden architektonischen Substanzverlust, zumal die Architektur in Marrakech vor allem von der Raumverteilung lebt und in Fès stark von den filigranen Details profitiert, welche durch die neuen kleineren Raumstrukturen weitgehend verlorengehen (340).

Viel gravierender als der architektonische Verlust ist jedoch die hinter diesen Ueberbelegungen der altstädtischen Wohngebäude steckende soziale Problematik, die einem Schneeballeffekt gleich die Proletarisation (341) der Medina von Fès bzw. Marrakech beschleunigt: die sozial schlecht gestellten Schichten ziehen in die von wohlhabenderen Bürgern verlassenen Häuser der Medina ein, und die noch in der Altstadt verbliebenen gutsituierten Familien glauben, diese nun auch verlassen zu müssen, weil sie die Medina infolge der Proletarisation - aufgrund des hohen Anteils ländlicher Zuwanderer wird auch von Ruralisation gesprochen (342) - für nicht mehr für genügend attaktiv halten. Der Prozess des sozio-ökonomischen Substanzverlustes der Altstädte verstärkt sich also selbst. Angesichts der nach wie vor hohen Bevölkerungswachstumsraten (Tab. 34) ist trotz intensiver Rehabilitationsversuche kaum zu erwarten, dass sich dieser negative Prozessablauf in Fès und Marrakech innert kurzer Zeit durchbrechen lässt.

In einigen Fällen verläuft der Ablösungsprozess vom altstädtischen Hausbesitz in mehreren Etappen, während denen die Sorge um dessen Substanz immer mehr abnimmt. Ein Teil der nach Rabat oder Casablanca abwandernden Fassi bzw. Marrakechi behält ihre Liegenschaften, in denen ihre Eltern weiterhin Wohnsitz haben. Diese sorgen im Rahmen ihrer Möglichkeiten für deren Unterhalt. Andere lassen das Wohngebäude permanent leerstehen und kehren nur ferienhalber oder im Rahmen von Familienfesten in die heimatlichen Gemäuer zurück. In den meisten derartigen Fällen, in denen Altstadtgebäude ursprünglich als Zweitwohnsitz dienen, kommt allmählich ebenfalls ein Ablösungsprozess in Gang, der mit der Vermietung oder mehrheitlich mit dem Verkauf der Liegenschaft endet. Eine Villa in einem Badeort oder ein Chalet in den sommerlich kühlen Höhen des Atlas erweist sich z.B. als wesentlich attraktiver als einen grossen Unterhalt erforderndes altstädtisches Wohngebäude in Fès oder Marrakech (343)!

Tab. 34: Entwicklung der Einwohnerzahlen in Fès und Marrakech zwischen 1926 und 1982 (344)

Fès		Jahr	Marrakech	
absolut in 1 000	jährl. Wachstumsrate in %		absolut in 1 000	jährl. Wachstumsrate in %
81		1926	149	
	7,7			2,8
144		1936	190	
	1,5			0,8
179		1952	215	
	2,6			1,6
216		1960	243	
	4,6			3,4
325		1971	333	
	3,5			2,9
449		1982	440	

Auf dem sich aus dem Exodus wohlhabender Familien aus den Altstädten von Fès und Marrakech ergebenden Liegenschaftsmarkt finden wir also einerseits Händler, die in den schönsten Wohngebäuden touristenorientierte Verkaufslokalitäten oder Restaurants einzurichten beabsichtigen resp. das ehemalige Wohnhaus zwecks dieser Nutzung zu hohen Ansätzen vermieten wollen, anderseits sehen wir Spekulanten, welche durch eine starke Wohnnutzung ein Maximum an Profit aus den entsprechenden Liegenschaften herausholen wollen. Im Sinne der Bewahrung des ursprünglichen altstädtischen Raumordnungsmusters und der Erhaltung von Wohnraum sollte die traditionelle Gebäudefunktion bei Nutzungsplänen prinzipiell den Vorzug erhalten, in diesem Falle also das Wohnen. Angesichts der Formen, unter denen dieses Wohnen in den zwei Altstädten mit Bevölkerungsdichten bis über 1 000 Personen je Hektare (345), 11 Familien in einem für eine Familie angelgten Haus in Fès (346) resp. 40 Haushaltungen mit 4 bis 8 Personen in einem für eine Familie erstellten Wohngebäude in Marrakech (347) erfolgt, kann diese Priorität in der Medina von Fès und Marrakech aber nicht a priori befürwortet werden.

Die Wohnungsprobleme können im Rahmen der Altstädte, die mehr als doppelt so viele Einwohner wie im optimalen Falle aufweisen, nicht (mehr) gelöst werden. Vielmehr ist eine spürbare bevölkerungsmässige Entlastung der Altstädte anzustreben, welche gleichzeitig zur Schonung, ja Rehabilitation der künstlerisch ausgestalteten Bausubstanz beitragen kann. Die Einrichtung von Bazaren und Touristenpalästen bietet dazu - im Rahmen eines breit angelegten Sanierungsprogrammes - eine kleine Möglichkeit, unter der Bedingung allerdings, dass für die unteren sozialen Schichten ausserhalb der Medina Wohnbauförderungsprogramme in Angriff genommen werden, um den infolge der gesättigten Altstädte am Rande der Urbanräume neu entstehenden ungeordneten "Bidonvilles" keinen weiteren Vorschub zu leisten. Gleichzeitig sind flankierende, griffige anti-spekulative Gesetze zu schaffen, welche katastrophale Uebernutzungen von Wohngebäuden innerhalb der Altstädte verhindern helfen.

Durch die Einrichtung von stadtbilderhaltenden Bazaren und Touristenpalästen in ehemaligen Wohngebäuden darf die traditionelle räumliche Trennung im Altstadtkörper von Wohnen und (vor allem männlichem) Arbeiten aber keinesfalls grundsätzlich aufgegeben werden. Vielmehr muss für einzelne Gebiete der Medina sorgfältig zwischen dem Ziel der prinzipiellen Erhaltung der funktionalen Stadtstruktur, die tiefe soziale Wurzeln aufweist, und der Absicht, die Altstadt bevölkerungsmässig zu entlasten und gleichzeitig das architektonische Stadtbild zu bewahren, abgewogen werden. Die Darstellung der gegenwärtigen räumlichen Verteilung der Touristenpaläste und Bazare in den Altstädten von Fès und Marrakech mag einen Beitrag zu entsprechenden raumplanerischen Ueberlegungen leisten.

5.5.4. FALLSTUDIE FES - TOURISTENPALAESTE UND BAZARE AUSSCHLIESSLICH AUF DEM KAIROUAN-UFER VON FES EL BALI

Von den zwei unterschiedlich alten Teilbereichen der Medina von Fès wurde bis anhin nur der ältere, von den Idrissiden im 9. Jahrhundert angelegte Teil, Fès el Bali, als Bazarstandort berücksichtigt. Das jüngere, erst im 13. Jahrhundert unter den Meriniden - primär als Residenz für die Fürsten dieser Dynastie - erbaute Fès el Jédid, das auch mit christlichen und jüdischen Vierteln dotiert wurde, weist keinen einzigen Bazar auf. Die im Vergleich zu Fès el Bali nur geringen touristischen Frequenzen haben keine entsprechenden Innovationsprozesse in den drei die Hauptstrassen säumenden, linienhaften Souks von Fès el Jédid auszulösen vermocht.

Geführte Reisegruppen mit Cars besichtigen infolge des gedrängten Tagesprogramms meist nur die goldenen Eingangstore des Königspalastes auf dem Place des Alaouites in Fès el Jédid, bevor sie erneut den Bus besteigen und diesen jüngeren Stadtteil fahrend passieren, um den Ausgangspunkt der Besichtigung von Fès el Bali, Bab Boujeloud, zu erreichen. Selbst wenn Fès el Jédid zu Fuss besucht wird, bleibt die touristische Einkaufsfreudigkeit beschränkt, weil diese Passage in der Regel zu Beginn eines Altstadtbesuchs erfolgt (Karte 25).

Das rezente Verbreitungsmuster der 61 Bazare und der 4 Touristenpaläste mit Bazaren in Fès el Bali (Karte 26) zeigt ein betont linienhaftes Auftreten entlang des Talaa Kebira, also der nördlicheren der zwei Hauptverbindungsrouten von Bab Boujeloud ins Zentrum der Altstadt. Linienhafte Verortungen von Bazaren finden wir auch an der Ostseite der die Karaouine-Moschee säumenden Gasse und an der von der Freitagsmoschee zum Grabmal von Sidi Ahmed Tijani wegführenden Achse.

Karte 25: Die wichtigsten touristischen Bewegungsachsen in der Medina von Fès (348)

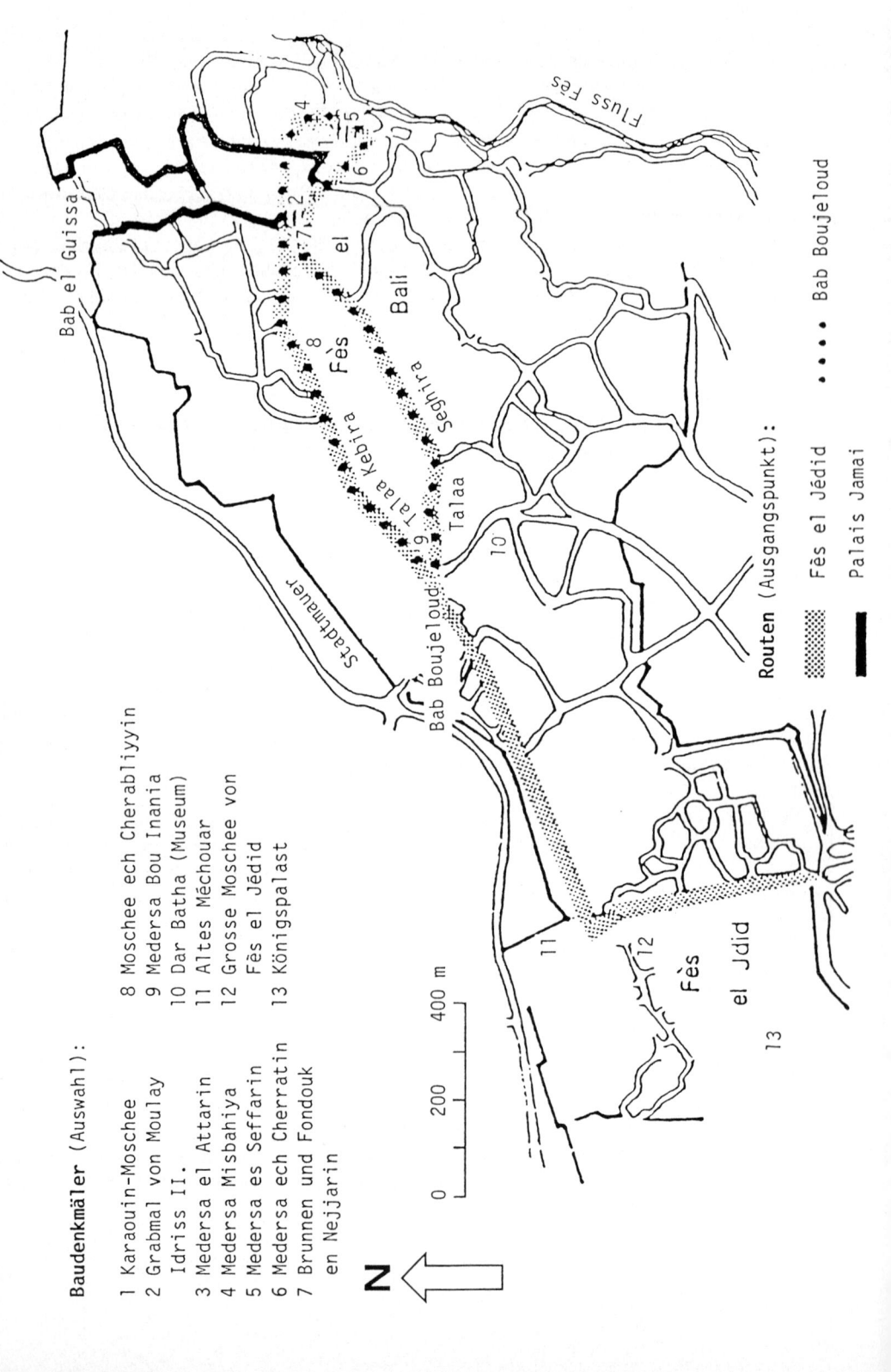

Baudenkmäler (Auswahl):

1 Karaouîn-Moschee
2 Grabmal von Moulay Idriss II.
3 Medersa el Attarîn
4 Medersa Misbahîya
5 Medersa es Seffarîn
6 Medersa ech Cherratîn
7 Brunnen und Fondouk en Nejjarîn
8 Moschee ech Cherabliyyîn
9 Medersa Bou Inania
10 Dar Batha (Museum)
11 Altes Méchouar
12 Grosse Moschee von Fès el Jédid
13 Königspalast

Routen (Ausgangspunkt):

▓ Fès el Jédid
■ Palais Jamaï
••• Bab Boujeloud

Neben diesen linienhaft angeordneten Bazaren finden wir einige punktuelle Häufungen, die sich standortanalytisch erklären lassen. So konzentrieren sich z.B. rund um die Abzweigung vom Talaa Seghira zum Platz en Nejjarine 5 Bazare, und auf dem Platz en Nejjarine selbst befinden sich 3 weitere Verkaufslokalitäten mit touristisch orientiertem gemischtem Verkaufssortiment. Da jeder Besuch von Fès in selbstverständlicher Weise auch eine Passage dieses für seinen Brunnen, sein Fondouk (Abb. 40) sowie seine nördlich anschliessenden traditionellen Schreinerwerkstätten bekannten Platzes beinhaltet, weil das Grabmal des verehrten Stadtgründers von Fès - Moulay Idriss II. - über diesen Platz aufgesucht wird, haben sich bereits vor der Unabhängigkeit an dieser passantenintensiven Stelle 3 Bazare niedergelassen. Nach 1964 ergibt sich eine Verlagerung vom Platz en Nejjarine weg an die Abzweigung vom Talaa Seghira, wo bis zum damaligen Zeitpunkt erst 1 Bazar Fuss gefasst hat, bis 1985 aber 5 weitere ihre Tore öffnen.

Abb. 40: Brunnen und Fondouk en Nejjarine
in der Medina von Fès

Mit Ausnahme der bereits vor 1956 unmittelbar nebeneinanderliegenden Bazare auf dem Platz en Nejjarine verteilen sich die andern am Talaa Kebira und im historischen Zentrum, ohne Ballungserscheinungen zu zeigen. Die in den ersten acht Jahren nach der Unabhängigkeit Marokkos neu eröffneten 10 Bazare bevorzugen im wesentlichen die gleichen Hauptachsen, also den Talaa Kebira und die Verbindungswege von der Karaouine-Moschee zum Grabmal von Sidi Ahmed Tijani, beginnen aber bereits in zwei Fällen punktuell von diesen Hauptachsen abzuweichen.

Die grösste Dynamik erlebt die altstädtische (wie die neustädtische) Bazareröffnung zwischen 1965 und 1972 (Tab. 35) mit der sich in der Hotelbautätigkeit von Fès aktivierend niederschlagenden prioritären Förderung des marokkanischen Tourismus, als insgesamt 22 neue Bazare und 2 Touristenpaläste mit Bazaren (349) in der Medina entstehen, welche mehrheitlich die gleichen Standorte wie die vor 1965 eröffneten bevorzugen, so dass die Bazare räumlich immer enger zusammenrücken.

Tab. 35: Anzahl der eröffneten Bazare in der Medina von Fès

vor 1956	11	1973 - 1980	11
1956 - 1964	10	1981 - 1985	7
1965 - 1972	22	**Total**	**61**

Mit dem Vordringen von weiteren Bazaren in funktionell durch das Wohnen und nicht durch Produktions- bzw. Verkaufsaktivitäten geprägte Gebiete der Medina (Karten 26/27) wird tendenziell eine Entwicklung in Gang gesetzt, die nach 1972 in bescheidenem Umfang fortgesetzt wird. Die Standorte der nicht an den Hauptachsen gelegenen Bazare führen rund um das historische Zentrum zu einer Veränderung des altstädtischen Raumordnungsmusters. Selbst wenn sich die neuen Bazare an den die einzelnen Derbs erschliessenden Gassen niederlassen, bringt dies entscheidende Wandlungen mit sich, indem die Gassen nun in verstärktem Masse von ausländischen Gästen benutzt werden und nicht mehr vor allem den Anwohnern vorbehalten bleiben.

Die Eröffnung von Bazaren an von Touristen vorher nur selten benutzen Gassen in Wohnquartieren zeigt ihre Konsequenzen auch in den Methoden der Kundenwerbung. Die abseitig gelegenen Bazare sind gezwungen, an den Hauptrouten sprachgewandte Angestellte einzusetzen oder mit hohen Provisionen für die Fremdenführer zu arbeiten, um die potentiellen Käufer in die Bazare zu locken.

Der isolierte, nördlichste aller Bazare sucht die Nähe des knapp innerhalb der altstädtischen Mauern verankerten Luxushotels Palais Jamai. Auf der Nord-Südverbindung vom Fünfsternhotel Palais Jamai ins historische Stadtzentrum, welche gleichzeitig den Durchgangsweg von Bab El Guissa ins Zentrum von Fès el Bali bildet, muss die erhöhte touristische Frequenz bereits vor der Eröffnung eines Bazars vorhanden gewesen sein, ja die Eröffnung des Bazars gerade durch die zahlreichen Stadtbesucher, welche sich vom Palais Jamai zu Fuss ins Herzen der Medina hinunterbegaben, ausgelöst worden sein. Der Palais Jamai bildet aber im Vergleich mit Bab Boujeloud einen weit we-

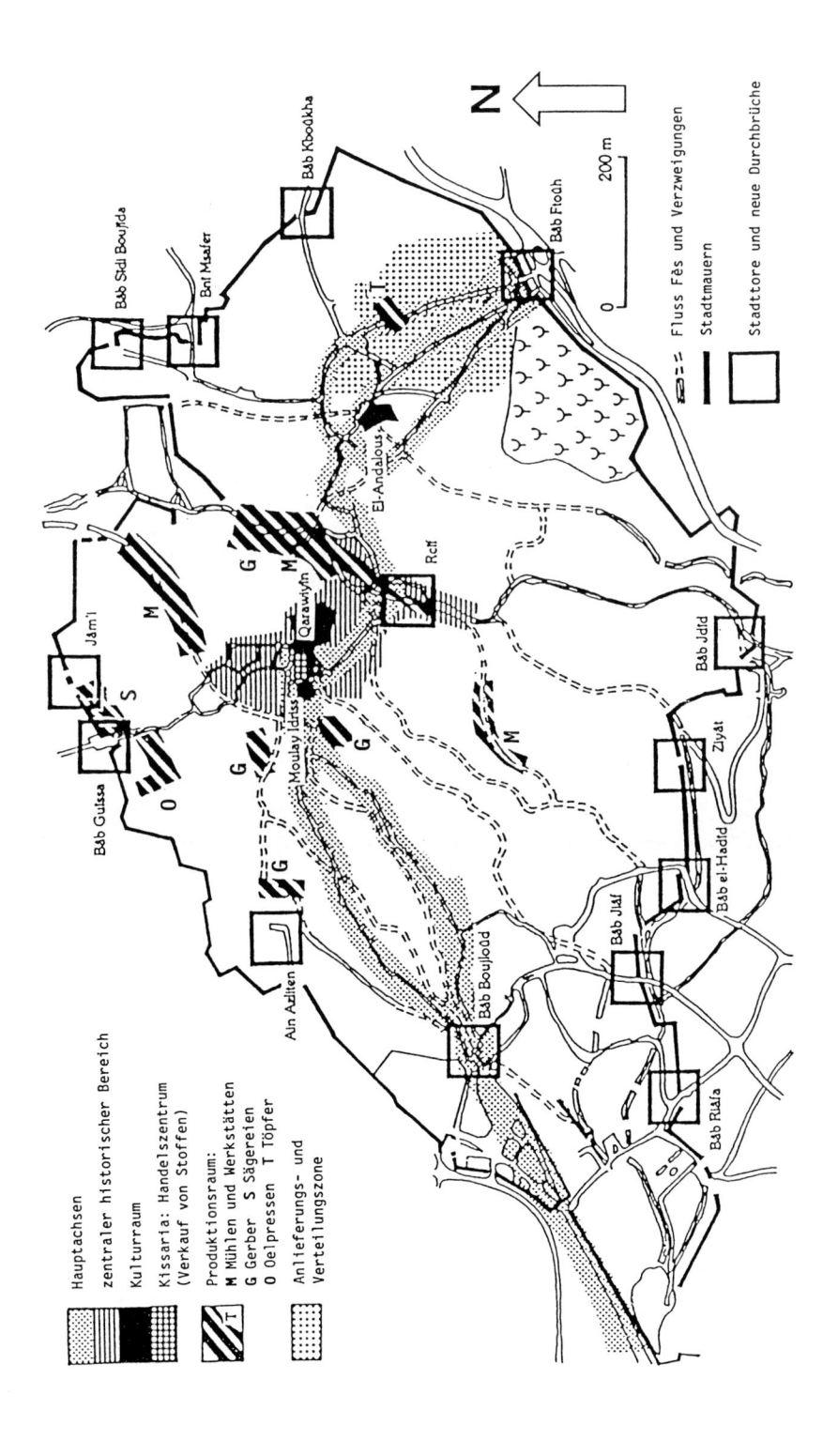

Karte 27: Strukturelemente der Medina von Fès (350)

niger gewählten Ausgangspunkt eines touristischen Rundgangs ins Zentrum der Medina von Fès.

Die vor allem mit Lebensmittelgeschäften für die Quartierbewohner dotierten sekundären Zentren von Fès el Bali - "El Guézzarin" am westlichen Beginn des Talaa Kebira, "er Rsif" im Süden des historischen Zentrums bei der gleichnamigen Moschee und "Seffah" auf dem östlichen Ufer des Flusses Fès bei der Andalusien-Moschee - sind in ihrer Ausrichtung alle unangetastet geblieben. Kein einziger Bazar hat sich unmittelbar in diesen für die primäre Versorgung der Quartierbevölkerung spezialisierten Zentren angesiedelt.

Eine generelle natürliche Schranke für die Ausbreitung von Bazaren bildet bis anhin der Fluss Fès, welcher das in einer Talmulde gelegene Fès el Bali in ein westliches Kairouan-Ufer (ehemalige Stadt der zugezogenen Kairouaner) und ein östliches Andalusien-Ufer (ehemalige Stadt der zugezogenen Andalusier) teilt (351). Oestlich des Oued Fès ist rezent kein einziger Bazarstandort festzustellen, was sich ökonomisch nur durch den Mangel entsprechender Entwicklungsmöglichkeiten dieses ländlich geprägten Stadtteils erklären lässt. Das Ostufer, welches in den Reiseführern in der Regel nur aufgrund der Andalusien-Moschee und der Medersa es Sharij Erwähnung findet, wird von den meisten Individualtouristen nur kurz und von der grossen Mehrheit der geführten Reisegruppen überhaupt nicht aufgesucht.

Die totale Reaktionslosigkeit auf den gleichwohl, wenn auch in bescheidenem Umfang, vorhandenen Touristenstrom auf der Andalusien-Seite ist auch darauf zurückzuführen, dass auf dem stark von ländlichen Einwanderern geprägten Ostufer die zur Eröffnung eines Bazars nötigen Investitionskapitalien bei den meisten Händlern gar nicht vorhanden sind. Eine Tatsache, die sich nicht nur für die Entwicklung touristisch orientierter Handelsaktivitäten als hindernd erweist (352). Die Initiative zur bei anhaltendem Wachstum der Touristenzahlen in den nächsten Jahren zu erwartenden Eröffnung eines ersten Bazars auf der Andalusien-Seite wird also mit grosser Wahrscheinlichkeit von einem Händler auf dem Kairouan-Ufer ausgehen.

Von den von Bab Boujeloud ins Herzen der Medina führenden Hauptachsen Talaa Kebira und Talaa Seghira (Karte 28) wurde letzterer in weit geringerem Masse als Bazarstandort gewählt. Den 15 Bazaren am Talaa Kebira stehen - unter Einbezug des einen Touristenpalastes mit Bazar - nur deren 4 am Talaa Seghira gegenüber. Diese divergierende Dotation mit Bazaren ist eine Folge der unterschiedlich intensiven Touristenfrequenzen, die auf dem Talaa Kebira wesentlich bedeutender ausfallen, weil auf dieser Route nicht nur die attraktiveren Bauwerke, so u.a. die Medersa Bou Inania und die Moschee ech Cherabliyyin liegen, sondern auch einige für Touristen interessante, aktive traditionelle Gewerbe wie Eisen-, Messing-, Kupferschmiede, Kupferlampenmacher, Blasbalg-, Sieb-, Goldgürtelmacher, Strohflechter, Schreiner und Drechsler zu finden sind. Auf dem Talaa Seghira hingegen haben sich vor allem auf ein junges Publikum ausgerichtete Einzelhändler und Schneider verortet, die für den europäischen und amerikanischen Touristen von keinem speziellen Interesse sind.

Die zwei als Liniensouks (354) anzusprechenden West-Ost-orientierten Durchgangsachsen haben seit dem letzten Jahrhundert eine unterschiedliche Entwicklung erlebt, die ihr heutiges Angebot und ihre gegenwärtige Kundschaft wesentlich prägen. Die nördlichere Durchgangsachse ist bereits im letzten Jahrhundert von einer reinen Verbindungslinie mit Wohnfunktion zu einer Einzelhandelsgasse umgestaltet worden, die südlichere in ihrer Funktion als reine Wohngasse noch länger erhalten geblieben (355). Erst mit der Errichtung der französischen Kolonie und verstärkt in den 1930er Jahren bzw. während des Zweiten Weltkrieges hat sich auch der südliche Talaa Seghira verkaufsorientiert zu wandeln begonnen, was auch Auswirkungen auf den nördlichen Talaa Kebira gezeigt hat, der bereits funktionell gemischt war, indem sich eine vom Warensortiment her deutliche Spezialisierung zwischen den zwei Talaa herausgebildet hat:

"L'une présente la nouveauté, issue du boum économique de la seconde guerre mondiale à Fès; elle ne cessera de se développer, de recevoir et d'exposer les dernières créations occidentales: électro-ménagers, maquillage, fourniture scolaire, 'maroquinerie occidentale', audiovisuel, etc.

L'autre Talaa Kbira, victime de l'intérêt que suscitent les produits exposés sur la Talaa Sghira, victime de la pénétration des objets produits ailleurs, se dégrade de jour en jour, reçoit moins de passants, moins de flâneurs, mais beaucoup de touristes étrangers. Elle change de visage, de vocation et de clientèle." (356)

Am ursprünglich weniger begangenen Talaa Seghira sind heute die weit intensiveren Passantenfrequenzen festzustellen als am mit traditionellem Gewerbe reich bestückten Talaa Kebira (Karte 29). Die südlichere Durchgangsachse, die ursprünglich als reine Verbindung zwischen dem westlichen Stadttor und den zentralen Einrichtungen der Medina diente, gleichzeitig aber als Wohnstandort genutzt wurde, hat also wie der Talaa Kebira einen fundamentalen Innovationsprozess erlebt, und dies ohne dass der Tourismus - im Gegensatz zum Talaa Kebira - einen wesentlichen Innovationsfaktor darstellte. Seine partiell gemischte Nutzung als Wohn- und Geschäftsstandort moderner Artikel hat der Talaa Seghira bis heute beibehalten.

Im Sinne einer Funktionsteilung hat sich der Talaa Seghira als Einkaufsstandort einer jungen einheimischen Kundschaft etabliert, während der Talaa Kebira auf eine im Sinken begriffene Kundschaft traditioneller handwerklicher Artikel ausgerichtet ist, gleichzeitig aber in zunehmendem Masse von touristischen Käufern profitiert, was zu zahlreichen Sukzessionsprozessen in Form der Einrichtung von Bazaren führt. Touristisch induzierte Sortimentsänderungen zeigen am Talaa Seghira nur sehr vereinzelten, punktuellen Charakter und beschränken sich auf die Ergänzung von Ansichtskarten, Filmen und Dias ins Sortiment einer Buchhandlung sowie eines Lebensmittelgeschäftes mit Nüssen, Bonbons und Kichererbsen im Angebot. Am Talaa Kebira haben insgesamt 4 Hawanit - je ein Parfumhändler, ein Verkäufer von Lederwaren, ein Händler für Unterhaltungselektronik und ein Tabakverkäufer - Ansichtskarten in ihr Sortiment integriert, welche sie mehrheitlich an Touristen absetzen.

Karte 29: Passantenströme in Fēs el Balī (357)

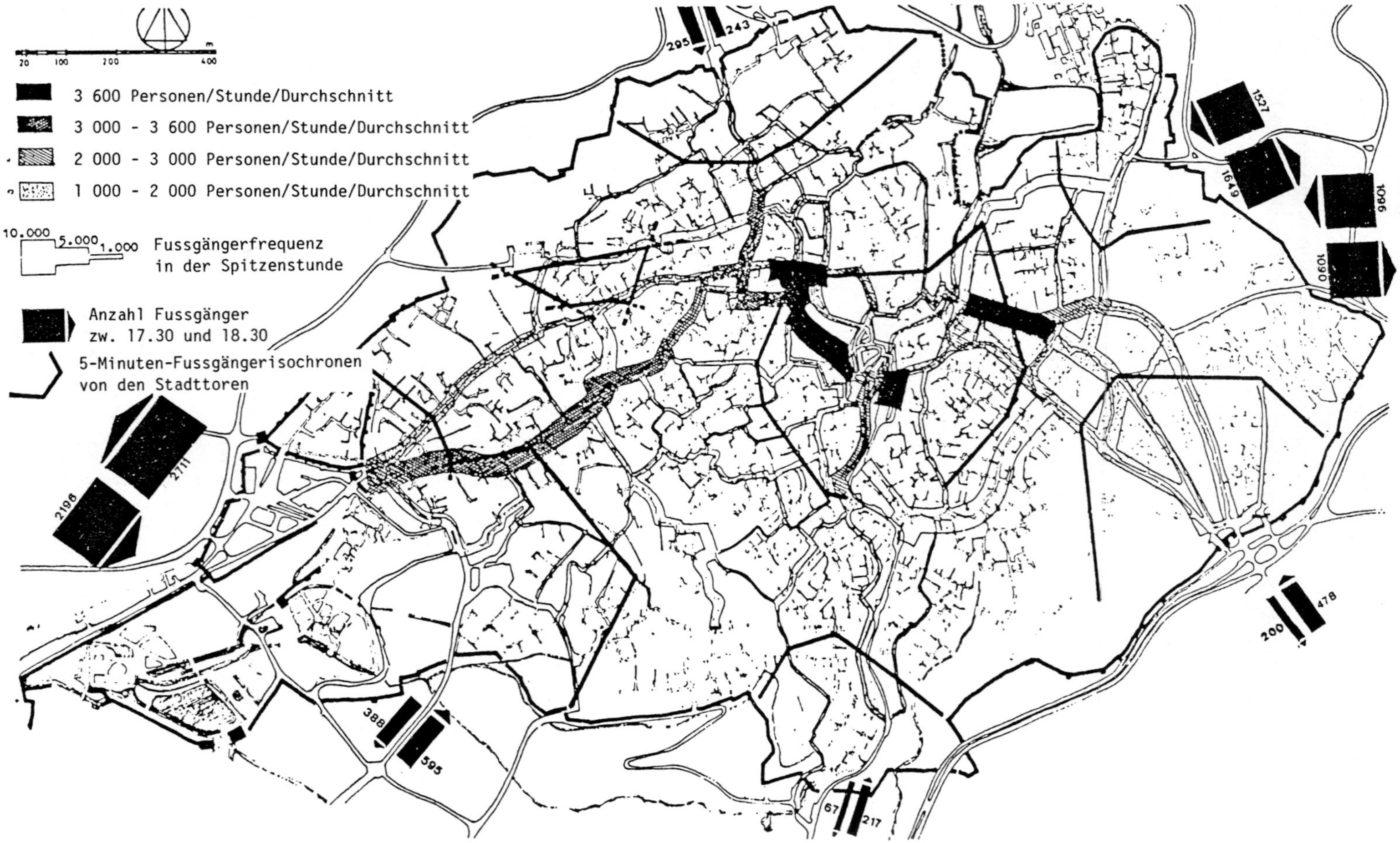

Der Talaa Seghira widerspiegelt in seinem Angebot die Bedürfnisse einer numerisch starken jungen autochthonen Bevölkerung. Ueber 50% der Medinabewohner in Fès sind unter 20 Jahre alt. Für das Angebot am Talaa Seghira besonders bedeutsam sind die Wünsche der sich - infolge der sich verbreitenden Schulbildung - in zunehmendem Masse emanzipierenden jungen Frauen, die nach modernen Modeartikeln verlangen, die in boutiqueartigen Geschäften angeboten werden (358). Verkaufslokalitäten von Schuhen und modernen Kleidern sowie Schneiderateliers dominieren in der südlicheren Durchgangsachse. Dieses vorherrschende Angebot wird im wesentlichen ergänzt durch Coiffeure, Buchhandlungen, Geschäfte mit Unterhaltungselektronik und Cafés, aus denen moderne Rhythmen klingen, und so wiederum vor allem junge Fassi anziehen. Bezeichnenderweise befindet sich am Talaa Seghira auch ein speziell auf die Unterhaltungsbedürfnisse Jugendlicher ausgerichtetes Kino, das einzige Filmtheater in der Medina von Fès!

Neben dem numerisch geringeren Auftreten von Bazaren am Talaa Seghira spricht auch der geringe prozentuale Anteil der touristischen Kundschaft am Jahresumsatz der zwei im oberen Bereich des Talaa Seghira verorteten Bazare (je 10%) für eine bescheidenere touristische Frequenz im Vergleich mit dem Talaa Kebira (Karte 30). Angesichts der geringen touristischen Frequenzen und der grossen autochthonen Nachfrage nach modernen Modeartikeln ist auf dem Talaa Seghira sogar ein Bazar durch eine Boutique mit Damenkleidern abgelöst worden! Auf dem Talaa Kebira erreicht der touristische Anteil mit Ausnahme eines Bazars, dessen Besitzer nur Arabisch spricht, mindestens 40%. Tendenziell lässt sich feststellen, dass von hohen touristischen Umsatzanteilen von über 60% besonders jene Bazare profitieren, welche unmittelbar östlich der Karaouin-Moschee, an der Verbindung derselben zum Grabmal von Sidi Ahmed Tijani, an der Nahtstelle vom Talaa Seghira zum Platz en Nejjarine bzw. zum Grabmal von Moulay Idriss II. gelegen sind.

Punktuell weisen sich auch Bazare am Talaa Kebira und am Platz en Nejjarine über hohe Touristenanteile aus, sowie erstaunlicherweise alle Bazare, welche seit 1965 - im Falle von 4 "Maison de Tapis" auf Kosten der Wohnnutzung - in neue Gebiete vorgestossen sind. Ihre hohen touristischen Umsatzanteile demonstrieren, dass sie auf den touristischen Hauptachsen eine äusserst erfolgreiche mündliche Propaganda betreiben und das Geschäft auch durch Kommissionen zu beleben verstehen. In den insgesamt 16 ausschliesslich dem Teppichverkauf gewidmeten Häusern in der Medina von Fès zeichnen die Touristen im Mittel für rund 50% des Jahresumsatzes verantwortlich.

Grosse Bazarlokalitäten wie die angesprochenen Teppichhäuser versprechen nach wie vor gute Umsätze, für kleinere Unternehmen mit gemischtem Angebot vermag die Orientierung auf die Bedürfnisse einer jungen Kundschaft an passantenintensiver Lage im Moment ebenso attraktiv erscheinen wie das Betreiben eines stark touristenorientierten Bazars. So ist 1982 an ausgezeichneter Geschäftslage unmittelbar östlich der Karaouin-Moschee ein seit 1922 bestehender Bazar zugunsten eines Cafés aufgegeben worden. Gemäss den Auskünften des ehemaligen Bazaristen, welcher nun in den gleichen Räumlichkeiten ein modernes Café betreibt, erweisen sich seine jetzigen, auf eine junge Kundschaft ausgerichteten Geschäftsaktivitäten als gewinnbringender als das Führen eines Bazars am gleichen Standort. Erstmalig hat in der Medina von Fès damit ein Sukzessionsprozess stattgefunden, im Rahmen dessen eine touristisch orientierte Verkaufslokalität durch eine auf eine einheimische Kundschaft ausgerichtete Dienstleistungsaktivität verdrängt wurde. Gleichzeitig ist am Talaa Seghira ein Bazar durch eine Boutique mit Damenkleidern ersetzt worden. Daraus bereits eine Trendwende ableiten zu wollen, wie dies mit dem ersatzlosen Verschwinden zweier Bazare in der Neustadt von Fès vertretbar scheint, ist angesichts der zwischen 1981 und 1985 neu eröffneten 7 altstädtischen Bazare aber nicht angezeigt.

Ein Besuch von Fès el Bali beginnt für Touristen mehrheitlich am Bab Boujeloud und führt aus Gründen der grösseren Attraktivität über den Talaa Kebira ins historische Zentrum hinunter. 10 von 18 Hoteldirektoren bzw. -rezeptionisten empfehlen ihren Gästen, einen Rundgang in Fès el Bali bei Bab Boujeloud zu beginnen, weil sie so ins Zentrum der Medina **hinunter**gehen und auf bequeme Weise eine Höhendifferenz von rund 75 Metern überwinden können. 3 Hoteldirektoren bzw. -rezeptionisten halten die Moschee er Rsif am nördlichen Ende des gedeckten Oued Fès als Ausgangspunkt für einen Altstadtbesuch für ebenso geeignet. Die restlichen 5 überlassen die Entscheidung dem Fremdenführer, welchem sie ihre Gäste anvertrauen. Die Fremdenführer selbst beginnen ihre Touren ebenfalls meist bei Bab Boujeloud, weshalb unmittelbar neben dem Tor ein kleiner Raum für Fremdenführer eingerichtet wurde. Die Reliefverhältnisse von Fès el Bali (Fig. 7) mit Talhängen auf drei Seiten bestimmen also in wesentlichem Masse die von den Stadtbesuchern gewählten Routen.

Fig. 7: Höhenprofile von Fès el Bali (359)

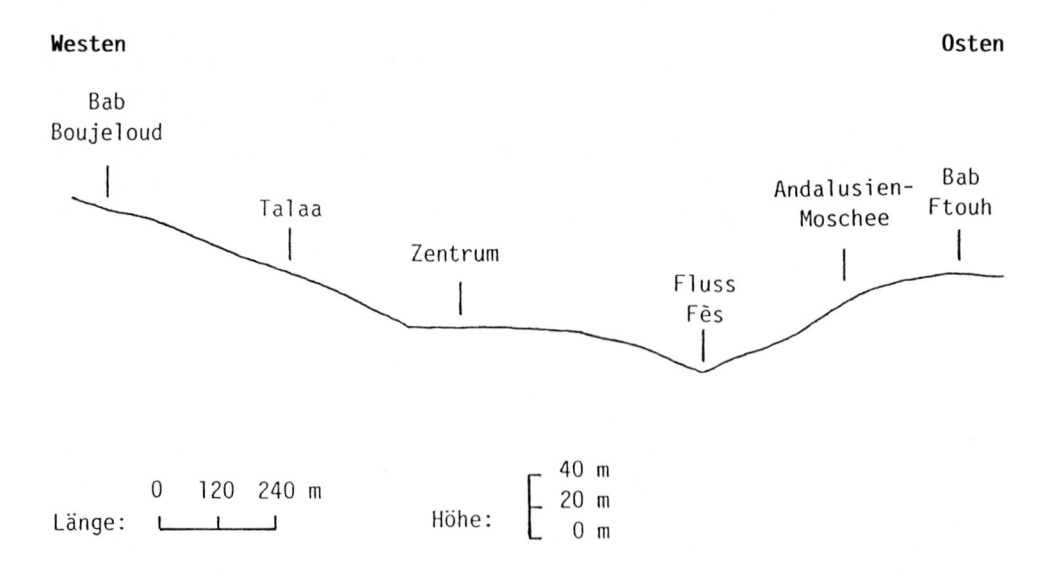

Norden				Süden

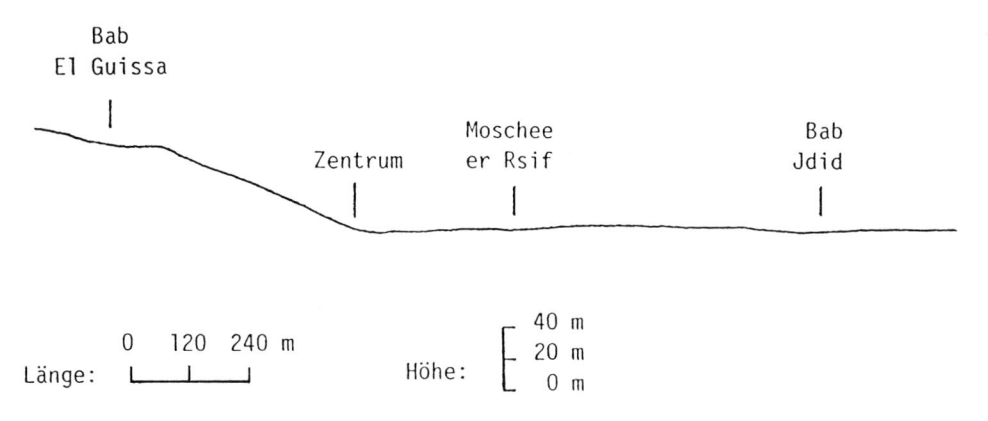

```
        Bab
   El Guissa
        |                    Moschee              Bab
                  Zentrum    er Rsif             Jdid
                     |          |                  |
```

Länge: 0 120 240 m   Höhe: 40 m / 20 m / 0 m

Das West-Ost-Höhenprofil zeigt auch einen weiteren Grund, weshalb die Touristen ihren Rundgang - speziell bei warmen Witterungsverhältnissen - gerne im Zentrum des Kairouan-Ufers abschliessen und nicht mehr das Andalusien-Ufer mit der gleichnamigen Moschee aufsuchen. Zu ihrer Besichtigung ist die Ueberwindung einer Höhendifferenz von ca. 30 Metern von der Brücke über den Fluss Fès bis zur Andalusien-Moschee notwendig!

Meistens steigen die Touristengruppen bzw. Individualgäste auch nicht mehr zum am häufigsten gewählten Ausgangspunkt der Tour, Bab Boujeloud, zurück, was auf dem zweiten touristisch minder attraktiven Talaa Seghira zu erfolgen pflegt, sondern verlassen Fès el Bali in Richtung Parkplatz vor der Moschee er Rsif, wo sie den öffentlichen Bus oder im Falle geführter Gruppen den Car besteigen.

In bezug auf die Zahl der in den Bazaren Beschäftigten lässt sich tendenziell eine Zunahme von West nach Ost ins historische Zentrum von Fès el Bali feststellen (Karte 31). Während die an den beiden Talaa verorteten, auch flächenmässig meist kleineren Bazare in der Regel nur 1 - 2 Angestellte aufweisen, höchstens aber 3 - 4 Personen beschäftigen, dominieren im zentralen Bereich Betriebe mit 5 - 10 Verkäufern. Insgesamt finden in den 61 altstädtischen Bazaren 263 Personen männlichen Geschlechts ihr Auskommen, 25 weitere Männer werden saisonal eingestellt. Die winterliche Baisse der Touristen in Fès wird von einigen grösseren Bazaren durch die temporäre Schliessung - bei gleichzeitigem Ferienbezug durch das Personal - überbrückt.

Allgemein grössere Beschäftigtenzahlen und höhere touristische Jahresumsatzanteile als die Bazare zeigen die Touristenpaläste mit Bazaren, d.h. ehemalige Privatresidenzen, in denen zuerst ein Bazar und später zusätzlich ein Restaurant eingerichtet wurde. Total finden in den 4 altstädtischen Touristenpalästen mit Bazaren 63 Personen ein permanentes Auskommen, wovon 26 - darunter 20 Frauen - im Bereiche der Restaurants (360). Bei grossem Arbeitsanfall werden zur Unterstützung der Restaurationsequipen weitere 3 Frauen eingesetzt.

Während der vom Fremdenverkehr getragene Umsatzanteil in den altstädtischen Bazaren im Mittel rund 60% beträgt, erreicht er in den Touristenpalästen mit Bazaren durchschnittlich ca. 75%. Rund 70% der Gäste in den Touristenpalästen mit angegliedertem Bazar treffen im Rahmen von Gruppen ein. Der Verkauf von kunsthandwerklichen Artikeln trägt im Falle von 3 Touristenpalästen mit Bazar zur Umsatzsteigerung bei, das Hauptgeschäft resultiert aber aus dem Restaurationssektor. Nur in einem Falle präsentieren sich die Ertragsverhältnisse umgekehrt, wobei die Einkünfte aus dem Bazargeschäft jene aus der Restauration nur unwesentlich übertreffen.

Bei kritischer Betrachtung erweist sich die die standörtliche Kombination von Bazar und Restaurant im Rahmen von Touristenpalästen, wie sie in Fès nicht aber in Marrakech anzutreffen ist, als äusserst problematisch und bereitet der regionalen Tourismusdelegation von Fès einiges Kopfzerbrechen:

> "Ce problème revêt deux aspects, d'une part: une concurrence déloyale à l'égard des restaurants typiquement marocains; d'autre part: cette politique de dumping tend à fournir le bazar en clientèle." (361)

Zwar bleibt die Zahl der jährlich in den 4 altstädtischen Touristenpalästen mit Bazar servierten rund 6 500 Menüs weit hinter den rund 90 000 Mahlzeiten in den ausschliesslich als Restaurants ausgebauten Touristenpalästen "Ferdaous" und "Dar Tajine" (Abb. 41) zurück. In ihrer signalhaften Bedeutung einer zunehmenden Zentrierung der Gruppentouristen auf immer weniger Bazare, die in einer für das Zeitbudget der Gruppenreisenden günstigen Kombination auch noch die Gelegenheit zum Genuss einheimischer Spezialitäten bieten, sind sie jedoch mit allen möglichen rechtlichen Mitteln zu bekämpfen.

Die Kundschaft der 2 altstädtischen, ausschliesslich als Restaurationsbetriebe geführten Touristenpaläste wird zu rund 90% durch Touristen gestellt, die zu ca. 70% im Rahmen von geführten Gruppen eintreffen. Unter den ganzjährig beschäftigten 64 Personen im "Ferdaous" und "Dar Tajine" befinden sich 21 Frauen. Bei grossen Anlässen werden zusätzlich bis zu 9 Helfer beigezogen, darunter 7 weiblichen Geschlechts. Der "Palais Ferdaous" als grösster Arbeitgeber unter den Bazaren und Touristenpalästen in der Medina von Fès bietet 46 Personen ein regelmässiges, ganzjähriges Einkommen. Die hohe Beschäftigtenzahl ist darauf zurückzuführen, dass die Mahlzeiten von Attraktionen wie Musik, Tanz und Schlangenbeschwörung begleitet werden.

Die Touristenpaläste mit Bazaren führen besonders in Verbindung mit Verträgen zwischen Reiseveranstaltern und Betreibern entsprechender bifunktionaler Etablissements (362) zu einer die Marktkräfte störenden Monopolbildung auf Kosten der monofunktionalen marokkanischen Spezialitätenrestaurants und der allein dem Verkauf kunsthandwerklicher Artikel gewidmeten Bazare resp. der die Produkte herstellenden Handwerker. Trotz des Rückzuges der Bewilligungen, welche die Dualität von Restaurant und Bazar im gleichen Gebäude erlaubten (363), ist in den 4 Touristenpalästen mit Bazar seit dem Erlass des Verbotes 1981 bis heute keine der zwei Nutzungen aufgegeben worden. Wie bedeutend die hinter diesen Verbindungen stehenden wirtschaftlichen Interessen sind, lässt sich an der Tatsache ablesen, dass die Betreiber der Touristenpaläste mit Bazar alle rechtlichen Mittel auszuschöpfen gewillt sind, um weiterhin beide Geschäfte im gleichen Gebäude betreiben zu können.

Abb. 41: Touristenpalast Dar Tajine - Restauration in einem ehemaligen Wohngebäude in Fès el Bali

Das Problem der Touristenpaläste mit Bazaren präsentiert sich als ein ökonomisches mit weitreichenden sozialen Folgen und nicht als eines des Standortes, denn alle Touristenpaläste haben sich an Durchgangsachsen oder - in einem Falle - mindestens in deren unmittelbaren Nähe niedergelassen, so dass sie zu keiner Veränderung des traditionellen altstädtischen Nutzungsmusters mit von den Produktions- und Handelsaktivitäten getrennten Wohngebieten geführt haben.

Diese Gefahr besteht vielmehr seit 1965 durch das Vordringen von Bazaren in traditionelle Wohnquartiere. Besonders nordöstlich und südwestlich des historischen Zentrums sind Bazare mitten in reinen Wohnvierteln entstanden, welche die funktionalräumliche Trennung prinzipiell in Frage stellen. Um diese Entwicklung in Griff zu bekommen, sind Zonenvorschriften notwendig, welche diese Wohngebiete hinfort für die entsprechende Nutzung reservieren.

Dies gilt im besonderen für das Quartier Guerniz, welches immer mehr die Aufmerksamkeit von potentiellen Bazaristen erregt, und das bereits stark mit Bazaren bestückte Quartier El Belida, das nicht mehr stärker mit neuen passantenintensiven Bazaren belastet werden sollte. Neue Bazare sind grundsätzlich durch prospektive Nutzungsvorschriften an die altstädtischen Hauptachsen zu binden, wo sich bereits jetzt die meisten Touristen bewegen.

5.5.5. FALLSTUDIE MARRAKECH - BAZARE UND ANDERE VERKAUFSLOKALITAETEN VERDRAENGEN DAS PRODUZIERENDE GEWERBE AUS DEN ZENTRALEN SOUKS

In der Medina von Marrakech finden sich drei Zonen, in denen zahlreiche Bazare auftreten (Karte 32). Besonders starke Verbreitung haben die touristisch orientierten Verkaufslokalitäten nördlich des in der Regel als Ausgangspunkt für Medinabesuche gewählten Platzes Jema el Fna entlang der wichtigsten Durchgangsachsen ins historische Zentrum der Altstadt gefunden. 28 der 38 befragten Hoteldirektoren bzw. -rezeptionisten der klassifizierten Unternehmen in Marrakech empfehlen ihren Gästen den Platz Jema el Fna als Ausgangspunkt für eine Altstadtbesichtigung. 10 Interviewte überlassen diese Entscheidung dem offiziellen Fremdenführer, welchem sie ihre Gäste anvertrauen. Die Fremdenführer pflegen ihre Besichtigungstouren im allgemeinen ebenfalls am Platz Jema el Fna zu beginnen.

Die starke Häufung der Bazare entlang der vom Platz Jema el Fna ins historische Zentrum führenden Verbindungslinien bildet daher eine ökonomische Reaktion auf die bedeutenden touristischen Frequenzen. Im Vergleich zu diesen intensiven linienhaften Verbreitungsmustern nehmen sich die zwei weiteren Häufungen von Bazaren in der Nähe der touristisch attraktiven Yacoub el Mansour-Moschee und der Saadier-Gräber einerseits sowie in der Umgebung des Bahia-Palastes andererseits bescheiden aus.

Auf die ältesten, bereits vor der Unabhängigkeit Marokkos eröffneten Bazare treffen wir in ihrer grossen Mehrheit an der direkten Verbindungsachse vom Platz Jema el Fna zur Moschee Ben Youssef, dem Souk Smarin und dem Souk el Kbir (Karte 32). Nur wenige Bazare haben vor 1956 nicht diese passantenintensivste Linie als Standort gewählt. In der Nachbarschaft der Yacoub el Mansour-Moschee und der Saadier-Gräber ist vor 1956 noch kein einziger Bazar entstanden, der erste öffnet dort erst 1960 seine Pforten. Vor der Unabhängigkeit Marokkos ist auch in der Umgebung des Bahia-Palastes erst ein Bazar eingerichtet worden.

Zwischen 1956 und 1964 erlebt die bereits am stärksten mit Bazaren dotierte Nord-Süd gerichtete Achse vom Platz Jema el Fna zur Moschee Ben Youssef - vor allem in ihrem nördlichen Bereich - eine weitere Verstärkung. Gleichzeitig ist auch eine intensive Ausbreitung der Bazare westlich der Kissaria auf der Verbindung zur Mouassin-Moschee feststellbar, die in südlicher Richtung zum Platz Jema el Fna eine numerisch bescheidene Fortsetzung findet. Die ausserordentliche Häufung von Bazaren auf der Achse von den Kissaria zur Moschee el Mouassin (Abb. 42) ist auf die Tatsache zurückzuführen, dass sich an dieser Passage der touristisch besonders attraktive, sprich photogene, Färbersouk ("Souk Sebbaghine") befindet. Erstmals mischt 1962 auch ein Händler in den Kissaria selbst - genauer im Ledersouk ("Souk Jald") - sein Angebot in der Hoffnung auf vermehrte touristische Kundschaft, indem er nicht mehr ausschliesslich Lederwaren in seinem Sortiment führt.

Abb. 42: Bazare gegenüber des Mouassin-Brunnens und der Moschee el Mouassin in der Medina von Marrakech

Ein eigentlicher Boom in der Eröffnung von Bazaren ist wie in Fès und in der Neustadt von Marrakech seit 1965 festzustellen (Tab. 36). In der Periode des sprunghaft ansteigenden touristischen Bettenangebotes werden bis 1972 total 39 neue altstädtische Bazare eröffnet, welche einerseits zu einer weiteren Zunahme an den bereits mit Bazaren bestückten Linien führen, anderseits auch Sukzessionsprozesse an neuen Standorten auslösen, sich dabei jedoch - im Gegensatz zu Fès - in ihrer grossen Mehrheit an den altstädtischen Hauptlinien des Wegnetzes orientieren und nicht in traditionell reine Wohngebiete vordringen.

Erstmals als Bazarstandort inwertgesetzt wird die östlichste der drei Nord-Süd orientierten Durchgangsachsen zur Moschee Ben Youssef bzw. der gleichnamigen Medersa und die zwei West-Ost gerichteten Marktgassen westlich der Moschee Sidi Ishak, der Wollsouk ("Souk Souafine"). Speziell die Verbindung zur Moschee Ben Youssef erlebt bis 1980 eine weitere massive Verstärkung. Eine entsprechend starke Expansion ist im Souk Souafine erst nach 1980 festzustellen. Im Rahmen einer weiteren massiven Zunahme der Bazare nach 1980 sind neben der Erschliessung punktueller neuer Standorte vor allem die Tendenzen zur Expanison in westlicher Richtung von der Moschee el Mouassin weg und zur Ausbreitung der Bazare unmittelbar nördlich des Platzes Jema el Fna bemerkenswert.

Tab. 36: Anzahl der eröffneten Bazare in der Medina von Marrakech

vor 1956	13	1981 - 1985	48
1956 - 1964	22	unbekannt	4
1965 - 1972	44		
1973 - 1980	38	**Total**	**169**

Die unmittelbare Nähe zum Platz Jema le Fna bestimmt auch die Lage der 3 Fondouks am Platz Bab Fteuh, wo sich der Bazarzwischenhandel, der sich z.T. ausschliesslich mit Antiquitäten befasst, niedergelassen hat. Die 3 am Platz Bab Fteuh verorteten Gebäude mit Bazarzwischenhandel sind verkehrstechnisch gut gelegen, so dass die aus anderen Regionen angelieferten Waren für den Bazarhandel (Tab. 37) mit Motorfahrzeugen bis vor die entsprechenden Fondouks gefahren werden können. Seine grosse Blüte erlebt der Bazarzwischen- wie der Bazardetailhandel zwischen 1965 und 1972. In dieser Periode eröffnen 11 der 25 Bazarzwischenhändler am Platz Fteuh ihr Geschäft.

Besonders intensiv vom Bazarzwischenhandel beansprucht wird der Fondouk el Ouarzazi, in dem sich 15 Bazarzwischenhändler niedergelassen haben, die ihre Waren wie die Bazargrosshändler der zwei andern Fondouks nicht nur aus anderen Regionen beziehen, sondern Bazarartikel auch en gros nach Rabat, Casablanca, Tanger, Essaouira, Tetouan, Al Hoceima, Fès, Meknès, Errachidia, Ouarzazate, Zagora und Agadir absetzen (364). Nur der unmittelbar am Eingang des Fondouks el Ouarzazi niedergelassene Bazarzwischenhändler weist sich auch über eine bedeutende Kundschaft von Stadtbesuchern aus, indem er 40% seines Umsatzes durch Direktverkäufe an Touristen erwirtschaftet (Karte 33).

Der Fondouk el Ouarzazi diente bis Ende der 1950er Jahre vor allem als Lagerplatz für Datteln und Henna. Bauern resp. Händler aus dem Atlas und seinem südlichen Vorland brachten diese Waren zwecks Verkauf in den Fondouk, konnten im Innenhof ihre Transporttiere abstellen und selbst im Obergeschoss übernachten. Im Fondouk el Ouarzazi wurden die Datteln und das Henna von Unreinheiten, speziell Steinen, befreit. Der Wandel des Fondouks beginnt in entscheidendem Masse, als die Stadtverwaltung von Marrakech aufgrund von Verkehrsproblemen den Handelsplatz für Henna 1960 an einen verkehrsgünstigeren Standort verlegt. Seit ca. 1970 wird im Obergeschoss des Fondouks überhaupt nicht mehr übernachtet, so dass die Lokalitäten an Dauermieter übergehen konnten. Die zentrale Lage bzw. die gute Erreichbarkeit prädestinierten den Fondouk geradezu als Standort von Grosshändlern mit Bazarartikeln.

Tab. 37: Ursprung der in Bazars von Marrakech verkauften Produkte in %

	Marrakech	Fès	Casablanca	Rabat	Tanger	Essaouira	Salé	Agadir	Safi	El Jadida	Mittl. und Hoher Atlas	Anderswo
Teppiche	10	13	-	33	-	-	-	-	-	-	44	-
Lederwaren	70	13	17	-	-	-	-	-	-	-	-	-
Babouches	92	5	-	2	1	-	-	-	-	-	-	-
Antiquitäten	76	-	-	-	-	-	-	-	-	-	24	-
Waffen	90	-	-	-	-	-	-	-	-	-	10	-
Musikinstrumente	66	-	-	-	-	-	-	-	-	-	34	-
Holzschnitzereien	69	-	-	-	-	21	-	-	-	-	5	5
Töpfereiwaren	45	6	-	-	-	-	12	-	33	-	-	4
Djellabas	62	5	26	-	-	-	-	-	-	7	-	-
Kaftans	66	-	16	-	18	-	-	-	-	-	-	-
Tarbusch (Fes)	-	90	-	-	10	-	-	-	-	-	-	-
Kleider	49	-	43	-	-	-	-	-	-	4	-	-
Decken	86	-	-	-	-	-	-	-	-	-	14	-
Schmuck	38	-	18	-	10	-	-	14	-	-	20	-
Silberwaren	20	50	30	-	-	-	-	-	-	-	-	-

In gleichem Masse vom touristischen Detailhandel mit Bazarartikeln wie der im Fondouk el Ouarzazi dem Eingang nächstplazierte Bazarzwischenhändler profitiert der dem Eingang nächstgelegene Bazarist im Fondouk el Fatmi, in dem weitere 8 Bazarzwischenhändler anzutreffen sind. In dem ursprünglich als Unterkunft für Menschen und Tiere genutzten Fondouk hielt seit 1956 das produzierende Gewerbe Einzug: die Herstellung von Tee- und Zuckergefässen, die Verarbeitung von Gebetsteppichen und die Lagerung von Aprikosensteinen, die zu Leim weiterverarbeitet wurden. Da seit 1963 im Fondouk überhaupt nicht mehr übernachtet wurde, boten sich die freigewordenen Räume an diesem verkehrstechnisch sehr guten Standort für eine neue verkehrsorientierte Nutzung geradezu an. Der gleichzeitig stark expandierende Bazarhandel nutzte die freien Lokalitäten zur Einrichtung von Lager- und Verkaufslokalitäten des Bazarzwischenhandels.

Bereits früher, vor der Unabhängigkeit Marokkos, hatte sich ein Bazarzwischenhändler im Fondouk Benshaba niedergelassen, wo er vermutlich wenig später durch einen zweiten Grosshändler ergänzt wurde. Beide beliefern ausschliesslich Bazaristen und setzen ihre Waren nicht direkt an Stadtbesucher ab.

Die Einrichtung von Bazaren an den wichtigsten Verbindungslinien der Medina verstärkt die aktuelle Tendenz der Verdrängung des produzierenden Gewerbes von den passantenintensivsten Standorten. Die Durchgangswege der Altstadt entwickeln sich zu rein kommerziell ausgerichteten Arterien ohne Produktionsstätten. Diese werden in den östlichen Bereich der Medina abgedrängt, der nur mit sehr wenigen Bazaren bestückt ist und damit Aehnlichkeiten zur Situation des Ostens in der Altstadt von Fès zeigt, wo überhaupt kein Bazar verortet ist. Im Osten der Medina von Marrakech lassen sich die aus dem Westen verdrängten Werkstätten nicht mehr wie an den ursprünglichen Standorten nach Gewerben sortiert nieder.

Die 169 Bazare in der Medina von Marrakech haben auf Kosten von Lokalitäten von mindestens 69 Werkstätten des produzierenden/reparierenden Gewerbes sowie Dienstleistungsbetrieben Raum gegriffen (Tab. 38/Karte 34), was den grössten Teil der ermittelten Sukzessionsprozesse ausmacht. In bescheidenem Masse sind Bazare anstelle von Verkaufslokalitäten entstanden, die eine höhere Persistenz zeigen. Bis 1985 haben nur 37 dem Verkauf gewidmete Hawanit einem Bazar Platz gemacht.

Das Spektrum der produzierenden Handwerksaktivitäten, die im Rahmen eines Sukzessionsprozesses durch einen Bazar abgelöst worden sind, präsentiert sich in der Medina von Marrakech sehr weit. Wir finden Gewerbe, deren Nachfrage bereits so stark gesunken ist, dass ihre Werkstätten kaum mehr in grösserer Zahl überleben können, z.B. die Huf-, Kupfer- und Waffenschmiede, die Produzenten von Blasbalgen oder die Filzwarenhersteller. Die Sukzession durch einen Bazar kommt deshalb in der Regel dem endgültigen Verlust eines Betriebes des jeweiligen Handwerkssektors gleich. Die Produkte anderer Gewerbe wie Schreiner, Schneider und Färber werden zwar nach wie vor stark nachgefragt, die wachsende Bevölkerung sorgt sogar für ein Ansteigen des entsprechenden Bedarfs, sie sind aber auf dem Markt einer sehr intensiven Konkurrenz durch industrielle Unternehmen ausgesetzt, welche ihre Umsätze und Gewinne stark absinken lassen. So werden Sukzessionsprozesse möglich, vor allem wenn die Söhne die wenig gewinnträchtigen Betriebe nicht mehr weiterführen wollen oder gar kein männlicher Spross vorhanden ist.

Tab. 38: Durch Bazare verdrängte Nutzungen in der Medina von Marrakech (365)

Produzierendes Gewerbe/Reparaturen/Dienstleistungen 69, nämlich:	
7 Schreiner	2 Filzwarenhersteller
6 Gebets-/Sattelteppichmacher	2 Coiffeure
5 Färber	2 Produzenten von Blasbalgen
5 Kupferschmiede	2 Djellabaschneider
4 Schneider	1 Ziseleur von Kupferplatten
3 Schuhmacher	1 Kürschner
3 Produzenten von Babouches	1 Steinmetz
3 Metzger	1 Töpfer
3 Weber	1 Korber
2 Sattler	1 Verarbeiter von Stroh
2 Kesselschmiede	1 Photograph
2 Hufschmiede	1 Produzent von Eimern aus Plastik
2 Silberschmiede	1 Reparateur von Kühlschränken
2 Waffenschmiede	1 Spiegelmaler
2 Holzschnitzer	
Verkaufslokalitäten 38, nämlich:	
6 Djellabas, Kaftans	1 Schuhe
5 Maroquinerie	1 Konfiserie
4 Teppiche	1 Bonbons
3 Gewürze	1 Suppe
3 Poulets	1 Lebensmittel
2 Artikel für Berber	1 Haushaltartikel
2 Stoff	1 Töpfereiwaren
1 Wolle	1 Silberwaren
1 Babouche	1 Strohwaren
1 Kleider	1 Waffen
Wohngebäude 27	**Freigelände 2**
Grosshandel/Lager 10	**Ungenutzt 7**
Koranschule 2	**Nutzung unbekannt 28**
Brunnen 1	

Am Beispiel des besonders häufig von Stadtbesuchern frequentierten Färbersouks (Abb. 43) zeigt sich, dass hohe touristische Attraktivität keine Garantie zur Erhaltung eines jahrhundertalten Standortes eines Gewerbes darstellt. Vielmehr droht die hohe touristische Anziehungskraft des Handwerks dessen Aktivitäten am gegenwärtigen Standort durch die zunehmende Integration von Bazaren geradezu zu gefährden.

Abb. 43: Häufung von Bazaren im touristisch attraktiven Färbersouk in der Medina von Marrakech

Bereits 1944 machen die ersten 2 Färberateliers Bazaren Platz. Bis 1985 werden 7 weitere Bazare im Souk Sebbaghine eröffnet. Sie greifen dabei nicht allein auf Kosten von Färberateliers Raum, von denen 3 vom ursprünglichen Standort direkt im Färbersouk in die unmittelbare Nachbarschaft dislozieren. Nein, auch ein Schmied, der Scheren für die im Souk ihre Wolle abliefernden Bauern herstellt und schleift, verschwindet aus dem Färbersouk, ebenso ein Kupferschmied, welcher die für die heute nicht mehr praktizierte Extraktion der Farbe aus vegetabilen Rohstoffen und die Erhitzung der Farbe notwendigen Kessel fertigt. Im weiteren gibt ein im Souk Sebbaghine angesiedelter Weber seine Werkstatt zugunsten eines Bazars auf. Ein an den Färbersouk anstossendes Wohngebäude, in dessen Erdgeschoss bereits ein Grabsteine bearbeitender Steinmetz tätig ist, wird 1964 angesichts der hohen Verdienstaussichten ganz den touristisch orientierten Bazaraktivitäten gewidmet. Im unmittelbar nach Norden anschliessenden Souk Dellaouine, wo in standörtlicher Vergesellschaftung mit dem Färbersouk die für den Färbprozess notwendigen Eimer aus Kautschuk hergestellt wurden, zieht im Laufe des fortschreitenden Niedergangs dieses Gewerbes auch ein Bazar ein.

Wie attraktiv der Färbersouk gegenwärtig ökonomisch ist, zeigt sich an der Tatsache, dass sich zahlreiche ambulante Händler - darunter immer wieder Frauen, welche in Heimarbeit geflochtene Taschen absetzen wollen - diesen

Markt als Verkaufsort auswählen. Ebenso häufig finden sich Wasserverkäufer im Souk Sebbaghine ein, die von den Touristen gegen eine finanzielle Entschädigung vor dem farbenfrohen Hintergrund der aufgehängten Wolle und Kleidungsstücke abgelichtet zu werden wünschen. Im Gegensatz zu Fès werden die neu gefärbten Garne in Marrakech nämlich nicht ausgewrungen, sondern an langen Bambusstangen über dem Souk getrocknet, was die Tatsache erklärt, dass nur der wesentlich photogenere Färbersouk in Marrakech zu einem bedeutenden Bazarstandort wurde. Im engeren Bereich des traditionellen Färbersouks sind angesichts diese intensiven Nutzungs- und Strukturwandels bis 1985 noch 8 als solche genutzte Färberhawanit erhalten geblieben, 3 weitere befinden sich in unmittelbarer Nachbarschaft zum ursprünglich allein für dieses Gewerbe bestimmten Souk.

Das Färberhandwerk stellt eine exemplarische Branche dar, in welcher vom Fremdenverkehr innovative Impulse ausgehen, die sowohl destruktiven als auch konservierenden Charakter zeigen. Einerseits werden die Färber im Rahmen von Sukzessionsprozessen durch touristisch orientierte Bazare vom traditionellen Standort verdrängt, anderseits trägt gerade die wachsende touristische Nachfrage nach mehr oder weniger typischen marokkanischen Kleidern zur Steigerung der Ueberlebenschancen dieses einer starken industriellen Konkurrenz ausgesetzten Gewerbes an neuen Standorten in der Altstadt bei. Um die Attraktivität des Souks Sebbaghine in Zukunft weiter erhalten zu können, darf die Zahl der aktiven Färber am traditionellen Standort aber nicht noch weiter zurückgehen. Ihre Werkstätten sind durch entsprechende Nutzungsvorschriften weiterhin der Färberei vorzubehalten. Ein Färbersouk ohne Färber ist im übrigen auch für den touristisch orientierten Bazaristen uninteressant, weil die Zahl der im Souk Sebbaghine verweilenden Stadtbesucher in diesem Falle mit Sicherheit stark abnehmen würde!

Die 7 auf Kosten von Gebets- bzw. Satteltteppichmachern und Filzwarenherstellern im Souk Lebbadine errichteten Bazare profitieren in wesentlichem Masse - wie jene des unmittelbar westlich davon gelegenen Färbersouks - von ihrer ausserordentlich passantenintensiven Lage an der Verbindung von den Kissaria zur Moschee el Mouassin. Die traditionell im Souk Lebbadine verorteten stillen Gewerbe, welche unter der abnehmenden Nachfrage nach Filzwaren und Satteltteppichen leiden, deren Absatz von Gebetsteppichen aber nach wie vor prosperiert, haben sich bereits seit 1956 von ihrem ursprünglichen Standort zugunsten von Bazaren zu lösen begonnen.

Im Gegensatz zu Fès sind in Marrakech auch produzierende Gewerbe bzw. Verkaufslokalitäten von Gütern des täglichen Bedarfs in grösserer Zahl durch Bazare ersetzt worden. So haben in der Medina von Marrakech bis 1985 insgesamt 3 Metzger, 3 Gewürzhändler, 2 Pouletverkäufer, 1 Lebensmittelhanut, 1 Konfiserie- und 1 Bonbonverkäufer ihre Geschäftsaktivitäten im Rahmen eines Sukzessionsprozesses zugunsten eines Bazars aufgegeben.

Diese Ablösungsprozesse beginnen bereits vor der Unabhängigkeit Marokkos, indem am nördlichen Ausgang des Platzes Jema el Fna eine Metzgerei durch einen Bazar ersetzt wird. Weitere Sukzessionsprozesse von Hawanit mit einem

Lebensmittelsortiment an dieser einkaufsstrategisch äusserst günstigen Lage (Abb. 44) und an der vom Platz Rahba Kedima zur Moschee Sidi Ishak wegführenden Achse sowie auf dem ursprünglich für den Getreidehandel reservierten Platz Rahba Kedima selbst sind nach 1965 bis 1985 in kontinuierlicher Abfolge zu verzeichnen. Erst nach 1973 mit der Expansion der Bazaraktivitäten in westlicher Richtung über die Moschee el Mouassin hinaus werden auch dort je ein Patisserie-, ein Bonbon- und ein Gewürzhanut durch einen Bazar abgelöst.

Unter den durch einen Bazar ersetzten Verkaufslokalitäten fällt die hohe Zahl an Geschäften mit einem stark von Touristen nachgefragten Sortiment von Maroquinerie, Teppichen oder traditionellen Kleidern wie Kaftans und Djellabas auf. Bei den Kaftans und Djellabas vermag die steigende touristische Nachfrage den sinkenden Absatz an die autochthone Kunschaft, welche immer mehr westliche Modeartikel erwirbt, nicht wettzumachen. Im Falle der Maroquinerie und der Teppiche sind die Sukzessionsprozesse mehrheitlich als Ergänzungsprozesse zu verstehen, indem zu den bereits guten Ertrag abwerfenden Lederwaren oder Teppichen weitere für Touristen attraktive Produkte hinzugefügt werden, welche die Umsatzziffern noch zu steigern vermögen.

Abb. 44: Bazare auf Kosten von Verkaufslokalitäten von Gütern des kurzfristigen Bedarfs am nördlichen Ausgang des Platzes Jema el Fna in der Medina von Marrakech

Der Entscheid zur ökonomisch motivierten Sortimentserweiterung wird in vielen Fällen in Absprache von Vater und Sohn getroffen. Die Eröffnung eines Bazars an sich ist - wie in der Neustadt von Marrakech - mehrheitlich, aber nicht allein, auf die Initiative einer jungen Generation (bis 40jährige) zurückzuführen (Tab. 39). Im Durchschnitt sind die gegenwärtigen 188 Besitzer von 169 altstädtischen Bazaren (366) 43 Jahre alt (Tab. 40).

Tab. 39: Altersstruktur der Bazarbesitzer in der Medina von Marrakech zum Zeitpunkt der Bazareröffnung

Altersgruppe	Bazarbesitzer
jünger als 20	3
20 - 30	55
31 - 40	50
41 - 50	31
51 - 60	9
älter als 60	-
unbekannt	36

Tab. 40: Altersstruktur der Bazarbesitzer in der Medina von Marrakech 1985 (367)

Altersgruppe	Bazarbesitzer
jünger als 20	-
20 - 30	29
31 - 40	66
41 - 50	48
51 - 60	25
älter als 60	16
unbekannt	4

Durch die Eröffnung eines Bazars werden die vorherigen Produktions- oder Handelsaktivitäten des Initianten in einigen Fällen nicht aufgegeben, sondern vielmehr eine Ausweitung des Sortiments resp. eine räumliche und/oder materielle Verlagerung der Tätigkeiten vorgenommen.

"La 'bazardisation' progressive des souks est en réalité une promotion des artisans de vieille souche qui métamorphosent leurs anciens ateliers en bazar pour produits artisanaux, se recyclant dans le commerce touristique, tout en gardant des liens étroits avec le métier; ils ouvrent de nouveaux ateliers ailleurs et continuent à produire et exploitent la main d'oeuvre immigrée dans la ville." (368)

Allerdings ist die "Bazardisation" nicht allein auf eine Erweiterung des Sortiments oder auf die Aufnahme von Bazaraktivitäten auf Kosten einer früheren Aktivität durch den gleichen Besitzer am identischen Standort zurückzuführen, wie es LAGDIM SOUSSI vermutet. Vielmehr geht der Mehrheit der Sukzessionsprozesse tatsächlich ein Besitzer- oder Mieterwechsel voraus.

Von 75 befragten Besitzern altstädtischer Bazare waren 1981/82 deren 51 Händler, 17 gaben als Berufsbezeichnung "Handwerker" an und 7 waren hauptberuflich als Fremdenführer tätig (369). Die letztgenannte Kombination gibt immer wieder zu unerfreulichen Diskussionen Anlass, weil die entsprechenden Fremdenführer ihre Gruppen selbstverständlich immer wieder in ihre eigenen Bazare führen, um deren Umsätze und ihre Verdienste zu steigern. Neben der Tatsache der Monopolisation, welche dem Stadtbesucher quasi jede Möglichkeit zur Wahl eines eigenen Kaufortes nimmt und damit die Marktchancen anderer Verkaufslokalitäten beeinträchtigt, wird der Tourist bei den Verkaufsverhandlungen vom Fremdenführer mit Sicherheit nur der Form halber unterstützt. In Tat und Wahrheit ist dieser an einem hohen Verkaufspreis interessiert, weil er sowohl von der ihm zustehenden Provision als auch dem Verkaufserlös an sich profitiert. Nur fliesst im Falle der Berufskombination Fremdenführer-Bazarist beides in die gleiche Tasche. Um der ob diesen Missständen verständlichen Unruhe unter Bazaristen, anderen Händlern und Handwerkern zu begegnen, sind die als Fremdenführer tätigen Bazaristen mittels Erlass des Tourismusministeriums zu verpflichten, eine dieser Tätigkeiten aufzugeben.

Unter einigen der grössten Bazare in der Medina von Marrakech sind Kapitalverbindungen feststellbar. Das Beteiligungskapital braucht dabei nicht in Form von Geld eingeschossen zu werden, sondern wird oft in Gestalt von in den Bazaren absetzbaren Produkten oder durch das Stellen eines Lokals geleistet. Die prozentual unterschiedliche Beteiligung, wie sie in dieser Form von sog. "Associés" auch bei andern Produktions- und Handelsaktivitäten auftritt, ist ausschlaggebend bei einer eventuellen Gewinnverteilung resp. der Aufteilung eines erlittenen Verlustes.

In einem dokumentierten Falle hat sich eine private Gesellschaft in ihren Bazaraktivitäten derart diversifiziert, dass sie allen Formen des Bazarhandels gerecht werden kann. Die Gesellschaft führt drei verschiedene Bazare, von denen einer dem Grosshandel gewidmet ist, der zweite sich auf Verkäufe an Individualkundschaft spezialisiert hat und der dritte im wesentlichen mit Angehörigen von Reisegruppen Geschäfte tätigt.

Die zunehmende Verflechtung der grössten Bazare führt im Zusammenhang mit Absprachen mit den Reiseveranstaltern, welche ihre Gruppen kontinuierlich in die gleichen Bazare führen, zu einer sich verstärkenden Monopolisation des Bazarhandels. Ist es in Fès vor allem die Verbindung von Restaurant und Bazar im Rahmen von Touristenpalästen mit gleichzeitigen Verträgen mit Tour-Operators, welche zu einer unerwünschten Monopolisation der touristisch ausgerichteten Verkaufsaktivitäten führt, ist es in Marrakech die Verflechtung der grösseren Bazare untereinander bei gleichzeitigen Absprachen mit Reiseunternehmern.

Im Gegensatz zum Kampf gegen die visuell feststellbare Verbindung von Bazar und Restaurant in Fès ist jener gegen die zunehmende ökonomische Verflechtung einiger grosser Bazare in Marrakech äusserst schwer zu führen, weil sich die zur Diskussion stehenden Transaktionen oft nur schwer feststellen lassen und sich ein entsprechendes Verbot unter den Bedingungen einer freien Marktwirtschaft auch nur schwer begründen lässt. Gerade unter den Prämissen eines freien Wettbewerbs sollte aber durch ein Absprachverbot für Bazaristen und Reiseveranstalter sichergestellt werden, dass auch kleinere Bazare und direkt an Touristen verkaufende Produzenten/Händler eines Artikels weiterhin ihre Marktchancen wahrnehmen können. Durch das tägliche Ausfüllen eines Besuchsprotokolls durch die die Reisegruppen begleitenden Fremdenführer kann festgestellt werden, ob ein Wechsel bei den besuchten Bazaren stattfindet. Stichproben durch die Tourismusdelegation und strenge Sanktionen für die Fremdenführer bei Nicht-Einhaltung der Bestimmungen machen dieses Verbot und System durchaus praktikabel.

Die wirtschaftlichen Verbindungen zwischen Bazaren machen im übrigen nicht an den Mauern der Medina oder am Stadtrand von Marrakech halt, sondern zeigen auch interregionalen Charakter, indem z.B. zahlreiche Bazare in Küstenstädten wie Agadir Filialen von Bazaristen in Marrakech, Fès oder

Tanger darstellen (370). Wie bei anderen ökonomischen und politischen Aktivitäten zeigen sich die Fassi in der regionalen Diversifikation von Bazaraktivitäten besonders initiativ. So sind in Marrakech mehrere grosse Bazare anzutreffen, die von Fassi geführt werden, z.T. unter der gleichen Bezeichnung wie in Fès und von einem Sohn, dessen Vater weiterhin den Bazar in Fès betreibt.

In den Bazarlokalitäten in der Medina von Marrakech sind ganzjährig 665 Personen beschäftigt, darunter 12 weibliche Arbeitskräfte. Saisonal werden zusätzlich 45 Männer in altstädtischen Bazaren eingesetzt. Die grosse Mehrheit der Bazare beschäftigt ganzjährig höchstens 4 Personen (Karte 35). Direkt von sog. "Maisons de Tapis" oder Bazaren mit weiter gefächertem Warensortiment permanente Aufträge erhalten rund 600 Teppichknüpferinnen, die ihre kunstvolle Arbeit nicht im Bazar selbst, sondern meist in Heimarbeit in der Stadt oder Region Marrakech, aber auch in weiter entfernten Atlasdörfern verrichten.

Mit wenigen Beschäftigten kommen die Bazarzwischenhandelsunternehmen am Platz Bab Fteuh aus, die in der Regel nur von einer oder zwei Personen geführt werden. Bei zwei Personen wird - besonders häufig im Antiquitätenhandel - eine Aufgabenteilung vorgenommen, indem sich der eine Händler dem Einkauf der Waren auf städtischen und ländlichen Märkten widmet, während sich der Partner mit dem Verkauf an Bazaristen beschäftigt. Ganzjährig finden im Bazarzwischenhandel am Platz Fteuh total 35 Personen ihr Auskommen.

In ausgeprägtem Masse von direkten Verkäufen an Touristen profitieren die Bazare im Souk Smarin, Souk Lebbadine, Souk Sebbaghine, Souk Mouassin und in der von der gleichnamigen Moschee Richtung Süden verlaufenden Achse, wo die Stadtbesucher in der Mehrheit der Verkaufslokalitäten für mindestens 60%, ja 80% des Jahresumsatzes verantwortlich zeichnen (Karte 33). Daneben treffen wir auf weitere punktuelle Standorte von Bazaren mit besonders hohen touristischen Umsatzanteilen im Westen und im Süden der Medina. In den insgesamt 32 reinen "Maison de tapis" stellen die Touristen im Durchschnitt ca. 75% der Kundschaft.

Mit einer Ausnahme touristische Umsatzanteile von mindestens 80% erreichen die 9 Touristenpaläste in der Medina von Marrakech (Karte 33). Besonders in den grösseren Unternehmen treffen die meisten Gäste im Rahmen von geführten Reisegruppen ein. Im "Dar es Salam" stellen die Reisegruppen volle 90% der Gäste, im "Le Riad" und im "Palais Ambra" je 80%, während im "Gharnatta" 65%, im "Riad el Bahia" 50% und im "Dar el Baroud" immerhin 10% der Besucher geführten Gruppen angehören. Diese hohen Gruppenanteile sind nicht allein auf entsprechende Verträge zwischen den Touristenpalästen und Reisebüros zurückzuführen, denn letztlich steht es jedem Stadtbesucher frei, sich einem in der Regel fakultativen abendlichen Nachtessen in einem Touristenpalast anzuschliessen. Ebenso entscheidend ist das Verhalten der Touristen selbst, die es meist aus Angst vorziehen, einen nächtlichen Besuch in der Medina im Rahmen einer Gruppe zu absolvieren.

In den 9 Touristenpalästen finden total 220 Personen - darunter 97 Frauen, welche fast ausschliesslich als Köchinnen wirken - während des ganzen Jahres Arbeit. Die marokkanische Küche befindet sich in den Touristenpalästen fest in weiblichen Händen. Die Männer sind als Küchengehilfen, im Service und im Einkauf der für die Zubereitung der Mahlzeiten notwendigen Rohstoffe tätig. Weitere 27 Personen, unter ihnen 2 Frauen, werden sporadisch bei Grossanlässen zur Verstärkung der Küchen- bzw. Serviceequipen rekrutiert.

Nur annähernd Auskunft kann über die Zahl der im Rahmen von Folkloregruppen in Touristenpalästen auftretenden Artisten gegeben werden, weil diese im Laufe des Jahres in einigen Lokalen immer wieder wechseln. Ganzjährig fest verpflichtet sind 63 Künstler, weitere rund 100 Personen werden saisonal als Musiker, Tänzerinnen, Schlangenbeschwörer oder Bodenartisten engagiert. Der direkt am Platz Jema el Fna eingerichtete Touristenpalast "Le Marrakchi" verzichtet bewusst auf das Engagement von Künstlern, weil der Platz selbst genügend Attraktionen bietet, die von den Terrassen des Touristenpalastes aus hervorragend beobachtet werden können.

Angesichts der hohen Kapazitäten (bis zu 850 Plätze) dieser mit einer Ausnahme (371) aus ehemaligen Wohngebäuden bzw. Privatpalästen entstandenen Touristenpaläste haben diese nicht die gleiche zahlenmässige und räumliche Dynamik erlebt wie die Bazare (Karten 33/34). Selbst zwischen 1965 und 1972 sind allein 2 Touristenpaläste eröffnet worden, wodurch aber mehr als 1 000 neue Restaurationsplätze zur Verfügung standen! In Anbetracht der Tatsache, dass die meisten Hotelgäste mindestens Halbpension gebucht haben, verzeichnen die touristisch orientierten, typisch marokkanischen Restaurationsbetriebe ausserhalb der Hotels keine den Bazaren vergleichbare Hausse. So ist zwischen 1973 und 1980 kein einziger Touristenpalast in der Medina von Marrakech eröffnet worden, erst nach 1980 sind weitere 3 in ehemaligen Wohngebäuden entstanden (372).

Im Gegensatz zu den vor 1981 eingerichteten Touristenpalästen, die mit einer Ausnahme (373) alle südlich des Platzes Jema el Fna verortet sind, haben die drei neusten Touristenpaläste alle einen Standort unmittelbar an demselben oder nördlich bzw. westlich davon gewählt, wobei in einem Fall tief in ein Derb vorgestossen wurde. Bereits 1962 war der Touristenpalast mit der bis heute grössten Platzkapazität nordwestlich des Bahia-Palastes tief in ein Derb eingedrungen, wodurch die vorgängige Intimität des betroffenen Wohngebietes entscheidend gestört wurde. Von den übrigen 7 Touristenpalästen in der Medina von Marrakech gehen keine derartigen sozial motivierten Interessens- bzw. Nutzungskonflikte aus, weil sie sich an Hauptlinien des Wegnetzes in der Altstadt orientieren.

In der Medina von Marrakech sind gegenwärtig mehrere Nutzungskonkurrenzen feststellbar. In den Souks im Westen der Altstadt beanspruchen die Handelsaktivitäten auf Kosten des produzierenden Handwerks immer mehr Raum. Angesichts des knappen Angebots an grossen Verkaufslokalitäten im gerade von Touristen stark frequentierten Westen der Medina greifen die touristisch orientierten grossen Bazare zur Befriedigung ihrer Raumansprüche auch auf

Wohnhäuser zurück. So werden 28 ehemalige Wohngebäude heute durch Bazare genutzt. Der Verlust an altstädtischem Wohnraum zugunsten von Bazaren nahm bereits kurz nach der Unabhängigkeit Marokkos einen bescheidenen Anfang, um sich nach 1964 bis 1980 weiter zu intensivieren. Seit 1981 hat sich die Expansion von Bazaren auf Kosten von altstädtischem Wohnraum nur unwesentlich beruhigt (Tab. 41).

Tab. 41: Anzahl der in ehemaligen Wohngebäuden eröffneten Bazare in der Medina von Marrakech

vor 1956	-	1973 - 1980	11
1956 - 1964	2	1981 - 1985	6
1965 - 1972	8		

Besonders intensiven Ablösungsprozessen von Wohnraum durch Bazare waren die Quartiere Mouassin und el Ksour unterworfen, wo sich die Bazare bis anhin in ihrer grossen Mehrheit an den Durchgangsachsen orientieren. Angesichts des sich verstärkenden Druckes auf die traditionell - aber nicht durch gesetzliche Auflagen - der Wohnnutzung vorbehaltenden Derbs in den genannten zwei Quartieren wird in Marrakech gegenwärtig der Erlass von Nutzungsvorschriften diskutiert, welche neue Bazare an die (touristischen) Hauptlinien binden sollen (374).

Durch derartige die Expansion räumlich limitierende Vorschriften würde zwar die Nutzungskonkurrenz auf den Achsen mit den höchsten Touristenfrequenzen verstärkt, gleichzeitig aber die fundamentale Gliederung der Stadt in streng getrennte Wirtschafts- und Wohnviertel nicht geopfert, wie dies in der Medina von Fès in Ansätzen bereits erfolgt ist. Im weiteren würde durch die Festlegung der neuen Bazare auf die touristischen Hauptlinien vermieden, dass durch die Einrichtung von Bazaren in abgelegenen Wohnquartieren infrastrukturelle Massnahmen - wie die Verbesserung der Boden- und Lichtverhältnisse auf den Zugangswegen zu diesen Bazaren - präjudiziert werden, die auf Kosten von dringenderen Rehabilitierungsmassnahmen in anderen, besonders bevölkerungsreichen Quartieren vorgezogen werden müssten, damit die Sicherheit der Touristen gewährleistet werden könnte (375). Um auch die touristische Attraktivität der altstädtischen Hauptlinien, sprich deren z.T. noch vorhandenes produzierendes Handwerk zu erhalten, werden sich flankierende Nutzungsvorschriften in gewissen Souks (z.B. im Färbersouk) nicht umgehen lassen, was gleichzeitig die Ueberlebenschancen des so geschützten Gewerbes infolge der am traditionellen Standort gegebenen Kontaktvorteile zwischen den Handwerkern steigen liesse.

Die durch den Fremdenverkehr geförderte, aber nicht initiierte Auflösung der traditionellen Branchensortierung in den zentralen Souks, die sich an den nicht mit der gegenwärtigen Nutzung übereinstimmenden Namen der Marktabschnitte feststellen lässt, bringt für den sich aus der räumlichen Nachbarschaft mit Handwerkern der gleichen Branche sich lösenden Gewerbetreibenden und für das entsprechende Gewerbe als gesamtes zahlreiche Nachteile mit sich. Die Standortwahl des Handwerkerbetriebes an sich spielt, wie die umfassenden Untersuchungen von ESCHER exemplarisch gezeigt haben, keine sekundäre Rolle, sondern sind im Rahmen des Ueberlebenskampfes einer Branche von entscheidender Bedeutung.

> "Die Handwerker können effektiver produzieren und Informationen besser austauschen, wenn die Betriebsräume einer Branche in einem Viertel oder Fondouk konzentriert sind. Die Konzentration der Handwerker bewirkt die Verstärkung der gegenseitigen Hilfsbereitschaft, ermöglicht eine bessere Preisabsprache, Solidarität gegenüber Händlern und eine Aufteilung grösserer Kundenaufträge, die ein einzelner Handwerker nicht bewältigen kann." (376)

Die prospektive Beschränkung der Bazare auf die Hauptachsen der Medina ist notwendig, weil bei weiter zunehmenden Gästeziffern die zahlenmässige Expanison der touristisch orientierten Verkaufslokalitäten sicher fortgesetzt wird. Die gegenwärtig relativ kurze Amortisationszeit grosser Bazare lässt weitere Neueröffnungen erwarten. Die Erfahrungswerte der Amortisationszeit schwanken zwischen 5 und 15 Jahren und dies trotz Schlüsselpreisen, die Höhenflüge sondergleichen erleben (377). So kostete der "Schlüssel" für ein Wohngebäude im Quartier el Ksour 1985 700 000 Dh bei einer Monatsmiete von 1 200 Dh. 1972 hatte ein Bazarist den "Schlüssel" eines von der Grösse und Lage vergleichbaren Wohnhauses im Quartier Mouassin noch für 200 000 Dh erwerben können bei einer monatlichen Miete von 300 Dh. Aufgrund der Inflation und vor allem der guten Ertragslage hat der Besitzer des entsprechenden Gebäudes die Monatsmiete bis 1985 in Etappen von 300 Dh auf 2 500 Dh erhöht, ohne dass gegen diese wiederholten Heraufsetzungen vom Bazaristen Einspruch erhoben worden wäre. Vor der Installation des Bazars 1972 betrug die monatliche Miete als Wohngebäude 100 Dh.

Für Produktions-/Ladenlokalitäten an passantenintensiven Standorten, die als Bazare genutzt werden können, werden angesichts der guten Verdienstaussichten ebenfallls respektable Schlüsselpreise und Mieten bezahlt. Im Souk Lebbadine z.B. hat ein Bazarist 1981 den "Schlüssel" eines rund 8 m^2 grossen Lokals für 40 000 Dh gekauft. Vier Jahre später werden ihm unter der Hand bereits Angebote in der Grössenordnung von 90 000 Dh für den ebenerdig zugänglichen Raum unterbreitet. Die Lokalitäten im Souk Lebbadine erweisen sich als besonders attraktiv, weil sie mehrheitlich Habous-Besitz darstellen und die Mieten dehalb erfahrungsgemäss über längere Zeit stabil bleiben. In unserem Beispiel beträgt die Miete des Raumes seit Beginn des Mietverhältnisses unverändert 250 Dh.

Die kurzen Amortisationszeiten der grossen Bazare - trotz der hohen Schlüsselpreise und Mieten (Ausnahme: Habous-Besitz) - sind nur dank steigender touristischer Besucherzahlen möglich und weil die Stückpreise für die die Waren herstellenden Handwerker tief gehalten werden. Die Verkaufsfunktionen sind in der Regel ökonomisch besser gestellt und daher eher in der Lage, teure Lokalitäten in den Souks zu nutzen, als eine grosse Mehrheit des produzierenden Handwerks. Der expansive Druck der Bazare und der Verkaufsfunktionen ganz generell führt daher im Rahmen von Sukzessionsprozeesen bei Besitzer- oder Mieterwechseln unmittelbar zur fortschreitenden Verdrängung des produzierenden Gewerbes aus den zentralen Souks, ja den Souks ganz allgemein. Mittelbare Folge der Ausbreitung der Verkaufsfunktionen - u.a. der Bazare - auf Kosten der Produktionsstätten in den Souks bildet die zunehmende Durchmischung der Funktionen "Wohnen" und "Arbeiten", die ursprünglich streng getrennt waren.

So wird die Wohnnutzung im Westen der Medina von Marrakech nicht allein durch grosse Bazare, sondern auch durch versteckte kleine Werkstätten - speziell für das Teppichgewerbe, für Schneider-, Leder- und Holzarbeiten - konkurrenziert, die im Gegensatz zu den Bazaren, welche sich bis anhin in ihrer grossen Mehrheit an den Hauptachsen der Quartiere orientieren, immer mehr in die traditionell der Wohnnutzung reservierten Derbs eindringen (378). Die Ruhe der Bewohner eines Derbs wird aufgrund der Tatsache, dass sie z.T. selbst Ausübende der vorwiegend stillen Handwerksaktivitäten sind, nur unwesentlich gestört. Die zusätzlichen, durch die Einrichtung der Werkstätten in den Derbs verursachten Personenfrequenzen bleiben minimal. Die Zahl der Touristen in den Derbgassen nimmt nicht zu, weil gar keine Gelegenheit zur Beobachtung dieser zwar sehenswerten, aber hinter geschlossenen Türen von Wohngebäuden praktizierten Gewerbe besteht.

Die Handwerker, welche entgegen traditionellen Gewohnheiten ihr Gewerbe in standörtlicher Kombination im Wohngebäude ausüben, sind infolge ihrer beschränkten finanziellen Mittel als Besitzer kaum in der Lage resp. als Mieter nicht gewillt, zur Erhaltung der architektonischen Substanz des Hauses beizutragen, wodurch - wie bei der Uebernutzung durch zuviele Bewohner - ein Zerfallprozess der Bausubstanz in Gang gesetzt wird.

Die im Westen definitiv verdrängten Handwerksunternehmen lassen sich neu im Osten der Medina, wo sie ebenfalls mit der Wohnnutzung in Konkurrenz treten, im Douar Sidi Youssef Ben Ali oder in andern ursprünglich als Spontansiedlungen entstandenen und nun z.T. legalisierten Urbanräumen ausserhalb der Mauern der Altstadt (379) nieder. Im Osten der Medina stossen die aus dem Westen ausziehenden Gewerbetreibenden an den Hauptrouten auf einen expandierenden Grosshandel mit Rohstoffen für Schreiner, das Baugewerbe und Messing- bzw. Eisenschmiede (380). Der Grosshandel hat seine ursprünglichen Lagerräumlichkeiten im Westen der Altstadt - z.T. auch auf Kosten von Bazaren - weitgehend verloren. 10 Bazare sind in Lokalitäten eingerichtet worden, die vorher durch Grosshandelsaktivitäten resp. als Lagerraum genutzt wurden.

Die ehemaligen Fondouks, die z.T. auch durch die Verlagerung des Grosshandels in die - nach der Ablösung der Transporttiere durch Lastwagen - verkehrsgünstigere Neustadt freigesetzt wurden, werden bereits seit der Kolonialzeit durch Handwerker, die von den Hauptachsen durch Detailhandelsaktivitäten verdrängt wurden, gebraucht oder als mangelhaft ausgestatteter Wohnraum einer stark wachsenden Bevölkerung genutzt (381). Ihre Bedeutung als Stallung für Tiere, welche Waren innerhalb der für den Autoverkehr nicht zugänglichen Medina transportieren, haben nur wenige Fondouks im Gerberviertel von Bab ed Debbarh bis heute zu bewahren vermocht.

Die stärkere wirtschaftliche Bedeutung des Westens der Medina, welche durch die Ansiedlung von Detailhandelsaktivitäten auf Kosten des aktiven Handwerks gegenwärtig verstärkt wird, war bereits durch die kolonialzeitliche Stadtpolitik vorherbestimmt. Die europäischen Kolonisten liessen sich in Marrakech - vor dem Bau der Neustadt - rund um den Platz Jema el Fna und die von diesem Richtung Moschee Ben Youssef abgehenden Hauptstränge der Medina nieder. Der Platz Jema el Fna als Standort der Post, der Banken, der ersten französischen Administrationen und als Ausgangspunkt der nationalen resp. regionalen Autobuslinien wurde zum neuen, kolonialen Stadtzentrum und löste so die Freitagsmoschee Ben Youssef in dieser Funktion ab. Vor Errichtung der Neustadt entstand nördlich der Kasbah, innerhalb der Stadtmauern sogar ein eigentlicher europäischer Sektor, das heutige Viertel Arset el Maach (382).

Da die Neustadt westlich der Medina angelegt wurde und die innerhalb der Stadtmauern verorteten Administrationen wie die Stadtverwaltung und die Gerichte ebenfalls im Westen der Altstadt, im Uebergang zur "Ville Nouvelle", errichtet wurden, verstäkte sich die sozio-ökonomische Bedeutung des altstädtischen Westens weiter, der bereits vor der Kolonialzeit der bevorzugte Wohnort der höheren sozialen Schichten Marrakechs gebildet hatte. Der Bau von ersten Hotels im Westen der Medina unterstrich die höhere Wertigkeit dieses in den Quartieren Koutoubia und Djema el Fna nur relativ schwach bevölkerten Stadtgebietes (Tab. 42) noch weiter.

Tab. 42: Bevölkerungsdichte (Einwohner/ha) in der Medina von Marrakech 1977 nach Sektoren (383)

Koutoubia	310	Centre Nord	808
Djema el Fna	400	Centre Sud	605
Bab Doukala	722	Bab Rehmat	783
Bab Khemis	730	Kasbah	832
Bab Debagh	732		

Durch die Verlagerung des Busbahnhofes vom verkehrsüberlasteten Platz Jema el Fna zum Bab Doukala ändert sich an dieser generellen Westorientierung nichts. Nur eine leichte Verschiebung des Schwergewichtes innerhalb der westlichen Medina resultiert aus dieser stadtplanerischen Rochade, indem das Zentrum des regionalen und nationalen Busverkehrs an den westlichen Rand eines Quartiers mit hoher Bevölkerungsdichte verlegt wird. Der touristische

Busverkehr bleibt aber weiterhin auf den attraktiven Platz Jema el Fna konzentriert.

Der bei der Anlage der kolonialzeitlichen Verwaltungsinfrastruktur nicht berücksichtigte und nur mit wenigen attraktiven historischen Baudenkmälern dotierte Osten hingegen nimmt - wie in der Altstadt von Fès - seit der Unabhängigkeit immer stärker ländlichen Charakter an, indem sich die Landflüchtigen in den bereits stark genutzten Handwerker-Wohngebieten (z.B. Bab Khemis, Bab Debagh) - oft mittels Unterteilung der Wohngebäude und in einigen Fällen unter gleichzeitiger Integration von Gewerben - niederlassen.

Angesichts des starken Bevölkerungsdruckes und den Raumansprüchen des aus den zentralen Souks verdrängten Handwerks erfasst die Ruralisation bzw. Proletarisation in zunehmendem Masse auch die südlichen Sektoren der Medina mit sehr hohen, ja den höchsten Bevölkerungsdichten (Bab Rehmat, Kasbah). Dadurch wird die ehemalige Gliederung der Medina in einen durch das Handwerk sowie den Handel charakterisierten Norden und einen durch das Wohnen geprägten Süden, dem allerdings in der Mellah ein jüdisches Handwerkerviertel angegliedert war, in zunehmendem Masse aufgelöst (384).

Die unterschiedliche Wertigkeit der verschiedenen Altstadtteile, welche durch die auf Touristen ausgerichteten Einzelhandelsaktivitäten weiter verstärkt wird, findet ihren Ausdruck auch im Niveau der im privaten Immobilienhandel üblichen Quadratmeterpreise (Tab. 43).

Tab. 43: Bodenpreise auf Privatland in der Medina von Marrakech 1980 nach Sektoren in Dh pro m^2 (385)

Koutoubia, Jema el Fna, Bab Doukala	300 - 400
Bab Khemis, Bab Debagh	150 - 200
Centre Nord	200 - 250
Centre Sud, Bab Rehmat, Mellah, Kasbah	100 - 150

Im westlichen Bereich der Medina (Koutoubia, Jema el Fna, Bab Doukala), speziell in der Region des in der Kolonialzeit geschaffenen neuen Zentrums Platz Jema el Fna, der auch Ausgangspunkt fast aller Besichtigungen in der Altstadt bildet, werden die höchsten Bodenpreise erzielt. Im historischen Zentrum (Centre Nord), wo sich die Detailhandelsaktivitäten auf Kosten des produzierenden Gewerbes weiter ausbreiten, Bazare entlang der touristenintensivsten Achsen Raum greifen und in den Derbs gleichzeitig Nutzungskonflikte mit einer dichten Wohnbevölkerung auftreten, erreichen die Quadratmeterpreise respektable Höhen, die im Süden der Medina (Centre Sud, Bab Rehmat, Mellah, Kasbah) nicht erreicht werden. Die Bodenpreisdynamik bleibt im Süden der Medina hinter jener im Norden zurück, verzeichnet aber aufgrund des nach Süden drängenden Handwerks, der allgemein starken Bevölkerungszunahme und last but not least der Inflation ebenfalls eine markante Aufwärtsentwicklung (Tab. 44).

Tab. 44: Entwicklung der Bodenpreise (Privatland) zwischen 1960 und 1980 in der Medina von Marrakech nach Stadtgebieten in Dh pro m^2 (386)

Stadtgebiet	1960	1965	1970	1980	Mittl. jährl. Teuerungsrate 1960 - 1980
Medina Nord	47	104	161	275	29,3%
Medina Süd	33	48	86	125	18,9%

Der unmittelbar preistreibende Effekt des Fremdenverkehrs kann im Süden der Medina von Marrakech als bescheiden betrachtet werden, weil sich die Bazare und Touristenpaläste auf kleine Sektoren beschränken. Viel bedeutender ist der indirekte Beitrag des Tourismus zum Preisanstieg, indem sich die durch touristisch orientierte Nutzungen aus dem "Centre Nord" verdrängten Handwerker und Bewohner z.T. im Süden der Medina neue Werkstätten bzw. Wohnungen suchen (müssen) und damit auch den Bodenmarkt im Süden weiter anheizen. Im Vergleich mit der neustädtischen Bodenpreishausse Marrakechs (387) bleiben die altstädtischen Teuerungsraten und die absoluten Bodenpreise 1980 sowohl im Süden als auch im Norden der Medina aber weit zurück (388).

6. ZUSAMMENFASSUNG - PLANUNGSORIENTIERTE MODELLBILDUNG

6.1. Befunde der Untersuchung in Kürze

Charakteristika des Tourismus in Fès und Marrakech

Vor der französischen Protektoratszeit (1912 - 1956) beschränkt sich die **Hotellerie** in Marokko auf die traditionellen **Fondouks**. Diese präsentieren sich z.T. bis heute als absperrbare Gebäude mit meist arkadenumgebenem Innenhof, die in standörtlicher Kombination Abstellplätze für Tiere resp. schwere Waren unter den Arkaden im Erdgeschoss und temporäre Unterkunft, einfache Büros resp. Lager wertvoller Artikel reisender Kaufleute in Räumen des Obergeschosses beinhalten. Der Grundstein zu einer am französischen Vorbild ausgerichteten Hotellerie wird 1921 in Marrakech gelegt, als der französische Generalresident, Marschall LYAUTEY, persönlich beschliesst, das Luxushotel "La Mamounia" zu errichten. Französische Gesellschaften eröffnen in der Folge in den grossen städtischen Zentren weitere luxuriöse Hotels, so u.a. 1929 auch den Palais Jamai in Fès.

In den 1930er Jahren entsteht eine in ihrer grossen Mehrheit wesentlich bescheidenere Hotellerie, die sich nicht nur auf die (Küsten-)Ebenen beschränkt, sondern auch den Mittleren Atlas und in äusserst bescheidenem Masse auch Gebiete südlich des Hohen Atlas umfasst. Im Mittleren Atlas entstehen kleine Familienhotels, in die sich die in Marokko wohnhaften Ausländer in der sommerlichen Hitzeperiode gerne zurückziehen. In den Königsstädten - Fès, Meknès, Marrakech, Rabat - prägt neben dem Reiseverkehr von mehrheitlich französischen Geschäftsleuten, Politikern und Beamten ein ausgesprochen aristokratischer Tourismus (u.a. Kreuzfahrtgesellschaften) die Zeit bis zur Unabhängigkeit Marokkos, was sich in einer quantitativ geringen Bedeutung des Fremdenverkehrs niederschlägt. Die Expansion der touristischen Primärinfrastruktur bleibt in den im Landesinnern gelegenen Köngisstädten gegenüber dem an der Atlantikküste lokalisierten neuen ökonomischen Zentrum Casablanca merklich zurück. Zusammen mit der ebenfalls an der Atlantikküste verorteten politischen Kapitale Rabat, den Städten Mohammedia, Safi und Agadir bildet sich bis zur Unabhängigkeit bereits ein räumlich zwar nicht geschlossenes, aber dennoch starkes Band touristischer Primärinfrastruktur an der Westküste Marokkos heraus.

Die starke **litorale Ausrichtung des Fremdenverkehrs** ändert sich auch nach der Unabhängigkeit Marokkos 1956 und der Bestimmung des Tourismus als prioritär zu fördernder Wirtschaftsfaktor 1965 nicht. Unter Beachtung der internationalen Nachfrage nach Badestationen werden die atlantischen Badestationen von der jungen Nation sogar noch speziell gefördert und der nördliche Küstenstreifen am Mittelmeer als Standort von Badehotels neu gezielt inwertgesetzt. Parallel mit der intensiven Unterstützung meeresorientierter Destinationen läuft eine regionale Spezialisation der Tourismusformen. Die Mittelmeerküste und die Region von Agadir am Atlantik konzentriert sich weitgehend auf den preisgünstigen, stationären Massentourismus. Die Königsstädte und der "Grosse Süden" hingegen sind stark auf den relativ teuren Rundreisetourismus ausgerichtet.

Rund 50% der Ankünfte in klassierten Hotels der beiden Untersuchungsräume erfolgen heute im Rahmen organisierter **Gruppenrundreisen.** In Form der Kombination der beiden häufigsten Rundreisetypen - "Königsstädte" und "Grosser Süden" - finden sowohl Fès als auch Marrakech als Etappenorte Berücksichtigung. Im Gegensatz zu Marrakech bildet Fès aber nie Ausgangspunkt oder Endstation der zwei Rundreisevarianten, was eine kürzere durchschnittliche Aufenthaltszeit nach sich zieht. Die mittlere Aufenthaltsdauer eines Fès-Besuchers beträgt rund 1,8 Tage, jene eines Gastes in Marrakech 2,8 Tage.

Während Fès stark vom Rundreisetourismsus geprägt wird, profitiert Marrakech ungefähr zu gleichen Teilen vom **Rundreise-** und vom **Aufenthaltstourismus.** Seine günstigeren klimatischen Verhältnisse - besonders im Winter - und die Tatsache, dass Marrakech auch attraktiver Endpunkt der in den "Grossen Süden" führenden mehrtägigen Rundreisen und einiger Königsstädte-Touren bildet, sorgen für ebensoviele Lang- wie Kurzzeitaufenthalte. So sind die Hotels in Fès vom betriebswirtschaftlichen Gesichtspunkt gegenüber jenen in Marrakech benachteiligt, weil die infolge des Durchreisetourismus rasche Fluktuation der Gäste einen nicht speziell entschädigten Mehraufwand in Administration und Unterhalt mit sich bringt.

Bereits vor der prioritären Förderung des Tourismus 1965, welche den Boom der Marokko-Rundreisen erst eigentlich initiierte, profitierte das Gastgewerbe in Fès und Marrakech von der zentralen Stellung der zwei Städte im nationalen Verkehrsgeschehen und von deren grossen Bedeutung als Zentren des **Pilgertourismus.** Aufgrund seiner ausserordentlich bedeutenden religiösen und kulturellen Ausstrahlungskraft (Karaouine-Moschee, Grabstätten von Moulay Idriss II. sowie Sidi Ahmed Tijani) totalisierte Fès bis 1971 sogar noch mehr Stadtbesucher als Marrakech. 14 Jahre später allerdings sind in Marrakech infolge der stark expandierenden neuen Tourismusformen bereits rund 220 000 Touristen mehr als in Fès zu verzeichnen. Den 302 549 Touristenankünften in Fès 1985 stehen deren 522 008 in Marrakech gegenüber.

Infolge der stark differierenden Gästeziffern und der unterschiedlichen mittleren Aufenthaltsdauer der Stadtbesucher in Fès und Marrakech erweisen sich die **Hotels** sowohl in ihrem zahlenmässigen Auftreten als auch in ihrer Infrastruktur als different. Klassifizierte Hotels in Fès verfügen durchschnittlich über 72 Zimmer und 132 Betten, Hotels in Marrakech im Mittel über 113 Zimmer und 210 Betten. Ueberdies treffen wir im Urbanraum Marrakech neben einem Camping auf für den Aufenthaltstourismus typische Einrichtungen wie das Feriendorf des "Club Mediterranée" und 6 Appartementhäuser für Touristen.

Die **Struktur der Hotellerie** beider Städte wird durch eine extreme Dominanz der zwei höchsten Hotelkategorien geprägt, indem in Fès 70,3% der Bettenkapazität in homologierten Touristikbetrieben und in Marrakech sogar 75,9% durch Vier- und Fünfsternhotels gestellt werden. Die bevorzugten Investitionen in Hotels der zwei höchsten Preisklassen und eine gleichzeitige Vernachlässigung der mittleren Kategorie ist weitgehend eine Folge der starken Stellung des Gruppentourismus in beiden Städten. Durch die bei Vertragsabschlüssen den Tour-Operators gewährten massiven Gruppenrabatte haben die Vier- und Fünfsternbetriebe immer mehr ihren exklusiven Charakter verloren, so dass sie auch ausländischen Reisenden mit mittleren Einkommen zugänglich wurden. Entsprechend stark ist die Nachfrage nach Zimmern in Vier- und Fünfsternunternehmen gewachsen.

Den unterschiedlichen quantitativen und qualitativen Formen des Fremdenverkehrs in beiden Untersuchungsräumen entsprechend zeigt auch die touristische Sekundärinfrastruktur des Dienstleistungssektors eine stark differierende Ausweitung. Nur 6 **Reisebüros** bieten ihre Dienste in Fès an, in Marrakech teilen sich 43 Unternehmen in den Reisemarkt. Eine besondere Blüte erlebt der Dienstleistungszweig der **Autovermietung** in Marrakech angesichts der zahlreichen mit einem Hauch Abenteuer versehenen Exkursionsmöglichkeiten in den (vor)saharischen Süden. Insgesamt 20 Firmen mit 95 Angestellten vermieten Fahrzeuge, in Fès finden sich nur 7 Unternehmen mit total 16 Beschäftigten.

Weniger markant als in den Sektoren Reisebüros und Autovermietung zeigen sich die Unterschiede im Restaurationsbereich, weil die meisten Gäste - auch die Aufenthaltstouristen in Marrakech - mindestens zwei Mahlzeiten im hotelinternen **Restaurant** einnehmen, also mindestens Halbpension gebucht haben. Den 21 Restaurants mit marokkanischer und/oder internationaler Küche, die von der Tourismusdelegation in Fès Besuchern empfohlen werden, stehen deren 32 in Marrakech gegenüber.

Längere Aufenthalte in Marrakech - auch im Rahmen von Gruppen, die mindestens einen halben Tag zur individuellen Verfügung einräumen - werden für mehrere Besuche der Medina genutzt, im Laufe derer mit grosser Wahrscheinlichkeit Einkäufe getätigt werden. Falls Marrakech am Ende einer Rundreise besucht wird, werden in der Regel noch mehr Souvenirs gekauft, weil sie nicht mehr dauernd mittransportiert werden müssen. Da Fès bei Gruppenrundreisen nie Endpunkt bildet, bleibt der **ökonomische Input** gegenüber Marrakech auch aus diesem Grunde geringer. Besonders geeignet als Indikator zur Erfassung des unterschiedlichen ökonomischen Inputs sind die **Bazare**. Bazare sind Verkaufslokalitäten von Teppichen (auch als "Maison de Tapis" bezeichnet) oder eines gemischten Warenangebots (Maroquinerie, Töpfer-, Kupfer-, Messing-, Silberwaren, Babouches, Djellabas, Antiquitäten etc.) resp. von Antiquitäten allein. 194 Bazare gemäss dieser weitgefassten Definition bieten in Marrakech ihre Waren feil, in Fès finden sich nur 68 Bazare.

Gäste aus zwei **Nationen** - Frankreich und Marokko - dominieren die Besucherstatistiken beider Urbanräume. 1985 stellten die zwei mit Abstand führenden

Staaten in Fès 50,8%, in Marrakech sogar 61,2% aller Gäste in klassifizierten Unternehmen. Werden die Gäste der fünf Hotelkategorien prozentual auf Ausländer und Marokkaner aufgeschlüsselt, zeigt sich mit Ausnahme der zwei höchsten Kategorien, dass die Bedeutung der Marokkaner mit steigender Preisklasse abnimmt. Die nicht homologierten Herbergen werden mit Abstand am stärksten von marokkanischen Staatsangehörigen aufgesucht. Den Hauptharst ausländischer Gäste in nicht klassifizierten Herbergen stellen jüngere Touristen, die auf möglichst billige Art und Weise Marokko entdecken wollen.

Sowohl die Gästeziffern in Fès als auch jene in Marrakech zeigen ausgeprägte **saisonale Schwankungen** mit zwei Spitzenperioden im Frühling und im Spätsommer/Herbst. Die klimatischen Verhältnisse verstärken die bereits durch die topographische Lage gegebenen Vorteile Marrakechs gegenüber Fès, indem die günstigeren Temperatur- und Niederschlagsverhältnisse in Marrakech eine längere Saison erlauben. Da das in bedeutendem Masse durch den Gruppenrundreise-Tourismus gespiesene Fès sehr viele Gäste aus den Badestationen am Mittelmeer und Atlantik empfängt, pflegt im Winter der Touristenstrom aus dem mittelmeerischen Winterregengebiet stark abzunehmen, während die Besucher aus den ganzjährig betriebenen Badestationen am Atlantik weiterhin in Fès eintreffen. Marrakech hingegen als Station des Rundreise- und Aufenthaltstourismus profitiert aufgrund seines regenärmeren und milderen Klimas gerade im Winter von zahlreichen Langzeitaufenthaltern. Die wie in Fès im Winter rückläufige Zahl von Rundreisegästen aus dem Mittelmeerraum wird so in Marrakech mindestens partiell durch Langzeitaufenthalter kompensiert.

Wirtschafts- und sozialgeographische Effekte
des Tourismus in Fès und Marrakech

Die **Hotellerie und Parahotellerie** der Stadt Fès zählt 1985 insgesamt 1 167 ganzjährig **Beschäftigte**, darunter 355 Frauen. Weitere 17 Personen werden saisonal eingesetzt. Zu den 3 862 ganzjährig in der Hotellerie und Parahotellerie von Marrakech Tätigen, darunter 1 325 Frauen, gesellen sich in den Belegungsspitzen der Hotels und Appartements in Marrakech weitere 947 Personen. Die temporären Arbeitskräfte sind in beiden Untersuchungsräumen in ihrer grossen Mehrheit weiblichen Geschlechts.

Der **ausländische Personalbestand** erweist sich sowohl in Fès als auch in Marrakech als bescheiden. 7 Personen oder 0,6% der in der (Para-)Hotellerie von Fès Tätigen sind nicht marokkanischer Nationalität. In Marrakech machen die 111 Ausländer/innen 2,9% der in der (Para-)Hotellerie Beschäftigten aus. Ihr Anteil präsentiert sich wesentlich höher als in Fès, weil im "Club Méditeranée" allein permanent rund 70 ausländische Personen tätig sind. Ausländische Arbeitskräfte werden allein in den drei höchsten Hotelkategorien eingesetzt, wo sie in der Regel führende Positionen in der Verwaltung, Küche oder Réception bekleiden. Trotz grosser Anstrengungen in der Schaffung landeseigener Ausbildungszentren ist es noch nicht möglich, alle Führungspositionen mit genügend qualifizierten marokkanischen Personen auszufüllen. Zur Besetzung anderer, weniger anspruchsvoller Stellen in der Hotellerie stehen jedoch genügend Absolventen marokkanischer Tourismusfachschulen zur Verfügung.

In beiden Untersuchungsräumen nimmt - mit Ausnahme von kunsthandwerklichen Artikeln - mit höher steigender **Hotelkategorie** erstens die Bedeutung der lokalen Neustadt gegenüber der Medina und zweitens Casablancas gegenüber Fès resp. Marrakech als Versorgungszentrum zu. Die nationale wirtschaftliche Kapitale besitzt ein besonders grosse Gewicht, wenn es um die Beschaffung von Hotelmobiliar geht. Die betont auf Casablanca ausgerichtete **Einkaufspraxis** gilt aber auch für Bettzeug, Tischtücher, Kleider für Angestellte, Geschirr und Besteck. Aus Gründen der Exklusivität neigen Hotels der zwei höchsten Kategorien ebenfalls dazu, ihr Besteck und Geschirr unmittelbar von bekannten ausländischen Herstellern zu beziehen. Für andere Waren des langfristigen Bedarfs wie Mobiliar, Fenster, Lampen, Vasen bleiben Lieferungen aus dem Ausland von untergeordneter Bedeutung.

Bei den nicht homologierten Beherbergungsbetrieben in Fès und Marrakech beschränken sich die Einkaufsverbindungen nach Casablanca auf Bettlaken, Hotelmobiliar sowie Geschirr/Besteck (letztere nur in Marrakech) und umfassen einen im Vergleich mit den homologierten Betrieben bedeutend geringeren Anteil der Hotels. Direkte Auslandeinkäufe sind bei den nicht klassifizierten Herbergen keine zu verzeichnen.

Sowohl die klassifizierten als auch die nicht homologierten Hotels sind - was den kurzfristigen Bedarf wie Brot, Eier, Milch, Gemüse, Gewürze, Fleisch betrifft - stark in der lokalen Wirtschaft verankert, wobei die klassierten Hotels im Gegensatz zu den nicht homologierten Herbergen innerhalb der Urbanräume bevorzugt Lieferanten in den Neustädten berücksichtigen. Ausser für Fische, die direkt von Grossisten der atlantischen Küstenstädte bezogen werden, und für Alkoholika (letztere besonders in Marrakech) bleibt die Bedeutung nicht ortsansässiger Lieferanten für Lebensmittel gering.

Im Vergleich zu den klassifizierten Hotels beider Untersuchungsräume, die gesamthaft betrachtet nur sehr intensive ökonomische Relationen zur lokalen Medina unterhalten, wenn es um die Beschaffung kunsthandwerklich gefertigter Artikel des langfristigen Bedarfs wie Teppiche, Vasen und Lampen geht, zeigen die nicht homologierten Herbergen für alle Produkte des kurz- und langfristigen Bedarfs sehr enge wirtschaftliche Verbindungen zur Medina.

Nach offiziellen Schätzungen sind rund ein Drittel der Beschäftigten in Fès und Marrakech im **Handwerk** tätig, eine Annahme, die angesichts der in diesem Sektor besonders stark verbreiteten Schwarz-, Kinder- und Frauenheimarbeit wohl zu tief angesetzt sein dürfte. Von der touristischen Nachfrage profitieren in direkter Weise nicht alle Handwerksbereiche, sondern nur das "artisanat utilitaire", welches z.B. Babouches, Maroquinerie und Töpferwaren herstellt, und speziell das "artisanat de l'art", welches für die Fertigung von z.B. Teppichen, Messing-, Kupfer-, Silberwaren, Keramik, Drechslerarbeiten und Stickereien verantwortlich zeichnet. Das "artisanat de service" mit Vertretern wie Elektriker, Velomonteur und Coiffeur zieht jedoch kaum unmittelbaren Nutzen aus dem wachsenden Touristenstrom. Rund 20% der fertigenden Handwerker in Fès und Marrakech stehen in unmittelbarer Beziehung zum Fremdenverkehr. Der entsprechende Prozentsatz präsentiert sich in Fès trotz bescheidenerem Ausgabevolumen der Stadtbesucher für handwerkliche Produkte ebenso hoch wie in Marrakech, weil sich zwischen den einzelnen Handwerkshochburgen traditionelle Spezialisierungen erhalten oder neu entwickelt haben. So werden z.B. rund 35% der in den Bazaren von Marrakech angebotenen Kupfer- resp. ca. 25% der zum Verkauf gelangenden Lederwaren (speziell Pouffs) in Fès hergestellt.

In unmittelbarer Weise zur Erhaltung einer jahrhundertealten Handwerkstradition tragen die Ausgaben der Touristen im Falle der **Tauscheure** bei. Tauscheure veredeln Eisenwaren - ursprünglich vor allem Steigbügel, Sporen und Waffen - mit Edelmetallfäden. Da die traditionellen Waffen- und Reiterausrüstungen heute fast nur noch im Rahmen der bekannten Reiterspiele "Fantasia" Verwendung finden, wurde der Absatzmarkt entsprechend klein. Deshalb lässt sich in den Souks von Marrakech kein einziger Tauscheur mehr eruieren, in den Souks von Fès sind nur noch deren zwei anzutreffen. Während in der einen Werkstatt gemäss der althergebrachten Technik Silberfäden in Steigbügel eingearbeitet werden, zeichnen Touristen für rund 40% der Verkäufe des zweiten Tauscheurbetriebes, in welchem Teller, Ringe, Armreifen und vor allem Tierfiguren mit Silberfäden geschmückt werden, verantwortlich.

Können dem Tourismus in ökonomischem Sinne unbestritten positive Impulse auf verschiedene Handwerkssektoren zugeprochen werden, sind negative Folgeerscheinungen in bezug auf die Qualität der hergestellten Produkte in gewissen Bereichen ebenso unverkennbar. So gelangen immer wieder Decken auf den Markt, die als reine Wolldecken angepriesen werden, in Tat und Wahrheit aber aus Baumwolle, Zellstoff oder aufbereiteten Lumpen bestehen. Auch die Farbqualität von an Touristen abgesetzten Decken und Kleidungsstücken lässt manchmal zu wünschen übrig. Diese verwerflichen Unsitten gehen davon aus, dass der ausländische Gast nach der Entdeckung der schlechten Qualität kaum mehr die Möglichkeit besitzt, seine Interessen wahrzunehmen.

Besonders viele Artikel mit mangelhafter Qualität gelangen in der Sparte der **Maroquinerie** zum Verkauf, wo Artikel aus minderwertigem Leder (zu dünn, ungenügende Gerbqualität, schlechte Narben, mangelhafter Glanz) zu Preisen von hochwertigem Leder an Touristen abgesetzt werden. Lederwaren der Massenproduktion - speziell Portefeuilles - sind oft derart dürftig verleimt bzw. schlecht genäht, dass sie sich nach kurzer Gebrauchszeit in ihre Bestandteile aufzulösen beginnen.

Ebenso schwierig wie die Differenzierung verschiedener Lederqualitäten fällt es dem Nicht-Spezialisten, das Angebot der Neusilber-, Messing- und Kupferwaren kritisch zu beurteilen, um nicht an sich billige Artikel mit maschinell gefertigten Dessins als teure handwerkliche **Ziselierarbeiten** zu erwerben. Aus Kostenüberlegungen sind einige Ziseleure auch dazu übergegangen, ihre Motive nicht mehr gesamthaft mit Hammer und spitzem Meissel einzuarbeiten, sondern Meissel mit bereits vorgegossenen Motivpartien zu verwenden.

Deutlich touristisch induziert sind Motivänderungen, die sich aufgrund ihres als Kitsch zu apostrophierenden Bilder, welche in den Augen zahlreicher ausländischer Gäste **den** Orient symbolisieren, eindeutig vom traditionellen, bilderfeindlichen Formenschatz abheben.

Selbstverständlich lassen sich nicht alle qualitativen Veränderungen handwerklicher Produkte (allein) auf die zunehmende touristische Nachfrage zurückführen, sondern diese sind vielmehr im allgemeinen Kontext der fortschreitenden Industrialisierung zu sehen. Die Entwicklungen im Metallhandwerk mit respektablem Tourismusgeschäft einerseits und der nur in geringem Masse vom Fremdenverkehr profitierenden Babouchiers andererseits vermögen diese Tatsache gut zu illustrieren.

Um der industriellen Konkurrenz die Stirne zu bieten und von der steigenden touristischen Nachfrage profitieren zu können, gehen die **Metallhandwerker** immer mehr dazu über, den Arbeitsprozess durch betriebsinterne Arbeitsteilung bzw. durch die Verteilung der Arbeitsschritte (Schneiden, Formen, Ziselieren, Verschweissen/Verlöten, evtl. Versilbern) auf mehrere Betriebe zu rationalisieren. Dadurch geht die im traditionellen Handwerk übliche enge Beziehung Produzent - Produkt immer mehr verloren.

Bereits seit dem Ende der Kolonialzeit werden **Babouches** z.T. nicht mehr mit einer Sohle aus Kuhleder, sondern mit einer Gummisohle versehen, weil diese widerstandsfähiger ist und sich in der Produktion maschinell annähen und abschleifen lässt. Diese semi-industriellen Babouches stellen eine Reaktion auf die Konkurrenz der industriellen Plastik-Sandalen dar und stehen in keinem unmittelbaren Zusammenhang mit der Hausse des Fremdenverkehrs.

Die Analyse der **Preisgestaltung für handwerkliche Produkte in den Bazaren** beider Untersuchungsräume zeigt den Produzenten des zum Verkauf gelangenden Artikels als Verlierer. Auf der letzten Stufe des Weges von der Herstellung bis zum Verkauf an einen Stadtbesucher werden mit Abstand die höchsten Bruttogewinne verzeichnet, die sich im Vergleich zum Bruttoverdienst des Handwerkers geradezu exorbitant ausnehmen. Der Grund dafür ist in der Tatsache zu suchen, dass der Bruttogewinn des Bazars in der Regel noch unter mindestens drei Personen - Bazarist, Verkäufer und Fremdenführer - zu verteilen ist. Die offiziellen und die selbst ernannten Fremdenführer ("guides clandestins") sind in den Bazaren oft einzelnen Verkäufern verpflichtet, mit denen sie mündliche Abmachungen getroffen haben. Der offizielle Fremdenführer, der den Touristen in den Bazar geführt hat, streicht massive 30% - 50% des Bruttogewinns des Bazars ein. Bringt er einen Begleiter mit, welcher die Waren vor dem Kaufinteressenten ausbreitet, oder wird ein mit dieser Aufgabe betrauter Gehilfe im Bazar beschäftigt, so kommt dieser auch noch in den Genuss von rund 10% des Verkaufsgewinns. In die andere Hälfte des Bruttogewinns teilen sich der Besitzer und der Verkäufer des Bazars. Im Verkaufsgespräch steht der sprach- und branchenunkundige Tourist auf isoliertem Posten, weil alle - Bazarist, Verkäufer, Fremdenführer und evtl. Gehilfe - an einem möglichst hohen Verkaufspreis interessiert sind, um ihren persönlichen Verdienst zu steigern.

Nachteile aufgrund der allgemeinen Praxis des **Provisionenwesens** erleiden neben den Handwerkern auch die Bazaristen mit kleinen Lokalitäten, die aus Platzgründen keine Absprachen mit Fremdenführern treffen können, die ganze Reisegruppen in bestimmte Bazare führen. Eine Tendenz zur Monopolisation des Absatzmarktes an geschlossene Reisegruppen in beiden Untersuchungsräumen ist unverkennbar. In den letzten Jahren wurde diese Tendenz noch verstärkt durch die vermehrt in Erscheinung tretenden standörtlichen Kombinationen von Bazaren und Restaurants in ehemaligen grossen Wohngebäuden der Medina von Fès.

Die mit steigenden Gästeziffern in Fès und Marrakech feststellbare Zunahme der **"guides clandestins"** stellt eine negative Folgeerscheinung dar, die von Handwerkern, Kleinhändlern, Lehrkräften an Primar- und Sekundarschulen, Tourismusverantwortlichen und Feriengästen gleichermassen, wenn auch aus verschiedenen Motiven, beklagt wird. Die Provisionen der selbsternannten Fremdenführer, deren Zahl für Marrakech auf rund 1 200 geschätzt wird, erreichen im allgemeinen nicht die gleich hohen Prozentsätze wie jene der offiziellen Fremdenführer, welche diese Praxis mitmachen. Ein "guide clandestin" arbeitet in der Regel in einem Zweierteam. Während sich der sprachbegabtere des Duos der Touristengruppe annimmt, hält der Partner - dauernd in sicherem Abstand - nach Angehörigen der "brigade touristique" Ausschau, um eine Bestrafung zu vemeiden. Neben dieser Sicherheitsaufgabe hat der für den Touristen unsichtbare Begleiter den zentralen Auftrag, nach einem Kaufabschluss umgehend die dem inoffiziellen Fremdenführer und seinem Partner zustehende Provision im besuchten Verkaufslokal abzuholen.

Während das dem Handwerk parasitär anhaftende Provisionenwesen in unmittelbarem Zusammenhang mit der touristischen Expansion steht, können die Wurzeln des **spekulativen Gross- bzw. Zwischenhandels** bis in die Kolonialzeit zurückverfolgt werden, als das traditionelle Dallalsystem für die meisten Produkte zerstört wurde. Der Dallal tritt als Versteigerer von Rohstoffen bzw. Fertigprodukten in Aktion und wird von den ihm vertrauenden Auftraggebern je nach Abmachung pro Stück oder prozentual zum Verkaufserlös bezahlt. Die Vorteile für den Kleingewerbetreibenden liegen einerseits in der Zeitersparnis und andererseits in der Tatsache, dass der Dallal immer Produkte mehrerer Handwerker veräussert und so gegenüber dem Händler in einer besseren Position ist. Aufgrund der Unfähigkeit der handwerklichen Kleinbetriebe, selbst Lager von Rohstoffen und Endprodukten anzulegen, um bei guten Preisen vermehrt absetzen zu können, sind zahlreiche Kleingewerbetreibende nach der Zerstörung des Dallalsystems in eine permanente Abhängigkeit von Grossisten gelangt, bei denen sie mehrheitlich verschuldet sind. Angesichts des dauernden ökonomischen Drucks, welcher durch die industrielle Konkurrenz noch weiter verstärkt wird, gehen Handwerker dazu über, die Rohstoff- und die Verarbeitungsqualität ihrer Produkte zu senken.

Um den spekulativen Praktiken des Grosshandels zu entgehen, wird der Handwerker wenn immer möglich auch nach Gelegenheiten suchen, seine Ware selbst an einer passantenintensiven, möglichst auch von Touristen frequentierten Gasse direkt an den Endverbraucher zu vermarkten. Können die zwei rettenden Strategien - Qualitätssenkung und Direktabsatz - nicht beschritten werden, weil der berechtigte Stolz auf jahrhundertealte Fertigungstechniken es nicht zulässt, bzw. die finanziellen Mittel nicht ausreichen, ein Lokal an passantenintensiver Stelle zu betreiben, drängen sich weitere Varianten im ökonomischen Ueberlebenskampf auf, welche die Lebensverhältnisse vieler Handwerkerfamilien prägen: die Ausdehnung der Arbeitszeit, der Einsatz billiger Arbeitskräfte (Kinderarbiet), einträgliche Nebenverdienste und die Senkung der familiären Lebenshaltungskosten.

Der Tourist wird in den marokkanischen Städten immer wieder mit **Kinderarbeit** konfrontiert. Am häufigsten und offensichtlichsten ist die Kinderarbeit des informellen Sektors, in deren Rahmen Kinder wiederholt direkt mit dem Stadtbesucher in Kontakt treten. Es sind fast ausschliesslich Knaben, die Kaugummis, Zeitungen, Ansichtskarten, Bonbons, Zigaretten und andere kleine Artikel verkaufen, Autos waschen oder bewachen, Schuhe putzen und Lasten tragen. Weit weniger augenscheinlich sind die zahlreichen Kinderarbeitskräfte im Handwerk. Besonders zahlreich sind die temporären Kinderarbeitskräfte in handwerklichen Sektoren, die um ihr Ueberleben kämpfen. Aber auch in prosperierenden Handwerkszweigen wie der durch den Tourismus profitierenden und expandierenden Teppichknüpferei ist die Kinderarbeit eine weitverbreitete Erscheinung.

Die niedrig entlohnte Kinderarbeit ist Glied eines Teufelskreises: einerseits trägt der niedrige Lohn zur Erhöhung der Arbeitslosigkeit und zur Absenkung des Lohnniveaus für Erwachsene bei, anderseits zwingen gerade die Arbeitslosigkeit und die geringen Löhne die Familien, ihre Kinder sehr früh zur Arbeit zu schicken. Aufgrund der zwei Tatbestände - weitverbreitete illegale Kinderarbeit und gleichzeitig hohe Arbeitslosigkeit unter arbeitsberechtigten Jugendlichen - liegt der Schluss nahe, dass die unter schlechten Arbeitsbedingungen beschäftigten Kinder den Jugendlichen den Eintritt ins Erwerbsleben erschweren, ja oft verunmöglichen. Die Reaktion zahlreicher Jugendlicher, sich z.B. als "guide clandestin" den nötigen Lebensunterhalt zu verschaffen, ist angesichts dieser hohen Jugendarbeitslosigkeit nur zu gut verständlich. Dass unter den Provisionsmargen für inoffizielle Fremdenführer die Gewinnspanne für den Handwerker allzusehr leidet und die Verdienstmöglichkeiten der offiziellen, ausgebildeten Fremdenführer geschmälert werden, sind allerdings die schwerwiegenden negativen Folgen dieses "Selbsthilfeprogramms" unter Ausnützung des prosperierenden Fremdenverkehrs.

Tourismus und Stadtstruktur

Die Zweipoligkeit der Urbanräume in Fès und Marrakech prägt in wesentlichem Masse das **Verteilungsmuster der primären und sekundären touristischen Infrastruktur**, d.h. der Beherbergungsbetriebe für Touristen einerseits und der von Stadtbesuchern häufig frequentierten Dienstleistungsbetriebe wie Restaurants, Reisebüros und Autovermietungsfirmen andererseits. Durch das Zusammenwachsen der ursprünglich von den französischen Kolonialbehörden streng getrennten Siedlungsflächen der Neu- und Altstadt in Marrakech fällt die unterschiedliche Verteilung der touristischen Primär- und Sekundärinfrastruktur etwas weniger auf als in Fès, wo die Medina nach wie vor deutlich von der Neustadt getrennt ist.

Die Neustädte haben sich zu ausgeprägten Zentren der klassifizierten **Hotellerie** entwickelt, indem sie in Marrakech 84,1% und in Fès 79,9% der homologierten Hotelbetten auf sich vereinigen. In der Medina liegt in Fès nur ein klassifiziertes Hotel: der 1929 aus einem Privatpalast in ein Luxushotel umgewandelte "Palais Jamai". In der Altstadt von Marrakech befinden sich 7 homologierte Hotels und 1 Appartementhaus für Touristen. Die um 1960 noch vorhandenen bedeutenden Freiräume innerhalb der Stadtmauern erlaubten in Marrakech eine weit intensivere altstädtische Bautätigkeit von flächenintensiven Hotelprojekten höherer Kategorien als in Fès. Die Medina beider Untersuchungsräume ist der bevorzugte Standort der nicht klassifizierten, bescheideneren Hotellerie. In Fès verfügen die altstädtischen nicht homologierten Herbergen über 70,3% der nicht klassifizierten Zimmerkapazität des gesamten Urbanraumes, in Marrakech sogar über volle 91,0%.

Das Schwergewicht der homologierten Hotels in den Neustädten zog aufgrund der damit verbundenen Standortvorteile die Ansiedlung von Dienstleistungsunternehmen nach sich, die zum grössten Teil von touristischer Nachfrage abhängen. So haben sich alle 20 in Marrakech tätigen **Autovermietungsfirmen**, deren Jahresumsatz zu rund 92% von Stadtbesuchern bestimmt wird, und alle 7 "Rent a car"-Unternehmen in Fès, deren Verträge im Mittel zu 87% von Touristen unterzeichnet werden, in der Neustadt niedergelassen. Die **Reisebüros** suchen wie die Autovermietungsfirmen die Nähe ihrer potentiellen Kundschaft und diese logiert fast ausschliesslich in klassifizierten Hotels der Neustadt. So finden sich alle 43 Reisebüros in Marrakech und die 6 Reiseunternehmen in Fès im durch die Franzosen angelegten Stadtgebiet.

Ein wesentlich differentes räumliches Verteilungsmuster als die klassifizierte Hotellerie, die Autovermietungsunternehmen und die Reisebüros zeigen die **Bazare**. Nur 24 von insgesamt 193 in Marrakech eruierten Bazare sind in der Neustadt verortet. In Fès finden sich allein 7 von 31 Bazarlokalitäten in der Neustadt. Als touristischer Einkaufsstandort erweist sich die mit traditionellem Handwerk durchsetzte Medina, wo um den Preis der Produkte gefeilscht werden kann, als wesentlich attraktiver als die Neustädte, wo alle zum Verkauf gelangenden Artikel aufgrund der staatlichen Preisanschreibepflicht preislich fixiert sind.

Angesichts der Hemmungen zahlreicher Stadtbesucher, nachts selbständig das "Sackgassengewirr" der Medina aufzusuchen, zeigen die von den Tourismusdelegationen empfohlenen **Restaurants** ausserhalb der Hotels ein neustädtisches Schwergewicht. Neben 6 in der Altstadt angesiedelten Touristenpalästen werden in Fès 15 neustädtische Restaurants angepriesen. In Marrakech stehen den 14 innerhalb der Stadtmauern sich befindenden Restaurants - inkl. 11 Touristenpaläste - deren 18 ausserhalb gegenüber.

Nicht nur zwischen den durch die französische Stadtpolitik geschaffenen zwei unterschiedlich geprägten Urbanräumen bilden sich typische touristische

Funktionsteilungen aus, sondern auch innerhalb dieser orientalisch resp. europäisch geprägten Stadträume zeigen die diversen Einrichtungen, welche durch Touristen in Anspruch genommen werden, bestimmte Standortpräferenzen, die im wesentlichen durch ökonomische Prinzipien und stadtplanerische Ueberlegungen bestimmt werden.

Während sich die in der Kolonialzeit errichteten **Hotels** in ihrer grossen Mehrheit in der Nähe des einen Zentrums der **Neustadt von Fès** - des Platzes Mohammed V - niederlassen, findet nach 1968 in Form zweier Grosshotels eine Verlagerung vom Zentrum in nordwestlicher Richtung an die Verlängerung der Avenue Hassan II statt. Für das Vier- und Fünfsternhotel mit ihren bedeutenden Flächenansprüchen vermag das knapper und teurer werdende Bodenangebot im Zentrum der Neustadt nicht mehr zu genügen. Das Viersternhotel "Sofia", welches 1981 noch an zentraler Lage der Neustadt errichtet wird, profitiert allein von der Tatsache, dass der Bauherr das entsprechende Grundstück bereits besitzt und anstelle einer dort installierten Fabrik ein Hotel errichten lässt.

In der **Neustadt von Marrakech** lassen sich drei von **Hotels** geprägte Zonen unterscheiden:

1. Das zentral gelegene **Quartier Guéliz**, welches bereits in der Kolonialzeit das eigentliche Zentrum von Hotels kleinerer und mittlerer Grösse darstellt und diesen Status bis weit in die 1970er Jahre beibehält. Erst 1977 ziehen Hotels höherer Kategorien mit einer Zimmerkapazität von 150 Räumen und mehr in diesen durch Wohnnutzung und Geschäftsaktivitäten geprägten Raum ein. Bildet ursprünglich die Hauptgeschäftsstrasse des Guéliz - die heutige Avenue Mohammed V - den bevorzugten Standort für Hotels, ist gegenwärtig eine Verlagerung an den Boulevard Mohammed Zerqtouni festzustellen.

2. Das vor allem durch die Wohnnutzung geprägte, im Süden lokalisierte **Quartier Hivernage**, welches besonders als Standort flächenintensiver Grosshotels der zwei höchsten Kategorien mit mehr als 250 Zimmern in Erscheinung tritt. Die touristisch orientierte Bautätigkeit vor allem für zukünftige winterliche Stadtbesucher wurde im Hivernage schon in den 1930er Jahren aufgenommen. Nach 1965 mit der prioritäten Förderung des Tourismus erlebt das Quartier eine erneute intensive Hotelbautätigkeit, die bis heute ungebrochen anhält. Aufgrund der stark ansteigenden Nachfrage nach Grundstücken verzeichnen die Quadratmeterpreise zwischen 1965 und 1970 eine Teuerung um mehr als 1 200%. Eine Teuerungsrate, die selbst auf Privatland heute nicht mehr erreicht wird.

   Mit ihren z.T. grossen Grünflächen und alten Baumbeständen - vor allem Palmen - tragen die Hotels im Hivernage zu Erhaltung des grünen Charakters dieses traditionell stark mit Palmen und Obstgärten durchsetzten Quartiers bei.

3. Das mehrheitlich durch Wohnfunktion charakterisierte **Quartier Semlalia**, welches 1973 erstmals als Hotelstandort für Unternehmen der zweithöchsten Kategorie inwertgesetzt wird. Die an der "Route de Casablanca" aufgereihten Viersternhotels stellen das nördliche Eingangstor in die Neustadt von Marrakech dar. Damit hat sich eine dem Djebel Guéliz östlich vorgelagerte Hotelzone ausgebildet, welche in die für Marrakech so berühmte "Palmeraie" vorgestossen ist. Durch die Nutzung der "Palmeraie" mittels flächenintensiver Hotels mit grossen Parkanlagen wird eine zu starke Parzellierung in kleine Grundstücke vermieden, der Zugang für die autochthone Bevölkerung im allgemeinen aber gleichzeitg stark eingeschränkt.

Zahlreiche **Spekulanten** versuchen aus der grossen Nachfrage nach Bauland für Hotelneubauprojekte Kapital zu schlagen, indem diese von der Stadt oder dem Staat zu günstigen Bedingungen Gelände zwecks Realisation einer touristischen Primärinfrastruktur erwerben, diese aber nie in Angriff nehmen, sondern das Bauland nur zwecks Wiederverkauf mit grossem Profit horten.

Die **Hotelstandorte** in der **Medina von Fès** zeigen eine ausgeprägte Verkehrsorientierung, indem sie an den Ausgangspunkten der altstädtischen Hauptachsen und damit in der Nähe der Stadttore liegen. Im Gegensatz zu den seit den 1920er Jahren entstehenden Hotels sind die älteren Khane mit vorherrschender Hotelfunktion nicht punktuell an den Stadttoren, sondern linienhaft an den wichtigsten Verbindungsachsen von Bab Boujeloud, Bab el Guissa und Bab Ftouh in den zentralen Soukbereich angeordnet.

Während sich die Khane mit vorherrschender Hotelfunktion ungefähr gleich auf die westlich des Flusses Fès gelegene Kairouan-Seite und die östlich des Flusses sich befindende Andalusien-Seite verteilen, zeigen die weniger alten Hotels gewichtige Unterschiede. Den innerhalb der Stadtmauern lokalisierten 4 nicht klassifizierten Hotels mit total 73 Zimmern auf der Andalusien-Seite stehen deren 6 mit 117 Zimmern auf dem Kairouan-Ufer gegenüber. Der ebenfalls altstädtische, auf der Kairouan-Seite sich befindende "Palais Jamai" verfügt über eine zusätzliche Kapazität von 136 luxuriös ausgestatteten Zimmern. Die ungleiche Verteilung der modernen touristischen Primärinfrastruktur kommt noch stärker zum Ausdruck, wenn die Zimmerkapazität des knapp ausserhalb der Stadtmauern, erhöht auf der Kairouan-Seite verorteten Fünfsternbetriebes "Les Mérinides" ebenfalls in den Vergleich einbezogen wird. So stehen den total 73 (nicht klassifizierten) Hotelzimmern auf der östlichen Seite des Oued Fès deren 333 (nämlich 117 nicht homologierte und 216 klassifizierte) auf dem westlichen Ufer gegenüber. Diese diverse räumliche Distribution der touristischen Beherbergungsbetriebe ist das Ergebnis der ungleichen Verteilung der touristischen Attraktionen und der unterschiedlichen ökonomischen Bedeutung des westlichen und östlichen Ufers des die Stadt von Norden nach Süden passierenden Flusses Fès.

Die **Hotels** in der **Altstadt von Marrakech** sind in ihrer grossen Mehrheit südlich des Platzes Jema el Fna zu finden, wo bereits vor der Unabhängigkeit Marokkos zahlreiche Hotels mit bis zu 40 Betten zu finden sind. Der Platz Jema el Fna entwickelt sich schon in der frühen Kolonialzeit zur eigentlichen Verkehrsdrehscheibe Marrakechs, von wo aus der regionale und nationale Busverkehr ausgeht, so dass zahlreiche Reisende nach in der Nähe gelegenen Uebernachtungsmöglichkeiten Ausschau halten. Nach 1956 ist eine nach Süden und Osten weiter ausgreifende Erschliessung von Gassen als Hotelstandort festzustellen, wobei die nicht homologierten Hotels im wesentlichen in ehemaligen Wohngebäuden errichtet werden, die von ihren Besitzern meist in Richtung Neustadt verlassen worden sind.

1980 wird ein erstes nicht klassifiziertes Hotel bei Bab Doukala, also weit ausserhalb der ausgeprägten Hotelzone beim Platz Jema el Fna, eröffnet. Der Bau eines ersten Beherbergungsbetriebes bei Bab Doukala erfolgt noch vor der Verlegung des Zentrums der regionalen und nationalen Buslinien an eben dieses Stadttor, bei welchem ein eigentlicher Busbahnhof errichtet wird. Eine Verlagerung der Busstationen für den regelmässigen Linienverkehr an den Stadtrand nach Bab Doukala war aufgrund des täglich auf dem Platz Jema el Fna herrschenden Verkehrschaos unbedingt notwendig geworden. Seit diesem Transfer nehmen die Uebernachtungen in den unklassifizierten Herbergen in der Nachbarschaft des Platzes Jema el Fna um 40% bis 50% ab. Dieser Rückgang ist im wesentlichen auf zwei Ursachen zurückzuführen: einerseits sind die Ankunfts- und Abfahrtszeiten der Kurse besser aufeinander abgestimmt worden, anderseits ist die Distanz zwischen dem Busbahnhof bei Bab Doukala und dem Platz Jema el Fna den Reisenden zu gross.

1929 wird mit dem Luxushotel "Mamounia" ein erstes Grosshotel innerhalb der Stadtmauern unter Ausnützung der weiten altstädtischen Gärten Marrakechs erstellt. Mit dem Bau des "Mamounia" wird dieser attraktive altstädtische und auch als klimatischer Ausgleichsfaktor wichtige Grünraum Marrakechs erstmals für ein Grosshotel genutzt, wobei die Distanz zum eigentlichen Siedlungskörper der Medina grösstmöglich gehalten wird. Mit den 1968 errichteten Viersternbetrieben "Chems" und "Les Almoravides" rückt die klassifizierte Hotellerie mit über 100 Betten bereits wesentlich näher an die Wohnquartiere der Medina heran. Aber erst durch den Bau des "Club Méditerranée" in der Verlängerung des Platzes Jema el Fna 1971 dringt die flächenintensive Hotellerie unmittelbar in den altstädtischen Siedlungskörper ein, ja stösst wie ein Pfropfen auf dessen seit der Kolonialzeit neues Zentrum, den Platz Jema el Fna, vor.

Während in Fès die **Standorte** der klassifizierten Hotels und **der touristischen Sekundärinfrastruktur** nur unwesentlich divergieren und letztere generell im Zentrum der Neustadt liegt, hat sich in Marrakech eine eigentliche Funktionsteilung innerhalb der Neustadt herausgebildet. Die Reisebüros, Autovermietungsfirmen und Restaurants haben sich mit wenigen Ausnahmen alle im ältesten neustädtischen Siedlungsraum "Guéliz" niedergelassen, wo sich bereits traditionell zahlreiche Geschäfte mit Dienstleistungsangeboten und Verkaufslokalitäten für den kurz- und langfristigen Bedarf befinden. Die Gäste von Appartementhäusern für Touristen und Hotels mittlerer bzw. unterer Kategorien, die mit einer Ausnahme alle im "Guéliz" zu finden sind, profitieren direkt von der Nähe der touristischen Sekundärinfrastruktur des Dienstleistungssektors.

Im südlicheren Stadtteil "Hivernage" in Marrakech und in der nördlichen "Palmeraie" hingegen sind die Kunden von Hotels der höchsten Kategorien wesentlich stärker auf die mit einem umfangreichen Dienstleistungsangebot bestückten Beherbergungsbetriebe zentriert. Die Gäste suchen das Quartier "Guéliz" nur zum Zwecke des entdeckenden Flanierens oder zum als Abwechslung gedachten Essen in einem hotelexternen Restaurant auf, denn Angebote von Reisebüros und Autovermietungsfirmen können im Hotel selbst gebucht werden, nicht zu reden vom reichhaltigen kulinarischen Angebot der hotelinternen Gaststätten, das im Hotel selbst genossen werden kann. Für die Gäste der Luxushotels im "Hivernage" und der "Palmeraie" besitzt das "Guéliz" eine Ausgleichsfunktion, indem dieser älteste neustädtische Stadtteil eine bei längeren Aufenthalten willkommene Abwechslung zum vom Angebot her quasi geschlossenen Lebensraum der Grosshotels bietet. In gleichem Masse erfüllt das Quartier Guéliz" diese Funktion auch für Gäste der innerhalb der Stadtmauern lokalisierten Hotels der höchsten Preisklassen.

Die **Autovermietungsfirmen** in den Neustädten von Fès und Marrakech haben auf Kosten verschiedener Nutzungen der Produktion, des Verkaufs und der Dienstleistungen Platz gegriffen. Da die in der Neustadt von Marrakech an passantenintensiver Lage im Parterre zur Verfügung stehenden Geschäftsräume aufgrund einer äusserst intensiven Nachfrage eine starke Miet- und Verkaufspreishausse erleben, ist gegenwärtig die Tendenz festzustellen, dass sich neben anderen Tätigkeiten des tertiären Sektors auch Büros von "Rent a car"-Unternehmen in höheren Stockwerken niederlassen und dort die Wohnnutzung konkurrenzieren. So sind zwischen 1983 und 1985 drei Wohnungen in Büroräume von Autovermietungsfirmen umgewandelt worden. Infolge der geringeren Dynamik sind derartige Nutzungskonflikte in Fès bis anhin keine feststellbar. Allerdings findet angesichts der Bodenpreishausse im zentralen Bereich der Neustadt von Fès nördlich des Platzes Mohammed V rezent eine Verlagerung südwärts an den Boulevard Abdallah Chefchaouni statt, wo noch Räumlichkeiten zu günstigeren Bedingungen erworben bzw. gemietet werden können.

Die **Reisebüros** in Fès, die nur unwesentlich vom organisierten Ausflugstourismus profitieren können, präsentieren sich ausnahmslos als Lokalitäten an passantenintensiver Lage mit auffälliger Schaufensterfront. Die stark exkursionsorientierten Reisebüros in Marrakech hingegen sind z.T. auch in oberen Stockwerken an zentraler Lage zu finden, weil sie ihre Leistungen indirekt verkaufen, indem sie Vertreter/innen in Hotels schicken, um Exkursionen an Touristen zu verkaufen oder ihre Ausflüge durch Hostessen/Reiseleiter ausländischer Tour Operators den Stadtbesuchern schmackhaft machen. Reisebüros mit derartigem Verkauf ihrer Leistungen, die im wesentlichen aus Exkursionen bestehen, sind nicht auf eine Lage im Erdgeschoss, unmittelbar an der Strassenfront angewiesen. Es genügt, wenn der administrative Stützpunkt in zentraler Lage bei den klassifizierten Hotels liegt.

Im Gegensatz zur **Neustadt** von Fès ist die expansive Tendenz der **Bazare** im Rahmen von Sukzessionsprozessen in jener von Marrakech nach wie vor ungebrochen. Die bedeutend höheren Besucherzahlen und ihre durchschnittlich längere Aufenthaltsdauer bilden die Basis für die räumliche Ausbreitung neustädtischer Bazare, welche in Fès mit dem markanten Rückgang der "Coopérants" (ausländische Gastarbeiterin Marokko) nicht nur zum Stillstand gekommen ist, sondern sogar eine rückläufige Tendenz zeigt, weil das Nachfragepotential einer stark wachsenden jungen Stadtbevölkerung nach modernen Verkaufsartikeln die touristische Nachfrage nach kunsthandwerklichen Produkten in der Neustadt bei weitem in den Schatten zu stellen vermag.

Der Schwerpunkt der Bazare in der Neustadt von Fès liegt wie jener der Hotels westlich des Platzes Mohammed V. Im Durchschnitt werden rund 47% des Jahresumsatzes der 7 neustädtischen Bazare von Touristen bestritten. 15 Männer finden ganzjährig ihren Verdienst, 2 weitere Verkäufer werden zusätzlich saisonal eingesetzt.

Ganzjährig sind 60 Personen in den 24 neustädtischen Bazaren Marrakechs beschäftigt, darunter 5 Frauen, welche in boutiqueartigen Lokalitäten mit einem Gemisch aus traditionellem Kunsthandwerk und modernen, europäischen Modeartikeln im Verkauf tätig sind. Nur 1 Mann wird zusätzlich saisonal engagiert. Im Durchschnitt erreichen die touristischen Umsatzanteile rund 70%. Im Gegensatz zu den neustädtischen Bazaren in Fès werden jene in Marrakech z.T. auch von Gruppen besucht.

Waren die ersten zwei eingerichteten Bazare noch weit im Westen der "Ville Nouvelle" Marrakechs zu finden, ist seit 1965 eine linienhafte Ausbreitung entlang der Avenue Mohammed V in Richtung der Medina festzustellen. Seit 1980 beginnen Verkaufslokalitäten mit gemischtem kunsthandwerklichem Angebot auch am als neuen Hotelstandort beliebten Boulevard Mohammed Zerqtouni in westlicher Richtung Fuss zu fassen. Besonders auffallend sind die sieben Bazare auf dem Gelände des kombinierten Fleisch-, Gemüse-, Früchte- und Blumenmarktes im Stadtviertel "Guéliz", von denen sich fünf linienartig direkt hinter dem einen Eingang angeordnet und dabei vier Metzgereien und ein Lebensmittelgeschäft verdrängt haben. Der Markt stellt eine besonders häufig aufgesuchte und photographierte bunte touristische Attraktion dar, welche sich deshalb geradezu als Standort von Bazaren anbietet. Insgesamt dominieren bei den durch touristisch orientierte Bazare abgelösten Nutzungen in der Neustadt von Marrakech die Verkaufsfunktionen sowie das produzierende Gewerbe.

Wie in der Neustadt spiegeln die **Bodenpreise** auch **in den Souks der Medina** im allgemeinen die Wertigkeit der einzelnen Standorte wider. Bodenpreisveränderungen können nicht nur durch einen quantitativen Wandel des Passantenstromes, sondern auch durch eine Veränderung des Kaufkraftniveaus einer wichtigen Nachfragegruppe ausgelöst werden. Im Rahmen des altstädtischen Bodenmarktes stellen die Touristen eine bedeutende Nachfragegruppe dar, deren Kaufkraftniveau sich von grossen Teilen der autochthonen Bevölkerung wesentlich unterscheidet. Die touristische Kundschaft ist aufgrund ihrer hohen Kaufkraft prinzipiell in der Lage, durch Bodenpreisveränderungen die Geschäftsstrukturen der Medina zu verändern, weil nach dem Untergang der zunftähnlichen Handwerksorganisationen der "Hanta" nun auch die von ihnen ehemals überwachte Branchensortierung immer mehr in Auflösung begriffen ist.

Gleichwohl zeigt der altstädtische Bodenmarkt nicht die gleiche (Eigen-) Dynamik, wie wir sie in den neustädtischen Geschäftszonen in Fès und Marrakech kennen. Nur so ist es zu erklären, dass wir an passantenintensivsten Standorten noch zahlreiche Gewerbe im Mietverhältnis antreffen, deren Umsätze keine hohen Grundrenten erlauben. Von zentraler Bedeutung für eine gewisse Stabilisierung des altstädtischen Bodenmarktes sind die religiösen Stiftungen der **Habous**, die im Besitze zahlreicher Liegenschaften in der Medina sind, die sie von Privatpersonen geschenkt erhalten haben. Ist die Schenkung ohne Vorbehalte erfolgt, handelt es sich um ein öffentliches Habous, ist der Ertrag der Immobilien einer beschränkten Zahl von Personen bis zu ihrem Ableben reserviert, sprechen wir von einem Familienhabous. Nach dem Hinschied des letzten Nutzniessers eines Familienhabous wird dieses zu einem öffentlichen Habous. Die Einnahmen, die aus der Vermietung der den öffentlichen Habous gehörenden Immobilien resultieren, dienen zur Instandhaltung sakraler Bauten und für den Lebensunterhalt der muselmanischen Geistlichkeit. Die Mieten für Geschäftsräumlichkeiten, welche im Besitze von Habous stehen, liegen oft markant unter dem auf dem freien Immobilienmarkt geltenden Ansätzen. Die niedrigen Mieten sind das Ergebnis einer speziellen Vermietungspraxis der Habous, indem die Mietverhältnisse de facto lebenslang abgeschlossen werden und die Mieten nur selten den auf dem privaten Liegenschaftsmarkt üblichen Ansätzen angepasst werden. Die niedrigen Mieten bedeuten für zahlreiche traditionelle Gewerbetreibende und Händler ohne grosse Umsätze resp. Verdienste direkte ökonomische Ueberlebenshilfen (am gegenwärtigen Standort innerhalb der Medina).

Analog zu den Verhältnissen auf dem privaten Immobilienmarkt haben sich bei den Geschäftsräumlichkeiten, die einer Habous gehören, im Laufe der Jahrhunderte Nutzungsrechte überlagert, die ebenfalls finanziell abgegolten werden müssen. Die Nutzungsrechte setzen sich aus dem bereits vor der Kolonialzeit bekannten **Schlüsselgeld** und dem durch die Franzosen institutionalisierten **"fonds de commerce"** zusammen. Während mit dem "Schlüssel" allein das Nutzungsrecht einer Räumlichkeit erworben wird, gelangt ein Geschäftsmann durch den Kauf des "fonds de commerce" einer Lokalität in den Besitz zahlreicher weiterer ökonomischer Elemente sowohl materieller Natur (Mobiliar, Werkzeuge, Rohstoffe) als auch nicht-materieller Natur (Firmenname, Renommee des Unternehmens, Kundschaft, Mietvertrag). Die teuersten "fonds de commerce" sind in den passantenintensivsten Hauptachsen der Medina zu finden. Verfügt eine Räumlichkeit über eine steigende touristische Kundschaft, trägt dies zur Erhöhung des Preises für den "fonds de commerce" bei. Handelt es sich um ein gemietetes Geschäftslokal, kann gleichzeitig durch den Besitzer auch die Miete an die neuen Umsatzverhältnisse angepasst werden, ohne dass dieser Angleichung gesetzliche Schranken entgegenstehen würden.

Umgekehrt stellt sich das **marokkanische Mietrecht** der Forcierung von Sukzessionsprozessen durch die ungerechtfertigte Heraufsetzung von Mieten oder der Kündigung im Hinblick auf ein neues Mietverhältnis mit höheren Zinsen mindestens partiell erfolgreich entgegen, indem die Miete grundsätzlich auf die im Mietobjekt ausgeübten Aktivitäten Rücksicht zu nehmen hat. Die Miete darf also z.B. für einen Kesselflicker bzw. einen Bazaristen in derselben Lokalität nicht gleich hoch angesetzt werden. Die anti-spekulative Gesetzgebung verhindert auch, dass durch das massive Heraufsetzen der Mieten Wohngebäude geleert und anschliessend neu als Bazare vermietet werden, was wesentlich höhere Zinsen erlaubt.

In ihrer grossen Mehrzahl sind die **in ehemaligen Wohngebäuden** installierten **Bazare** in Wohngebäuden der Medina entstanden, die von ihren Bewohnern in Richtung Neustadt verlassen worden sind. In ihrem einstigen Wohnhaus betreiben die Besitzer nun auf eigene Rechnung einen Bazar oder vermieten die Lokalitäten zu hohen Preisen an einen Bazaristen weiter. Durch die Einrichtung eines Bazars in einem ehemaligen Wohngebäude steigen die Mieten in der Regel markant an.

Mit touristisch orientierten Nutzungswechseln ändert sich nicht nur die Angebotsstruktur, sondern in vielen Fällen auch die **architektonische Gestaltung** eines Wohngebäudes resp. **einer Verkaufslokalität in der Medina**. Im Falle der Ladengeschäfte wird dadurch ein sich bereits seit der Kolonialzeit im Gang befindlicher Innovationsprozess weiter verstärkt. Im Zuge der Verwestlichung, die durch das Vorbild der neustädtischen, nach französichem Muster erstellten Ladengeschäfte mit Eingangstüre und Schaufenster wesentlich gefördert wird, ändert sich der Charakter der Boxenzeilen in der Medina markant. Schliessende Bretterverschläge werden durch metallene Rollläden, Falttore oder - in seltenen Fällen - durch Eingangstüren aus Glas ersetzt. Der traditionell erhöhte Boden resp. die "Mastaba" (Sitzbrett) wird entfernt, so dass der Kunde die Räumlichkeiten ebenerdig betreten kann. Die Bazare präsentieren sich in ihrer grossen Mehrheit als ebenerdige Verkaufslokalitäten mit modernen Schliesstechniken. Gegenwärtig ist das Bestreben der Bazaristen festzustellen, zwei kleine, benachbarte Ladengeschäfte räumlich durch das Herausschlagen der trennenden Wand zu verbinden und den so gewonnenen grösseren, ebenerdigen Verkaufsraum mit Eingangstüre und Schaufenster auszustatten.

Vom äusseren Erscheinungsbild weniger ins Auge springend sind die Veränderungen, welche durch die Einrichtung grosser Bazare resp. von Touristenpalästen (mit Bazaren) in ehemaligen privaten Wohngebäuden erfolgen. In ihrem Charakter wandeln sie die Grundgedanken der architektonischen Hausgestaltung und des altstädtischen Raummusters aber in ebenso entscheidendem Masse wie die altstädtischen Geschäfte mit Schaufenstern und gläsernen Eingangstüren.

Die Architektur des traditionellen Wohnhauses in der Medina ist wie der Stadtgrundriss von der Zielsetzung bestimmt, die familiäre Intimsphäre so gut wie möglich abzuschirmen. Mit der Einrichtung eines grossen Bazars oder Touristenpalastes (mit Bazar) ändert sich die soziale Zielsetzung der architektonischen Gestaltung des Gebäudes prinzipiell. Nun soll das Hausinnere nicht mehr mit verschiedenen baulichen Gestaltungsmitteln nach aussen abgeschirmt, sondern vielmehr der Passant wenn immer möglich mit den im Hause angebotenen Waren vertraut gemacht werden. Selbst architektonische Veränderungen werden vorgenommen, um den potentiellen Kunden den Zutritt leichter zu machen. Der auf die Sackgasse hinausführende traditionelle Familieneingang wird zugemauert und an der für Kundschaft interessanten Durchgangsachse ein neuer direkter Eingang herausgebrochen. Das soziale Prinzip der Wahrung der familiären Intimsphäre durch die Anlage eines abgewinkelten Eingangs an einer ruhigen Sackgasse wird architektonisch zugunsten des ökonomischen Prinzips der Marktorientierung durch einen direkten Zutritt an der passantenintensivsten Stelle aufgegeben. Für das einzelne, vom Transfer des Eingangs betroffene Haus bedeutet diese Umpolung einen bedeutenden architektonischen Eingriff. Vom sozialen Gesichtspunkt, dass die andern an der Sackgasse verorteten Wohngebäude weiterhin von zahlreichen Passanten verschont bleiben, welche den neuen Bazar oder Touristenpalast frequentieren, ist die Verlegung des Eingangs an die Durchgangsachse aber durchaus zu begrüssen.

Im Hausinnern selbst bleibt durch die Einrichtung eines Bazars oder Touristenpalastes der ursprüngliche Charakter im wesentlichen unverändert. Die ehemaligen Aufenthalts- und Schlafräume werden neu als Verkaufs- und Lagerlokalitäten (Bazar) oder als Restaurationsräume (Touristenpalast) genutzt. Selbst bei Bazaren (für Touristenpaläste versteht es sich von selbst) bleibt die Küche meist erhalten, sei es, um den im Bazar Arbeitenden die Möglichkeit zur Zubereitung kleiner Zwischenverpflegungen zu geben, oder sei es auch nur zwecks Präparation des Pfefferminztees, mit dem die Kundschaft während des Verkaufsgesprächs verwöhnt werden soll.

Durch die Einrichtung von touristisch orientierten Bazaren und Touristenpalästen besteht keine Gefahr einer zu intensiven Nutzung durch zu zahlreiche Familien, wie es in vielen schlecht unterhaltenen Wohngebäuden der Fall ist, nachdem sie von ihren wohlsituierten Besitzern in Richtung der lokalen Neustadt oder der Zentren an der Atlantikküste verlassen worden sind. Für den teuren, regelmässig notwendigen Unterhalt dieser älteren Wohngebäude mit z.T. palastartigem Charakter, die mit Schmuckwerk wie Gipsstukaturen, ornamentalen Malereien, Mosaiken, eingelegten und geschnitzten Holzarbeiten versehen sind, kommen in der Folge weder die sozial schlecht gestellten Mieter noch der Vermieter auf, der sich nur an einer möglichst hohen Rendite interessiert zeigt. In der Regel hat eine Familie in diesen zu Elendsquartieren degradierten ehemaligen luxuriösen Wohngebäuden nur einen Raum zur Verfügung, unabhängig von der Grösse der Familie resp. des Raumes.

Fallstudie: Medina von Fès

Von den zwei unterschiedlich alten Teilbereichen der **Medina von Fès** wurde bis anhin nur der ältere, Fès el Bali, als **Bazarstandort** berücksichtigt. Die im Vergleich zu Fès el Bali nur geringen touristischen Frequenzen im jüngeren Fès el Jédid haben dort bis anhin überhaupt keine entsprechenden Innovationsprozesse auszulösen vermocht. Das rezente Verbreitungsmuster der 61 Bazare und der 4 Touristenpaläste mit Bazaren in Fès el Bali zeigt ein betont linienhaftes Auftreten entlang des Talaa Kebira, der nördlicheren der zwei Hauptverbindungsachsen von Bab Boujeloud ins Zentrum der Altstadt. Linienhafte Verortungen von Bazaren finden wir auch an der Ostseite der Karaouine-Moschee und an der von der Freitagsmoschee zum Grabmal von Sidi

Ahmed Tijani wegführenden Achse. Neben diesen linienhaft angeordneten Bazaren finden wir einige punktuelle Häufungen rund um die Abzweigung vom Talaa Seghira zum Platz en Nejjarine und auf dem Platz en Nejjarine selbst.

Die grösste Dynamik erlebt die altstädtische **Bazareröffnung** in Fès zwischen 1965 und 1972, als insgesamt 22 neue Bazare und 2 Touristenpaläste mit Bazaren eröffnet werden, welche mehrheitlich die gleichen Standorte wie die vor 1965 eröffneten bevorzugen, so dass die Bazare räumlich immer enger zusammenrücken. Wenige Bazare beginnen in funktionell durch das Wohnen und nicht durch Produktions- bzw. Verkaufsaktivitäten geprägte Gebiete der Medina vorzudringen. Eine Entwicklung, die nach 1973 in bescheidenem Umfang fortgesetzt wird. Die Standorte der nicht an den Hauptachsen gelegenen Bazare führen rund um das historische Zentrum zu einer Veränderung des altstädtischen Raummusters. Selbst wenn sich die neuen Bazare an den die einzelnen Derbs erschliessenden Gassen niederlassen, bringt dies entscheidende Wandlungen mit sich, indem die Gassen nun in verstärktem Masse von ausländischen Gästen benutzt werden und nicht mehr vor allem den Anwohnern vorbehalten bleiben.

Eine generelle natürliche Schranke für die **Ausbreitung von Bazaren** bildet bis anhin der Fluss Fès, welcher das in einer Talmulde gelegene Fès in ein westliches **Kairouan-Ufer** und ein östliches **Andalusien-Ufer** teilt. Im östlich des Flusses gelegenen, ländlich geprägten Stadtteil ist rezent kein einziger Bazarstandort festzustellen. Das Ostufer, welches in den Reiseführern in der Regel nur aufgrund der Andalusien-Moschee und der Medersa es Sharij Erwähnung findet, wird von den meisten Individualtouristen nur kurz und von der grossen Mehrheit der geführten Reisegruppen überhaupt nicht aufgesucht.

Von den von Bab Boujeloud ins Herzen der Medina führenden Hauptachsen **Talaa Kebira** und **Talaa Seghira** wurde letzterer in weit geringerem Masse als Bazarstandort gewählt. Den 15 Bazaren am Talaa Kebira stehen - unter Einbezug eines Touristenpalastes mit Bazar - nur deren 4 am Talaa Seghira gegenüber. Diese divergierende Dotation mit Bazaren ist eine Folge der unterschiedlich intensiven Touristenfrequenzen, die auf dem Talaa Kebira wesentlich bedeutender ausfallen, weil auf dieser Route nicht nur die attraktiveren Bauwerke, so u.a. die Medersa Bou Inania und die Moschee ech Cherabliyyin liegen, sondern auch einige für Touristen interessante traditionelle Gewerbe. Auf dem Talaa Seghira hingegen haben sich vor allem auf ein junges Publikum ausgerichtete Geschäfte niedergelassen, die für den europäischen und amerikanischen Touristen von keinem speziellen Interesse sind. Touristisch induzierte Sortimentsänderungen zeigen am Talaa Seghira nur sehr punktuellen Charakter und beschränken sich auf die Ergänzung von Ansichtskarten, Filmen und Dias ins traditionelle Verkaufssortiment.

Rund 60% der **Jahresumsätze** der 61 altstädtischen Bazare in Fès werden von Touristen bestritten, in den insgeamt 16 ausschliesslich dem Teppichverkauf gewidmeten Häusern zeichnen die Touristen im Mittel für rund 50% des Jahresumsatzes verantwortlich. Grosse Bazarlokalitäten wie die angesprochenen Teppichhäuser versprechen nach wie vor gute Umsätze, für kleinere Unternehmen mit gemischtem Angebot vermag die Orientierung auf die Bedürfnisse einer jungen einheimischen Kundschaft an passantenintensiver Lage im Moment ebenso attraktiv erscheinen wie das Betreiben eines stark touristenorientierten Bazars. So ist 1982 an ausgezeichneter Geschäftslage unmittelbar östlich der Karaouin- Moschee ein seit 1922 bestehender Bazar aus ökonomischen Ueberlegungen in ein Café umgewandelt worden. Gleichzeitig ist am Talaa Seghira ein Bazar durch eine Boutique mit Damenkleidern ersetzt worden.

In bezug auf die Zahl der in den **Bazaren Beschäftigten** lässt sich tendenziell eine Zunahme von West nach Ost ins historische Zentrum von Fès el Bali feststellen. Insgesamt finden in den 61 altstädtischen Bazaren 263 Personen männlichen Geschlechts ihr Auskommen, 25 weitere Männer werden saisonal eingestellt. Die winterliche Baisse der Touristen in Fès wird von einigen grösseren Bazaren durch die temporäre Schliessung - bei gleichzeitigem Ferienbezug durch das Personal - überbrückt.

Allgemein grössere Beschäftigtenzahlen und höhere touristische Umsatzanteile als die Bazare zeigen die **Touristenpaläste mit Bazaren,** d.h. ehemalige Privatresidenzen, in denen zuerst ein Bazar und später zusätzlich ein Restaurant eingerichtet wurde. Total finden in den 4 altstädtischen Touristenpalästen mit Bazaren 63 Personen ein permanentes Auskommen, wovon 26 - darunter 20 Frauen - im Bereiche der Restaurants. Bei grossem Arbeitsanfall werden zur Unterstützung der Restaurationsequipen weitere 3 Frauen eingesetzt. Während der vom Fremdenverkehr getragene Umsatzanteil in den altstädtischen Bazaren im MIttel rund 60% beträgt, erreicht er in den Touristenpalästen mit Bazaren durchschnittlich ca. 75%. Rund 70% der Gäste in den Touristenpalästen mit angegliedertem Bazar treffen im Rahmen von Gruppen ein.

Die Touristenpaläste mit Bazaren führen besonders in Verbindung mit Verträgen zwischen Reiseveranstaltern und Betreibern entsprechender bifunktionaler Etablissements zu einer die Marktkräfte störenden Monopolbildung auf Kosten der monofunktionalen marokkanischen Spezialitätenrestaurants und der allein dem Verkauf kunsthandwerklicher Artikel gewidmeten Bazaren resp. der die Produkte herstellenden Handwerker.

Die Gäste der 2 altstädtischen, ausschliesslich als Restaurationsbetriebe geführten **Touristenpaläste** in der Medina von Fès werden zu rund 90% durch Touristen gestellt, die zu ca. 70% im Rahmen von geführten Gruppen eintreffen. Unter den ganzjährig beschäftigten 64 Personen befinden sich 21 Frauen. Bei grossen Anlässen werden bis zu 9 Helfer/innen beigezogen, darunter 7 weiblichen Geschlechts.

Fallstudie: Medina von Marrakech

In der **Medina von Marrakech** finden sich drei Zonen, in denen zahlreiche **Bazare** auftreten. Besonders starke Verbreitung haben die touristisch orientierten Verkaufslokalitäten nördlich des in der Regel als Ausgangspunkt für Medinabesuche gewählten Platzes Jema el Fna entlang der wichtigsten Durchgangsachsen ins historische Zentrum der Altstadt gefunden. Im Vergleich zu diesen intensiven linienhaften Verbreitungsmustern nehmen sich die zwei weiteren Häufungen von Bazaren in der Nähe der touristisch attraktiven Yacoub el Mansour-Moschee und der Saadier-Gräber einerseits sowie in der Umgebung des Bahia-Palastes anderseits bescheiden aus.

Auf die ältesten, bereits vor der Unabhängigkeit Marokkos eröffneten Bazare treffen wir in ihrer grossen Mehrheit an der direkten Verbindungsachse vom Platz Jema el Fna zur Moschee Ben Youssef, dem Souk Smarin und dem Souk el Kbir. Nur wenige Bazare haben vor 1956 nicht diese passantenintensivste Linie als Standort gewählt. Zwischen 1956 und 1964 erlebt diese Achse - vor allem in ihrem nördlichen Bereich - eine weitere Verstärkung. Gleichzeitig ist eine intensive Ausbreitung westlich der Kissaria auf der Verbindung zur Mouassin-Moschee feststellbar, die in südlicher Richtung zum Platz Jema el Fna eine numerisch bescheidene Fortsetzung findet. Die ausserordentliche Häufung von Bazaren auf der Achse von den Kissaria zur Moschee el Mouassin ist auf die Tatsache zurückzuführen, dass sich an dieser Passage der touristisch besonders attraktive, sprich photogene, Färbersouk befindet.

Ein eigentlicher Boom in der **Eröffnung von Bazaren** ist wie in Fès und in der Neustadt von Marrakaech nach 1965 festzustellen. In der Periode des sprunghaft ansteigenden touristischen Bettenangebotes werden bis 1972 total 39 neue altstädtische Bazare eröffnet, die einerseits zu einer Zunahme an den bereits mit Bazaren bestückten Linien führen, anderseits auch Sukzessionsprozesse an neuen Standorten (östlichste der drei Nord-Süd orientierten Durchgangsachsen zur Moschee Ben Youssef bzw. der gleichnamigen Medersa, Wollsouk) auslösen. Speziell die Verbindung zur Moschee Ben Youssef erlebt bis 1980 eine weitere massive Verstärkung. Eine entsprechend starke Expansion ist im Wollsouk erst nach 1980 festzustellen. Im Rahmen der weiteren massiven Zunahme der Bazare nach 1980 sind neben der Erschliessung punktueller neuer Standorte vor allem die Tendenzen zur Expansion in westlicher Richtung von der Moschee el Mouassin weg und zur Ausbreitung der Bazare unmittelbar nördlich des Platzes Jema el Fna bemerkenswert.

Die unmittelbare Nähe zum Platz Jema el Fna bestimmt auch die Lage der 3 Fondouks am Platz Fteuh (Fondouk el Ouarzazi, Fondouk el Fatmi und Fondouk Benshaba), wo sich der **Bazarzwischenhandel**, der sich z.T. ausschliesslich mit Antiquitäten befasst, niedergelassen hat, nachdem die Fondouks ihre ursprünglichen Funktionen z.T. verloren hatten. Die 3 am Platz Bab Fteuh verorteten Gebäude mit Bazarzwischenhandel sind verkehrstechnisch gut gelegen, so dass die aus andern Regionen angelieferten Waren für den Bazarhandel mit Motorfahrzeugen bis vor die entsprechenden Fondouks gefahren werden können. Seine grosse Blüte erlebt der Bazarzwischenhandel wie der Bazardetailhandel zwischen 1965 und 1972, als 11 der 25 Bazarzwischenhändler ihr Geschäft eröffnen.

Die Einrichtung von Bazaren an den wichtigsten Verbindungslinien der Medina verstärkt die aktuelle Tendenz der **Verdrängung des produzierenden Gewerbes** von den passantenintensivsten Standorten. Die Durchgangswege der Altstadt entwickeln sich zu rein kommerziell ausgerichteten Arterien ohne Produktionsstätten. Diese werden in den östlichen Bereich der Medina abgedrängt, der nur mit sehr wenigen Bazaren bestückt ist und damit Aehnlichkeiten zur Situation des Ostens der Altstadt von Fès zeigt, wo überhaupt kein Bazar verortet ist. Im Osten der Medina von Marrakech lassen sich die aus dem Westen verdrängten Werkstätten nicht mehr wie an den ursprünglichen Standorten nach Gewerben sortiert nieder.

Die 169 Bazare in der Medina von Marrakech haben auf Kosten von mindestens 69 Werkstätten des produzierenden/reparierenden Gewerbes und Dienstleistungsbetrieben Raum gegriffen, was den grössten Teil der ermittelten Sukzessionsprozessse ausmacht. In bescheidenerem Masse sind Bazare anstelle von Verkaufslokalitäten entstanden, bis 1985 haben nur 37 dem Verkauf gewidmete Geschäfte einem Bazar Platz gemacht. Im Gegensatz zu Fès sind in Marrakech auch produzierende Gewerbe bzw. Verkaufslokalitäten von Gütern des täglichen Bedarfs in grösserer Zahl durch Bazare ersetzt worden.

Das **Färberhandwerk** stellt eine exemplarische Branche dar, in welcher vom Fremdenverkehr innovative Impulse ausgehen, die sowohl destruktiven als auch konservierenden Charakter zeigen. Einerseits werden die Färber im Rahmen von Sukzessionsprozessen durch touristisch orientierte Bazare vom traditionellen Standort verdrängt, anderseits trägt gerade die wachsende touristische Nachfrage nach mehr oder weniger typischen marokkanischen Kleidern zur Steigerung der Ueberlebenschancen dieses einer starken industriellen Konkurrenz ausgesetzten Gewerbes an neuen Standorten der Medina bei.

Unter einigen der grössten **Bazare** in der Medina von Marrakech sind **Kapitalverbindungen** feststellbar. Das Beteiligungskapital braucht dabei nicht in Form von Geld eingeschossen zu werden, sondern wird oft in Gestalt von in den Bazaren absetzbaren Produkten oder durch das Stellen eines Lokals geleistet. Die prozentual unterschiedliche Beteiligung, wie sie in dieser Form von sog. "associés" auch bei andern Produktions- und Handelsaktivitäten auftritt, ist ausschlaggebend bei einer eventuellen Gewinnverteilung resp. der Aufteilung eines erlittenen Verlustes.

In einem dokumentierten Falle hat sich eine private Gesellschaft in ihren Bazaraktivitäten derart diversifiziert, dass sie allen Formen des Bazarhandels gerecht werden kann. Die Gesellschaft führt drei verschiedene Bazare, von denen einer dem Grosshandel gewidmet ist, der zweite sich auf Verkäufe an Individualkundschaft spezialisiert hat und der dritte im wesentlichen mit Angehörigen von Reisegruppen Geschäfte tätigt.

Die zunehmende Verflechtung der grössten Bazare führt im Zusammenhang mit Absprachen mit den Reiseveranstaltern, welche ihre Gruppen kontinuierlich in die gleichen Bazare führen, zu einer sich verstärkenden **Monopolisation des Bazarhandels.** Die wirtschaftlichen Verbindungen zwischen Bazaren machen im übrigen nicht an den Mauern der Medina oder am Stadtrand von Marrakech halt, sondern zeigen auch interregionalen Charakter. So sind in Marrakech mehrere grosse Bazare anzutreffen, die von Fassi geführt werden, z.T. unter der gleichen Bezeichnung wie in Fès und/oder von einem Sohn, dessen Vater weiterhin den Bazar in Fès betreibt.

In den 169 Bazaren in der Medina von Marrakech sind ganzjährig 665 Personen beschäftigt, darunter 12 weibliche Arbeitskräfte. Die touristische Kundschaft zeichnet für rund 70% der Jahresumsätze verantwortlich. Nur unwesentlich höher sind die touristischen Umsatzanteile in den 32 reinen "Maison de tapis", wo Touristen 75% der Geschäfte tätigen. Ganzjährig finden weitere 35 Personen ihr Auskommen in den Bazarzwischenhandelsunternehmen bei Bab Fteuh.

Mit einer Ausnahme touristische Umsatzanteile von mindestens 80% erreichen die 9 **Touristenpaläste** in der Medina von Marrakech. Besonders in den grösseren Unternehmen treffen die meisten Gäste im Rahmen von geführten Reisegruppen ein. In den Touristenpalästen finden total 220 Personen - darunter 97 Frauen, welche fast ausschliesslich als Köchinnen wirken - während des ganzen Jahres Arbeit. Die Männer sind als Küchengehilfen, im Service und im Einkauf der für die Zubereitung der Mahlzeiten notwendigen Rohstoffe tätig. Weitere 27 Personen, unter ihnen 2 Frauen, werden sporadisch bei Grossanlässen zur Verstäkung der Küchen- bzw. Serviceequipen rekrutiert.

Angesichts der hohen Kapazitäten (bis zu 850 Plätze) dieser mit einer Ausnahme aus ehemaligen (palastartigen) Wohngebäuden entstandenen Touristenpaläste haben diese nicht die gleiche zahlenmässige und räumliche Dynamik erlebt wie die Bazare. Selbst zwischen 1965 und 1972 sind allein 2 Touristenpaläste eröffnet worden, wodurch aber mehr als 1 000 neue Restaurationsplätze zur Verfügung standen! Allerdings sind bereits zwei Touristenpaläste tief in Derbs eingedrungen, wodurch die Intimität der betroffenen Wohngebiete entscheidend gestört wird.

Angesichts des knappen Angebots an grossen Verkaufslokalitäten im von Touristen stark frequentierten Westen der Medina greifen die grossen **Bazare** zur Befriedigung ihrer Raumansprüche immer mehr auf **Wohnhäuser** zurück. So werden 28 ehemalige Wohngebäude heute durch Bazare genutzt. Besonders intensiven Ablösungsprozessen von Wohnraum durch Bazare waren die Quartiere Mouassin und el Ksour unterworfen, wo sich die Bazare bis anhin in ihrer grossen Mehrheit an den Durchgangsachsen orientieren.

Im Gegensatz zum zentralen und westlichen Bereich der Medina von Marrakech kann der unmittelbar **bodenpreistreibende Effekt des Fremdenverkehrs** im Süden und Osten als bescheiden betrachtet werden, weil sich die Bazare und Touristenpaläste auf kleine Sektoren beschränken. Viel bedeutender ist der indirekte Beitrag des Tourismus zum Preisanstieg, indem sich die durch touristisch orientierte Nutzungen aus dem zentralen und westlichen Bereich der Medina verdrängten Handwerker und Bewohner z.T. im Süden und Osten der Medina neue Werkstätten bzw. Wohnungen suchen müssen und damit auch den Bodenmarkt in diesen nicht direkt vom Tourismus tangierten Gebieten weiter anheizen.

Die durch den Fremdenverkehr geförderte, aber nicht initiierte **Auflösung der** traditionellen **Branchensortierung** in den zentralen Souks bringt für den sich aus der räumlichen Nachbarschaft sich lösenden Gewerbetreibenden und für das entsprechende Gewerbe als gesamtes zahlreiche Nachteile mit sich. Die räumlich verstreuten Handwerker der gleichen Branche können Informationen weniger gut austauschen, nur mit grösserem Aufwand Preisabsprachen treffen und Aufträge aufteilen, die ein einzelner Handwerker nicht bewältigen kann.

6.2. Modell der Stadtentwicklung in Marokko unter besonderer Berücksichtigung des Tourismus

Innerhalb der Stadtentwicklung in der Dritten Welt nimmt jene in Marokko eine Sonderstellung ein, welche die marokkanische Stadt in ihrer gegenwärtigen räumlichen Struktur wesentlich von anderen Urbanräumen - selbst des maghrebinischen Raumes - unterscheiden lässt. Ursache dafür ist die besondere historische Situation Marokkos, welche durch das Marokko-Kongo-Abkommen von 1911 initiiert und durch den Schutzvertrag zwischen Frankreich und dem marokkanischen Sultan 1912 besiegelt wurde, in dessen Folge die Stadtplanungspolitk des Marschalls Lyautey als Generalresidenten Frankreichs in Marokko (1912 -1925) in die Tat umgesetzt wurde.

Lyautey hat die von ihm gegründeten Europäerstädte nicht nahtlos an die vorhandene städtische Bausubstanz angegliedert, sondern diese räumlich deutlich von ihr abgesetzt. In vergleichbarer Weise sind allein die englischen Stadtplaner in ihren Kolonien Indien und Pakistan vorgegangen, indem sie durch die Segregation der "Cantonment" und "Civil Lines" von den Altstädten ebenfalls zweipolige Stadträume geschaffen haben, welche - wie in Marokko - zumindest in der Gründungsphase der Neustädte die Persistenz der als gesamtes erhaltenswert betrachteten altstädtischen Strukturen ermöglicht haben (389). Gleichwohl kann den marokkanischen Städten eine besondere Stellung zugesprochen werden, weil sie sich besonders in ihrem altstädtischen Gefüge wesentlich von jenen Indiens und Pakistans unterscheiden.

Obwohl die Labyrinthe marokkanischer Altstädte für den heutigen Besucher auf den ersten Blick einen ungeordneten, ja chaotischen Eindruck machen, verbergen sich dahinter klare Strukturgesetze, die sich in der zellenhaften Struktur des Stadtgebildes mit traditionell je unterschiedlichen Funktionen manifestieren, wie sie in modellhafter Weise für die vorkoloniale einpolige Stadt zur Darstellung gelangen (Tab. 45/Abb. 45).

Dominanter Faktor in dieser altstädtischen Ordnung ist die genaue Definition und Abschirmung des **Familienraumes.** Die gemäss religiösen, sozialen und klimatischen Gegebenheiten auf den Innenhof zentrierten Wohngebäude schliessen sich ihrerseits Mauer an Mauer zu grösseren Baugruppen zusammen, so dass die in sich gekehrten Hofhausvolumen den altstädtischen Siedlungskörper in we-

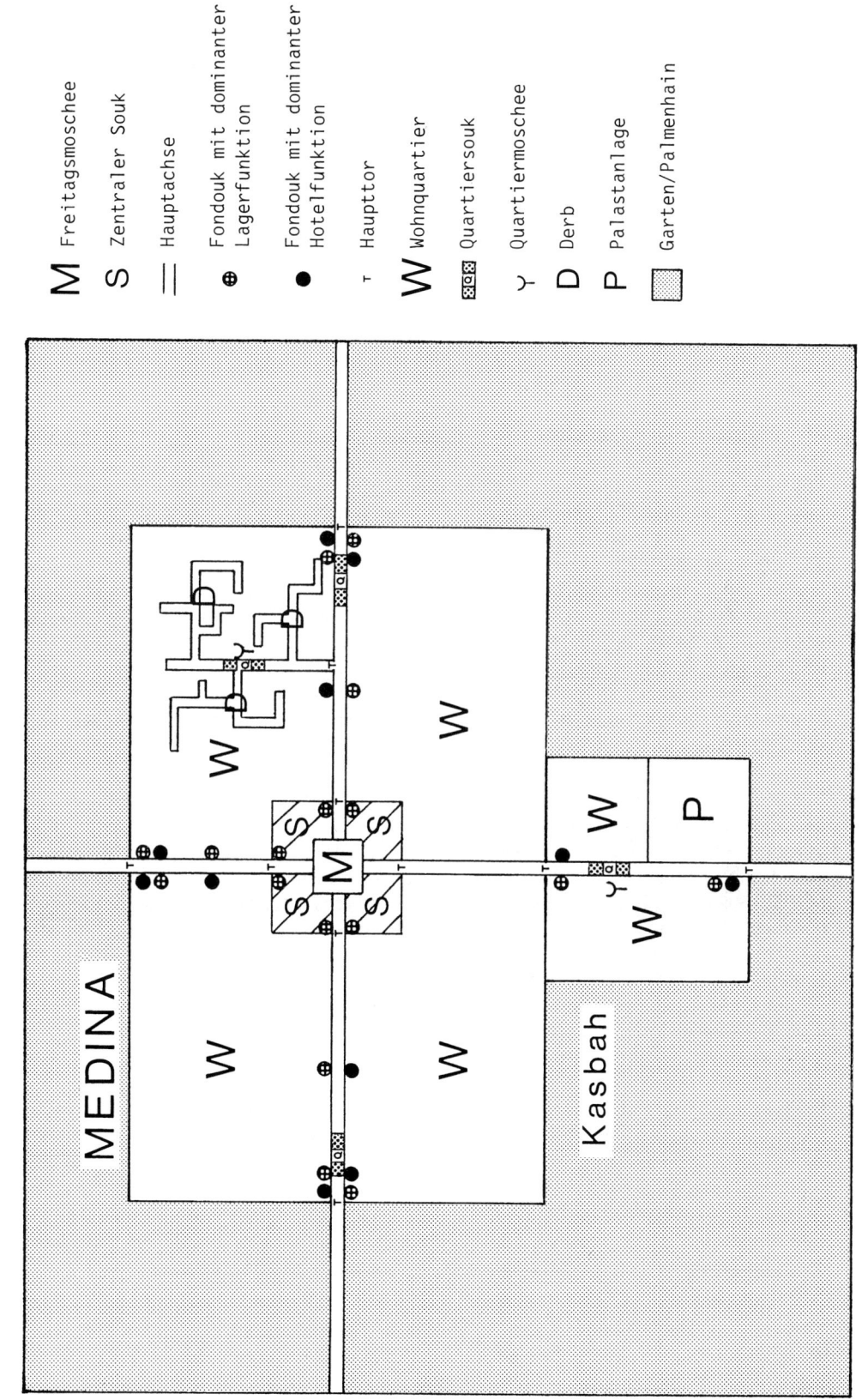

Abb. 45: Vorkoloniale einpolige Stadt (ca. 1910)

- **M** Freitagsmoschee
- **S** Zentraler Souk
- ‖ Hauptachse
- ⊕ Fondouk mit dominanter Lagerfunktion
- ● Fondouk mit dominanter Hotelfunktion
- ⊤ Haupttor
- **W** Wohnquartier
- ▨ Quartiersouk
- ⋎ Quartiermoschee
- **D** Derb
- **P** Palastanlage
- ▦ Garten/Palmenhain

sentlich stärkerem Masse dominieren als das feingliedrige Strassen- und Gassennetz.

Die intraurbanen Wege erschliessen die Wohnviertel im Sackgassenprinzip, um in Form der Derbs einen Uebergang zwischen privatem (Wohngebäude) und öffentlichem Bereich (Durchgangsachsen) zu schaffen. Der für den Motorfahrzeugverkehr unzugängliche Sackgassenkomplex des Derb bildet in eigentlichem Sinne einen **Gemeinschaftsraum**, was am besten durch die Tatsache eines gemeinsamen Backofens und das oft zu Beginn des Sackgassenkomplexes installierte Tor illustriert wird. Auf höherem Niveau, dem Quartier als **Beziehungsraum**, wiederholt sich diese Abschliessungstendenz mit Toren und einem Souk, welcher die Quartierbewohner mit allen Gütern und Dienstleistungen des kurzfristigen Bedarfs versorgt.

Die öffentlichen Durchgangsachsen, welche die Stadttore mit der zentralen Freitagsmoschee - dem zusammen mit den Medersen wichtigsten **Kulturraum** (Sakralraum) - verbinden, bilden sowohl an den Stadttoren als auch im Zentrum traditionell **Handelsraum**. Während im Zentrum in den Souks der Detailhandel des nach Branchen sortierten Angebots dominiert, wickeln sich in den Fondouks der Hauptachsen vor allem Grosshandelsaktivitäten ab. Integriert im Handelsraum befinden sich die originär z.T. nach Branchen sortierten Werkstätten, der **Produktionsraum**. Fondouks, Souks und Werkstätten bilden ihrerseits ein geschlossenes System für sich, welches "einerseits als schützender Puffer gegen die Wohnviertel dient, andererseits aber wieder 'Rücken an Rücken' so nahtlos daran angeschlossen ist, dass die Stadt als ein einheitliches verbundenes Ganzes erscheint, das keinerlei Zwischenräume von unbestimmter Funktion enthält" (390).

Die als **Erholungsraum** dienenden Freiflächen sind zu einem grossen Teil in den altstädtischen Baukörper selbst integriert, indem sie von privaten bzw. öffentlichen Gartenanlagen sowie Palmenhainen und in bescheidenerem Masse von Moscheehöfen, Innenhöfen von Wohngebäuden und deren Dachterrassen gebildet werden. In der ursprünglich auf möglichst weitgehende Selbstversorgung ausgerichteten Medina haben die innerhalb (und ausserhalb) der Stadtmauern zu findenden Gärten und Palmenhaine gleichzeitig die Funktion eines **Ernährungsraumes**. Wie die grössten Grünflächen ist auch die flächenintensive Palastanlage des Herrschers, der **Verwaltungsraum**, in Stadtrandlage verortet, wo sich auch die Garnison der ihm unterstellten Streitkräfte befindet.

Da sich die vorgestellten Funktionsräume der originären Medina auch in der Neustadt weitgehend isolieren lassen, werden die Modellbildungen aufgrund der oben genannten, verschieden gearteten Funktionsräume auch für die "Ville Nouvelle" vorgenommen. Sie erlauben eine detaillierte Gegenüberstellung der ursprünglichen Struktur der Medina und jener der Neustadt bzw. des funktionellen Wandels der zwei Stadtkörper. Touristische Funktionen werden im beschreibenden Modell speziell ausgegliedert, müssen aber immer im Zusammenhang des allgemeinen Wandels der zwei Urbanräume gesehen werden.

Obwohl Lyautey mit seiner Entscheidung zur dualistischen Stadtplanung den Versuch unternimmt, die traditionelle Altstadt vor zu intensiven europäischen Einflüssen zu schützen, trägt gerade die Bipolarität des Urbanraumes und die unterschiedliche Dotation der zwei Stadtkörper im Rahmen der sich vollziehenden politischen, wirtschaftlichen und sozialen Wandlungen zu einschneidenden Veränderungen in den zellenartigen Räumen der Medina bei. So entsteht einerseits auf ehemaligem agrarischem Umland der Medina ein neuer Stadtkörper, die "Ville Nouvelle", andererseits erlebt die Altstadt infolge der funktionellen Konkurrenz durch die Neustadt tiefgehende Veränderungen, zu welcher der anfangs zwar noch bescheidene Fremdenverkehr - wie die vorliegenden Untersuchungen gezeigt haben - bereits früh beiträgt. Bis 1950 sind in der Neu- und Altstadt schon zahlreiche touristisch induzierte Wandlungsprozesse festzustellen. Das Modell der kolonialen zweipoligen Stadt zeigt eine wesentlich komplexere Struktur als die vorkoloniale Medina, denn Neu- und Altstadt unterscheiden sich nicht nur in ihrer Physiognomie, sondern auch ganz entscheidend in ihren Funktionen (Tab. 46/Abb. 46).

Mit der Unabhängigkeit Marokkos 1956 wird zwar die politische Souveränität der Nation erreicht, ihr entspricht aber keine kulturelle Autonomie. Zahlreiche von den französischen Kolonialbehörden geschaffene Institutionen werden durch die marokkanische Verwaltung übernommen, indem die leitenden Europäer durch eine einheimische Schicht von Privilegierten ersetzt werden. In den Städten wird eine Variante sozialer Segregation durch eine andere abgelöst: statt zwischen in der Neustadt wohnenden Kolonialherren und Einheimischen in der Medina verläuft der Bruch nun zwischen einer privilegierten marokkanischen Oberschicht in der "Ville Nouvelle", die sich mehr und mehr westlichen Lebensformen zuwendet, und einer vor allem in der Medina wohnhaften Mittel- und Unterschicht, die ursprünglich noch stark in der überlieferten Kulturwelt des Islams lebt und nach der Unabhängigkeit in verstärktem Masse durch die eigene "Elite" neue westliche Verhaltensmuster vordemonstriert sieht.

Seit der Unabhängigkeit ziehen in die von sozial besser gestellten Medinabewohnern verlassenen Wohngebäude der Altstadt gesellschaftlich tiefer gestellte Schichten ein. Infolge des grossen Bevölkerungsdrucks (Landflucht, Bevölkerungsexplosion) werden die Gebäude stark überbelegt. Da Besitzer und Bewohner nicht mehr identisch sind, besteht keine unmittelbare Verantwortlichkeit für die bewohnte Bausubstanz mehr, was in vielen Fällen zu mangelhaftem Unterhalt des Gebäudes führt und zusammmen mit der Ueberbelegung eine eigentliche Verslumung nach sich zieht. Aufgrund der ungenügenden Aufnahmekapazität des bestehenden Stadtkörpers entstehen randstädtische Elendsquartiere ("Bidonvilles"), die sich sowohl an die Neu- als auch die Altstadt anlehnen. Es wäre also durchaus möglich, angesichts dieser neuen spontanen, mit geringer Infrastruktur dotierten Stadträume von einer postkolonialen dreipoligen Stadt zu sprechen. Da sich die "Bidonvilles" in ihren internen Strukturen und in ihrer Physiognomie aber stark an der Medina orientieren, soll auch in der modellhaften Darstellung der postkolonialen Stadt von einer grundsätzlichen Zweipoligkeit des Urbanraumes ausgegangen werden.

Als der Fremdenverkehr 1965 als prioritär zu fördernder Wirtschaftssektor ausgeschieden wird, nehmen die touristisch orientierten Sukzessionsprozesse infolge höherer Besucherzahlen sowohl im Familien- als auch im Handels- und Produktionsraum stark zu. Quantitativ sind die entsprechenden touristisch orientierten Wandlungsprozesse in Marrakech aufgrund der höheren Besucherzahlen und ihrer im Mittel längeren Aufenthaltsdauer wesentlich zahlreicher als in Fès.

Das zunehmende Touristenaufkommen beider Städte ist auch die Folge einer seit 1965 zunehmenden Demokratisierung des Fremdenverkehrs in Marokko. Dieser verliert in zunehmendem Masse seinen aristokratischen Anstrich, den er aufgrund der zahlreichen noblen europäischen Kreuzfahrtgesellschaften in der Kolonialzeit getragen hat. Infolge der hohen, den Tour Operators gewährten Gruppenrabatte büssen einige Vier- und Fünfsternbetriebe ihren exklusiven Charakter ein, indem sie in zunehmendem Masse von Pauschaltouristen belegt werden. Die Hotellerie der höchsten Kategorien erlebt eine eigentliche Expansion, vor allem in Marrakech. Die Ausweitung der touristischen Primärinfrastruktur zieht eine Zunahme der touristischen Sekundärinfrastruktur des Dienstleistungssektors nach sich und zeigt vielfältige räumliche, soziale und ökonomische Konsequenzen in einem sich stark wandelnden bipolaren Urbanraum (Tab. 47/Abb. 47).

Die drei vorliegenden Modelle sind als Verallgemeinerung der Entwicklung in Fès **und** in Marrakech zu verstehen. Die Besonderheiten in der Dynamik der zwei untersuchten Urbanräume sind in den stichwortartigen Modellbeschreibungen, welche die kartographischen Darstellungen ergänzen, in Form von Klammern vermerkt. Die qualitativen Differenzen in der Entwicklung der zwei Untersuchungsräume sind aber so gering, dass die Erarbeitung einer prozesshaften dreigliedrigen Modellreihe vollauf genügt, um die Entwicklung in beiden Untersuchungsräumen darzustellen.

Die drei Modelle zeigen, dass der Fremdenverkehr im Rahmen des Uebergangs von vorindustriellen, religiös definierten Lebensformen zu einem industriell geprägten, stark säkularisierten Lebensstil nur ein Faktor unter vielen darstellt. Physiognomie und Strukturen der Neu- und Altstadt werden aber gleichwohl in wesentlichem Masse durch den Tourismus mitbestimmt, indem dieser ablaufende Prozesse verstärkt, bremst oder dynamische Vorgänge erst eigentlich auslöst.

Der Fremdenverkehr wiederspiegelt in besonderem Masse die Ambivalenz der Altstädte, indem er z.B. einerseits zur Erhaltung der Bausubstanz altstädtischer Gebäude und kunsthandwerklicher Gewerbe beiträgt, anderseits räumliche Sukzessionsprozesse fördert und qualitative Verschlechterungen von massenweise für den touristischen Absatz produzierten Produkten nach sich zieht. Die touristisch induzierten Prozesse in der Medina sind daher in der Weise zu steuern, dass sie zu einer **umfassenden** Erhaltung der Lebensfähigkeit der Altstädte beitragen, denn es geht nicht nur um die physische Erhaltung baulicher Zeugnisse der Vergangenheit, sondern vielmehr um die Bewahrung lebendiger altstädtischer Strukturen, letztlich eine kulturelle Lebensfrage. Die Medina an sich verkörpert Lebensform und kulturelle Werte, die bis heute - trotz aller Innovationen - mindestens partiell lebendig geblieben sind und sowohl das kollektive als auch das individuelle Verhalten der Bewohner prägen und damit den Besuch von Fès und Marrakech erst eigentlich lohnenswert machen.

6.3. Planungsempfehlungen für Fès und Marrakech

Da der Fremdenverkehr nur **einen** innovativen Faktor innerhalb der komplexen urbanen Dynamik der zwei orientalischen Städte Fès und Marrakech darstellt, umfassen die Planungsempfehlungen ein ganzes Bündel an Massnahmen, die z.T. weit vom Tourismus als solchen entfernt scheinen. Eine gezielte Steuerung des Fremdenverkehrs im Sinne der grossen Mehrheit der autochthonen Stadtbewohner **und** der Stadtbesucher macht aber gerade eine umfassende, vernetzte Planung notwendig. Nur so können die räumlichen, ökonomischen und sozialen Effekte des Tourismus erfolgreich in den Dienst der Stadtplanungspolitik gestellt werden und diese umgekehrt die Grundlage für eine quantitativ und qualitativ erfreuliche Entwicklung des Fremdenverkehrs bilden.

Die nachfolgenden nach Interventionsbereichen gruppierten Empfehlungen haben trotz der Verschiedenartigkeit der Stadtstrukturen und der Tourismusformen in Fès und Marrakech für beide Urbanräume Gültigkeit:

Ausgestaltung und Marketing der touristischen Primärinfrastruktur

- **Bau von familienfreundlichen Hotels mittlerer Kategorie und Grösse:**
  Da die Hotels der obersten Preisklassen trotz Verbilligungsaktionen auch in Zukunft nur einer kleinen Minderheit von marokkanischen Reisenden erschwinglich sein werden, sollten in Fès und Marrakech verstärkt auf den Familientourismus ausgerichtete Hotels mittlerer Kategorie und Zimmerkapazität geschaffen werden.

  Angesichts des geringeren Investitionsvolumens für Hotels mittlerer Kategorie im Vergleich zu jenem für riesige Luxusbetriebe könnte gleichzeitig die private unternehmerische Initiative im Bereich der touristischen Primärinfrastruktur wieder vermehrt Raum greifen und die staatlichen Mittel für andere Arbeitsplätze schaffende Investitionsprojekte freigesetzt werden.

  Hotels mittlerer Kategorie können bei Mammutkonferenzen ohne Bedenken zur Ueberbrückung temporärer Bettenkapazitätsengpässe der Fünf- und Viersternunternehmen eingesetzt werden. Da nationale Gäste nicht generell das gleiche saisonale Verhalten zeigen wie ausländische Touristen, erlauben Hotels mittlerer Kategorie auch eine bessere mittlere jährliche Belegungsrate und monatliche Auslastung der Hotellerie. Speziell in den Wintermonaten steigt bereits bei der gegenwärtigen Hoteldotation der Untersuchungsräume (mit einem Schwergewicht auf Vier- und Fünfsternhotels) der nationale Fremdenverkehrsanteil jeweils spürbar an. Durch eine gezielte Förderung von Hotels mittlerer Kategorie könnte diese nivellierende Funktion der nationalen Gäste noch weiter gestärkt werden.

- **Förderung der Parahotellerie (Appartementhäuser für Touristen, Feriendörfer, Zeltplätze):**
Aus beschäftigungspolitischen Gründen empfiehlt es sich aber auch, die Parahotellerie nicht aus den Augen zu verlieren, denn gut unterhaltene Appartementhäuser mit einem gepflegten Restaurationsservice erfordern mindestens so viele Arbeitskräfte pro Zimmer wie Beschäftigte auf ein Gästezimmer in einem Hotel der höchsten Kategorien kommen.

Erstaunlich hohe Personaldotationen pro Zimmer sind auch in familienfreundlichen Feriendörfern festzustellen. Eine Tatsache, die vor allem auf den in einem Feriendorf besonders hohen direkten Multiplikatoreffekt zurückzuführen ist, weil den Gästen neben Restaurants auch Einkaufsmöglichkeiten angeboten und zahlreiche betreute Unterhaltungsangebote gemacht werden.

Feriendörfer, die (wie die florierenden Beispiele in Marrakech zeigen) auch von staatlichen, nicht dem Tourismus verpflichteten Gesellschaften getragen werden können, bieten gute Chancen, um die Demokratisierung des nationalen Fremdenverkehrs weiter zu fördern. Feriendörfer, die von den finanzierenden Unternehmen auch zu Ausbildungszwecken ihrer Angestellten genutzt werden können, bieten Gewähr dafür, dass der Konferenztourismus nicht nur höchsten Verantwortungsträgern in Politik und Wirtschaft vorbehalten bleibt, sondern auch für mittlere und untere Kader möglich und attraktiv wird, indem Weiterbildung erfolgreich mit Familienferien kombiniert werden kann.

Die Benützer von Zeltplätzen sind vom beschäftigungspolitischen Standpunkt interessant, weil sie die im Bereiche der Unterbringung eingesparten Mittel in der Regel zu grossen Teilen in Einkäufen von Handwerksprodukten investieren. Nicht der direkt auf dem Zeltplatz sich ergebende Beschäftigungseffekt macht diese Form der Parahotellerie also volkswirtschaftlich besonders attraktiv, sondern vielmehr die von den Campern ausgelösten Multiplikatoreffekte, die vor allem einem Sektor zugute kommen, welcher ökonomische Impulse dringend braucht. Aber auch gesamthaft bleibt der volkswirtschaftliche Input eines Campers nicht hinter jenem eines Benützers eines Dreisternhotels zurück.

- **Ausbau der Verbilligungsaktionen für nationale Hotelgäste:**
Im Sinne der Förderung des nationalen Fremdenverkehrs empfiehlt es sich, die Hotels - speziell jene der oberen Kategorien (Drei- bis Fünfsternbetriebe) - landesweit durch Verbilligungsaktionen vermehrt für marokkanische Gäste zu öffnen. Eine weitergehende, auf eine einheimische Kund-

schaft ausgerichtete Rabattierungsaktion ist auch geeignet, der mindestens partiell berechtigten Kritik am exklusiven Charakter des ausländischen Pauschaltourismus, welcher in den Genuss von hohen Gruppenrabatten kommt, zu begegnen. Durch die stärkere Belegung infolge der Preisreduktionen für nationale Gäste kann gleichzeitig ein Beitrag dazu geleistet werden, dass sich im Hinblick auf die Promotion des Konferenztourismus geschaffene voluminöse Vier- und Fünfsternhotels nicht als überdimensionierte, unrentable Kapazitäten in konferenzlosen Perioden erweisen. Besonders bevorteilt werden sollten nationale Hotelgäste, welche sich zu einem längeren Aufenthalt in einem Hotel oberer Kategorie (mit Halbpension) entschliessen.

Gezielte Förderung des Handwerks

- **Schutz und Unterstützung des seriösen Handwerks:**
Es hat keinen Sinn, pauschal über den partiellen Wandel von Gebrauchshandwerk zu touristisch orientiertem Kunsthandwerk zu klagen, denn jede wirtschaftliche Entwicklung (und darum handelt es sich bei der Förderung des Tourismus wie bei der Industrialisierung) hat kulturelle Wandlungen zur Folge. Viel wichtiger als in ein derartiges generelles Lamento einzustimmen ist, sich die Frage zu stellen, gegen welche neuen kulturellen Formen die alten eingetauscht und vor allem zum Vorteil welcher Bevölkerungsgruppen solche Veränderungen stattfinden sollen. In der zur Diskussion stehenden Relation Tourismus - Handwerk kann die Antwort nur lauten: der qualifizierte Handwerker mit einem hochwertigen Angebot soll von den touristischen Nachfrageimpulsen profitieren. Es gilt also dort einzuschreiten, wo der seriöse Handwerker mit einem ausgeprägten Berufsethos in Gefahr steht, durch Fertigungstechniken überrollt zu werden, die damit rechnen, dass die (touristischen) Kunden aus Unkenntnis auch Billigstfabrikationen aus schlechten Rohmaterialien zu hohen Preisen erwerben werden.

- **Ausstattung der wieder aktivierten "Amin" (Zunftvorsteher) und "Muhtasib" (Marktaufseher) mit umfangreichen Kompetenzen:**
Durch die Reaktivierung der personellen Institutionen der Zunftvorsteher und des Marktaufsehers, wie sie de jure durch königlichen Erlass im Jahre 1981 erfolgte, wird nur eine effektive Verbesserung der Marktverhältnisse im Handwerk erreicht werden können, wenn "Amin" und "Muhtasib" (im Rahmen von Kommissionen) mit weitreichenden Vollmachten ausgestattet werden, um unqualifizierten Handwerkern - im wahrsten Sinn des Wortes - das Handwerk zu legen und unseriösen Händlern zu verbieten, Geschäfte abzuwickeln.

Eine spürbare Hilfe wird den unter den spekulativen Praktiken des Grosshandels leidenden Kleingewerbetreibenden nur zuteil werden, wenn "Amin" und "Muhtasib" wie vor dem Untergang dieser Institutionen (in der französischen Kolonialzeit) auch wieder mit umfangreichen Kompetenzen zur Qualitätskontrolle der Fertigprodukte und zur Preisfixierung im Rohstoffhandel ausgestattet werden, um monopolistische Strukturen in Form der Koppelung von teurem Rohstoffverkauf und billiger Endproduktabnahme durch gleiche Grosshändler bei finanzschwachen, ja verschuldeten Handwerkern zu zerschlagen.

- **Stärkung eines umfassenden Genossenschaftwesens:**
  Die Genossenschaften werden nur zu einem erfolgreichen Element der Handwerkspolitik im Sinne der Kleingewerbetreibenden avancieren, wenn sie den ganzen Weg eines Produktes vom Einkauf der Rohstoffe über deren Verarbeitung bis zum Verkauf beinhalten. Mittels einer geschickten Einkaufs- und Verkaufspolitik verbunden mit der Lagerhaltung von Rohstoffen und Endprodukten können alle Genossenschafter von den konjunkturellen Höhen profitieren bzw. das Risiko von Tiefs gemeinsam tragen. Genossenschaften können den Handwerkern eine reale Basis im Kampf gegen den spekulativen Grosshandel bieten, sofern sie von staatlicher Seite korrekt - im Hinblick auf die Bedürfnisse der Kleinhandwerker - geführt werden.

- **Leiter eines Handwerksbetriebes haben eine Prüfung abzulegen, in der sie sich über die notwendigen theoretischen und praktischen Kenntnisse in ihrem Metier ausweisen:**
  Um die heute gestörten Produktions- und Marktbedingungen zugunsten der handwerklichen Produzenten qualitativ hochwertiger Artikel zu verbessern, ist der Staat aufgefordert, Examen durchzuführen, welche Aufschluss über die (in Ausbildungszentren erworbenen Kenntnisse) geben. Leiter von Gewerbebetrieben, deren Kenntnisse einen Minimalstandard unterschreiten, müssen ihre Werkstätten schliessen.

  Gerade im Bereich der betont touristisch nachgefragten Handwerkssektoren der Maroquinerie und der Messingwaren sind in den letzten Jahren Betriebe unter unqualifizierter Führung entstanden, deren Verkaufsprodukte sowohl vom bearbeiteten Rohmaterial als auch von der Fertigungstechnik stark zu wünschen übrig lassen. Eine qualitative Selektion der Werkstätten drängt sich im Interesse des gefährdeten Rufes dieser Handwerkssektoren geradezu auf.

- **Vergabe von staatlichen Krediten nur an wirkliche Handwerksbetriebe:**
  Um mit den beschränkten staatlichen Krediten, welche die Unabhängigkeit und Innovationsbereitschaft von Handwerksbetrieben fördern sollen, haushälterisch umzugehen, hat im Rahmen jedes Kreditbegehrens eine sorgfältige Anlayse stattzufinden, um sicherzustellen, dass die günstigen staatlichen Kredite nicht an Unternehmen ausgeschüttet werden, die aufgrund ihrer Grösse bzw. ihrer Fertigungstechniken (gemäss offizieller Definition) nicht mehr einem Handwerksbetrieb entsprechen.

- **Handwerkliche Förderungsprogramme nicht nur auf touristisch orientierte Gewerbe ausrichten:**
  Da die touristische Attraktivität der Medina wesentlich durch die Vielfalt der handwerklichen Gewerbe bestimmt wird, ist sorgfältig darauf zu achten, dass im Rahmen der staatlichen Förderungsprogramme nicht prinzipiell kunsthandwerkliche Produkte wie Teppiche, Textilien, Schmuck, Leder-, Messing-, Neusilber- und Kupferwaren bevorzugt werden, die zunehmenden touri-

stischen Absatz versprechen. Nein, gerade auch Gewerbe ohne ausgeprägte
Absatzmöglichkeiten an Touristen wie Schreiner, Färber, Töpfer, Eisenschmiede, Schuhmacher und Babouchiers, welche bei gezielten Restrukturierungsmassnahmen (gute) Ueberlebenschancen im Kampf gegen die industrielle
Konkurrenz besitzen, sollten finanziell und technisch besonders unterstützt werden.

Ausstieg aus der Kinderarbeit

- **Durchsetzung des Verbots der Kinderarbeit:**
  Die Kinderarbeit in Marokko zeigt im Bereich der Teppichknüpferei zwar
  enge Relationen zum sich verstärkenden Fremdenverkehr, was die Zahl der
  Beschäftigten betrifft, ihre Anfänge können jedoch keinesfalls auf die
  intensive Förderung des Tourismus zurückgeführt werden. Kinderarbeit ist
  heute sowohl in Betrieben des "artisanat utilitaire" und des "artisanat de
  service" als auch in Werkstätten des "artisanat de l'art", welches im
  wesentlichen vom touristischen Absatz profitiert, anzutreffen.

In Anbetracht der negativen Folgen der Kinderarbeit für die Persönlichkeitsentwicklung der Kinder und für die Volkswirtschaft gilt es dem seit
1947 gesetzlich verankerten Verbot der Kinderarbeit unter 12 Jahren - mit
der Intention, diese Alterslimite später noch weiter anzuheben - Nachachtung zu verschaffen. Die vermeintlichen praktischen Lehren, welche die
Kinder zu absolvieren beabsichtigen, erweisen sich in vielen Fällen als
nicht existent. Die Kinder werden allein zur Erledigung unangenehmer Arbeiten beigezogen, die erst noch miserabel entlöhnt werden. So beginnt für
die betroffenen Kinder ein Lebenslauf mit keinerlei sozialen Aufstiegsmöglichkeiten, im Gegenteil ein späterer Abstieg wird geradezu vorprogrammiert: durch die Armut gezwungen, bereits im Kindesalter eine Arbeit aufzunehmen, können sie keine Schule besuchen und keine systematische Lehre
absolvieren. Infolgedessen werden sie mit grosser Wahrscheinlichkeit immer
Hilfsarbeiten verrichten müssen, sofern sie nicht sogar in Arbeitslosigkeit verfallen, wenn ihr Lohn vom Arbeitgeber aufgrund des fortgeschrittenen Alters nicht mehr kindgemäss - sprich extrem niedrig - gehalten werden kann.

Angesichts der Tatsache, dass die Kinderarbeit nicht kurzfristig vollumfänglich eliminiert werden kann, sind die Arbeitsbedingungen der noch
erwerbstätigen Kinder keinesfalls aufgrund ihrer Illegalität aus den Augen
zu verlieren, sondern diese vielmehr unverzüglich zu verbessern. Insbesondere gilt es das Verbot der Kinderarbeit für gefährliche Tätigkeiten
ohne Zeitverlust durchzusetzen. Die Verbesserung der Arbeitssicherheit,
der Hygiene und die Einhaltung der Arbeitszeitbestimmungen kann aber nur
erreicht werden, wenn die regelmässige, unbestechliche Inspektorentätigkeit in den Werkstätten massiv verstärkt wird. Die Sicherstellung einer
angemessenen Entschädigung für arbeitende Kinder mit dem Ziel, die entsprechenden Löhne gemäss des Prinzips "gleicher Lohn für gleiche Arbeit"
Salären für Erwachsene anzugleichen, kann die Kinderarbeit auch ökonomisch

unattraktiv machen. Alle genannten Anstrengungen müssen von einer intensiven Oeffentlichkeitsarbeit begleitet werden, in welcher die physischen und psychischen negativen Folgen der Kinderarbeit zur Darstellung gelangen und auch nicht davor zurückgeschreckt wird, Betriebe mit ausbeuterischen Praktiken der Kinderarbeit namentlich zu veröffentlichen.

Die expandierende touristische Nachfrage nach bestimmten handwerklichen Artikeln darf keinesfalls zu einer verstärkten Ausbreitung der Kinderarbeit führen und die Anstrengungen der marokkanischen Behörden im Bereiche der obligatorischen Schulpflicht (1963 eingeführt) gefährden. Der Ferienreisende soll seine Souvenirs nicht auf Kosten von ausgebeuteten Kindern billig erwerben können, sondern jenen Preis für seine Erinnerungsstücke bezahlen, welcher den familiären Lebensunterhalt für erwachsene Gewerbetreibende erlaubt. Nur so trägt der Tourist zur Erhaltung einer schützenswerten, jahrhundertealten handwerklichen Tradition bei, die sich mit gutem Gewissen bestaunen lässt, ansonsten stützt er ein totes, im Verborgenen produzierendes Gewerbe, welches sich nur noch unter Verletzung höchster moralischer Prinzipien - dem Schutze der Kinder - am Leben erhält. Umgekehrt hat aber auch der handwerkliche Artikel erwerbende Stadtbesucher ein Recht darauf, für sein Geld ein Produkt aus einwandfreien Rohmaterialien und von guter Verarbeitungsqualität zu erhalten.

- **Ausbau der elementaren Schulbildung:**
Die Kinderarbeit abschaffen zu wollen, heisst auch, den Kindern sinnvolle Alternativen anzubieten, die ihnen bessere Zukunftschancen eröffnen als die zu frühe Erwerbstätigkeit. In diesem Sinne müssen die Anstrengungen zur Förderung einer umfassenden Elementarbildung aller Kinder intensiviert werden, dies auch im Hinblick auf die notwendige Restrukturierung des Handwerks, denn nur im Falle allgemeiner Elementarbildung ist auch Gewähr gegeben, dass die so nötige Innovationsfähigkeit des Handwerks erhalten bleibt.

- **Prophylaktische Massnahmen gegen illegale Fremdenführertätigkeit durch Kinder ("guides clandestins"):**
Durch die Möglichkeit, durch illegale Fremdenführertätigkeit und die damit verbundenen Provisionen im Falle von Kaufabschlüssen schnell Geld verdienen zu können, besteht für schulpflichtige Kinder die Verlockung, dem Unterricht fernzubleiben und Touristen in die Medina zu begleiten. Da dieses Verhalten durch die Eltern in vielen Fällen aus ökonomischen Ueberlegungen gedeckt wird, können die Lehrkräfte und Schulleitungen dem Missstand nur bedingt mit disziplinarischen Massnahmen begegnen. Ob mit disziplinarischen Massnahmen diesem mehrheitlich sozio-ökonomischen Problem überhaupt beizukommen ist, muss an sich ernsthaft bezweifelt werden. Primär gilt es für die Eltern, die auf die Zusatzverdienste ihrer Kinder angewiesen sind, sichere und für den Familienunterhalt genügende Einkommen sicherzustellen. Gleichzeitig sollten die Touristen z.B. durch einen Anschlag im Hotel und Hinweise in Stadtführern auf die negativen Folgen für die den Schulunterricht vernachlässigenden Kinder und das Angebot der offiziellen Fremdenführer aufmerksam gemacht werden.

- **Errichtung von Zentren für sozial benachteiligte Kinder durch die Tourismusorganisationen:**
Die vom Tourismus profitierenden Organisationen sind aufgerufen, sich verstärkt um sozial benachteiligte Kinder zu kümmern, die mangels finanzieller Mittel nicht in der Lage sind, eine öffentliche Schule zu besuchen, und deshalb mit besonders agressiven Methoden versuchen, Touristen anzuwerben, welche sie gegen ein Entgelt (und Provisionen bei Verkaufsabschlüssen) in die Altstädte begleiten können. Konkret bieten sich von den Tourismusorganisationen finanzierte Zentren an, in denen gesellschaftlich handikapierte Kinder (ohne familiären Rückhalt) unentgeltlich untergebracht, verpflegt, betreut und geschult werden.

Derartige Zentren, wie sie erstmals von der A.P.O.T.A.M. ("Association Provinciale de Tourisme de Marrakech") vorgeschlagen worden sind, würden nicht nur den geförderten Kindern grosse Vorteile bringen, sondern auch den die Zentren tragenden Tourismusorganisationen, indem die Zahl der dem Stadtimage schadenden agressiven sozialen Kontakte zwischen jungen Stadtbewohnern und Touristen merklich abnehmen würde. Durch den Bau der Zentren würden die Tourismuspromotoren den Beweis erbringen, dass sie nicht nur in der Lage sind, quantitativ tourismusfördernde Aktionen zu lancieren, sondern in Anbetracht der evidenten negativen sozialen Folgen des Fremdenverkehrs auch gewillt sind, einen Beitrag zur Qualitätssteigerung des Tourismus zu leisten, von dem - neben den Touristen - vor allem auch sozial benachteiligte Kinder der besuchten Stadt in direkter Weise Nutzen ziehen könnten.

Faire Preisgestaltung

- **Konzertierte Aktionen im Kampf gegen das Provisionenwesen:**
Im Kampf gegen das wuchernde Provisionenwesen müssen verschiedene Massnahmen gleichzeitig getroffen werden, um dieser der Reputation der handwerklichen Gewerbe nachteiligen Unsitte erfolgreich begegnen zu können. Die vom Tourismusministerium in Kraft gesetzte Regelung (temporärer) Berufsverbote im Falle des Nachweises von Absprachen zwischen Bazaristen und Fremdenführern ist ebenso fortzuführen wie die Verpflichtung der Fremdenführer, nach jeder Stadtbesichtigung ein Kurzprotokoll auszufüllen, aus dem die besuchten Bazare hervorgehen, um zu kontrollieren, ob ein gewisser Wechsel stattfindet.

Eine allgemeine Preisanschreibepflicht für handwerkliche Produkte in der Medina, wie sie bereits für die Verkaufslokalitäten in den Neustädten besteht, ist abzulehnen. Um die an sich attraktiven und typisch orientalischen Preisverhandlungen (bei einem heissen Pfefferminztee), welche auch von der autochthonen Bevölkerung nach wie vor gerne gepflegt werden, nicht generell in Frage zu stellen, ist es besser, den Stadtbesuchern im Rahmen der "Ensembles Artisanaux" Orientierungsmöglichkeiten über die Qualität und angemessene Preise diverser Handwerksprodukte zu geben. In den Handwerkszentren werden alle Artikel durch die örtliche Verkaufsgenossenschaft zu fixen, angeschriebenen Preisen abgesetzt. Dies gibt dem Stadtbesucher, selbst wenn er im Moment keinen Kauf tätigt, eine Vorstellung über angemessene Preise jener qualitativ hochwertiger Produkte, die er zu erstehen wünscht. Man mag dieses partielle Abgehen vom typisch orientalischen Feilschen beklagen, zur Bekämpfung übler Verkaufspraktiken - speziell der exorbitanten Provisionen - ist diese Methode, die sich auf die Mitarbeit der Touristen abstützt, aber unbedingt angezeigt.

Um sicherzustellen, dass in Geschäften ausserhalb des Handwerkszentrums auch qualitativ einwandfreie Produkte in den Verkauf (an Touristen) gelangen, wäre es sinnvoll, geprüfte Artikel mit Qualitätssiegeln zu versehen, an denen unter Strafandrohung - wie im Teppichgeschäft - keine Veränderungen vorgenommen werden dürfen. Die staatliche Qualitätsprüfung handwerklicher Artikel könnte auf freiwilliger Basis erfolgen, d.h. der Produzent oder Händler wäre nicht dazu verpflichtet. Das dem Touristen bekannte Qualitätssiegel böte diesem im Falle des Vorhandenseins aber Gewähr, dass er einen handwerklich einwandfreien Artikel erwirbt.

Langfristig kann dem parasitären Provisonenwesen nur erfolgreich begegnet werden, wenn jeder Fassi und Marrakechi begreift, dass der aggressive Kundenfang und die überrissenen Provisionen die Attraktivität der Städte senken und die volkswirtschaftlich positiven Impulse ebenfalls vermindern werden. Mit einer breit angelegten Aufklärungskampagne über die volkswirtschaftliche Bedeutung des Tourismus und die negativen Konsequenzen der aggressiven Verkaufspraktiken für das Image der Königsstädte bzw. der Schäden, welche die zu hohen Provisionen dem produzierenden Handwerk zufügen, könnte der Grundstein zu einer für eine Verhaltensänderung notwendigen Einsicht gelegt werden. Wo allerdings die schiere Not Kinder und Jugendliche zum Begleiten von Touristen und zum Kassieren von Provisionen zwingt, wird die entsprechende Erkenntis nicht zu einer Verhaltensänderung führen. In diesen Fällen werden nur gleichzeitig angebotene alternative Beschäftigungs- oder Schulungsmöglichkeiten die angestrebte Minderung des Provisionenwesens erreichen helfen.

- **Schaffung von Verkaufsformularen für neue Teppiche:**
Nach der klaren Regelung der Preis- und Qualitätsverhältnisse im Handel mit neuen Teppichen mittels Farbkarten, Prüfsiegeln und pro Flächeneinheit festgelegten Preisen treten Konflikte nach dem Geschäftsabschluss im wesentlichen nur noch auf, wenn nicht klar - sprich schriftlich - abgemacht worden ist, wer für die Transportkosten aufzukommen hat oder der gleiche Teppich vom Bazaristen mehrmals verkauft worden ist. Um auch dieses Konfliktpotential zu mindern, ist im Teppichgeschäft ein obligatorisch auszufüllendes Formular einzuführen, in welches die wichtigsten Informationen (Datum des Kaufvertrages, Masse, Qualität, Muster des Teppichs, Verteilung der Transportkosten, Unterschriften der Vertragsparteien) eingetragen werden.

Stadtführung als Begegnung

- **Reduktion der Grösse der von offiziellen Fremdenführern begleiteten Gruppen auf maximal 10 Personen:**
Gegenwärtig sind Reisegruppen erst bei über 31 Teilnehmern verpflichtet, einen zweiten Fremdenführer zu engagieren, der im wesentlichen nur sicherzustellen hat, dass die hintersten Mitglieder den Kontakt zur Gruppe in den verwinkelten Sackgassen nicht verlieren. Bei einer Verminderung der Gruppengrösse auf höchstens 10 Personen wäre eine wesentlich intensivere Auseinandersetzung mit den Schönheiten resp. Problemen der besuchten Urbanräume sowie ein persönliches Kennenlernen des Fremdenführers als Repräsentanten und Vermittler des Gastlandes möglich. In Gruppen von maximal 10 Mitgliedern kann auch verstärkt auf individuelle Interessen Rücksicht genommen werden, was die Bereitschaft zur aktiven geistigen Auseinandersetzung mit der besuchten Stadt steigert. Voraussetzung für den angestrebten Erfolg der vorgeschlagenen Massnahme bildet einerseits die Bereitschaft der Stadtbesucher, für die Reise etwas mehr auszulegen, anderseits der Wille der Fremdenführer, materielle Interessen - sprich Provisionen - gegenüber ihrem "Bildungsauftrag" zurückzustellen.

Erhaltung traditioneller räumlicher und architektonischer Strukturen

- **Partieller architektonischer Schutz der "Hawanit" (Soukboxen) in den Altstädten:**
Die Zellenstruktur der Hawanit hat sich für Veränderungen der Raumnutzung und Warensortierung in grösserem und kleinerem Masstab immer wieder als äusserst flexibel erwiesen und dies lange bevor der Tourismus durch seine ökonomische Bedeutung zu einem entscheidenden Innovationsfaktor in den Souks wurde. Angesichts der rezenten, durch den Fremdenverkehr geförderten Ausbreitung modernster Ladenarchitektur anstelle traditioneller Soukboxen, stellt sich die Frage, ob die architektonische Flexibilität der traditionellen Verkaufsräumlichkeiten nicht auf Kosten einer kontinuierlich verlustig gehenden architektonischen Gesamtstruktur der Souks zu stark strapaziert wird. Ohne einer musealen Bewahrung ohne ökonomische Lebensfähigkeit das Wort zu reden, gilt es gerade unter den an einer touristischen Kundschaft interessierten Bazaristen zu bedenken, dass die Attraktivität des altstädtischen Marktes durch eine zu intensive Gestaltung der Souks nach neustädtischen Architekturprinzipien stark verlieren wird.

Die Stadtplanungsinstanzen sind aufgerufen, die architektonische Substanz der Souks mindestens partiell unter Schutz zu stellen. Wo das noch in den zentralen Souks verortete Gewerbe zur Erhaltung seiner Lebensfähigkeit nach architektonischen Veränderungen verlangt, sollen diese in der Regel zugestanden werden, im Verkaufssektor ist jedoch äusserste Zurückhaltung angezeigt.

- **Sorgfältige Integration von Bazaren und Touristenpalästen in ehemaligen Wohngebäuden der Medina:**
  Vom architektonischen Gesichtspunkt trägt die Einrichtung von Bazaren und Touristenpalästen in Wohngebäuden zu deren in vielen Fällen notwendigen Rehabilitation bei, weil die Bazaristen oder Restaurateure ihre Kunden in einem vorbildlich unterhaltenen Gebäude zu empfangen pflegen, um eine den Umsatz fördernde angenehme Atmosphäre zu schaffen. Durch die Installation von touristisch orientierten Bazaren und Touristenpalästen in Wohngebäuden besteht keine Gefahr einer zu intensiven Nutzung infolge Ueberbelegung durch zahlreiche Familien, wie es in vielen schlecht unterhaltenen Wohngebäuden der Medina der Fall ist, nachdem sie von ihren Besitzern in Richtung der Neustadt von Fès bzw. Marrakech oder der Zentren an der Atlantikküste verlassen worden sind.

  Die Argumente der architektonischen Substanzerhaltung und der bevölkerungsmässigen Entlastung der Altstädte genügen jedoch nicht, um die Integration von Bazaren und Touristenpalästen in Wohngebäuden der Medina a priori zu befürworten. Die Einrichtung von Bazaren resp. Touristenpalästen in Wohngebäuden bietet nur ein zu unterstützendes Ziel im Rahmen eines breit angelegten Sanierungsprogramms der Altstädte, wenn für die unteren sozialen Schichten ausserhalb der Medina Wohnbauförderungsprogramme in Angriff genommen werden, um den infolge der gesättigten Altstädte am Rande der Urbanräume wuchernden "Bidonvilles" keinen weiteren Vorschub zu leisten. Gleichzeitig sind flankierende anti-spekulative Gesetze zu schaffen, welche katastrophale Uebernutzungen von Wohngebäuden innerhalb der Medina verhindern helfen.

  Durch die Einrichtung von stadtbilderhaltenden Bazaren oder Touristenpalästen in ehemaligen Wohngebäuden darf die traditionelle räumliche Trennung im Altstadtkörper der Grunddaseinsfunktionen "Wohnen" und (vor allem männlichen) "Arbeiten" aber keinesfalls prinzipiell aufgegeben werden. Vielmehr muss für einzelne Gebiete der Medina sorgfältig zwischen dem Ziel der prinzipiellen Erhaltung der funktionalen Stadtstruktur, die tiefe soziale Wurzeln aufweist, und der Abicht, die Altstadt bevölkerungsmässig zu entlasten und das architektonische Stadtbild zu bewahren, abgewogen werden.

- **Erlass von Nutzungsvorschriften zwecks Beschränkung der Bazare auf die (touristischen) Hauptlinien:**
  Angesichts des sich verstärkenden Druckes von Bazaren auf die bis anhin traditionell der Wohnnutzung vorbehaltenen Derbs sind prospektive Nutzungsvorschriften zu erlassen, welche neue Bazare an die (touristischen) Hauptachsen binden. Durch derartige die Expansion der Bazare räumlich limitierende Vorschriften wird zwar die Nutzungskonkurrenz auf den Achsen mit den höchsten Touristenfrequenzen verstärkt, gleichzeitig aber die fundamentale Gliederung der Stadt in streng getrennte Wirtschafts- und Wohnviertel nicht geopfert, wie dies in der Medina von Fès in Ansätzen bereits erfolgt ist. Im weiteren wird durch die Festlegung neuer Bazare auf die touristischen Hauptlinien vermieden, dass durch die Einrichtung von Bazaren in abgelegenen Wohnquartieren infrastrukturelle Massnahmen wie die

Verbesserung der Boden- und Lichtverhältnisse auf den Zugangswegen zu eben
diesen Bazaren präjudiziert werden, die auf Kosten von dringenderen Rehabilitierungsmassnahmen in anderen, besonders bevölkerungsreichen Quartieren vorgezogen werden müssten, damit die Sicherheit der Touristen gewährleistet werden könnte.

- **Schutz lebensfähiger Gewerbe durch Nutzungsvorschriften an ihrem traditionellen Standort:**
  Um die touristische Attraktivität der altstädtischen Hauptlinien - konkret
  deren z.T. noch vorhandenes produzierendes Handwerk - zu erhalten, werden
  sich flankierende Nutzungsvorschriften in gewissen passantenintensiven
  Souks nicht umgehen lassen, was gleichzeitig die Ueberlebenschancen des
  entsprechenden Handwerks infolge der am traditionellen Standort gegebenen
  Kontaktvorteile zwischen den Gewerbetreibenden steigen lässt.

Das Färberhandwerk stellt eine exemplarische Branche dar, in welcher vom
Fremdenverkehr innovative Impulse ausgehen, die sowohl destruktiven als
auch konservierenden Charakter zeigen. Einerseits werden die Färber im
Rahmen von touristisch orientierten Bazaren (Marrakech) oder Werkstätten,
in denen von Stadtbesuchern stark nachgefragte Metallwaren hergestellt
werden (Fès), vom traditionellen Standort verdrängt, anderseits trägt
gerade die zunehmende touristische Nachfrage nach mehr oder weniger
typischen marokkanischen Kleidern zur Steigerung der Ueberlebenschancen
dieses einer starken industriellen Konkurrenz ausgesetzten Gewerbes an
neuen Standorten in der Altstadt bei.

Um die Attraktivität der Souks Sebbaghine in Fès und Marrakech in Zukunft
weiter erhalten zu können, darf die Zahl der aktiven Färber an den traditionellen Standorten nicht noch weiter zurückgehen. Ihre Werkstätten sind
also durch entsprechende Nutzungsvorschriften weiterhin der Färberei vorzubehalten. Ein Färbersouk ohne Färber ist im übrigen auch für den touristisch orientierten Bazaristen im entsprechenden Marktabschnitt der Medina
uninteressant, weil die Zahl der im Souk Sebbaghine verweilenden Stadtbesucher in diesem Falle mit Sicherheit abnehmen würde!

6.3.1. PLANUNGSEMPFEHLUNGEN FUER FES

- **Förderung des Aufenthaltstourismus:**
  Sowohl aus ökonomischen als auch aus sozialen Ueberlegungen ist eine Aenderung des Tourismustyps in Fès vom reinen Durchreisetourismus in Richtung
  einer gemischten Form von Durchreise- und Aufenthaltstourismus, wie wir
  sie in Marrakech antreffen, anzustreben. Primär ist nicht eine quantitative Steigerung der Ankünfte anzuvisieren, sondern vielmehr eine Verlängerung der mittleren Aufenthaltszeit der Gäste anzustreben, um bei gleichzeitiger Erhöhung des nicht messbaren intellektuellen Gewinns der Stadtbe-

sucher die betriebswirtschaftlichen Grössen der Hotellerie zu verbessern und die Multiplikatoreffekte in Annexunternehmen der Hotellerie und im Handwerk zu verstärken.

- **Angebot von Studienaufenthalten zu bestimmten Themata:**
  Während in ein starres Rundreisekonzept eingebundene Touristen nicht zu längeren Aufenthalten in Fès animiert werden können, bestehen für Individualgäste zahlreiche Möglichkeiten, sie zu längeren Besuchen in Fès anzuregen. Studienangebote zu bestimmten Themata kunsthistorischer, musikalischer, handwerklicher oder geographischer Natur unter kundiger einheimischer Leitung werden in einer Stadt mit einer derart reichen kulturellen Tradition sicher regelmässig zahlreiche Interessenten finden.

- **Steigerung der Attraktivität der Medina für Touristen am Abend:**
  Nach der Schliessung der Souks verliert die Altstadt von Fès viel von ihrer orientalischen Ausstrahlung und Vitalität, weil sich die Unterhaltung traditionell hinter den nach aussen abweisenden Mauern der Wohngebäude abspielt, welche für die Stadtbesucher in der Regel unzugänglich bleiben. Ein dem Platz Jema el Fna in Marrakech vergleichbares Zentrum der Volksunterhaltung existiert in Fès nicht. Effektiv kann der Medinabesucher am Abend nur zwei Touristenpaläste besuchen, wenn er neben dem Genuss einheimischer Spezialitäten auch orientalische Unterhaltung erleben möchte.

Mit der Einrichtung eines Amphitheaters auf dem heutigen Gelände der im Zuge einer Strukturverbesserung zu verlegenden Gerber von Sidi Moussa könnte die Grundlage für eine abendliche Attraktivitätssteigerung für Touristen **und** Fassi gelegt werden. Die angesichts zahlreicher negativer Beispiele berechtigte Angst vor der touristischen Degradation traditioneller kultureller Werte und die ökonomisch motivierte Furcht vor der fehlenden (touristischen) Kundschaft lähmen in Fès bis anhin die Privatinitiative im Bereich der Gastronomie mit Attraktionen. Gerade wenn man beiden Befürchtungen Rechnung trägt, dürfte die auf dem Gelände der zu transferierenden Gerber von Sidi Moussa vorgeschlagene Freilichtarena mit angegliederten Restaurants jedoch eine ideale Lösung darstellen, weil eine spontane Beteiligung der Fassi als Akteure **und** Zuschauer eine Entwicklung zur touristischen "Konserven-Folklore" verhindern sowie eine genügende Frequenz der Gaststätten garantieren würde.

Der Einwand, dass zahleiche Reisende in organisierten Gruppen die ausserhalb des Hotels in der Medina von Fès angebotene Unterhaltung nicht zur Vergrösserung ihrer sozialen Kontakte mit der einheimischen Bevölkerung nutzen werden, ist allerdings nicht so leicht zu entkräften. Der abendliche Betrieb auf dem Platz Jema el Fna in Marrakech beweist aber ebenso, dass viele im Rahmen von organisierten Gruppenreisen eingetroffene Gäste willens sind, sich gewisse individuelle Freiheiten zu wahren, wenn es um die Gestaltung des Abendprogramms geht. Im übrigen können kulturelle Veranstaltungen auch in geschlossenen touristischen Kleingruppen mit grossem Gewinn besucht werden, wenn sie von einem Fremdenführer begleitet werden, welcher die Darbietungen kompetent erläutert. Die Zahl der sozialen Kontakte bleibt zwar so recht beschränkt, das Verständnis für den andersartigen Kulturraum braucht dies aber nicht automatisch auch zu bleiben. Die profunden Kenntnisse und speziell das Engagement eines Fremdenführers vermögen zahlreiche oberflächliche soziale Kontakte bei weitem aufzuwiegen.

- **Inwertsetzung des regionalen touristischen Potentials:**
Um die mittlere Aufenthaltsdauer der Touristen in Fès zu verlängern, empfiehlt es sich auch, das bedeutende touristische Potential der Region Fès in aktiver Weise auszuschöpfen und den Stadtbesuchern anzubieten. So könnten z.B. Tagesausflüge in die rund 20 km von Fès entfernten Thermalstationen von Sidi Harazem und Moulay Yacoub offeriert werden. Allein wegen der Schönheiten der Natur bieten sich auch Exkursionen in den nördlichen Mittleren Atlas an, wo sich die bekannten, von den Franzosen eingerichteten Höhenstationen - Sefrou, Ifrane und Immouzer du Kandar - befinden. Aktive Betätigungsmöglichkeiten bestehen in dieser im Sommer angenehmer temperierten Höhenstufe des Mittleren Atlas mit kleinen Seen und ausgedehnten Zedernwäldern in Form des Wanderns, der Jagd und Fischerei.

Besonders ausgeprägte touristische Entwicklungsmöglichkeiten bieten sich in der Region Fès auch auf dem Gebiet des Reitsportes. Es wäre sogar ohne weiters denkbar, dem neu zu erstellenden Feriendorf resp. dem Camping (siehe hinten) ein eigentliches Reitsportzentrum anzugliedern, dessen Leistungen auch von Personen in Anspruch genommen werden könnten, die nicht im Feriendorf logieren bzw. auf dem Campingplatz übernachten.

- **Sorgfältige Integration eines Hotels mittlerer Kategorie in der Medina:**
Im Rahmen der Stadtplanung in Fès stellt sich die Frage, ob es nicht möglich und sinnvoll wäre, auch die klassifizierte Hotellerie direkt (und nicht nur wie bis anhin in Randlage) in der Medina Einzug halten zu lassen, um die Altstadt nicht allein - wie es von Kritikern des gegenwärtig in Fès praktizierten Tourismustyps beschrieben wird - als in Gruppen zu durchquerendes Museum zu benützen. Als möglicher Standort für ein altstädtisches homologiertes Hotel bieten sich einige durch den Auszug der besitzenden Familien in die lokalen Neustädte bzw. die atlantischen Küstenstädte in Verfall geratenen Paläste geradezu an. Bei einer sorgfältigen architektonischen Umgestaltung könnte der ausgewählte Palast eine neue Inwertsetzung erleben, die seiner kunsthistorischen Bedeutung keinen Abbruch tun würde, sondern diesen sogar vor dem weiteren Zerfall bewahren könnte. Als Standort für ein klassiertes Hotel in der Medina könnte auch ein infrastrukturell aufgewerteter Fondouk, der seine ursprünglichen Funktionen verloren hat, Berücksichtigung finden.

Um die traditionelle funktionalräumliche Ordnung der Altstadt nicht in Frage zu stellen, sollte das als Pilotprojekt zu realisierende klassifizierte Hotel mit höchstens 40 Zimmern an einer der altstädtischen Hauptachsen und möglichst nahe des historischen Zentrums errichtet werden. In Anbetracht der hohen Frequenzen durch Gäste, Personal und Lieferanten von und zu einem Hotel sollte das besonders auf Individualgäste ausgerichtete Projekt nicht in einem ruhigen, ausschliesslich der Wohnnutzung vorbehaltenen Quartier realisiert werden, sondern an einer Achse mit bereits rezent höheren Passantenfrequenzen angesiedelt werden.

Angesichts eines durch die unmittelbare Nachbarschaft zu starken sozialen Gefälles zwischen den Hotelgästen und den die benachbarten Gebäude Bewohnenden, sollte prinzipiell auf die Konstruktion eines Luxusbetriebes im Herzen der Medina verzichtet werden. Aufgrund des Mangels an Hotels mittlerer Kategorie empfiehlt es sich vielmehr, einen Dreisternbetrieb zu realisieren, weil dieser auch vom bereits vorhandenen Nachfragepotential erfolgreich zu sein verspricht.

Die Errichtung eines ersten klassifizierten Beherbergungsbetriebes an zentraler Lage der Medina muss entweder von einem kompetenten, sensibilisierten staatlichen Planungsgremium als staatliches Bauprojekt an die Hand genommen oder die private Realisation an genau umschriebene Planauflagen gebunden werden, um der Physiognomie und dem sozialen Klima der Medina von Fès abträgliche Entwicklungen, wie sie bei der Realisation der zwei bereits bestehenden Luxusbetriebe am Rande der Altstadt begangen wurden, zu vermeiden.

- **Bau von Appartementhäusern für Touristen:**
Die generell kurze mittlere Aufenthaltszeit der Stadtbesucher in Fès hat bis anhin mögliche Investoren davon abgehalten, Appartements für Touristen zu erstellen, weil bei ihnen üblicherweise von längeren Mietverträgen ausgegangen wird. Die Rentabilität weniger - erst noch zu erstellender - Appartements für Touristen in Fès aber a priori ausschliessen zu wollen, ist sicher falsch, denn zahlreiche (ausländische) Geschäftsleute und Techniker, die sich längere Zeit in Fès aufhalten, logieren mangels eines Angebots an Appartements in Hotels mittlerer und höchster Kategorien. In Marrakech stellen aber gerade diese Personen eine häufige Benützergruppe von Appartements für Touristen dar! Angesichts des gegenwärtigen Mangels an Hotels mittlerer Kategorie wäre die Möglichkeit des Ausweichens von Familien in preisgünstige und dank ihrer Freiheiten familienfreundlichen Appartements für Touristen ebenfalls sehr zu begrüssen.

- **Errichtung eines Feriendorfes:**
Zwecks weiterer Förderung des nationalen Fremdenverkehrsvolumens in Fès ist (aufgrund der positiven Erfahrungen in Marrakech) die Anlage eines Feriendorfes mit preisgünstigen Bungalows und einem ergänzenden Kleinhotel angezeigt. Angesichts des hohen Platzbedarfes eines Feriendorfes mit zahlreichen Bungalows und einer familien- bzw. kinderfreundlichen flächenintensiven Infrastruktur, wird die Anlage infolge der städtischen Bodenknappheit und entsprechend hoher Bodenpreise nicht innerhalb der Stadt Fès selbst errichtet werden können, sondern in kleinem Abstand von derselben. Beim Vorhandensein eines regelmässigen Busservice in die Neustadt bzw. an den Rand der Medina sollte diese Lage für die Gäste jedoch keine Probleme stellen.

- **Schaffung eines neuen Campingplatzes:**
Mit der Aufgabe des Campings zugunsten eines auf dem dadurch gewonnenen Gelände zu realisierenden Hotelprojektes ist in Fès 1985 die letzte Einrichtung der Parahotellerie beseitigt worden. Der Beschluss, den Camping mit jährlich ca. 40 000 Benützern zugunsten eines Hotels mit rund 400 Betten aufzugeben, ist angesichts der städtischen Bodenknappheit bzw. -spekulation, welche eine weitere touristische Expansion in Fès stark behindert, gefällt worden. Ein begreiflicher aber auch folgenschwerer Entscheid, weil damit einer ganzen Kategorie von Urlaubern mit bedeutendem volkswirtschaftlichem Input - besonders im Bereich des Handwerks - die Möglichkeit zur Uebernachtung in Fès genommen worden ist. Da die täglichen Ausgaben eines Campers auch gesamthaft jenen eines in einem Dreisternhotel Absteigenden entsprechen, muss für den aufgehobenen Camping möglichst bald Realersatz in Stadtnähe geschaffen werden.

- **Verlegung der staatlichen Administrationen von der Avenue Hassan II ins Quartier Dhar-el-Mahres:**
Eine stadtplanerische Option zur Entlastung des angespannten Bodenmarktes zwecks Realisation neuer Hotelprojekte und einer gleichzeitig stärkeren Wohnnutzung der zentralen neustädtischen Avenue Hassan II, die nur eine kleine Wohnbevölkerung aufweist, besteht darin, die an ihr linienhaft verorteten staatlichen Administrationen an den noch nicht überbauten westlichen Rand des Quartiers Dhar-el-Mahres zu verlegen. Durch den Gewinn neuer im Staatsbesitz befindlicher Flächen an der neustädtischen Hauptachse Avenue Hassan II könnte der Bau neuer Hotels mittlerer Kategorie bzw. von Appartementhäusern für Touristen und gleichzeitig eine verstärkte Wohnnutzung realisiert werden. Allein durch den günstigen Verkauf oder die Abgabe des Bodens im Baurecht können in Verbindung mit den übrigen gewährten staatlichen investitionsfördernden Massnahmen im Tourismussektor weitere aus privater Hand finanzierte touristische Primärinfrastrukturen in der Neustadt von Fès erwartet werden.

- **Selektive Nutzung des Potentials des Konferenztourismus:**
Die bis anhin erfolgte starke Forcierung der Hotellerie höchster Kategorien eröffnet Fès Möglichkeiten, erfolgreich als Kongress- und Konferenzzentrum in Erscheinung zu treten, weil eine grosse Mehrheit von Konferenz- und Kongressbesuchern Fünf- und Viersternhotels bevorzugt, die auch ausserhalb der offiziellen Aktivitäten Möglichkeiten zu Kontakten bieten und über die notwendige Infrastruktur zur Verhandlungsführung und Unterhaltung verfügen.

Trotz des umfangreichen Bettenangebots reicht die Hotelkapazität höchster Kategorien für Mammut-Konferenzen - wie die Palästinakonferenz von 1982 - im Urbanraum Fès nicht aus. So mussten während der angesprochenen Konferenz Delegationen bis zu 35 Kilometer ausserhalb der Stadt Fès (Immouzer du Kandar, Sefrou, Sidi Harazem) in Drei- und Viersternhotels einquartiert werden. Eine Tatsache, die Fès gegenüber Marrakech mit seiner grösseren Bettenkapazität in Hotels höchster Kategorien deutlich benachteiligt, weil das Zeitbudget hochrangiger Persönlichkeiten tägliche Dislokationen nicht gerne vorsieht und überdies sicherheitstechnische Ueberlegungen dagegen sprechen.

Aus diesen Gründen lässt sich der Konferenztourismus kaum langfristig im Rahmen der Zielsetzung, den Fremdenverkehr als regionalen Integrations- und Wirtschaftsförderungsfaktor in der Region Fès einzusetzen, nutzen. Der moderne Konferenz- und Kongresstourismus politischer bzw. wirtschaftlicher Natur setzt umfangreiche Beherbergungs- und Tagungslokalitäten auf kleinem Raum voraus, wie sie mit dem auf privater Basis lancierten Grossprojekt in Marrakech geschaffen werden. Mit dem neuen Konferenzzentrum in Marrakech durch die Errichtung eines identischen gigantischen Zentrums in Fès in Konkurrenz treten zu wollen, wäre nicht sinnvoll, weil dadurch bedeutende Ueberkapazitäten geschaffen würden. Die Stadt Fès muss ihre Chance vielmehr als Standort von Kongressen und Konferenzen kleinerer und mittlerer Grösse wahrnehmen. Der nicht wetterabhängige Konferenz- und Kongresstourismus stellt eine wertvolle Möglichkeit dar, um der winterlichen Gästeflaute in den Hotels von Fès entgegenzutreten.

- **Durchsetzung des Verbots der Kombination von Touristenpalast und Bazar:**
  Durch die räumliche Verbindung von Touristenpalast und Bazar werden die monofunktionalen Touristenpaläste bzw. Bazare in ihren Marktchancen empfindlich gestört, weil der Gruppentourismus infolge der für das Zeitbudget der Gruppenreisenden günstigen Kombination von Einkaufsmöglichkeiten handwerklicher Artikel und Restauration am gleichen Standort auf immer weniger Unternehmen zentriert wird. Die Monopolbildung wird durch die Tatsache, dass zwischen Reiseveranstaltern und Betreibern entsprechender bifunktionaler Etablissements eigentliche Verträge abgeschlossen werden, welche die Reisegruppen zum Besuch des immer gleichen Touristenpalastes mit Bazar verpflichten, noch verstärkt. Im Interesse einer breiten Streuung der Einnahmen aus dem Tourismusgeschäft unter allen Spezialitätenrestaurants, Bazaristen und Handwerkern ist das bereits 1981 erlassene Verbot der standörtlichen Kombination von Bazar und marokkanischem Spezialitätenrestaurant unbedingt durchzusetzen.

6.3.2. PLANUNGSEMPFEHLUNGEN FUER MARRAKECH

- **Kampf gegen die Spekulation mit aus Staatsbesitz erworbenen Grundstücken zwecks Realisation von Hotelneubauprojekten:**
  In Marrakech finden sich Investoren, die vor mehr als 15 Jahren vom Staat oder von der Stadt aufgrund ihrer Absichterklärung, ein Hotelneubauprojekt zu realisieren, grosse Terrains zu günstigen Bedingungen erworben haben. Die beim Bodenerwerb präsentierten Projekte sind allerdings bis heute nicht in Angriff genommen worden, um das in der Tat als spekulative Kapitalanlage gedachte Bauland weiter horten und im geeigneten Augenblick mit grossem Gewinn an einen anderen privaten Käufer veräussern zu können.

Durch diese Verknappung des Produktionsfaktors Boden wird der an sich schon überhitzte Bodenmarkt in Marrakech noch weiter angeheizt und nicht nur touristisch orientierte, sondern auch arbeitsplätzeschaffende Investitionsvorhaben in anderen Sektoren durch die übersetzten Bodenpreise zum Scheitern verurteilt.

Die staatlichen Behörden, die beim Verkauf der Gelände über die wahren Absichten der Käufer getäuscht worden sind, müssen den vermeintlichen Bauherren eine letzte Frist zur Realisation ihrer angeblichen Bauvorhaben setzen. Im Falle der Nicht-Realisation innerhalb der eingeräumten Periode ist ihnen staatlicherseits das verkaufte Bauland unter Rückerstattung der bezahlten Summe wieder zu entziehen. Derartige einschneidende staatliche Interventionen bleiben im wesentlichen auf das "Hivernage" und die "Palmeraie" beschränkt, weil der Boden dort zu grossen Teilen von staatlichen Organen veräussert worden ist, während Terrainverkäufe für touristische Projekte im "Guéliz" meist aus privater Hand erfolgt sind, der Rückkauf des Geländes also nicht möglich ist, weil der Verkauf an keine Auflagen betreffend Realisation eines Hotelneubauprojektes gebunden worden ist.

Da der Kampf gegen die Bodenspekulation ein sehr feingliedriges gesetzliches Instrumentarium erfordert, welches in Marokko nicht zur Verfügung steht, gilt es zumindest in jenen Bereichen den Kampf gegen die Bodenpreishausse energisch zu führen, wo die entsprechenden Grundlagen gegeben sind. Bei der Nicht-Realisation von Hotelneubauprojekten auf zu diesem Zweck günstig erworbenem ehemaligem Staatsland ist diese Bedingung vollauf erfüllt, der Kampf also umgehend aufzunehmen!

- **Keine Ueberkapazitäten von Vier- und Fünfsternhotels schaffen:**
Die gegenwärtig geringen Verdienstmargen der Viersternhotels lassen - auch unter der Annahme eines weiteren kontinuierlichen Anwachsens des Touristenstromes nach Marrakech - den Schluss zu, dass aus betriebswirtschaftlichen Ueberlegungen bei der Errichtung von Hotels der zweithöchsten Kategorie äusserste Zurückhaltung angebracht ist, zumal das projektierte Kongresszentrum ebenfalls ein weiteres Viersternhotel mit 300 Zimmern beinhalten wird. Anstelle der Projektierung zahlreicher neuer Viersternunternehmen gilt es vielmehr zwecks hotelinterner betriebswirtschaftlicher Verbesserungen und im Sinne eines sparsamen Umgangs mit dem knappen, sich massiv verteuernden Produktionsfaktor Boden durch verstärkte Initiativen die Belegungsraten möglichst ganzjährig auf einen derart hohen Stand anzuheben, wie er vor allem im Frühling aber auch im Herbst erreicht wird.

Etwas weniger Zurückhaltung ist bei den Luxusbetrieben der höchsten Kategorie angebracht, deren Verdienstmarge gegenwärtig noch höher liegt als jene der Viersternunternehmen. Durch die Errichtung des neuen, infrastrukturell hervorragend dotierten Kongresszentrums wird die Nachfrage nach Zimmern der höchsten Preisklasse ebenfalls weiter zunehmen, dies allerdings nur temporär! Durch eine geschickte Terminplanung von Kongressaktivitäten gilt es im Bereich der Fünfsternhotels (wie bei den Viersternunternehmen) die saisonalen Schwankungen zu glätten. Ein saisonaler Ausgleich der Belegungsraten durch Konferenzen ist sowohl im Interesse der Hotels als auch im Interesse der von den Multiplikatoreffekten des Fremdenverkehrs profitierenden Unternehmen Marrakechs. Es ist wesentlich sinnvoller, die Touristikunternehmen kontinuierlich gut auszulasten, als für in der Regel kurze Kongresspitzen gewaltige Bettenkapazitäten zu schaffen, die während eines grossen Teil des Jahres nicht genutzt werden können.

- **Ausscheiden von Hotelbauzonen in randstädtischer Lage:**
  Durch das Festlegen von der Hotelbautätigkeit reservierten Zonen in der "Palmeraie" und im "Hivernage" kann der spekulative Druck auf die Bodenpreise im ehemaligen kolonialen Zentrum "Guéliz", zu dem die touristische Nachfrage nicht unwesentlich beiträgt, etwas gemildert werden. Die Hotelzonen dürfen nicht in einem Quartier konzentriert werden, um nicht ein gigantisches Isolat von Hotels entstehen zu lassen. Durch das Ausscheiden verschiedener Hotelbauzonen wird auch eine gewisse Verteilung der Hotelarbeitsplätze über den neustädtischen Raum erreicht.

  Mit der Ansiedlung neuer, für Langzeitaufenthalter geeigneter Hotels mit grossen Parkanlagen kann gleichzeitig der grüne Charakter des "Hivernage" und der "Palmeraie" gewahrt werden, indem eine zu starke Parzellierung in kleine Grundstücke vermieden wird. Die Dattelpalmen als eigentliches Markenzeichen der Oase Marrakech, die auch für das Mikroklima der Stadt eine bedeutende Rolle spielen, bleiben so als integrierte Elemente der ausgedehnten Gartenanlagen erhalten. Mittels detaillierter Vorschriften über Gebäudehöhen kann auch sichergestellt werden, dass die Palmenhaine nicht durch zu hohe Hotelgebäude optisch zum Verschwinden gebracht werden.

  Im Sinne einer notwendigen verstärkten Förderung der Hotellerie mittlerer Preisklasse in Marrakech sollten die Hotelneubauprojekte im "Hivernage" und in der "Palmeraie" nicht nur auf die zwei höchsten Preisklassen beschränkt bleiben, sondern auch Hotels mittlerer Kategorie und Grösse umfassen. Mit dem im "Hivernage" lokalisierten Camping und der Jugendherberge ist bereits eine bescheidene Basis zur verstärkten Diversifikation der touristischen Primärinfrastruktur in einer der zwei für Hotelbauten vorzusehenden Zonen gelegt.

- **Nutzung der Freizeiteinrichtungen durch Stadtbewohner und Stadtbesucher:**
  Im Interesse der autochthonen Stadtbewohner sollten die grossräumigen Gartenanlagen und Freizeiteinrichtungen der Hotels in der attraktiven, auch bei den Marrakechi sehr beliebten "Palmeraie" nicht nur den Hotelgästen vorbehalten bleiben, sondern soweit wie möglich einer öffentlichen Nutzung zugänglich gemacht werden. Umgekehrt sind in der "Palmeraie" zu schaffende Erholungs- und Freizeiteinrichtungen für die Bevölkerung von Marrakech wie Kinderspielgeräte, Schwimmbad und Plätze zur Ausübung von Ballsportarten so anzulegen, dass sie auch für Touristen(familien) in den dort gelegenen Hotels attraktiv sind. Auf diese Weise könnte die oft beklagte grosse soziale Distanz zwischen einer Mehrheit der Bewohner von Marrakech und der Gäste in dieser Stadt mindestens partiell etwas gemildert werden, indem sich die Touristen nicht in komplett unzugänglichen

Isolaten vergnügen würden, sondern gegenseitige Kontaktmöglichkeiten auf der Basis gemeinsamer Freizeiteinrichtungen in der bei Stadtbewohnern und -besuchern poulären "Palmeraie" bestehen würden.

- **Keine klassifizierten Hotelneubauprojekte in der Medina:**
  Aufgrund der durch die Konstruktion des "Club Méditerranée" entstandenen Unruhe unter der Bevölkerung Marrakechs sollte direkt innerhalb des altstädtischen Siedlungskörpers kein klassifiziertes Beherbergungsunternehmen mehr eine Baubewilligung erhalten. Die bereits im Südwesten der Medina errichteten Grosshotels mit ihren flächenintensiven Gartenanlagen bieten einerseits Gewähr dafür, dass die innerhalb der altstädtischen Mauern gelegenen Freiräume auch weiterhin als Zeugen einer grossartigen altstädtischen Gartenarchitektur erhalten werden, anderseits bleiben sie einer grossen Mehrheit der autochthonen Bevölkerung vorenthalten, weil sie nicht öffentlich zugänglich, sondern für die Gäste von Hotel bzw. Restaurant reserviert sind. Aus diesem Grunde sollten auf den innerhalb der Stadtmauern noch verbleibenden öffentlichen Grünflächen keinesfalls weitere Hotelprojekte bewilligt werden, um der gesamten einheimischen Bevölkerung Gelegenheit zum Erholen in Parkanlagen der Altstadt zu geben.

- **Verbot der beruflichen Kombination Fremdenführer - Bazarist:**
  Die gleichzeitige Tätigkeit als offizieller Fremdenführer und als Bazarist gibt immer wieder zu unerfreulichen Diskussionen Anlass, weil die entsprechenden Fremdenführer ihre Gruppen erwartungsgemäss ausschliesslich in ihre eigenen Bazare führen, um deren Umsätze - sprich ihre eigenen Verdienste - zu steigern. Dem Stadtbesucher wird ohne sein Wissen quasi jede Möglichkeit zur Wahl eines andern Kaufortes genommen. Die dauernde Berücksichtigung des gleichen, eigenen Bazars führt zu einer Monopolisation des Bazargeschäfts.

  Im Rahmen der Verkaufsverhandlungen, die eine reine Farce darstellen, wird der Tourist vom Fremdenführer nur der Form halber unterstützt. In Tat und Wahrheit ist dieser an einem möglichst hohen Verkaufspreis interessiert, weil er sowohl von der ihm zustehenden Provision als auch dem Verkaufserlös an sich profitieren kann. Um der ob diesen Missständen verständlichen Unruhe unter Bazaristen, anderen Händlern und Handwerkern zu begegnen, sind die als Fremdenführer tätigen Bazaristen mittels Erlass des Tourismusministeriums zu verpflichten, umgehend eine der zwei Tätigkeiten aufzugeben.

- **Abspracheverbot für Bazaristen und Reiseveranstalter:**
  Ist es in Fès vor allem die Kombination von Restaurant und Bazar im Rahmen von Touristenpalästen mit gleichzeitigen Verträgen mit Tour-Operators, welche zu einer unerwünschten Zentrierung der touristisch ausgerichteten Verkaufsaktivitäten auf wenige Unternehmen führt, ist es in Marrakech die Verflechtung der grösseren Bazare bei gleichzeitigen Absprachen mit Reiseunternehmen.

Im Gegensatz zum Kampf gegen die visuell feststellbare Kombination von Bazar und Restaurant in Fès ist jener gegen die zunehmende ökonomische Verflechtung einiger grosser Bazare in Marrakech äusserst schwer zu führen, weil sich die zur Diskussion stehenden Transaktionen oft nur schwer feststellen lassen und sich ein entsprechendes Verbot unter den Bedingungen einer freien Marktwirtschaft auch nur schwer begründen lässt. Gerade unter den Prämissen eines freien, nicht durch kartellartige Vereinbarungen verzerrten Wettbewerbs sollte aber durch ein Abspracheverbot für Bazaristen und Reiseveranstalter sichergestellt werden, dass auch kleinere Bazare und direkt an Touristen verkaufende Produzenten/Händler eines Artikels weiterhin ihre Marktchancen wahrnehmen können. Durch das tägliche Ausfüllen eines Besuchsprotokolls durch die die Reisegruppen begleitenden offiziellen Fremdenführer könnte festgestellt werden, ob ein Wechsel bei den besuchten Bazaren stattfindet. Stichprobenartige Ueberprüfungen der Besuchsprotokolle durch die Tourismusdelegationen und strenge Sanktionen für die Fremdenführer bei Nicht-Einhaltung der Bestimmungen würden dieses Verbot und System im Interesse einer weiten Streuung der Einnahmen aus dem Tourismusgeschäft praktikabel machen.

ANMERKUNGEN

1. Um einen Ueberblick über die Diskussion der Kontinuität von altorientalischer und orientalisch-islamischer Stadt zu gewinnen, ist die Lektüre folgender Artikel zu empfehlen:
   - Bianca, S.: Architektur und Lebensform im islamischen Stadtwesen. 1975.
   - Grunebaum, G.E.: Die islamische Stadt. In: Saeculum 6, 1955, S. 138 - 155.
   - Wirth, E.: Die orientalische Stadt. In: Saeculum 26, 1975, S. 45 - 94.
2. Stewig, R.: Der Orient als Geosystem. 1977. S. 169 ff.
3. Wirth, E.: Die orientalische Stadt. In: Saeculum 26, 1975, S. 69 ff.
4. a.a.O., S. 69.
5. Von wegweisender Bedeutung für zahlreiche Fallstudien in orientalischen Bazaren war der folgende umfassende Artikel von: Wirth, E.: Zum Problem des Bazars (sūq, çarsi). In: Der Islam 51, 1974, S. 203 - 260 und 52, 1975, S. 6 - 46.
   Ein Schwergewicht auf architektonische Gesichtspunkte, welche durch hervorragende, detaillierte Grund- und Aufrisspläne illustriert werden, legt die räumlich weit greifende Bazarstudie von: Scharabi, M.: Der Bazar. 1985.
   Ausgezeichnete Spezialstudien über Strukturen und Prozesse verschiedener Bazare liegen vor von:
   - Al-Genabi, H.K.N.: Der Suq (Bazar) von Bagdad. In: Mitteilungen der Fränkischen Geographischen Gesellschaft 21/22, 1974/75, S. 143 - 295.
   - Geertz, C.: Suq: the bazaar economy in Sefrou. In: Geertz, C. (Hrsg.): Meaning and Order in Maroccan Society. 1979. S. 123 - 313.
   - Gaube, H./Wirth, E.: Der Bazar von Isfahan. 1978.
   - Schweizer, G.: Täbriz (Nordwest-Iran) und der Täbrizer Bazar. In: Erdkunde 26, 1972, S. 32 - 46.
   - Wagner, H.G.: Die Souks in der Medina von Tunis. In: Stewig, R./ Wagner, H.G. (Hrsg.): Kulturgeographische Untersuchungen im islamischen Orient. 1973. S. 91 - 142.
   Das produzierende Handwerk als wesentliche Determinante der Bazarstruktur und seine gegenwärtigen ökonomischen Schwierigkeiten bestimmen die folgenden Untersuchungen, die auch zahlreiche äusserst wertvolle Ueberlegungen zur Relation Tourismus - Handwerk enthalten:
   - Escher, A.: Studien zum traditionellen Handwerk der orientalischen Stadt. In: Mitteilungen der Fränkischen Geographischen Gesellschaft 31/32, 1984/85, S. 17 - 364.
   - Lagdim Soussi, M.B.: Les activités artisanales à Marrakech et leurs retombées économiques. 1984.
   - Stewig, R.: Die räumliche Struktur des stationären Einzelhandels in der Stadt Bursa. In: Stewig, R./Wagner, H.G. (Hrsg.): Kulturgeographische Untersuchungen im islamischen Orient. 1973. S. 143 - 176.

- Wirth, E.: Tradition und Innovation im Handwerk und Kleingewerbe der vorderorientalischen Stadt. In: Die Welt des Islams XXV, 1985, S. 174 - 222.
6 Mit dem Problem der "Protelarisation" resp. "Ruralisation" der Medina befassen sich:
  - Adam, A.: La médina dans la ville d'aujourd'hui au Maroc. In: Rassam, A. u.a. (Hrsg.): Système urbain et développement au Maghreb. 1980. S. 142 ff.
  - Baddou, T.: Aspirations et besoins des néo-citadins. In: Rassam, A. u.a. (Hrsg.): Système urbain et développement au Maghreb. 1980. S. 232 ff.
  - Wirth, E.: Strukturwandlungen und Entwicklungstendenzen der orientalischen Stadt. In: Erdkunde 22, 1968, S. 118.
7 Neue Modelle der orientalisch-islamischen Stadt wurden geschaffen:
  1. für die vorkoloniale marokkanische Stadt durch:
     Hensens, J.: Médinas au Maghreb. In: Bisson, J. (Hrsg.): Présent et avenir des médinas de Marrakech à Alep. 1982. S. 95.
  2. für die sich unter westlichem Einfluss wandelnden orientalisch-islamischen Städte durch:
     - Belfquich, M./Fadloullah, A.: Réorganisation et reclassement fonctionnel des médinas de Rabat-Salé. In: Bisson, J. (Hrsg.): Présent et avenir des médinas de Marrakech à Alep. 1982. S. 197.
     - Ehlers, E.: Zur baulichen Entwicklung und Differenzierung der marokkanischen Stadt: Rabat - Marrakech - Meknès. In: Die Erde 115, 1984, S. 203.
     - Nizar Ismail, M.: Grundzüge des islamischen Städtebaus. 1981. S. 434 f.
8 Dettmann, K.: Damaskus. Eine orientalische Stadt zwischen Tradition und Moderne. In: Mitteilungen der Fränkischen Geographischen Gesellschaft 15/16, 1968/69, S. 203.
9 Seger, M.: Teheran. Eine stadtgeographische Studie. 1978. S. 209.
10 Auskunft von Herrn Bennis Abdelghani, Stadtarchitekt von Marrakech
11 Als Argumente für die Branchensortierung in marokkanischen Souks werden angeführt:
  - obrigkeitliche Anordnungen vor allem bei feuergefährlichen und lärmenden Gewerben, die sich am Stadtrand anzusiedeln hatten (Adam, A.: La médina dans la ville d'aujourd'hui au Maroc. In: Rassam, A. u.a. (Hrsg.): Système urbain et développement au Maghreb. 1980. S. 135.)
  - Organisation aller Mitglieder einer Branche in Korporationen, vergleichbar den europäischen mittelalterlichen Zünften (ebd./Le Tourneau, R.: Fès avant le Protectorat. 1949. S. 314.)
  - bei branchenspezifischer Gruppierung können sich die Handwerker/Händler gegenseitig überwachen, ob die Qualitätsnormen eingehalten werden (Mesraf, A./Moubtassim, M.: Le rôle du commerce et l'artisanat dans la structure urbain. o.J. S. 1.)
  - Erleichterung des Erhebens von Steuern und Abgaben durch standortmässige Zusammenfassung aller Mitglieder einer Branche (Lapidus, I.M.: Muslim Cities in the Later Middle Ages. 1967. S. 100.)

12 Auskunft von:
   - Herrn Bennis Abdelghani, Stadtarchitekt von Marrakech
   - Herrn Hachini Zitouni, Delegierter für das Handwerk in der Provinz Marrakech
   Eine Pilotuntersuchung in Meknès soll Auskünfte darüber liefern, inwiefern die traditionelle räumliche Ordnung des Souks bewahrt bzw. wiederhergestellt werden könnte. (Information von Herrn Hachini Zitouni)
13 Lagdim Soussi, M.B.: Les activités artisanales à Marrakech. 1984. S. 72.
14 Erklärung des Begriffs siehe S. 44 f. und Anmerkung 75.
15 Ehemals als Wohngebäude genutzte grosse Liegenschaft der Medina, welche nun einen touristisch orientierten Restaurationsbetrieb mit marokkanischer Küche beinhaltet.
16 Chevrillon, A.: Un crépuscule d'Islam. (Fez en 1905.) ^{5}1923. S. 109.
17 Deverdun, G.: Marrakech des origines à 1912. 1959. S. 555.
18 Berriane, M.: L'espace touristique marocain. 1980. S. 19.
19 ebd.
20 Troin, J.F.: Aspects géographiques de l'expansion du tourisme. In: Revue de Géographie du Maroc 11, 1967, S. 45.
21 Berriane, M.: L'espace touristique marocain. 1980. S. 19.
22 Atelier du Schéma Directeur de l'Urbanisme de Fès: Le tourisme. 1976. S. 2.
23 Lyautey. Zitiert nach: El Aouad, M.: La centralité urbaine. 1983. Bd. I. S. 236.
24 Berriane, M.: L'espace touristique marocain. 1980. S. 20.
25 ebd.
26 Berriane, M.: Un type d'espace touristique marocain: Le littoral méditerranéen. In: Revue de Géographie du Maroc 2, 1978, S. 6.
27 Troin, J.F.: Aspects géographiques de l'expansion du tourisme. In: Revue de Géographie du Maroc 11, 1967, S. 46.
28 Statistische Grundlagen:
   - 1. Periode 1962 - 1972:
     Belkamel, M.: Le développement du tourisme au Maroc. 1980. S. 95.
   - 2. Periode 1973 - 1985:
     United Nations: Statistical Yearbook. Div. Jahrgänge.
29 Troin, J.F.: Aspects géographiques de l'expansion du tourisme. In: Revue de Géographie du Maroc 11, 1967, S. 46.
30 Berriane, M.: Recherches géographiques et cartographiques sur les espaces touristiques au Maroc. 1979. Bd. I. S. 96.
31 Berriane, M.: L'espace touristique marocain 1980. S. 23.
32 Inkl. des 1971 in Marrakech eröffneten "Club Méditerranée". Bei 2 nicht klassifizierten Hotels in Marrakech konnte das Eröffnungsjahr nicht eruiert werden.
   Siehe auch Karten 11, 13, 14 und 16.
33 Sieber, K.: Regionalplanung und Tourismus in Marokko. In: Informationen Institut für Raumordnung 17, 1967, S. 715.
34 Während 10 Jahren ganz von der Bezahlung der Steuern auf die erwirtschafteten Gewinne befreit waren neue Hotels und den Tourismus fördernde Unternehmen in den Provinzen Tarfaya, Errachidia, Oujda, Nador,

Taza, El Jaddida, Settat, Beni Mellal und Safi.
35 Aus der Liste der bereits mit dem "Code des Investissements Touristiques" von 1973 meistbegünstigten Provinzen wird 1983 gestrichen: Tarfaya. Neu dazu kommen: Ouarzazate, Boujdor, Khenifra, Ouelmime, Taroudant, Tan Tan, Layoune, Es Semara, Ed-Dakhla, Tiznit, Taounate, Ifrane, Khouribga, Figuig, Khemisset.
36 Eigene Berechnungen.
Grundlagen:
 - Berriane, M.: L'espace touristique marocain. 1980. S. 70.
 - Office National Marocain du Tourisme (Hrsg.): Guide des hôtels 1985
 - Fragebogen "Hôtel classé"
37 Eigene Berechnungen.
Grundlagen: s.o.
38 Belkamel, M.: Le développement du tourisme au Maroc. 1980. S. 109.
39 Reisekatalog Hotelplan April - November 1986. S. 71.
40 Einer eingehenden Analyse des Rundreiseangebots in Marokko wurden die folgenden Kataloge unterzogen:
Schweiz:
 - airtour suisse Sommer 1986
 - Hotelplan Frühling/Sommer/Herbst 86
 - Imholz Frühling - Sommer - Herbst 86
 - Jelmoli Reisen Sommer 86
 - Kuoni Sonnige Badeferien Frühling - Sommer - Herbst 1986
 - Marti Ferien und Reisen 1986
Deutschland:
 - Dr. Tigges-Fahrten Frühjahr, Sommer, Herbst 1986
 - Jahn Reisen Winter 86/87
 - Jet Reisen PreisWertUrlaub 86/87
 - Neckermann Reisen Urlaub für alle Winter 86/87
 - Studiosus Studien-Reisen '86
 - Touropa Flugreisen Winter 86/87
41 Siehe Kap. 3.3.
42 Wird das gleiche Hotel in mehreren Prospekten vorgestellt, wird es auch mehrfach gezählt.
43 Kriterien zur Klassifikation der Hotels siehe Anmerkung 112.
44 Mangels detaillierter Unterlagen für alle Hotels kann der genaue Wert nicht berechnet werden. Grundlage für die Kalkulationen bilden die Schätzungen der Hoteldirektoren bzw. im Falle zahlreicher Ein- und Zweisternbetriebe der verantwortlichen Receptionisten.
45 Siehe Kap. 3.6.
46 Association Provinciale des Opérateurs de Tourisme à Marrakech: Enquête Touristes 3.-19. juin 1984. S. 5.
47 Berriane, M.: L'espace touristique marocain. 1980. S. 106.
48 Siehe Kap. 3.4.
49 Auskunft von Herrn El Fassi, Directeur adjoint im Hotel Palais Jamai in Fès
50 Modifiziert nach: Berriane M.: L'espace touristique marocain. 1980. S. 84.

51 Lagdim Soussi, M.B.: Les activités artisanales à Marrakech. 1984. S. 199.
52 Chambre de Commerce et d'Industrie de Fès, Boulemane et Taounate: Aspects économiques de la province de Fès. In: Revue de la Chambre de Commerce et d'Industrie de Fès, Boulemane et Taounate 76/77, 1980, S. 58.
53 Le Matin du Sahara: Fès mérite d'être admirée par un grand nombre de touristes. 18.1.1981.
54 Informationsquellen:
- Auskünfte von Herrn Koucha, Generaldirektor des Hotels PLM Club N'Fis in Marrakech
- La Vie Touristique Africaine: Le nouveau complexe hôtelier-palais des congrès de Dounia hôtels - PLM à Marrakech. 15.6.1986. S. 16.
55 Eigene Berechnungen.
Grundlagen: Statistiken der regionalen Tourismusdelegationen in Fès und Marrakech

Während die Statistiken in Marrakech allein die in der Stadt verorteten klassierten Touristikunternehmen berücksichtigen, werden im Falle von Fès aufgrund der Verantwortlichkeit der "Délégation du Tourisme" für die ganze Provinz Fès auch ausserhalb des Urbanraumes gelegene Betriebe einbezogen. Angesichts der Unmöglichkeit (mangelnde Detailangaben), die städtischen Daten in jedem Fall zu isolieren, berücksichtigen die statistischen Gesamtanalaysen z.T. die gesamte Region Fès, d.h. auch die folgenden ausserhalb des Urbanraumes Fès gelegenen Touristikbetriebe:
1. in Dayet Aoua:
   Hotel Chalet du Lac (2*)
2. in Immouzer du Kandar:
   - Hotel Royal (3*)
   - Hotel des Truites (2*)
3. in Sefrou:
   Hotel Sidi Lahcen Lyoussi (2*)
4. in Sidi Harazem:
   - Hotel Sidi Harazem (4*)
   - Village Vacances Sidi Harazem (3*)
5. in Taza:
   - Hotel Friouato-Salam (3*)
   - Hotel du Dauphiné (2*)

Im Jahre 1982 durchgeführte Untersuchungen zeigten, dass die ausserhalb der Stadt Fès sich befindenden Beherbergungsstätten die Durchschnittswerte der städtischen Untenehmen nur unwesentlich beeinflussen. Wo es die Datenlage erlaubt (eigene Interviewergebnisse), werden die Werte allein für die Stadt Fès errechnet.
56 Siehe Kap. 3.5.
57 Lagdim Soussi, M.B.: Les activités artisanales à Marrakech. 1984. S. 203.
58 Informationen von Herrn Tadloui Youssef, Tourismusdelegierter in Fès
59 Genaue Statistiken stehen keine zur Verfügung, weil die Anmeldezettel nur von der Polizei kontrolliert, aber nicht von den Tourismusdelegationen ausgewertet werden.

60 Chambre de Commerce et d'Industrie de Fès, Boulemane et Taounate: Aspects économiques de la province de Fès. In: Revue de la Chambre de Commerce et d'Industrie de Fès, Boulemane et Taounate 76/77, 1980, S. 54.
61 Eigene Berechnungen.
Grundlagen: Ankunfts- und Uebernachtungsstatistiken der regionalen Tourismusdelegationen
62 Berriane, M.: L'espace touristique marocain. 1980. S. 101.
63 Siehe Kap. 3.4.
64 Siehe Kap. 3.1.
65 Marr, R.L.: Tourismus in Malaysia und Singapore. 1982. S. 25.
66 Siehe Kap. 2.
67 Eigene Erhebung.
68 Secrétariat d'Etat au Plan et au Développement Régional. Délégation Régionale du Centre-Nord: Monographie régionale Alhoceima - Boulmane - Fès - Taza. 1978. S. 50.
69 Charpin, G.: Fès: tourisme d'hier, d'aujourd'hui et de demain. 1984. S. 46.
70 Reisebüros, die auch Autos vermieten, wurden in der Zählung nicht erfasst.
71 100 marokkanische Dirhams entsprechen gemäss dem Mittelkurs im Notenhandel vom 28. Juni 1985 Fr. 25.75.
72 Auskünfte von Herrn Michel Hayout, Direktor von "Rent a car du Haouz" in Marrakech
73 Mesraf, A./Moubtassim, M.: Pour une politique de développement cohérent de l'artisanat. o.J. S. 13.
74 Auskunft von Herrn Bennis Abdelghani, Stadtarchitekt von Marrakech
75 Aus zahlreichen Gesprächen resultierten sehr verschiedene Ansichten, was als "Bazar" anzusprechen sei. Enge Definitionen gingen davon aus, dass nur Geschäfte mit gemischtem, neuwertigem Warenangebot als Bazare zu bezeichnen seien. Andere Definitionsversuche sprachen auch von den reinen Teppichhäusern als Bazaren. In ihrer weitestgehenden Form wurden auch Antiquitätenhändler dem Begriff "Bazar" subsummiert. Angesichts dieser sehr abweichenden Begriffsbestimmungen und in Anbetracht der Tatsache, dass alle definierten Typen enge Beziehungen zum Tourismus zeigen (siehe Kap. 5.4./5.5.) findet im Rahmen der vorliegenden Untersuchung die weitestgehende Definition Verwendung.
76 In dieser Zählung sind die 25 in Marrakech verorteten Zwischenhändler von Bazarprodukten, die nur in geringem Umfang von Touristen selbst frequentiert werden, nicht mitberücksichtigt (siehe Kap. 5.5.5.). Ebensowenig mitgezählt sind die nur in Fès angetroffenen 5 Touristenpaläste mit angegliedertem Bazar (siehe Kap. 5.5.4.).
77 Office National Marocain du Tourisme. Délégation Régionale de Fès: Rapport annuel. 1980. S. 4.
78 Ichter, J.P.: Tourisme. 1975. S. 3.
79 Charpin, G.: Fès: tourisme d'hier, d'aujourd'hui et de demain. 1984. S. 34.
80 Da nationale Fremdenführer ihre Gruppen im allgemeinen auf der ganzen einwöchigen Rundreise begleiten, ist ein persönliches Kennenlernen kein

Ding der Unmöglichkeit.
81 Siehe Kap. 4.3.2.1.
82 Charpin, G.: Fès: tourisme d'hier, d'aujourd'hui et de demain. 1984. S. 46 f.
83 Exkl. jenen des "Club Méditerrannée", weil dieser nicht öffentlich ist, sondern den Clubmitgliedern vorbehalten bleibt.
84 Assemblée Régionale Consultative: 5ème région économique du Centre-Nord. 1977. S. 104.
85 UNESCO (Hrsg.): Schéma directeur de la ville de Fès. 1980. Bd. VII: Projets ponctuels. S. 15.
86 Atelier du Schéma Directeur de l'Urbanisme de Fès: Le tourisme. 1976. S. 8.
87 Auskunft von Herrn Doukali, Direktor des als Aktiengesellschaft betriebenen "Chaouia"
88 Die Hotelmanagements gehen davon aus, dass ein bestimmter Prozentsatz der Buchungen kurzfristig annulliert wird. Deshalb nehmen sie mehr Buchungen vor als die Hotelbettenkapazität Belegungen zulässt. Treffen die kurzfristigen Annullationen nicht im erwarteten Umfang ein, müssen in Eile provisorische Gästezimmer bereitgestellt werden.
89 - Office National Marocain du Tourisme. Délégation Régionale de Fès: Arrivées au niveau des mois et des années. 1986.
   - Office National Marocain du Tourisme. Délégation Régionale de Marrakech. Les arrivées réalisées à Marrakech durant l'année 1985.
90 Rudloff, W.: World Climates. 1981. S. 331.
91 a.a.O., S. 333.
92 Mohring, D. (Hrsg.): Touristikmedizin. ^{2}1977. S. 45.
93 a.a.O., S. 39.
94 Kuoni: Rendez-vous mit der Sonne. Herbst-Winter-Frühling 1986/87. S. 17.
95 Schüepp, M.: Klimatologie der Schweiz. Sonnenscheindauer. In: Beiheft zu den Annalen der Schweizerischen Meteorologischen Zentralanstalt 1961, I. Sonnenscheindauer, 1. Teil, S. 3.
96 Eigene Berechnungen.
   Grundlage: Ankunfts- und Uebernachtungsstatistiken der regionalen Tourismusdelegation
97 s.o.
98 Association Provinciale des Opérateurs de Tourisme à Marrakech: Enquête Touristes. 1984. S.9.
99 Auskünfte von Herrn Koucha, Generaldirektor des Hotels PLM Club N'Fis in Marrakech
100 - Chambre de Commerce et d'Industrie de Fès, Boulemane et Taounate: Rapport Economique de la Province en 1977. In: Revue de la Chambre de Commerce et d'Industrie de Fès, Boulemane et Taounate 72, 1978, S. 39.
   - Charpin, G.: Fès: tourisme d'hier, d'aujourd'hui et de demain. 1984. S. 33.
   - Office National Marocain du Tourisme. Délégation Régionale de Fès: Rapport annuel 1985. S. 13.
101 Office National Marocain du Tourisme. Délégation Régionale de Fès:

Statistiques des arrivées par ordre d'importance et par nationalité de l'année 1985 Fès et région.

102 Office National Marocain du Tourisme. Délégation Régionale de Marrakech: Les arrivées réalisées à Marrakech durant l'année 1985.

103 Office National Marocain du Tourisme. Délégation Régionale de Fès: Statistiques des arrivées par catégorie en valeurs absolues et relatives de l'année 1985.

104 Office National Marocain du Tourisme. Délégation Régionale de Marrakech: Les arrivées par catégorie d'hôtels durant l'année 1984.
Eine Aufgliederung der Ankünfte nach Hotelkategorien für 1985 stand in Marrakech nicht zur Verfügung.

105 Berriane,M.: Quelques données sur le tourisme intérieur. In: Revue de Géographie du Maroc 4, 1980, S. 82.

106 Auskunft von Herrn Kamal, Sekretär der regionalen Tourismusdelegtion in Fès

107 Office National Marocain du Tourisme. Délégation Régionale de Fès: Rapport d'activité du 1er semestre 1981. S. 3.

108 Siehe Kap. 3.6.

109 Eigene Berechnung.
Grundlage: - Office National Marocain du Tourisme. Délégation Régionale de Fès: Statistiques des arrivées par catégorie en valeurs absolues et relatives de l'année 1985.
- Office National Marocain du Tourisme. Délégation Régionale de Marrakech: Les arrivées par catégorie d'hôtels durant l'année 1984.

110 Die Besitzer/Receptionisten der nicht klassierten Hotels hatten jene drei Nationen zu nennen und zu rangieren, aus denen sich 1985 die meisten ihrer Gäste rekrutierten. In verschiedenen Fällen wurden nur eine oder zwei Nationen genannt.
Zur Auswertung wurde nach folgendem Rangpunktesystem verfahren:
1. Rang: 3 Punkte
2. Rang: 2 Punkte
3. Rang: 1 Punkt

111 Auskünfte der Betreuer der Jugendherbergen in Fès und Marrakech

112 Eigene Erhebung.
Die vom "Office National Marocain du Tourisme" definierten Hotelkategorien präsentieren sich gemäss ihrer wichtigsten Normen wie folgt ("Bulletin officiel" vom 3.12.86, S. 346 - 354):
5*: - volle Klimatisation des Gebäudes
- mindestens 3 Restaurants
- mindestens 80% der Gäste können bei voller Bettenbelegung gleichzeitig bewirtet werden
- ein in traditionellem Stil eingerichtetes Restaurant bietet marokkanische Spezialitäten an
- der Zimmerservice funktioniert 24 Stunden pro Tag
- eine bewachte Garage und ein beaufsichtigter Parking in der Nähe des Hotels mit jeweils einem Abstellplatz auf 4 Zimmer stehen zusammen mit einem Carparkplatz zur Verfügung
- je ein Coiffeursalon für Damen und Herren

- die dekorierten Zimmer resp. Suiten verfügen über Telefon, Radio, Fernsehen und Kühlschrank
- der Telefondienst ist während 24 Stunden pro Tag durch eine Person gewährleistet, die neben Arabisch mindestens noch Französisch und Englisch spricht
- ein Vertrauensarzt steht der Kundschaft ebenso jederzeit zur Verfügung wie eine durch eine Krankenschwester geführte kleine Krankenstation
- verfügt über Vergnügungseinrichtungen wie geheiztes Schwimmbad, Sportplätze, Night-Club, Kinderspiele
- mindestens 45% der Angestellten haben eine Hotelfachschule absolviert

4*:
- volle Klimatisation des Gebäudes
- mindestens 70% der Gäste können bei voller Bettenbelegung gleichzeitig bewirtet werden
- der Zimmerservice funktioniert 24 Stunden pro Tag
- eine bewachte Garage und ein beaufsichtigter Parking in der Nähe des Hotels mit jeweils einem Abstellplatz auf 5 Zimmer stehen zusammen mit einem Carparkplatz zur Verfügung
- die geschmückten Zimmer sind mit Telefon und Radio ausgestattet
- die dekorierten Salons sind mit einem Fernsehapparat dotiert
- der Telefondienst ist während 24 Stunden pro Tag durch eine Person gewährleistet, die neben Arabisch mindestens noch Französisch und Englisch spricht
- ein Vertrauensarzt steht den Gästen ebenso jederzeit zur Verfügung wie eine durch eine Krankenschwester geführte kleine Krankenstation
- verfügt über Vergnügunseinrichtungen wie geheiztes Schwimmbad, Sportplätze, Night-Club, Kinderspiele
- mindestens 35% der Angestellten haben eine Hotelfachschule absolviert

3*:
- jedes Zimmer ist mit einem Heizkörper und einem Telefon ausgestattet
- mindestens 70% der Gäste können bei voller Bettenbelegung gleichzeitig im Restaurant bewirtet werden
- ein beaufsichtigter Parking mit einem Abstellplatz auf 6 Zimmer steht ebenso wie ein Carparkplatz zur Verfügung
- mindestens 75% der Zimmer verfügen über ein Bad mit Badewanne und WC, der Rest über eine Dusche, Lavabo und ein WC
- ein Vertrauensarzt kann jederzeit gerufen werden
- mindestens 20% der Angestellten haben eine Hotelfachschule absolviert

2*:
- jedes Zimmer ist mit einem Heizkörper und einem Telefon ausgestattet
- ein Restaurant ist nicht notwendig, hingegen muss ein Morgenessen-Service sichergestellt sein
- mindestens 50% der Zimmer müssen über ein komplettese Badezimmer verfügen, der Rest über eine Dusche, Lavabo und ein WC
- ein Parking in der Nähe des Hotels mit einem Abstellplatz auf 7

             Zimmer kann von den Gästen benützt werden
           - mindestens 15% der Angestellten haben eine Hotelfachschule
             absolviert
      1*: - fliessend Warmwasser steht in jedem Zimmer dauernd zur Verfügung
           - im Falle des Fehlens von Telefonen in den Zimmern sind diese mit
             Serviceklingeln versehen
           - mindestens 50% der Zimmer verfügen über eine Dusche, ein WC und
             ein Lavabo, der Rest ist im Minimum mit einem Lavabo und einem
             Bidet ausgestattet
           - auf 25 Zimmer ohne WC und Dusche stehen pro Etage ein komplettes
             Badezimmer und ein davon unabhängiges WC zur Verfügung
           - mindestens 10% des Personals hat eine Hotelfachschule absolviert
113   Inkl. "Club Méditerranée". Nicht mitberücksichtigt sind die zwei 3
      Kilometer nordöstlich von Marrakech lokalisierten Feriendörfer der
      marokkanischen Staatsgesellschaften RADE/RADEP (Régiment Autonome de
      Distribution d'Electricité/Régiment Autonome de Distribution des Eaux
      Potables) und ONE (Office National d'Electricité), da deren als Drei-
      sternbetriebe zu klassierende Hotels und Bungalows in der Regel ihren
      eigenen Angestellten, Beschäftigten befreundeter ausländischer Elektri-
      zitätsgesellschaften und durch marokkanische Ministerien vermittelten
      Gruppen vorbehalten bleiben und so nicht dem freien touristischen Markt
      zur Verfügung stehen.
114   Eigene Berechnungen.
      Grundlage: Verkehrsverein Luzern: Hotelprospekt Luzern 1988.
115   Berriane, M.: L'espace touristique marocain. 1980. S. 65.
116   Charpin, G.: Fès: tourisme d'hier, d'aujourd'hui et de demain. 1984.
      S. 69.
117   Im Rahmen der offiziellen Klassifikation durch die Tourismusdelegation
      werden die Feriendörfer und die Appartementhäuser für Touristen Drei-
      sternhotels gleichgesetzt.
118   Le Matin du Sahara: Fès: Qui n'avance pas recule ... 7.8.1986.
119   Siehe Kap. 4.3.1.
120   Siehe Kap. 5.1.1.
121   Ministère de l'Habitat et de l'Aménagement du Territoire. Délégation
      Régionale de Marrakech: Schéma directeur de Marrakech. Bd. 11: Tourisme
      et loisirs. 1981. S. 9.
122   Ministère de l'Habitat et de l'Aménagement du Territoire. Délégation
      Régionale de Marrakech: Schéma directeur de Marrakech. Document de
      Synthèse. 1981. S. 154.
123   Entfernungen von Fès:
      - Sidi Harazem: 17 km
      - Immouzer du Kandar: 35 km
      - Sefrou: 28 km
124   Auskünfte von Herrn Bencherroun, Miteigentümer des dreisternigen "Grand
      Hôtel", und Herrn Roy, Direktor des Dreisternhotels "Splendid" in Fès
125   Eigene Erhebung.
      Ueber die Bettenkapazität kann keine Angabe gemacht werden, weil die
      Bettenzahl in verschiedenen nicht klassifizierten Hotels je nach Bedarf
      stark variert bzw. die Besitzer/Rezeptionisten nicht in der Lage waren,

die Bettenzahl auszurechnen.

126 Alle die Feriendörfer betreffenden Auskünfte wurden von Herrn Ripoteau, Direktor des "Village de l'Electricien", erteilt.

127 Inkl. "Club Méditeranée"

128 Der hohe Anteil ausländischer Arbeitskräfte im "Club Méditeranée" beruht auf der Tatsache, dass die zur Animation eingesetzten sog. "G.O." (= "Gentils Organisateurs") zu grossen Teilen ausländischer Nationalität - mehrheitlich französicher - sind. Gemäss des dem "Club" inhärenten Rotationsprinzips wird das Animationspersonal in regelmässigen Abständen, in der Regel alle 6 Monate, ausgewechselt. Als "G.O." werden prinzipiell Frauen und Männer aus allen Nationen eingesetzt, in denen ein "Club" besteht. Die wiederholte Versetzung und die clubinterne Schulung im französischen Ausbildungszentrum Corrèze dienen der Weiterqualifikation und der Erhöhung der Flexibilität der "G.O.". So stehen auch zahlreiche marokkanische "G.O." in den weltweit verbreiteten "Clubs" im Einsatz, um der dem "Club Méditeranée" eigenen Philosophie der Gästebetreuung nachzuleben:

"Etre G.O. c'est plus qu'un métier: c'est une façon de vivre ... Leur motivation principale et bien réelle, est de participer à une aventure plus humaine que commerciale. En charge des activités administratives, sportives et culturelles du village, ils en assurent l'encadrement et l'animation (au côté du personnel de service qui accomplit les tâches hôtelières traditionelles): ils en sont l'âme. Ils partagent la vie des adhérents (G.M.) (G.M. = Gentils Membres, R.W.), ils pratiquent les mêmes activités, prennent leurs repas avec eux, sont logés dans les mêmes installations. Ils sont à leur service sans être leurs serviteurs. Le G.M. est considéré par le G.O. non pas un client, mais comme un hôte privilégié qui lui confie son temps de vacances. Il se doit d'être auprès des adhérents l'ambassadeur de la joie de vivre et du soleil." (Club Méditeranée: Dossier de presse: Club Méditeranée. 1985, S. 3.)

129 Auskünfte von Herrn Abdelkader Bakka, Lehrer für Restaurationswesen an der "Ecole Hôtelière pour la Formation des Cadres Supérieures Touristiques" in Marrakech

130 Auskunft von Herrn Kamal, Sekretär der regionalen Tourismusdelgation in Fès

131 Für den Bezug eines Produktes waren Mehrfachnennungen möglich.

132 Péré, M.: Quelques aspects du tourisme au Maroc à travers l'exemple d'Agadir. In: Revue de Géographie du Maroc 22, 1972, S. 3 - 30.

133 Siehe S. 22 ff.

134 Inkl. "Club Méditeranée"

135 Siehe Kap. 5.2.2.

136 Lagdim Soussi, M.B.: Les activités artisanales à Marrakech. 1984. S. 186.

137 Ministère de l'Economie Nationale (Hrsg.): Plan Quinquennal 1960 - 1964. 1960. S. 206 f.

138 Lagdim Soussi, M.B.: Les activités artisanales à Marrakech. 1984. S. 55.

139 Chambre de Commerce et d'Industrie de Fès, Boulemane et Taounate:

Aspects économiques de la province de Fès. In: Revue de la Chambre de Commerce et d'Industrie de Fès, Boulemane et Taounate 76/77, 1980, S. 52.
140 Lagdim Soussi, M.B.: Les activités artisanales à Marrakech. 1984. S. 116.
141 Assemblée Régionale Consultative: 5ème région économique du Centre-Nord. 1977. S. 94.
142 Lagdim Soussi, M.B.: Les activités artisanales à Marrakech. 1984. S. 203.
143 Auskunft über touristische Umsatzanteile in Bazaren mit ausschliesslichem Teppichangebot ("Maison de tapis") geben Kap. 5.5.4. und 5.5.5.
144 Direction de la Statistique: Annuaire statistique du Maroc 1986. S. 152.
145 Berriane, M.: L'espace touristique marocain. 1980. S. 95.
146 Lagdim Soussi, M.B.: Les activités artisanales à Marrakech. 1984. S. 325 f.
147 a.a.O, S. 195 f.
148 Chambre de Commerce et d'Industrie de Fès, Boulemane et Taounate: Aspects économiques de la province de Fès. In: Revue de la Chambre de Commerce et d'Industrie de Fès, Boulemane et Taounate 76/77, 1980, S. 63.
149 Es dürfen keine marokkanischen Devisen ausgeführt werden.
150 Zusammengestellt und berechnet nach:
Berriane, M.: Recherches géographiques et cartographiques sur les espaces touristiques au Maroc. 1979. S. 228.
151 Die Aufwendungen für die Restauration liegen in Ein- und Zweisternbetrieben sowohl prozentual als auch absolut über jenen in Hotels höherer Kategorien, weil letztere die Restaurationskosten der Halb- oder Vollpensionäre im Posten "Unterkunft" verbuchen. Zweisternbetriebe bieten aber nur selten, Einsternbetriebe nie Halb- oder Vollpension an. Der Gast ist also in den meisten Fällen gezwungen, seine Mahlzeiten (ausser des Morgenessens) in einem Café oder Restaurant ausserhalb des Ein- oder Zweisternbetriebes einzunehmen, sofern er sich nicht durch Einkäufe in Geschäften oder auf dem Markt selbst verpflegt.
152 Chambre de Commerce et d'Industrie de Fès, Boulemane et Taounate: Aspects économiques de la province de Fès. In: Revue de la Chambre de Commerce et d'Industrie de Fès, Boulemane et Taounate 76/77, 1980, S. 63.
153 Escher, A.: Studien zum traditionellen Handwerk der orientalischen Stadt. In: Mitteilungen der Fränkischen Geographischen Gesellschaft 31/32, 1984/85, S. 319.
154 Lagdim Soussi, M.B.: Les activités artisanales à Marrakech. 1984. S. 195.
155 Escher, A.: Studien zum traditionellen Handwerk der orientalischen Stadt. In: Mitteilungen der Fränkischen Geographischen Gesellschaft 31/32, 1984/85, S. 186.
156 Lagdim Soussi, M.B.: Les activités artisanales à Marrakech. 1984. S. 274.
157 Eigene Erhebung von 1982.

158 Siehe Kap. 5.5.5.
159 Escher, A.: Studien zum traditionellen Handwerk der orientalischen Stadt. In: Mitteilungen der Fränkischen Geographischen Gesellschaft 31/32, 1984/85, S. 170.
160 a.a.O., S. 242.
161 Eigene Erhebung von 1986.
162 Escher, A.: Studien zum traditionellen Handwerk der orientalischen Stadt. In: Mitteilungen der Fränkischen Geographischen Gesellschaft 31/32, 1984/85, S. 82.
163 Lagdim Soussi, M.B.: Les activités artisanales à Marrakech. 1984. S. 6.
164 Escher, A.: Studien zum traditionellen Handwerk der orientalischen Stadt. In: Mitteilungen der Fränkischen Geographischen Gesellschaft 31/32, 1984/85, S. 102.
165 Siehe Kap. 4.3.4.2.
166 Houssel, J.P.: L'évolution récente de l'activité industrielle de Fès. In: Revue de Géographie du Maroc 9, 1966, S. 67.
167 Wirth, E.: Tradition und Innovation im Handwerk und Kleingewerbe der vorderorientalischen Stadt. In: Die Welt des Islams XXV, 1985, S. 203.
168 Escher, A.: Studien zum traditionellen Handwerk der orientalischen Stadt. In: Mitteilungen der Fränkischen Geographischen Gesellschaft 31/32, 1984/85, S. 263.
169 Wirth, E.: Tradition und Innovation im Handwerk und Kleingewerbe der vorderorientalischen Stadt. In: Die Welt des Islams XXV, 1985, S. 202 ff.
WIRTH stellt in diesem Artikel zahlreiche weitere Innovationsprozesse der gewerblichen Fertigung im Uebergangsbereich zwischen Tradition und Moderne dar.
170 Mensching, H./Wirth, E.: Nordafrika und Vorderasien. Frankfurt 1973. S. 43.
171 Marr, R.L.: Tourismus in Malaysia und Singapore. 1982. S. 15.
172 Das Fallbeispiel stammt aus den Buchhaltungsunterlagen eines Bazars in Marrakech, wo mir freundlicherweise die Rechnungsbelege zahlreicher Verkaufsgeschäfte unter der Bedingung präsentiert wurden, dass der Name des Bazars nicht veröffentlicht werde. Im Rahmen von Gesprächen mit weiteren Bazaristen in Fès und Marrakech konnte festgestellt werden, dass der Verteilungsschlüssel im vorliegenden Bazar als Mittelwert absolute Repräsentativität besitzt.
Diskussionen mit Handwerkern und Zwischenhändlern zeigten jedoch, dass ihre (prozentualen) Gewinnmargen je nach Produkt und Handlungsrahmen recht stark differieren. Vorbehalte gegenüber der Repräsentativität des Fallbeispiels für **alle** Branchen sind also in den ersten zwei Stationen des Absatzweges durchaus angebracht. Die dritte Station des Absatzweges - die Gewinnverteilung im Bazar - präsentiert sich aber für alle Arten von Handwerksprodukten prozentual beinahe identisch.
173 - Office National Marocain du Tourisme. Délégation Régionale de Fès: Rapport annuel. Année 1980. S. 8.
- Association Provinciale des Opérateurs de Tourisme à Marrakech: Séminaire régional sur la relance du tourisme à Marrakech. 1982. S. 19.

174 Siehe Kap. 5.5.4.
175 - Office National Marocain du Tourisme. Délégation Régionale de Fès: Rapport annuel. Année 1980. o.S.
- Office National Marocain du Tourisme. Délégation Régionale de Fès: Rapport d'activité du 1er semestre 1981. S. 2.
176 Charpin, G.: Fès: Tourisme d'hier, d'aujourd'hui et de demain. 1984. S. 37.
177 Lagdim Soussi, M.B.: Les activités artisanales à Marrakech. 1984. S. 193.
178 Hervé, G./Kerrest, F.: Les enfants de Fez. 1980. S. 25.
179 ebd.
Der Verlauf des Gesprächs ist in Marrakech identisch. Es müssen nur die Bezeichnungen der Städte und der Sehenswürdigkeiten ausgetauscht werden.
180 a.a.O., S. 181.
181 Association Provinciale des Opérateurs de Tourisme à Marrakech: Monsieur Moussa Saadi, Ministre du Tourisme, réunit l'Association. 1985. S. 2.
182 Siehe Kap. 4.3.3.
183 Modifiziert nach:
Escher, A.: Studien zum traditionellen Handwerk der orientalischen Stadt. In: Mitteilungen der Fränkischen Geographischen Gesellschaft 31/32, 1984/85, S. 47.
184 ebd.
185 Lagdim Soussi, M.B.: Les activités artisanales à Marrakech. 1984. S. 117.
Die Angabe von 650 Webern beruht auf Ermittlungen der "Chambre de l'Artisanat de Marrakech" von 1981. ESCHER spricht aufgrund eigener Zählungen von 89 Betrieben mit rund 280 Beschäftigten in der Medina von Marrakech (Escher, A.: Studien zum traditionellen Handwerk der orientalischen Stadt. In: Mitteilungen der Fränkischen Geographischen Gesellschaft 31/32, 1984/85, S. 117).
186 Escher, A.: Studien zum traditionellen Handwerk der orientalischen Stadt. In: Mitteilungen der Fränkischen Geographischen Gesellschaft 31/32, 1984/85, S. 119 ff.
187 - UNESCO (Hrsg.): Schéma directeur de la ville de Fès. 1980. Bd. IV: Mécanismes, tendances et objectifs. S. 9.
- Mesraf, A./Moubtassim, M.: Pour une politique de développement cohérent de l'artisanat. o.J. S. 11.
188 Lagdim Soussi, M.B.: Les activités artisanales à Marrakech. 1984. S. 300 f.
189 Der von BOBEK 1959 eingeführte Begriff "Rentenkapitalismus" (Bobek, H.: Die Hauptstufen der Gesellschafts- und Wirtschaftsentfaltung in geographischer Sicht. In: Die Erde 90, 1959, S. 280 ff.) ist in seiner realen Bedeutung später heftig diskutiert worden. Die Debatten drehten sich im wesentlichen um die Frage des parasitären Charakters der Stadt-Umlandbeziehungen, seit WIRTH 1973 (Wirth, E.: Die Beziehungen der orientalisch-islamischen Stadt zum umgebenden Lande. In: Meynen, E. (Hrsg.): Geographie heute. 1973. S. 323 ff.) diesen stark relativiert hatte:

"Die traditionelle orientalisch-islamische Stadt hat für die Dörfer ihres weiteren Umkreises keineswegs nur eine parasitäre, schmarotzerhafte Funktion; schon immer ist sie dem flachen Lande gegenüber auch aktives Organisationszentrum und impulsgebendes Ausstrahlungszentrum gewesen." (S. 330) BOBEK selbst hat sich 1974 (Bobek, H.: Zum Konzept des Rentenkapitalismus. In: Tijdschrift voor Economische en Sociale Geografie 65, 1974, S. 73 ff.) dieser Auffassung WIRTHS angeschlossen. Fragestellungen, welche den Charakter des Rentenkapitalismus **innerhalb** der orientalischen Städte betreffen, blieben in der Diskussion ausgeklammert. Die Forschungsergebnisse von ESCHER (Escher, A.: Studien zum traditionellen Handwerk der orientalischen Stadt. In: Mitteilungen der Fränkischen Geographischen Gesellschaft 31/32, 1984/85, S. 17 ff.) zeigen jedoch deutlich, dass dank des Dallalsystems das Handwerk betreffende rentenkapitalistische Praktiken innerhalb von Fès und Marrakech weitgehend ausgeschlossen blieben. Erst mit der Auflösung des traditionellen Dallalsystems haben dem klassischen Rentenkapitalismus ähnliche Marktverhältnisse zwischen Handwerk und Grosshandel innerhalb der Städte Fuss fassen können.

190 In einigen Fällen bestehen zusätzliche Abgabeverpflichtungen des Gewerbetreibenden gegenüber einem anderen Kreditgeber (z.B. in Form einer fixen Abgabe pro produziertes Stück) oder gegenüber einem Vormieter der Räume.
191 Houssel, J.P.: L'évolution récente de l'activité des Fès. In: Revue de Géographie du Maroc 9, 1966, S. 70.
192 Eigene Schätzung.
193 Lagdim Soussi, M.B.: Les activités artisanales à Marrakech. 1984. S. 306.
194 El Aouad, M.: La centralité urbaine dans les villes arabes. L'exemple de Fès. 1983. Bd. I. S. 334.
195 Lagdim Soussi, M.B.: Les activités artisanales à Marrakech. 1984. S. 303 f.
196 Escher, A.: Studien zum traditionellen Handwerk der orientalischen Stadt. In: Mitteilungen der Fränkischen Geographischen Gesellschaft 31/32, 1984/85, S. 328.
197 Lagdim Soussi, M.B.: Les activités artisanales à Marrakech. 1984. S. 271.
198 Siehe Kap. 5.5.1.
199 Escher, A.: Studien zum traditionellen Handwerk der orientalischen Stadt. In: Mitteilungen der Fränkischen Geographischen Gesellschaft 31/32, 1984/85, S. 134.
200 Das Problem der Kinderarbeit wird ausführlich in Kap. 4.3.3. erörtert.
201 Lagdim Soussi, M.B.: Les activités artisanales à Marrakech. 1984. S. 317.
202 a.a.O., S. 318.
203 a.a.O., S. 316.
204 ebd.
205 Bureau International du Travail: Le travail des enfants: Manuel d'information. 1987. S. 48 ff.
206 a.a.O., S. 71.

207 Hervé, G. u.a.: Les enfants de Fez. 1980. S. 108 ff.
208 a.a.O., S. 89.
209 a.a.O., S. 69.
210 a.a.O., S. 92.
211 Lagdim Soussi, M.B.: Les activités artisanales à Marrakech. 1984. S. 121.
212 Wirth, E.: Tradition und Innovation im Handwerk und Kleingewerbe der vorderorientalischen Stadt. In: Die Welt des Islams XXV, 1985 S. 191.
213 Lagdim Soussi, M.B.: Les activités artisanales à Marrakech. 1984. S. 125.
214 Bequele, A./Boyden, J.: Combating Child Labour. 1988. S. 4.
In persönlichen Gesprächen mit Unternehmern und Bazaristen über die Ursachen der Kinderarbeit im Teppichsektor wurde die grössere Fingerfertigkeit der kleineren Kinderhände wiederholt als Argument angeführt.
215 Anti-Slavery Society: Child Labour in Morocco's Carpet Industry. 1978. S. 5.
216 a.a.O., S. 9 ff.
217 Mendelievich, E.: Le travail des enfants. 1980. S. 37.
218 International Textile, Garnment & Leather Workers' Federation: A Report on the Textile, Clothing and Leather Industries in North Africa. 1987. S. 41.
219 Anti-Slavery Society: Child Labour in Morocco's Carpet Industry. 1978. S. 12 f.
220 Mendelievich, E.: Le travail des enfants. 1980. S. 9.
221 Lagdim Soussi, M.B.: Les activités artisanales à Marrakech. 1984. S. 120 f.
222 Bequele, A./Boyden, J.: Combating Child Labour. 1988. S. 5 f.
223 Wirth, E.: Tradition und Innovation im Handwerk und Kleingewerbe der vorderorientalischen Stadt. In: Die Welt des Islams XXV, 1985, S. 192 f.
224 Bureau International du Travail: Le travail des enfants: Manuel d'information. 1987. S. 5.
225 epd - Dritte Welt - Information 1/2, 1987, S. 9.
226 Stuckenhoff, W.: Spiel, Persönlichkeit und Intelligenz. 1975. S. 13.
227 Baer, U.: Wörterbuch der Spielpädagogik. 1981. S. 80.
228 Mendelievich, E.: Le travail des enfants. 1980. S. 42.
229 a.a.O., S. 43.
230 Rodgers, G./Standing, G.: Les rôles économiques des enfants dans les pays à faible revenu. In: Revue internationale du Travail 120, 1981, S. 46.
231 Direction de la Statistique: Annuaire Statistique du Maroc 1986. S. 334.
232 Vorschläge zur Verbesserung der Einkommenssituation für Gewerbetreibende siehe Kap. 4.3.4.
233 Eigene Berechnungen.
Grundlage: Direction de la Statistique: Annuaire Statistique du Maroc 1986. S. 23.
234 Association Provinciale des Opérateurs de Tourisme à Marrakech: Procès verbal de la réunion du conseil du mercredi 5. juin 1985. S. 6.

235 Association Provinciale des Opérateurs de Tourisme à Marrakech: L'A.P.O.T.A.M. o.J. S. 2.
236 Bureau International du Travail: Le travail des enfants: Manuel d'information. 1987. S. 7 ff.
237 Die elf europäischen Nationen, die vom im Rahmen der Konferenz von Algeciras 1906 ausgehandelten Freihandelsabkommen mit Marokko profitieren konnten, waren: Belgien, Deutschland, Frankreich, Grossbritannien, Italien, die Niederlande, Oesterreich-Ungarn, Portugal, Russland, Schweden, Spanien. (Escher A.: Studien zum traditionellen Handwerk der orientalischen Stadt. In: Mitteilungen der Fränkischen Geographischen Gesellschaft 31/32, 1984/85, S. 42.)
Die folgende knappe geschichtliche Uebersicht beruht im wesentlichen auf der historischen Aufarbeitung der staatlichen Handwerkspolitik in Marokko von ESCHER (a.a.O., S. 41 ff.).
238 a.a.O., S. 54 f.
239 Mesraf, A./Moubtassim, M.: Le rôle du commerce et l'artisanat dans la structure urbaine. o.J. S. 4.
LAGDIM SOUSSI schätzt aufgrund eigener Befragungen, dass über 50% der Handwerker Marrakechs vom Lande in das südmarokkanische Zentrum gezogen sind. (Lagdim Soussi, M.B.: Les activités artisanales à Marrakech. 1984. S. 173.)
240 Massignon, L.: Enquête sur les corporations d'artisans et de commerçants au Maroc (1923 - 1924). In: Revue du Monde Musulmane 58, 1924, S. 101 ff.
241 a.a.O., S. 109 ff.
242 a.a.O., S. 178.
Siehe Kap. 5.5.4. und 5.5.5.
243 Mesraf, A./Moubtassim, M.: Le rôle du commerce et l'artisanat dans la structure urbaine. o.J. S. 4.
244 Die Informationen über die "Ensembles Artisanaux" und die Genossenschaften stammen im wesentlichen von Herrn Hachini Zitouni, Delegierter für das Handwerk in der Provinz Marrakech.
245 Office National Marocain du Tourisme. Délégation Régionale de Fès: Rapport annuel. Année 1980. o.S.
246 Im Gegensatz zur rein praktischen Ausbildung der "formation sur le tas" bei einem hervorragenden Handwerksmeister wird der zwei- bis dreijährige theoriebegleitete Unterricht in Lehrwerkstätten, der auch allgemeinbildende Fächer umfasst, als "formation professionelle" bezeichnet.
247 Auf das für die Handwerksförderung wichtige Instrument der Genossenschaften wird in Kap. 4.3.4.2. eingegangen.
248 Lagdim Soussi, M.B.: Les activités artisanales à Marrakech. 1984. S. 321 f.
249 Mesraf, A./Moubtassim, M.: Pour une politique de développement cohérent de l'artisanat. o.J. S. 12.
250 Mesraf, A./Moubtassim, M.: Le rôle du commerce et l'artisanat dans la structure urbaine. o.J. S. 3.
251 Lagdim Soussi, M.B.: Les activités artisanales à Marrakech. 1984. S. 306.
252 Escher, A.: Studien zum traditionellen Handwerk der orientalischen

Stadt. In: Mitteilungen der Fränkischen Geographischen Gesellschaft 31/32, 1984/85, S. 342 f.

253 Charpin, G.: Fès: tourisme d'hier, d'aujourd'hui et de demain. 1984. S. 39 f.
254 Association Provinciale des Opérateurs de Tourisme à Marrakech: Séminaire régional sur la relance du tourisme à Marrakech. 1982. S. 18 f.
255 Lagdim Soussi, M.B.: Les activités artisanales à Marrakech. 1984. S. 32.
256 Auskunft von Herrn Hachini Zitouni, Delegierter für das Handwerk in der Provinz Marrakech
257 Kartengrundlage: Kümmerly/Frey (Hrsg.): Strassenkarte Marokko. 1982.
258 Kartengrundlage: ebd.
259 Eigene Erhebung.
260 "Club Méditerranée", welcher gemäss offizieller Klassifikation der Dreisternhotellerie gleichgestellt wird, dessen Bettenangebot für den freien Markt aber nicht zur Verfügung steht. Zimmer im "Club Méditerranée" können nur im Rahmen mindestens einwöchiger Pauschalarrangements gebucht werden.
261 Die Werte des touristischen Umsatzanteils schwanken zwischen 80% und 100%.
262 Die Werte des touristischen Umsatzanteils schwanken zwischen 80% und 99%.
263 Siehe Kap. 5.5.4. und 5.5.5.
264 Siehe Kap. 5.5.4.
265 - El Aouad, M.: La centralité urbaine dans les villes arabes. L'exemple de Fès. 1983. Bd. I. S. 240 f.
 - Mensching, H./Wirth, E.: Nordafrika und Vorderasien. 1973. S. 84.
266 Das Gelände der ehemaligen französischen Garnison am Platz Ahmed el Mansour wird heute von der Provinzverwaltung und vom "Hôtel de Fès" eingenommen.
267 Ezzahraoui, L./Faraj, R.: La spéculation foncière à Fès depuis 1965 jusqu'à 1977. o.J. S. 5.
268 Karte leicht modifiziert nach: UNESCO (Hrsg.): Schéma directeur de la ville de Fès. Bd. 1: Problèmes et possibilités. Niveau agglomération. S. 20.
269 Office National Marocain du Tourisme. Délégation Régionale de Fès: Rapport annuel 1985. S. 1.
270 Siehe Kap. 4.3.1.
271 Ministère de l'Habitat et de l'Aménagement du Territoire. Délégation Régionale de Marrakech: Schéma directeur de Marrakech Bd. 11: Tourisme et loisirs. 1981. S. 5.
272 Djebel (arab.): Berg
273 Lagdim Soussi, M.B.: Les activités artisanales à Marrakech. 1984. S. 81.
274 Chergui und Scirocco sind sommerliche Winde, welche von Osten (Chergui) bzw. Süden (Scirocco) saharische, heisse Luftmassen nach Marrakech bringen. (Deverdun, G.: Marrakech des origines à 1912. 1959. Bd. I. S. 5 f.)

275 Ministère de l'Habitat et de l'Aménagement du Territoire. Délégation Régionale de Marrakech: Schéma directeur de Marrakech. Bd. 11: Tourisme et loisirs. 1981. S. 11.
276 Auskünfte von Herrn Bennis Abdelghani, Stadtarchitekt von Marrakech
277 Belkamel, M.: Le développement du tourisme au Maroc. 1980. S. 156.
278 Gleichzeitig waren 130 weitere Begehren für städtisches Bauland zwecks Realisation industrieller Projekte hängig. (Ministère de l'Habitat et de l'Aménagement du Territoire. Délégation Régionale de Marrakech: Schéma directeur de Marrakech. Document de synthèse. 1981. S. 154.)
279 ebd.
280 a.a.O., S. 79.
281 Habous: religiöse Stiftung
Siehe Glossar resp. Kap. 5.5.1.
282 Ministère de l'Habitat et de l'Aménagement du Territoire. Délégation Régionale de Marrakech: Schéma directeur de Marrakech. Document de synthèse. 1981. S. 84.
283 Moussa Saadi: Le tourisme est l'affaire de tous. La Vie Touristique Africaine 31.7.1986
284 So befanden sich die Grundstücke für drei zwischen 1976 und 1981 im Hivernage erstellte Hotels vorher im Besitz der Stadt, in einem Fall wurde der Boden von privater Seite erworben. Die in der gleichen Periode im Guéliz errichteten zwei Hotels und ein Appartementhaus für Touristen wurden hingegen alle auf aus privater Hand gekauftem Grund und Boden gebaut. (Ministère de L'Habitat et de l'Aménagement du Territoire. Délégation Régionale de Marrakech: Schéma directeur de Marrakech. Bd. 11: Tourisme et loisirs. 1981. S.7.)
285 Bereits die Ausführungen in Kap. 3.6. haben gezeigt, dass im Rahmen der fortschreitenden Demokratisierung des internationalen Tourismus und im Sinne der Förderung des nationalen Fremdenverkehrs der Kapazitätsausbau der Hotels mittlerer Kategorie und der Parahotellerie keinesfalls vernachlässigt werden darf.
286 Eigene Berechnungen.
Grundlagen: - Office National Marocain du Tourisme. Délégation Régionale de Marrakech: Taux d'occupation des hôtels 3 - 5 étoiles 1985
- Hotel-Fragebogen
287 Siehe Kap. 3.6.
288 Zur Zeit befinden sich westlich der Avenue de France neben dem Kongresszentrum der PLM drei weitere Grosshotels der zwei höchsten Preisklassen mit jeweils einer Kapazität von über 250 Betten im Bau.
289 UNESCO (Hrsg.): Schéma directeur de la ville de Fès. 1980. Bd. 2: Problèmes et possibilités. Niveau médina. S. 25.
290 Siehe Kap. 5.5.4.
291 Siehe S. 47 ff.
292 UNESCO (Hrsg.): Schéma directeur de la ville de Fès. 1980. Bd. 5: Propositions. Niveau médina. S. 16.
293 Siehe Kap. 5.5.3.
294 Auskunft von Herrn Sefiani, Präsident der "Association des Hôtels Populaires" und selber Hotelier im ältesten unklassifizierten Hotel

("Hôtel de Provence" von 1938) in der Medina von Marrakech

295 Nizar Ismail, M.: Grundzüge des islamischen Städtebaus. 1981. S. 242. Gartenanlagen prägen nicht nur den öffentlichen städtischen Raum, sondern auch den privaten, indem der Innenhof der Wohngebäude nach Möglichkeit mittels Pflanzen und Brunnen in einen Innengarten verwandelt wird. Der dem paradiesischem Vorbild nachempfungenen Innengarten bildet der klimatische Ausgleichsfaktor der Wohneinheit.

296 Berriane, M.: L'espace touristique marocain. 1980. S. 92.

297 Auskunft von Herrn Bennis Abdelghani, Stadtarchitekt von Marrakech

298 Eine weitere Autovermietungsfirma hat ihr Quartier in einem Neubau bezogen. Bei fünf Unternehmen konnte die vorherige Nutzung nicht mit Sicherheit eruiert werden.

299 Bei den Restaurants haben nur jene von der Tourismusdelegation in Fès registrierten Betriebe Berücksichtigung gefunden, die nicht in Hotels integriert sind. Nicht eingezeichnet ist der an der Ausfallstrasse zum Flughafen Fès-Sais lokalisierte Touristenpalast "Ambra", der ausserhalb des vorliegenden Kartenausschnittes liegt.

300 El Aouad, M.: La centralité urbaine dans les villes arabes. L'exemple de Fès. 1983. Bd. I. S. 306.

301 a.a.O., S. 329.

302 Nur die ausserhalb der Hotels lokalisierten, von der Tourismusdelegation in Marrakech registrierten Restaurants sind kartographisch festgehalten.

303 Bei der Zählung der altstädtischen Bazare nicht berücksichtigt sind die 25 in Fondouks lokalisierten Bazar-Zwischenhändler, welche die von ihnen aufgekauften Produkte en gros an Bazaristen veräussern und nur wenige Artikel direkt an Stadtbesucher absetzen (siehe Kap. 5.5.5.).

304 Es sind gesamthaft zwei Altersgruppen-Vertreter mehr angegeben als Bazare in der Neustadt von Marrakech vorhanden sind, weil in zwei Fällen je ein junges Bruderpaar gemeinsam einen Bazar eröffnet hat.

305 Neben den zwei erwähnten Brüderpaaren führt ein Vater im Gemeinbesitz mit seinem Sohn einen Bazar, so dass in der Altersstruktur der Bazaristen von 1985 drei Personen mehr gezählt werden können als Bazarlokalitäten in der "Ville Nouvelle" von Marrakech zu finden sind.

306 Wirth, E.: Zum Problem des modernen Bazars. In: Der Islam 51, 1974, S. 245 f.

307 Wagner, H.G.: Die Souks in der Medina von Tunis. In: Stewig, R./Wagner, H.G. (Hrsg.): Kulturgeographische Untersuchungen im islamischen Orient. 1973. S. 127.

308 Massignon, L.: Enquête sur les corporations musulmanes d'artisans et de commerçants au Maroc (1923 - 1924). In: Revue du Monde Musulmane 58, 1924, S. 73 f.
Der Souk Ain'Allou liegt am östlichen Ende der auch heute am stärksten von Touristen in West-Ost-Richtung begangenen Durchgangsachse Talaa Kebira (siehe Kap. 5.5.4.). Dem von Medinabesuchern am häufigsten gewählten Ausgangspunkt, Bab Boujeloud, liegt der Souk Ain'Allou weit näher als der im tiefer gelegenen Altstadtzentrum - östlich der Karaouine-Moschee - verortete Platz es Seffarin.

309 Auskunft von Herrn Hachini Zitouni, Delegierter für das Handwerk in der

Provinz Marrakech
310 Decroux, P.: Droit foncier marocain. ²1977. Bd. 3. S. 456 f.
311 Geertz, C.: Suq: the bazaar economy in Sefrou. 1979. S. 152.
312 Decroux, P.: Droit foncier marocain. ²1977. Bd. 3. S. 458.
313 a.a.O., S. 461.
314 Le Tourneau, R.: Fès avant le Protectorat. 1949. S. 317.
315 Geertz, C.: Suq: the bazaar economy in Sefrou. 1979. S. 243.
316 Mounir, O.: Introduction à l'Etude du Bail d'Habitation au Maroc. 1986. S. 144.
317 Massignon, L.: Enquête sur les corporations musulmanes d'artisans et de commerçants au Maroc (1923 - 1924). In: Revue du Monde Musulmane 58, 1924, S. 78.
318 Decroux, P.: Droit foncier marocain. ²1977. Bd. 3. S. 450.
319 Mounir, O.: Introduction à l'Etude du Bail d'Habitation. 1986. S. 67.
320 a.a.O., S. 67.
321 Die gleiche Uebereinstimmung wurde auch in der Medina von Oujda festgestellt. (Gitouni, A.: Activités tertiaires et structure urbaine dans la médina d'Oujda. In: Bisson, J. (Hrsg.): Présent et avenir des médinas de Marrakech à Alep. 1982. S. 67.)
322 Mounir, O.: Introduction à l'Etude du Bail d'Habitation. 1986. S. 17.
323 a.a.O., S. 17 f.
324 a.a.O., S. 18.
325 a.a.O., S. 85 f.
326 a.a.O., S. 90.
327 a.a.O., S. 159.
328 Wirth, E.: Strukturwandlungen und Entwicklungstendenzen der orientalischen Stadt. In: Erdkunde 22, 1968, S. 104 f.
329 Die weite Teile der Souks umfassende Ueberdachung ist weniger als Schutz vor den winterlichen Regenfällen gedacht, sondern erfüllt vielmehr eine wichtige Funktion als sommerlicher Schattenspender. Durch die Ueberdachung werden die Strassen und Gassen zu eigentlichen Strassenräumen umgewandelt, welche "beinahe als Einkaufshallen fungieren." (Scharabi, M.: Bazar. 1985. S. 57.)
Die ursprünglich dominante Verwendung eines Flechtwerkes aus Schilfrohr hat in zunehmendem Masse anderen Materialien Platz gemacht: Holzbohlen und Wellblech. Die Hallen der Kissarie in Fès sind nach einem Brand sogar vollständig mit wasserdichten, nicht brennbaren Dächern aus Beton versehen worden. In Marrakech sind zur Bedachung der Kissarie aus Gründen der längeren Haltbarkeit im Vergleich mit Schilfrohr Zedernholzkonstruktionen angewendet worden. Aus Kostengründen sind die Kissarie später sogar z.T. mit Wellblech überdacht worden.
330 Skizzen stark modifiziert nach: Le Tourneau, R.: Fès avant le Protectorat. 1949. S. 316.
331 a.a.O., S. 315 ff.
332 Auskunft von Herrn Bennis Abdelghani, Stadtarchitekt von Marrakech Bewilligungen für entsprechende Veränderungen werden auch in Fès ohne Probleme erteilt.
333 Modifiziert nach: Mandleur, A.: Croissance et urbanisation de Marrakech. In: Revue de Géographie du Maroc 22, 1972, S. 38.

334 Modifiziert nach: a.a.O., S. 39.
335 Modifiziert nach: Galloti, J.: Le jardin et la maison arabes au Maroc. 1926. Bd. I, S. 9.
336 Die zulässigen Bauhöhen schwanken in der Medina von Marrakech zwischen 5 und 8,5 Metern. (Auskunft von Herrn Bennis Abdelghani, Stadtarchitekt von Marrakech)
337 Die Bewertung der Nutzungsänderung wird im Einzelfall wesentlich durch den Standort des in einem ehemaligen Wohngebäude installierten Bazars oder Touristenpalastes mitbestimmt. Siehe die Fallstudien für die Medina von Fès (Kap. 5.5.4.) und Marrakech (Kap. 5.5.5.).
338 Belfquih, M./Fadloullah, A.: Réorganisation et reclassement fonctionnel des médinas de Rabat-Salé. In: Bisson, J. (Hrsg.): Présent et avenir des médinas de Marrakech à Alep. 1982. S. 161.
Die für die Medina von Rabat zur Darstellung gelangende Prozesskette lässt sich ohne Vorbehalte auf die Altstädte von Fès und Marrakech übertragen.
339 Adam, A.: La médina dans la ville d'aujourd'hui au Maroc. In: Rassam, A. u.a. (Hrsg.): Système urbain et développement au Maghreb. 1980. S. 144.
340 Auskunft von Herrn Bennis Abdelghani, Stadtarchitekt von Marrakech
341 Lagdim Soussi, M.B..: Les activités artisanales à Marrakech. 1984. S. 176.
342 Baddou, T.: Aspirations et besoins des néo-citadins. Le cas de Fès. In: Rassam, A. u.a. (Hrsg.): Système urbain et développement au Maghreb. 1980. S. 232 ff.
343 Adam, A.: La médina dans la ville d'aujourd'hui au Maroc. In: Rassam, A. u.a. (Hrsg.): Système urbain et développement au Maghreb. 1980. S. 143.
344 Volkszählungsergebnisse der entsprechenden Jahre
345 - Ichter, J.P.: Le schéma d'aménagement de Fès. o.J. S. 1.
- Pégurier, J.: La médina de Marrakech entre son passé et son avenir. In: Bisson, J. (Hrsg.): Présent et avenir des médinas de Marrakech à Alep. 1982. S. 74.
346 El Aouad, M.: La centralité urbaine dans les villes arabes. L'exemple de Fès. 1983. Bd. I. S. 279.
347 Lagdim Soussi, M.B..: Les activités artisanales a Marrakech. 1984. S. 104.
348 Modifiziert nach: Berriane, M.: L'espace touristique marocain. 1980. S. 97.
349 In der gleichen Periode wurden zwei weitere Touristenpaläste mit ausschliesslichem Restaurationsbetrieb in der Medina eröffnet und der einzige neustädtische Touristenpalast mit Bazar erbaut.
350 Naciri, M.: La médina de Fès: trame urbaine en impasses et impasse de la planification urbaine. In: Bisson, J. (Hrsg.): Présent et avenir des médinas de Marrakech à Alep. 1982. S. 245. (Legende auf deutsch übersetzt.)
351 Die ursprünglich zwei getrennten Städte mit einer je eigenen Freitagsmoschee, eigenen Souks und Stadtmauern wurden unter den Dynastien der Almoraviden und Almohaden im 11. und 12. Jahrhundert - unter Schleifung der trennenden Mauern - zusammengelegt, wobei die zentralen Einrich-

tungen des westlichen Kairouan-Ufers vergrössert und gestärkt wurden. (El Aouad, M.: La centralité urbaine dans les villes arabes. L'exemple de Fès. 1983. Bd. I. S. 136 f.)

352 - a.a.O., S. 284.
- UNESCO (Hrsg.): Schéma directeur de la ville de Fès. 1980. Bd. 2: Problèmes et possibilités. Niveau médina. S. 61.
WICHE sieht als Ursache für die bereits historisch bedeutendere Stellung des Kairouan-Ufers dessen bessere Ausstattung mit Wasser, was eine grössere Bevölkerungszahl erlaubte, und besonders den Kult der Moulay Idriss-Moschee. Mit der als Heiligtum verehrten Grabstätte des Stadtgründers Idriss II. besass das westliche Ufer ein eigentliches religiöses Doppelzentrum, die Karaouine- und die Moulay Idriss-Moschee, welche beide bedeutende genzjährige Anziehungspunkte für Gläubige bildeten. Die auf dem Ostufer lokalisierte Andalusien-Moschee erreichte im Vergleich dazu nur eine untergeordnete Bedeutung. An diesen Verhältnissen hat sich bis heute nichts geändert. (Wiche, K.: Marokkanische Stadttypen. In: Festschrift zur Hundertfeier der Geographischen Gesellschaft in Wien. 1957. S. 502.)

353 Aufgrund der Vielzahl an Läden auf kleinem Raum konnten nicht alle Geschäfte standortgetreu eingezeichnet werden, sondern mussten gleichmässig über die durch Produktions- und Verkaufsaktivitäten genutzten Abschnitte der beiden Talaa verteilt werden. Die Grösse der Signatur sagt nichts über die Fläche der betreffenden Lokalität aus. Durch die Wahl unterschiedlich grosser Signaturen soll vielmehr erreicht werden, dass auch zeichnerisch bzw. optisch geschlossene Ladenfronten entstehen, wie es der realen Situation entspricht.

354 Die Bezeichnung Liniensouks erfolgt in Anlehnung an WIRTH, welcher die Zugangsachsen zum zentralen Einzelhandelsbazar mit umgebenden Khanen als "Linienbazar" bezeichnet, den Begriff "Bazar" dabei jedoch umfassender - im Sinne von Markt - verwendet, wofür in Marokko der Ausdruck "Souks" Verwendung findet. (Wirth, E.: Zum Problem des Bazars. In: Der Islam 51, 1974, S. 255.)

355 WIRTH geht davon aus, dass die Umgestaltung beider Achsen zu Einzelhandelsgassen im 19. Jahrhundert begonnen hat. (Wirth, E.: Zum Problem des Bazars. In: Der Islam 51, 1974, S.252.)
EL AOUAD glaubt, dass zuerst allein am nördlicheren Talaa Kebira Verkaufs- und Produktionsräume auf Kosten von Wohnräumen und Stallungen im Erdgeschoss Platz gegriffen haben. (El Aouad, M.: La centralité urbaine dans les villes arabes. L'exemple de Fès. 1983. Bd.I. S. 280.)
Dass am Talaa Seghira bis heute noch weite Partien keine Sukzessionsprozesse unter Verlust von Wohnraum erlebt haben, lässt tatsächlich den Schluss zu, dass der Wandel dieser Achse zu einer Einzelhandelsgasse erst wesentlich später oder zumindest viel weniger intensiv stattgefunden hat als am Talaa Kebira, wo die Produktions- und Verkaufsaktivitäten zwei beidseitig fast geschlossene Linien bilden (Karte 28).
Die linienhafte Ausbreitung der zentralen Souks erfolgte im übrigen in der Kolonialzeit nicht nur in westlicher Richtung unter Integration der bereits vorhandenen Quartiersouks (mit einem Einzelhandels- und Dienstleistungsangebot für den kurzfristigen Bedarf), sondern auch nach Osten

jenseits des Flusses Fès Richtung Bab Ftouh, unter Einbezug der dortigen Quartiersouks. Eine Expansion war nötig, weil die Verkaufslokalitäten der zentralen Souks nur von bescheidener Grösse waren und sich die Handwerker in ihrer grossen Mehrheit weigerten, importierte industriell gefertigte Artikel zu verkaufen. In der Absicht, sich der grossen Zahl altstädtischer Konsumenten, welche die Neustadt nur selten aufsuchten, zu nähern, wurden die neuen Geschäfte mit Industriewaren entlang der West-Ost Hauptachsen zwischen den Stadttoren auf Kosten von Wohnraum und Stallungen angelegt, wobei im Westen nur die südlichere Achse erfasst wurde, die nördlichere streng handwerklich ausgerichtet blieb. Gleichzeitig wurde auch das sekundäre Zentrum von er Rsif dem zentralen Soukbereich angegliedert. (El Aouad, M.: La centralité urbaine dans les villes arabes. L'exemple de Fès. Bd. I. S. 279 f.)

356 a.a.O., S. 281.
357 UNESCO (Hrsg.): Schéma directeur de la ville de Fès. 1980. Bd. 2: Problèmes et possibilités. Niveau médina. S. 62. (Legende auf deutsch übersetzt.)
358 Ichter, J.P.: Le schéma d'aménagement de Fès. o.J. S. 1.
359 Modifiziert nach: El Aouad, M.: La centralité urbaine dans les villes arabes. L'exemple de Fès. 1983. Bd. I. S. 135.
360 Im einzigen neustädtischen Touristenpalast mit Bazar, dem 1968 erstellten "Palais Ambra", sind ganzjährig 5 Personen, wovon 3 Frauen tätig. Bei grossen Festivitäten werden zusätzlich bis zu 25 Personen aufgeboten, darunter 5 Frauen. Die 20 supplementären Männer werden im wesentlichen durch Coiffeure von Fès gestellt, welche servieren. Rund 60% des Jahresumsatzes des "Palais Ambra" wird durch Touristen bestritten, wobei die Einnahmen aus dem Restaurationsgeschäft jene aus dem Verkauf kunsthandwerklicher Artikel klar übertreffen.
361 Office National Marocain du Tourisme. Délégation Régionale de Fès: Rapport annuel. Année 1980. o.S.
362 Die Verträge zwischen Betreibern von Touristenpalästen mit Bazar und Reiseveranstaltern sehen entweder Pauschalbeträge oder prozentuale Umsatzkommissionen von Seiten des Betreibers des Touristenpalastes an den Reiseveranstalter vor, damit die Gruppen des Tour Operators regelmässig den gleichen Touristenpalast aufsuchen.
363 - Le Matin du Sahara: Fès mérite d'être admirée par un grand nombre de touristes et pendant une longue durée. 18.1.1981.
 - Office National Marocain du Tourisme. Délégation Régionale de Fès: Rapport d'activité du 1er semestre 1981. S. 2.
364 LAGDIM SOUSSI geht sogar davon aus, dass von den in der Medina von Marrakech hergestellten handwerklichen Produkten mehr in anderen Tourismuszentren Marokkos abgesetzt werden als in Marrakech selbst an Stadtbesucher verkauft werden. (Lagdim Soussi, M.B.: Les activités artisanales à Marrakech. 1984. S. 196.)
365 Die Differenz zwischen 169 im Jahre 1985 existierenden Bazaren und 184 verdrängten Nutzungen ist auf die Tatsache zurückzuführen, dass zahlreiche Bazare durch die Zusammenlegung mehrerer Hawanit mit gleicher oder diverser Nutzung entstanden sind. Die Nutzung jedes Hanut geht gesondert in die Zählung ein. In wenigen Fällen wurde im gleichen Ge-

bäude auch eine gemischte Nutzung (z.B. Produktion und Verkauf durch verschiedene Inhaber bzw. Verkauf im Erdgeschoss sowie Wohnen im ersten Stock) verdrängt. Auch bei derartigen Sukzessionsprozessen wird jede verschwundene Nutzung einzeln addiert.

366 Den 169 altstädtischen Bazaren stehen 188 gegenwärtige Eigentümer gegenüber, weil mehrere Unternehmen im gemeinsamen Besitz von sog. Associés (siehe S. 229), von Vater und Sohn bzw. von Brüdern stehen.

367 Im Gegensatz zur Altersstruktur der Bazarbesitzer zum Zeitpunkt der Eröffnung mit 184 Gezählten registrieren wir 188 gegenwärtige Besitzer, weil 4 Söhne bzw. Associés erst nach Eröffnung des Bazars am Unternehmen mitbeteiligt wurden.

368 Lagdim Soussi, M.B.: Le poids de l'artisanat dans la médina de Marrakech. In: Bisson, J. (Hrsg.): Présent et avenir des médinas de Marrakech à Alep. 1982. S. 88.

369 Lagdim Soussi M.B.: Les activités artisanales à Marrakech. 1984. S. 192.

370 a.a.O., S. 196.

371 Der unmittelbar am Platz Jema el Fna verortete Touristenpalast ist auf Kosten eines medizinischen Labors eingerichtet worden.

372 Zusätzlich entstand 1981 ausserhalb der Medina an der Route zum Flughafen auf einem 7 ha grossen Gelände das Fantasia-Geviert "Chaouia" mit 7 Zelten zur Bewirtung von je 90 Zuschauern. Rund 80% der Gäste werden von Stadtbesuchern gestellt, ca. 20% des Umsatzes im Rahmen von Festivitäten der Stadtverwaltung sowie Hochzeiten erwirtschaftet. Ungefähr 65% der Touristen besuchen das Fantasia-Gelände "Chaouia" im Rahmen geführter Gruppen mit Car.
Ganzjährig werden im "Chaouia" 15 Personen beschäftigt, wovon 7 Frauen, die ausschliesslich für die Zubereitung der marokkanischen Spezialitäten verantwortlich sind. Bei Grossanlässen stellt die Hotelfachschule in Marrakech weiteres Personal zur Verfügung. Die Hotelfachschüler kommen so zu einem willkommen praktischen Einsatz.
Um die Originalität der Reiterspiele weitgehend zu wahren, werden die vorführenden Gruppen, welche in der Regel 40 Personen und 12 Pferde umfassen, alternierend in verschiedenen Dörfern der Umgebung von Marrakech rekrutiert.

373 Das bei der Moschee von Bab Doukala verortete "Maison Arabe" war das erste altstädtische Restaurant für Touristen. Seit seiner Eröffnung 1946 hat sich das "Maison Arabe" zu einer Art Klub entwickelt, der neben der Möglichkeit zum Geniessen einheimischer Spezialitäten auch die Gelegenheit zum Uebernachten bietet. Der intimere Charakter des "Maison Arabe" steht auch der Arbeit mit geführten Gruppen entgegen.

374 Association Provinciale des Opérateurs de Tourisme à Marrakech: Monsieur Moussa Saadi, Ministre du Tourisme, réunit l'Association Provinciale des Opérateurs de Tourisme à Marrakech. 1985. S. 6.

375 Auskunft von Herrn Bennis Abdelghani, Stadtarchitekt von Marrakech

376 Escher, A.: Studien zum traditionellen Handwerk der orientalischen Stadt. In: Mitteilungen der Fränkischen Geographischen Gesellschaft 31/32, 1986, S. 340.

377 LAGDIM SOUSSI geht von einer Amortisationszeit von 5 Jahren aus (Lagdim

Soussi, M.B.: Les activités artisanales à Marrakech. 1984. S. 197.) Eigene Gespräche mit Bazaristen haben gezeigt, dass die steigenden Preise für den "Schlüssel", den "fonds de commerce" und die Miete heute jedoch Amortisationszeiten von bis zu 15 Jahren nach sich ziehen.

378 Lagdim Soussi, M.B.: Les activités artisanales à Marrakech. 1984. S. 144.
379 - De Leenheer, M.: L'"habitat précaire" à Marrakech et dans sa zone périphérique. In: Revue de Géographie du Maroc 17, 1970, S. 43 ff.
    - Mandleur, A.: Croissance et urbanisation de Marrakech. In: Revue de Géographie du Maroc 22, 1972, S. 53.
380 Lagdim Soussi, M.B.: Les activités artisanales à Marrakech. 1984. S. 269.
381 - De Leenheer, M.: L'"habitat précaire" à Marrakech et dans sa zone periphérique. In: Revue de Géographie du Maroc 17, 1970, S. 46 ff.
    - Mandleur, A.: Croissance et urbanisation de Marrakech. In: Revue de Géographie du Maroc 22, 1972, S. 46.
382 a.a.O., S. 45.
383 Lagdim Soussi, M.B.: Les activités artisanales à Marrakech. 1984. S. 102.
384 a.a.O., S. 98 f.
385 Ministère de l'Habitat et de l'Aménagement du Territoire. Délégation Régionale de Marrakech: Schéma directeur de Marrakech. Document de synthèse. 1981. S. 79.
386 a.a.O., S. 84.
387 Siehe Kap. 5.1.2.
388 Nur in der für Bauvorhaben erst mangelhaft erschlossenen neustädtischen "Palmeraie" erreichen die Quadratmeterpreise nicht die in der Medina zu verzeichneneden Werte.
389 Ehlers, E.: Zur baulichen Entwicklung und Differenzierung der marokkanischen Stadt: Rabat - Marrakech - Meknès. In: Die Erde 115, 1984, S. 184.
390 Bianca, S.: Altstadt-Neustadt-Konflikte in arabischen Ländern. In: Dokumente und Informationen zur Schweizerischen Orts-, Regional- und Landesplanung 95, 1988, S. 8.

GLOSSAR

Amin (Pl. Oumana): Vorsteher einer Hanta (siehe **Hanta**)

Bab: Tor

Babouche: pantoffelartiger Schuh, vorne spitz zulaufend

Bali: alt, abgenutzt; bei Siedlungen zur Kennzeichnung des ältesten Stadtteiles, z.B. Fès el Bali

Bazar: Verkaufslokalität von Teppichen (auch als "Maison de Tapis" bezeichnet) oder eines gemischten Warensortiments (Maroquinerie, Töpfer-, Kupfer-, Messing-, Silberwaren, Babouches, Djellabas, Antiquitäten etc.) oder von Antiquitäten allein

Belga: gelbe Babouche (siehe **Babouche**)

Branchensortierung: die Fertigung resp. der Einzelhandel eines Produktes ist an einer Gasse oder um einen Platz konzentriert. Oft liegt auch der Grosshandel und der Verkauf von Rohmaterial für eine Ware in enger Nachbarschaft mit den Produktions- und Verkaufsstätten des entsprechenden Artikels.

Chergui: sommerlicher Wind, welcher von Osten resp. Südosten saharische, trocken-heisse, mit Sand angereicherte Luftmassen über den Atlas in die nordwestlich vorgelagerten Ebenen Marokkos bringt

Dallal (Pl. Dallala): Händler, der im Auftrag einer Gruppe von Rohstoffproduzenten oder einer Gruppe von Handwerkern, die ihm ihre abzusetzende Ware überlassen, in Aktion tritt. Der Dallal versucht für seine Auftraggeber den besten Preis herauszuholen, indem er mit der ihm anvertrauten Ware von Kaufinteressent zu Kaufinteressent geht, sich nach ihrem Angebot erkundigt und schliesslich das Handelsgut dem Höchstbietenden überlässt. Der Dallal, welcher das Vertrauen aller Handelspartner geniesst, wird von seinen Auftraggebern je nach Abmachung pro abgesetztes Stück oder prozentual zum Verkaufserlös bezahlt.

Dar: grosses Wohngebäude in der Medina ohne Gartenanlage im Innenhof (im Ggs. zum **Riad**)

Derb: Sackgassenkomplex in der Medina mit einem durch ein Tor gesicherten Zugang, umfasst ca. 100 Wohngebäude. Am Eingang des Derbs befinden sich gemeinschaftliche Einrichtungen wie Backofen, Hammam und/oder eine kleine Moschee/ein Gebetsaal.

Djebel: Berg

Dirham (Dh): offizielle Währung: 1 DH = 100 Centimes
= 0,2575 Schweizer Franken (1985)

Djellaba: knöchellanger Kapuzenmantel

Ensemble Artisanal: staatliches Handwerkszentrum, in dem hervorragende Vertreter verschiedener Handwerkszweige bei der Arbeit beobachtet werden können. Die Fertigprodukte gelangen zu angeschriebenen Fixpreisen zum Verkauf. Im Ensemble Artisanal sind alle staatlichen Organisationen, die sich mit der Förderung des Handwerks befassen, unter einem Dach zusammengefasst.

Fantasia: Reiterspiel, bei dem mit Gewehren in die Luft geschossen wird

Fassi: Einwohner von Fès

Fes: siehe **Tarbusch**

Fondouk (Khan): gesamthaft absperrbares Gebäude mit einem meist arkadenumgebenen Innenhof, auf welchen die Räume im Erd- und Obergeschoss zentriert sind. Fondouks werden unterschiedlich genutzt: als temporäre Unterkunft und Warenlager reisender Kaufleute, als Büro und Lager des einheimischen Grosshandels, als handwerkliche Werkstätten und als bescheidene Mietwohnungen. Ihre Funktion als Abstellplatz von Tieren unter den Arkaden im Erdgeschoss haben sie weitgehend verloren.

Fonds de commerce: umfasst sowohl materielle Elemente einer Geschäftslokalität wie Mobiliar, Werkzeuge, Rohstoffe und Fertigwaren als auch immaterielle Elemente wie Firmenname, Renommee des Unternehmens, Kundschaft, Mietvertrag

Guide clandestin: illegaler Fremdenführer ohne spezielle Ausbildung, meist Schüler und Studenten

Habous: religiöse Stiftung, die durch Schenkungen von Privatpersonen in den Besitz von Immobilien gelangt. Erfolgt die Schenkung ohne Vorbehalte, handelt es sich um ein **öffentliches Habous**, werden die Erträge der Immobilien einer beschränkten Zahl von Personen bis zu ihrem Ableben reserviert, sprechen wir von einem **Familienhabous**. Nach dem Hinschied des letzten Nutzniessers eines Familienhabous wird dieses zu einem öffentlichen Habous. Die Einnahmen, welche aus der Vermietung der den öffentlichen Habous gehörenden Immobilien resultieren, dienen zur Instandhaltung sakraler Bauten sowie für den Lebensunterhalt der muselmanischen Geistlichkeit und bedürftiger Studenten.

Hammam: öffentliches Bad

Hanta (Pl. Hanati): zunftähnlicher Zusammenschluss der Handwerker der gleichen Branche

Hanut (Pl. Hawanit): kubusförmige Boxe in den Souks, welche gegen die Gasse komplett geöffnet werden kann. Der Hanut dient dem Einzelhändler als Laden und dem Handwerker als Werkstatt. Der traditionelle Hanut ist durch die Einrichtung eines 50 bis 100 cm über dem Strassenniveau liegenden Holzbodens oder eine Mastaba (siehe **Mastaba**) vom Strassenraum getrennt. Hawanit sind in der Regel in geschlossener Reihe aneinandergefügt.

Harrata: Drechsler, urspr. spezialisiert auf die Herstellung der technischen Betriebsausstattung der Weber

Jedid: neu; bei Siedlungen zur Kennzeichnung jüngerer Stadtteile, z.B. Fès el Jédid

Kaftan: langer Ueberrock für Männer und Frauen, meist aus wertvollen Stoffen und mit Dekorationen wie Stickereien oder Borten versehen

Kasbah: befestigtes Palastviertel

Katranmalerei: mit Teerfarben erstellte ornamentale Dekorationen auf Tonwaren

Khan: siehe **Fondouk**

Kissaria: allseits absperrbarer überdachter Gebäudekomplex in zentraler Lage des Souks, wo der Detailhandel mit wertvollen Waren wie Stoffen und Schmuck dominiert

Maâllem: Handwerksmeister

Maghreb: regionale Sammelbezeichnung für Algerien, Marokko und Tunesien

Marabout: Heiliger, Grabmal eines Heiligen

Maroquinerie: Lederwaren

Marrakechi: Einwohner von Marrakech

Mastaba: ca. 50 cm breite Sitzbank an der Front eines Hanuts (siehe **Hanut**). Auf der Mastaba können sich der Händler und der potentielle Kunde zum Verkaufsgespräch niederlassen. Heute wird die Mastaba meist nur noch als Ausstellungsfläche genutzt.

Medersa: höhere islamisch-theologische Schule; Gebäudekomplex einer solchen (ehemaligen) Schule, Wohnheim der Studenten der Schule

Medina: nach islamisch-orientalischen Grundsätzen errichtete Altstadt (im Ggs. zur **Ville Nouvelle**)

Mellah: Judenviertel

Merray: Drechsler, der vor allem Türen, Fenster, Tische und Stühle dekoriert

Muhtasib: Marktaufseher

Nadir: lokaler Beamter, welcher im Auftrag des nationalen Habous-Ministeriums die öffentlichen Habous (siehe **Habous**) verwaltet

Nejjarine: Schreiner

Oued: Fluss, Flussbett

Rentenkapitalismus: Kapitalbesitzer schöpfen aus den von ihnen durch Verschuldung abhängigen Betrieben, die in verschiedene Eigentumstitel mit je eigenem Anspruch auf Entgelt aufgeteilt sind, so hohe Ertragsanteile ab, dass den Schuldnern nur noch das Existenzminimum bleibt. Investitionen zur Erhaltung oder Steigerung der Produktivität eines abhängigen Betriebes sind dem klassischen Rentenkapitalismus (nach BOBEK) wesensfremd.

Riad: grosses Wohngebäude in der Medina mit Gartenanlage im Innenhof (im Ggs. zum **Dar**)

Schlüsselgeld (droit de clé, droit de meftah, droit de sarrout, pas-de-porte): Summe, die der zukünftige Nutzer einer Geschäftsräumlichkeit dem Besitzer des entsprechenden Geschäftslokals oder dem vorhergehenden Mieter bezahlen muss, um das Nutzungsrecht (= Schlüssel) des Lokals zu erhalten

Scirocco: sommerlicher Wind, welcher von Süden saharische, trocken-heisse, mit Sand angereicherte Luftmassen über den Atlas in die vorgelagerten Ebenen Marokkos bringt

Sebbaghine: Färber

Sidi: Meister, Herr; meist vor dem Namen eines islamischen Heiligen

Souafine: Wolle

Souk: Markt; wird auch als Bezeichnung für einzelne Marktabschnitte gebraucht, z.B. Souk es Sebbaghine (= Färbersouk)

Talaa: Steigung; in der Medina von Fès: Talaa Kebira = grosse Steigung, Talaa Seghira = kleine Steigung

Tarbusch (Fes): von Männern getragene, meist rote, seltener schwarze Wollfilzkappe in Kegelstumpfform mit schwarzer oder blauer Quaste

Tariba: symbolische Entschädigung eines Kindes, welches in einem Handwerksbetrieb arbeitet

Tauscheur: verzieren Gegenstände aus unedlem Metall durch Einlegen von Fäden aus edlen Metallen (meist Silber)

Tizi: Bergpass

Touristenpalast: Restaurationsunternehmen in einem ehemaligen Privatpalast

Umma: Gemeinschaft der gläubigen Muslime

Ville Nouvelle: in der französischen Kolonialzeit (1912 - 1956) angelegte Neustadt neben der **Medina**

Zellij: Stukkateur

Zragine: siehe **Tauscheur**

QUELLENVERZEICHNIS

A.P.O.T.A.M. = Association Provinciale des Opérateurs de Tourisme à Marrakech
B.E.S.M.   = Bulletin Economique et Social du Maroc
C.C.I.   = Chambre de Commerce et d'Industrie
GR   = Geographische Rundschau
O.N.M.T.   = Office National Marocain du Tourisme
RGM   = Revue de Géographie du Maroc

Monographien/offizielle Berichte

ADAM, ANDRE: Casablanca. Essai sur la transformation de la société marocaine au contact de l'occident. Paris 1968.

ADAM, ANDRE: La médina dans la ville d'aujourd'hui au Maroc. In: RASSAM, A. u.a. (Hrsg.): Système urbain et développement au Maghreb. Tunis 1980. S. 131 - 151.

AL-GENABI, H.K.N.: Der Suq (Bazar) von Baghdad. Eine wirtschafts- und sozialgeographische Untersuchung. In: Mitteilungen der Fränkischen Geographischen Gesellschaft 21/22, 1974/75, Erlangen 1976, S. 143 - 295.

ANTI-SLAVERY SOCIETY FOR THE PROTECTION OF HUMAN RIGHTS: Child Labour in Morocco's Carpet Industry. London 1978.

A.P.O.T.A.M.: Enquête Touristes 3 - 19 juin 1984. Marrakech 1984.

A.P.O.T.A.M.: Les actions promotionelles entamées par l'association provinciale des opérateurs de tourisme à Marrakech. Marrakech o.J.

A.P.O.T.A.M.: Monsieur Moussa Saadi, Ministre du Tourisme, réunit l'Association Provinciale des Opérateurs de Tourisme à Marrakech et l'Association du Grand Atlas. Marrakech 1985.

A.P.O.T.A.M.: Procès verbal de la réunion du conseil du 23 avril 1985. Marrakech 1985.

A.P.O.T.A.M.: Procès verbal de la réunion du conseil du mercredi 5 juin 85. Marrakech 1985.

A.P.O.T.A.M.: Séminaire régional sur la relance du tourisme à Marrakech. Marrakech 1982.

ARNOLD, ADOLF: Fremdenverkehr in Tunesien. In: GR 12, 1983, S. 638 - 643.

ASSEMBLE REGIONALE CONSULTATIVE: 5ème région économique du Centre-Nord. Fès - Taza - Al Hoceima - Boulemane. Monographie. o.O. 1977.

ATELIER DU SCHEMA DIRECTEUR DE L'URBANISME DE FES: Le tourisme: évolution et perspectives. Fès 1976.

AWAD, HASSAN: Morocco's expanding towns. In: Geographical Journal 130, 1964, S. 49 - 64.

BADDOU, TAJEDDINE: Aspirations et besoins des néo-citadins. Le cas de Fès. In: RASSAM, A. u.a. (Hrsg.): Système urbain et développement au Maghreb. Tunis 1980. S. 228 - 243.

BAER, ULRICH: Wörterbuch der Spielpädagogik. Basel 1981.

BEGUIN, HUBERT: La ville et l'industrie au Maroc. In: Travaux Gégographiques de Liège 157, 1971, S. 145 - 166.

BEGUIN, HUBERT: L'organisation de l'espace au Maroc. Diss. Bruxelles 1974.

BELFQUIH, M./FADLOULLAH, A.: Réorganisation et reclassement fonctionnel des médinas de Rabat-Salé. In: Bisson, J. (Hrsg.): Présent et avenir des médinas de Marrakech à Alep. Tours 1982. S. 147 - 198.

BELKAMEL, MOHAMED: Le développement du tourisme au Maroc. Casablanca 1980.

BENALI, M.: Aménagement touristique et de loisirs. Forêt d'Ain Cheff. Fès 1982.

BEQUELE, ASSEFA/BOYDEN, JO (Hrsg.): Combating Child Labour. Geneva 1988.

BERQUE, JACQUES: Fès, ou le destin d'une médina. In: Cahiers Internationaux de Sociologie LII, 1972, S. 5 - 32.

BERRIANE, M.: L'espace touristique marocain. Poitiers 1980.

BERRIANE, M.: Quelques donnés sur le tourisme intérieur à travers le relevé des nuitées hôtelières. In: RGM 4, 1980, S. 77 - 83.

BERRIANE, M.: Recherches géographiques et cartogrphiques sur les espaces touristiques au Maroc. 2 Bde. Diss. Tours 1979.

BERRIANE, M.: Un type d'espace touristique marocain: le littoral méditerranéen. In: RGM 2, 1978, S. 5 - 27.

BIANCA, STEFANO: Altstadt-Neustadt-Konflikte in arabischen Ländern. In: Dokumente und Informationen zur Schweizerischen Orts, Regional- und Landesplanung 95, 1988, S. 7 - 14.

BIANCA, STEFANO: Architektur und Lebensform im islamischen Städtewesen. Baugestalt und Lebensordnung in der islamischen Kultur, dargestellt unter besonderer Verarbeitung marokkanischer Quellen und Beispiele. Zürich/ München 1975.

BLANCHARD, F.: Le travail des enfants. Extrait du rapport du Directeur général à la Conférence internationale du Travail, 69e session, Genève 1985.

BOBEK, HANS: Die Hauptstufen der Gesellschafts- und Wirtschaftsentfaltung in geographischer Sicht. In: Die Erde 90, 1959, S. 259 - 298.

BOBEK, HANS: Zum Konzept des Rentenkapitalismus. In: Tijdschrift voor Economische en Sociale Geografie 65, 1974, S. 73 - 78.

BOUQUEREL, JACQUELINE.: Le chemin de fer au Maroc et son rôle dans le développement économique du pays. In: Les cahiers d'Outre Mer 28, 1975, S. 218 - 251.

BRAUN, CORNEL: Teheran, Marrakech und Madrid. Ihre Wasserversorgung mit Hilfe von Quanaten. Eine stadtgeographische Konvergenz auf kulturhistorischer Grundlage. Diss. Bonn 1974. (= Bonner Geographische Abhandlungen 52)

BURCKHARDT, TITUS: Fes. Olten 1960.

BUREAU INTERNATIONAL DU TRAVAIL: Le travail des enfants: Manuel d'inforformation. Genève 1987.

BUREAU INTERNATIONAL DU TRAVAIL: Programme international pour l'amélioration des conditions et du milieu de travail (PIACT): Rapport au gouvernement du Royaume du Maroc sur les travaux de la mission multidisciplinaire du PIACT (13 mars - 15 avril 1978). Genève 1979.

BUREAU INTERNATIONAL DU TRAVAIL: Séminaire international sur les moyens d'éliminer l'exploitation du travail des enfants partout dans le monde. Genève 1985.

BUSER, MARTIN/WIDMER, ROLAND: Stadt-Probleme in der Dritten Welt: Marrakech. Basel 1978. (Masch.-Schrift, unveröffentlicht)

C.C.I. DE FES, BOULEMANE ET TAOUNATE: Aménagement du complexe touristique du barrage Moulay Idriss ler. In: Revue de la C.C.I. de Fès, Boulemane et Taounate 72, 1978, S. 74 - 77.

C.C.I. DE FES, BOULEMANE ET TAOUNATE: Aspects économiques de la province de Fès. In: Revue de la C.C.I. de Fès, Boulemane et Taounate 76/77, 1980, S. 35 - 65.

C.C.I. DE FES, BOULEMANE ET TAOUNATE: Fès en chiffres. In: Revue de la C.C.I. de Fès, Boulemane et Taounate 76/77, 1980, S. 31 - 34.

C.C.I. DE FES, BOULEMANE ET TAOUNATE: Rapport Economique de la Province en 1977. In: Revue de la C.C.I. de Fès, Boulemane et Taounate 72, 1978, S. 5 - 42.

C.C.I DE FES, BOULEMANE ET TAOUNATE: Rapport économique. 2ème semestre 1980. Fes 1981.

C.C.I. DE FES, BOULEMANE ET TAOUNATE: Rapport sur la première assemblée générale de la C.C.I. In: Revue de la C.C.I. de Fès, Boulemane et Taounate 76/77, 1980, S. 103 - 110.

CHALLIS, JAMES/ELLIMAN, DAVID: Child Workers Today. Sunbury 1979.

CHARPIN, GERARD: Fès: tourisme d'hier, d'aujourd'hui et de demain. o.O. 1984.

CLAUSEN, URSEL: Marokko. In: Hubel, Helmut (Hrsg.): Nordafrika in der internationalen Politik. Probleme und Zukunft der südlichen Nachbarregion Europas. München 1988. (= Schriften des Forschungsinstituts der deutschen Gesellschaft für auswärtige Politik; Reihe: Internationale Politik und Wirtschaft, Bd. 55)

CLUB MEDITERRANEE: Dossier de presse: Club Méditerranée. Paris 1985.

DECROUX, PAUL: Droit foncier marocain: droit privé marocain. Bd. 3. Rabat ²1977.

DEGEZ, ALBERT: Aspects d'un urbanisme à Fès. In: B.E.S.M. 25, 1961, S. 31 - 37.

DE LEENHEER, M.: L'"habitat précaire" à Marrakech et dans sa zone périphérique. In: RGM 17, 1970, S. 43 - 50.

DELOOZ, LISETTE: Sidi Harazem première station thermale du Maroc. In: Maroc tourisme 57, o.J., S. 54 - 59.

DETHIER, J.: Soixante ans d'urbanisme au Maroc: l'évolution des idées et des réalisations. In: B.E.S.M. 118/119, 1970, S. 5 - 56.

DETTMANN, KLAUS: Damaskus. Eine orientalische Stadt zwischen Tradition und Moderne. In: Mitteilungen der Fränkischen Geographischen Gesellschaft 15/16, 1968/69, S. 183 - 312.

DETTMANN, KLAUS: Islamische und westliche Elemente im heutigen Damaskus. In: GR 21, 1969, S. 64 - 68.

DETTMANN, KLAUS: Zur inneren Differenzierung der islamisch-orientlischen Stadt. In: Verhandlungen des Deutschen Geographentages 37, 1969, S. 488 - 497.

DETTMANN, KLAUS: Zur Variationsbreite der Stadt in der islamisch-orientalischen Welt. In: Geographische Zeitschrift 58, 1970, S. 95 - 123.

DEVERDUN, GASTON: Marrakech dès origines à 1912. 2 Bde. Rabat 1959/1966.

ECKERT, HEDI: Les aires commerçantes selon l'enquête-ménage mars 1977. Fès 1977. (Masch.-Schrift, unveröffentlicht)

EHLERS, ECKART: Rentenkapitalismus und Stadtentwicklung im islamischen Orient. In: Erdkunde 32, 1978, S. 124 - 142.

EHLERS, ECKART: Zur baulichen Entwicklung und Differenzierung der marokkanischen Stadt: Rabat, Marrakech, Meknes. Eine Karten- und Luftbildanalyse. In: Die Erde 115, 1984, S. 183 - 208.

EICKELMANN, DALE F.: Formes symboliques et espace social urbain. Le cas du Maroc. In: Rassam, A. u. a. (Hrsg.): Système urbain et développement au Maghreb. Tunis 1980, S. 199 - 218.

EL AOUAD, M.: La centralité urbaine dans les villes arabes. L'exemple de Fès. 2 Bde. Diss. Aix-en-Provence 1983.

(EPD - DRITTE WELT - INFORMATION): Verkaufte Kindheit. Vom Elend der Kinder in der Dritten Welt. Frankfurt, Nr. 1/2, 1987.

ESCHER, ANTON: Studien zum traditionellen Handwerk der orientalischen Stadt. Wirtschafts- und sozialgeographische Strukturen und Prozesse anhand von Fallstudien in Marokko. In: Mitteilungen der Fränkischen Geographischen Gesellschaft 31/32, 1984/85, Erlangen 1986, S. 17 - 364.

EZZAHRAOUI, LARBI/FARAJ, RACHID: La spéculation foncière à Fès depuis 1965 jusqu'à 1977. Fès o.J. (Masch.-Schrift, unveröffentlicht)

FORSSMANN, S. /COPPEE, G.: Les jeunes au travail: problèmes de santé. Genève 1972.

GALLOTTI, JEAN: Le jardin et la maison arabes au Maroc. 2 Bde. Paris 1926.

GARDET, LOUIS: La cité musulmane. Vie sociale et politique. Paris ^{4}1981.

GAUBE, HEINZ/WIRTH, EUGEN: Der Bazar von Isfahan. Wiesbaden 1978.

GAUDIO, ATTILIO: Fez, la Firenze del Maghreb. In: Universo XLIV, Nr. 1, 1964, S. 45 - 68.

GEERTZ, CLIFFORD: Suq: The bazaar economy in Sefrou. In: Geertz, Clifford (Hrsg.): Meaning and Order in Moroccan Society. London 1979. S. 123 - 313.

GORMSEN, ERDMANN: Tourismus in der Dritten Welt. In: GR 12, 1983, S. 608 - 617.

GRUNEBAUM, GUSTAVE EDMUND VON: Die islamische Stadt. In: Saeculum 6, 1955, S. 138 - 153.

GUITOUNI, A.: Activités tertiaires et structure urbaine dans la médina d'Oujda. In: Bisson, J. (Hrsg.): Présent et avenir des médinas de Marrakech à Alep. Tours 1982. S. 57 - 71.

HENSENS, JEAN: Médinas au Maghreb. In: Bisson, J. (Hrsg.): Présent et avenir des médinas de Marrakesch à Alep. Tours 1982. S. 93 - 101.

HENSENS, JEAN: Où vont l'urbanisme et l'architecture au Maroc? In: B.E.S.M. 147/148, o.J., S. 117 - 120.

HENSENS, JEAN: Que faire des médinas? Approche théorique du problème actuel de rénovation des médinas. In: BESM 118/119, 1970, S. 117 - 122.

HERVE, GUY/KERREST, THIERRY: Les enfants de Fez. Paris 1980.

HOFFMANN, HUBERT: Damaskus. Tradition im Umbruch - Orient und Islam. Exempel für den fächerübergreifenden Unterricht Geographie, Geschichte, Politik. Lehrer- und Arbeitsheft. Paderborn. 1981.

HOFMEISTER, BURKHARD: Die Stadtstruktur. Ihre Ausprägung in den verschiedenen Kulturräumen der Erde. Darmstadt 1980.

HOUSSEL, J.P.: L'évolution récente de l'activité de Fès. In: RGM 9, 1966, S. 59 - 83.

IBRAHIM, F.: Der Einfluss des Tourismus in Tunesien auf das traditionelle Handwerk. In: Rammow, H. (Hrsg.): Tunesien - Tradition und Tourismus. Ausstellungskatalog des Museums am Dom. Lübeck 1976, S. 42 - 59.

ICHTER, JEAN-PAUL: Contribution à une solution du problème des implantations touristiques (hôtelières). Fès 1977. (Masch.-Schrift, unveröffentlicht)

ICHTER, JEAN-PAUL: Le schéma d'aménagement de Fès. Fès o. J.

ICHTER, JEAN-PAUL: Tourisme. Fès 1975. (Masch.-Schrift, unveröffentlicht)

INTERNATIONALER BUND FREIER GEWERKSCHAFTEN: Kinderarbeit. Eine gewerkschaftliche Bewertung des weltweiten Problems der Kinderarbeit mit Einschluss von Aktionsvorschlägen. Bruxelles o. J.

INTERNATIONAL TEXTILE, GARMENT AND LEATHER WORKERS FEDERATION: Report on the textile, clothing and leather industries in North Africa. Bd. 1: Morocco. Brussels 1987.

ISMAIL, NIZAR MOHAMAD: Grundzüge des islamischen Städtebaus. Reorientalisierung städtebaulicher Prinzipien. Ein Beitrag zur Sanierung der Stadt im arabischen Raum. Stuttgart 1981.

JOERGES, BERNWARD/KARSTEN, DETLEV: Editorial: Tourismus und Kulturwandel. In: Zeitschrift für Kulturaustausch 28, 1978, Heft 3, S. 4 - 10.

JOLE, MICHELE: Les villes et la politique de recherche française au Maroc. In: B.E.S.M. 147/148, o.J., S. 149 - 183.

KABBAJ, MOHAMED SAID: Les apports du tourisme à l'économie marocaine. Bruxelles 1981.

KEROUACH, BRIGITTE: Rabat - Entwicklung und Struktur einer nordafrikanischen Verwaltungsstadt. In: Afrika im Spiegel neuer Forschung. Frankfurter Beiträge zur Didaktik der Geographie 9, 1986, S. 169 - 199.

KLUG, HEINZ: Die Insel Djerba. Wachstumsprobleme und Wandlungsprozesse eines südtunesischen Kulturraumes. In: Stewig, Reinhard/Wagner, Horst-Günther (Hrsg.): Kulturgeographische Untersuchungen im islamischen Orient. Kiel 1973. S. 45 - 90.

KROESKE, JUERGEN: Standortprobleme und Entwicklungstendenzen im industriellen Aufbau Marokkos. Diss. Köln 1968.

LAGDIM SOUSSI, MOULAY BRAHIM: La tannerie traditionelle à Marrakech. In: RGM 18, 1970, S. 20 - 31.

LAGDIM SOUSSI, MOULAY BRAHIM: Le poids de l'artisanat dans la médina de Marrakech. In: Bisson, J. (Hrsg.): Présent et avenir des médinas de Marrakech à Alep. Tours 1982. S. 83 - 90.

LADGIM SOUSSI, MOULAY BRAHIM: Les activités artisanales à Marrakech et leurs retombées économiques. Diss. Tours 1984.

LAHBABI, ABDERRAFIH: Croissance urbaine et développement: le cas du Maroc. In: Rassam, A. u. a. (Hrsg.): Système urbain et développement au Maghreb. Tunis 1980, S. 85 - 104.

LAPIDUS, J.M.: Muslim Cities in the Later Middle Ages. Cambridge (Mass.) 1967. (= Harvard Middle Eastern Studies 11)

LE TOURNEAU, ROGER: Fès avant le Protectorat. Etude économique et sociale d'une ville de l'occident musulman. Diss. Paris 1948.

LE TOURNEAU, ROGER: La vie quotidienne à Fès en 1900. Paris 1965.

MANDLEUR, A.: Croissance et urbanisation de Marrakech. In: RGM 22, 1972, S. 31 - 60.

MANDLEUR, A.: Les industries alimentaires de Marrakech. In: RGM 17, 1970, S. 53 -67.

MARR, RUDOLF L.: Tourismus in Malaysia und Singapore. Eine humangeographische Studie raumrelevanter Strukturen und Prozesse. Basel 1982.

MASSIGNON, LOUIS: Enquête sur les corporations d'artisans et de commerçants au Maroc (1923 - 1924) In: Revue du Monde Musulmane 58, 1924, S. 1 - 250.

MENDELIEVICH, ELIAS (Hrsg.): Le travail des enfants. Genève 1980.

MENSCHING, HORST: Luftbild: Fès, Marokko. In: Die Erde 1959, S. 255 - 258.

MENSCHING, HORST: Marokko. Die Landschaften im Maghreb. Heidelberg 1957.

MENSCHING, HORST/WIRTH, EUGEN: Nordafrika und Vorderasien. (Fischer Länderkunde 4). Frankfurt 1973.

MENSCHING, HORST: Was ist der Maghreb? In: Festschrift für Erwin Gentz. Kiel 1970. S. 103 - 107.

MESRAF, AZZEDINE/MOUBTASSIM, MOHAMMED: La spéculation foncière à Fès. Fès. o.J. (Masch.-Schrift, unveröffentlicht)

MESRAF, AZZEDINE/MOUBTASSIM, MOHAMMED: Le rôle du commerce et l'artisanat dans la structure urbaine. Fès o.J. (Masch.-Schrift, unveröffentlicht)

MESRAF, AZZEDINE/MOUBTASSIM, MOHAMMED: Pour une politique de développement cohérent de l'artisanat. Fès o.J. (Masch.-Schrift, unveröffentlicht)

MINISTERE DE L'ECONOMIE NATIONALE: Plan Quinquennal 1960 - 1964. Rabat 1960.

MINISTERE DE L'HABITAT ET DE L'AMENAGEMENT DU TERRITOIRE. DELEGATION REGIONALE DE MARRAKECH: Schéma directeur de Marrakech. Document de Synthèse. Marrakech 1981.

MINISTERE DE L'HABITAT ET DE L'AMENAGEMENT DU TERRITOIRE. DELEGATION REGIONALE DE MARRAKECH: Schéma directeur de Marrakech. Bd. 11: Tourisme et loisirs. Marrakech 1981.

MINISTERE DE L'INTERIEUR. DIRECTION DE L'URBANISME, DE L'AMENAGEMENT DU TERRITOIRE ET DE L'ENVIRONNEMENT. SERVICE REGIONAL DE FES: Région économique du Centre-Nord. 2 Bde. Fès 1985.

MINISTERE DE L'INTERIEUR. DIRECTION DE L'URBANISME, DE L'AMENAGEMENT DU TERRITOIRE ET DE L'ENVIRONNEMENT. SERVICE REGIONAL DE FES: Schéma de Développement et l'Aménagement Régional. Région Economique du Centre-Nord. Rabat 1985.

MINISTERE DU PLAN ET DU DEVELOPPEMENT REGIONAL: Plan de Développement Economique et Social 1981 - 1985. Bd. II. Rabat 1980.

MOHRING, DIETRICH (Hrsg.): Touristikmedizin. Leitfaden für die ärztliche Praxis. Stuttgart ^{2}1977.

MOULINE, SAID: La ville et la maison arabo-musulmanes. In: B.E.S.M. 147/148, o.J., S. 1 - 13.

MOULINE, SAID: Sauvegarde des médinas du Maghreb. In: B.E.S.M. 147/148, o.J., S. 123 - 138.

MOUNIR, OMAR: Introduction à l'Etude du Bail d'Habitation au Maroc. Casablanca 1986.

MUELLER, KLAUS- PETER: Unterentwicklung durch "Rentenkapitalismus"? Geschichte, Analyse und Kritik eines sozialgeographischen Begriffes und seiner Rezeption. Kassel 1983.

NACIRI, M.: La médina de Fès: trame urbaine en impasses et impasse de la planification urbaine. In: Bisson, J. (Hrsg.) Présent et avenir des médinas de Marrakech à Alep. Tours 1982. S. 237 - 254.

NIZAR ISMAIL, M.: Grundzüge des islamischen Städtebaus. Stuttgart 1981.

O.N.M.T.: Guide des hôtels 1985. Rabat 1985.

O.N.M.T.: Normes minima de classement des hôtels de tourisme. In: Bulletin officiel 3866, Rabat 3.12.1986.

O.N.M.T. DELEGATION REGIONALE DE FES: Rapport annuel. Année 1980. Fès 1981. (Masch.-Schrift, unveröffentlicht)

O.N.M.T. DELEGATION REGIONALE DE FES. Rapport annuel 1985. Fès 1986. (Masch.-Schrift, unveröffentlicht)

O.N.M.T. DELEGATION REGIONALE DE FES: Rapport d'activité du 1er semestre 1981. Fès 1981. (Masch.-Schrift, unveröffentlicht)

O.N.M.T. DELEGATION REGIONALE DE FES: Rapport d'activité du 2ème semestre 1981. Fès 1982. (Masch.-Schrift, unveröffentlicht)

O.N.M.T. DELEGATION REGIONALE DE FES: Rapport de conjoncture du mois de janvier et février 1982. Fès 1982. (Masch.-Schrift, unveröffentlicht)

PEGURIER, J.: La médina de Marrakech entre son passé et son avenir. In: Bisson, J. (Hrsg.): Présent et avenir des médinas de Marrakech à Alep. Tours 1982. S. 73 - 82.

PERE, MICHELE: Quelques aspects du tourisme au Maroc à travers l'exemple d'Agadir. In: RGM 22, 1972, S. 3 - 30.

REBSAME, HANS: Die marokkanische Stadt. Zürich 1933.

RITTER, WIGAND: Tourism and Recreation in the Islamic Countries. In: Matznetter, Joseph (Hrsg.): Studies in the Geography of Tourism. Frankfurt 1974.

RODGERS, GERRY/STANDING, GUY (Hrsg.): Child work, poverty and underdevelopment. Geneva 1981.

RODGERS, GERRY/STANDING, GUY: Les rôles économiques des enfants dans les pays à faible revenu. In: Revue internationale du Travail 120, 1981, S. 35 - 54.

RUDLOFF, WILLY: World-Climates. Stuttgart 1981.

RUF, WERNER: Marokko. In: Nohlen, Dieter/Nuscheler, Franz (Hrsg.): Handbuch der Dritten Welt. Bd. 6: Nordafrika und Naher Osten: Unterentwicklung und Entwicklung. Hamburg ^{2}1983. S. 142 - 160.

RUPPERT, HELMUT: Beirut. Eine westlich geprägte Stadt des Orients. In: Mitteilungen der Fränkischen Geographischen Gesellschaft 15/16, 1968/69, S. 313 - 456.

SCHARABI, MOHAMED: Der Bazar. Das traditionelle Stadtzentrum im Nahen Osten und seine Handelseinrichtungen. Tübingen 1985.

SCHMITZ, HELGE: Der marokkanische Souk. In: Die Erde 1973, Heft 3 - 4, S. 320 - 335.

SCHULZE, CHRISTA u.a.: Die orientalische Stadt. Ergebnisse eines didaktischen Workshops. In: GR 31, 1979, S. 51- 73.

SCHWEIZER, GERHARD: Zeitbombe Stadt. Die weltweite Krise der Ballungszentren. Stuttgart 1987.

SCHWEIZER, GUENTHER (Hrsg.): Beiträge zur Geographie orientalischer Städte und Märkte. Wiesbaden 1977.

SCHWEIZER, GUENTHER: Täbriz (Nordwest-Iran) und der Täbrizer Bazar. In: Erdkunde 26, 1972, S. 32 - 46.

SEBBAR, HASSAN: Rapport sur le tourisme à Fès: Position du problème à travers l'évolution de l'activité touristique. o.O. o.J. (Masch.-Schrift, unveröffentlicht)

SEBBAR, HASSAN: Tourisme et développement, le cas du Maroc. In: BESM 127, 1975, S. 65 - 84.

SECRETARIAT D'ETAT AU PLAN ET AU DEVELOPPEMENT REGIONAL. DELEGATION REGIONALE DU CENTRE-NORD: Monographie regionale Alhoceima - Boulmane - Fès - Taza. o.O. 1978.

SEGER, MARTIN: Das System der Geschäftsstrassen und die innerstädtische Differenzierung in der orientalischen Stadt. Fallstudie Teheran. In: Erdkunde 33, 1979, S. 113 - 129.

SEGER, MARTIN: Strukturelemente der Stadt Teheran und das Modell der modernen orientalischen Stadt. In: Erdkunde 29, 1975, S. 21 - 38.

SETHOM, NOUREDDINE: L'influence du tourisme sur l'économie et la vie régionale dans la zone du Nabeul-Hammamet. Tunis 1979.

SIEBER, K.: Regionalplanung und Tourismus in Marokko. In: Informationen Institut für Raumordnung 17, 1967, S. 699 - 725.

SKROBANEK, WALTER: Verkaufte Kindheit. Von der Entrüstung zur Analyse. In: Terre des hommes Deutschland (Hrsg.): Kinderarbeit. Die Ausbeutung der Wehrlosen. Osnabrück 1983. S. 10 - 14.

STEWIG, REINHARD: Der Orient als Geosystem. Opladen 1977.

STEWIG, REINHARD: Die räumliche Struktur des stationären Einzelhandels in der Stadt Bursa. In: Stewig, Reinhard/Wagner, Horst-Günther (Hrsg.): Kulturgeographische Untersuchungen im islamischen Orient. Kiel 1973. S. 143 - 176.

STOEBER, GEORG: "Habous Public" in Marokko. Zur wirtschaftlichen Bedeutung religiöser Stiftungen im 20. Jahrhundert. Marburg/Lahn 1986. (= Marburger Geographische Schriften, Heft 104)

STUCKENHOFF, WOLFGANG: Spiel, Persönlichkeit und Intelligenz. Ravensburg 1975.

SWEPSTON, LEE: Le travail des enfants: sa réglementation dans les normes de l'OIT et les législations nationales. In: Revue internationale du Travail 121, 1982, S. 615 - 632.

TROIN, JEAN-FRANCOIS.: Aspects géographiques de l'expansion du tourisme au Maroc. In: RGM 11, 1967, S. 39 - 66.

UNESCO (Hrsg.): Schéma directeur de la ville de Fès. 7 Bde und 15 Hefte. Paris 1980.

VETTER, FRIEDRICH (Hrsg.): Grosstadttourismus. Berlin 1986.

WAGNER, HORST-GUENTHER: Die Souks in der Medina von Tunis. Versuch einer Standortanalyse von Einzelhandel und Handwerk in einer nordafrikanischen Stadt. In: Stewig, Reinhard/Wagner, Horst-Günther (Hrsg.): Kulturgeographische Untersuchungen im islamischen Orient. Kiel 1973. S. 91 - 142.

WICHE, KONRAD: Funktionelle Stadttypen in Marokko. In: Verhandlungen des Deutschen Geographentages 31, 1958, S. 507 - 509.

WICHE, KONRAD: Marokkanische Stadttypen. In: Festschrift zur Hundertjahrfeier der Geographischen Gesellschaft in Wien 1856 - 1956. Wien 1957. S. 485 - 527.

WIDMER, ROLAND: Der Tourismus als Determinante räumlicher Strukturen und sozial-geographischer Prozesse in Fès (Marokko). Basel 1982. (Masch.-Schrift, unveröffentlicht)

WIDMER, ROLAND: Der Tourismus als urbandynamischer Faktor in Fès (Marokko). In: Regio Basiliensis XXVII, 1986, S. 123 - 134.

WILKE, RENATE: Wirtschaftsfaktor Kinderarbeit. Kinderarbeit zwischen sozialem Lernen und Ausbildung. In: Entwicklungspolitische Korrespondenz 5, 1982. S. 4 - 10.

WIRTH, EUGEN: Die Beziehungen der orientalischen islamischen Stadt zum umgebenden Lande. In: Meynen, E. (Hrsg.): Geographie heute. Einheit und Vielfalt. Wiesbaden 1973. S. 323 - 333.

WIRTH, EUGEN: Die orientalische Stadt. Ein Ueberblick aufgrund jüngerer Forschungen zur materiellen Kultur. In: Saeculum 26, 1975, S. 45 - 94.

WIRTH, EUGEN: Die orientalische Stadt in der Eigengesetzlichkeit ihrer jungen Wandlungen. In: Verhandlungen des Deutschen Geographentages 36, 1967, S. 166 - 178.

WIRTH, EUGEN: Strukturwandlungen und Entwicklungstendenzen der orientalischen Stadt. Versuch eines Ueberblicks. In: Erdkunde 22, 1968, S. 101 - 128.

WIRTH, EUGEN: Tradition und Innovation im Handwerk und Kleingewerbe der vorderorientalischen Stadt. Strukturwandlungen und Ueberlebensstrategien in den vergangenen 150 Jahren. In: Die Welt des Islam XXV, 1985, S. 174 - 222.

WIRTH, EUGEN: Zum Problem des Bazars (suq, çarsi). Versuch einer Begriffsbestimmung und Theorie des traditionellen Wirtschaftszentrums der orientalisch-islamischen Stadt. In: Der Islam 51, 1974, S. 203 - 260 und 52, 1975, S. 6 - 46.

Zeitungsartikel

AHRENS, JOACHIM: Mittags sind selbst die Kobras schlaff. Basler Zeitung Nr. 292, 13. Dezember 1985.

BERNHARD, B.: Südlich des Hohen Atlas beginnt die Strasse der Kasbahs. Basellandschaftliche Zeitung Nr. 30, 5. Februar 1986.

BETTACHE, M.: Fès: L'évolution du tourisme à travers les chiffres. L'Opinion, 9. März 1976.

FRANKFURTER ALLGEMEINE ZEITUNG: Märchenerzähler füllen keine Luxushotels. Nr. 48, 26. Februar 1970.

LA VIE TOURISTIQUE AFRICAINE: "Check up" du tourisme à Fès. 15. Oktober 1988.

LA VIE TOURISTIQUE AFRICAINE: Le nouveau complexe hôtelier-palais des congrès de Dounia hôtels-PLM à Marrakech. 15. Juni 1986.

LA VIE TOURISTIQUE AFRICAINE: M. Moussa Saadi: Le tourisme est l'affaire de tous. 31. Juli 1986.

LE MATIN DU SAHARA: D'importantes mesures prises pour assainir le tourisme à Fès. 19. Januar 1981.

LE MATIN DU SAHARA: Fès mérite d'être admirée par un grand nombre de touristes et pendant une longue durée. 18. Januar 1981.

LE MATIN DU SAHARA: Fès: Qui n'avance pas recule ... 7. August 1986.

MANFREDI, E.: Moulay Ahmed Alaoui veut sortir le tourisme marocain du sous-développement. Le Matin du Sahara, 14. Juli 1981.

MUELLER, URS: 10 Jahre Sanierung von Fez unter Mithilfe der Unesco. Tages Anzeiger Nr. 291, 15. Dezember 1986.

NACHRICHTEN FUER AUSSENHANDEL: Marokko fördert Tourismusinvestitionen. Nr. 151, 9. August 1983.

NACHRICHTEN FUER AUSSENHANDEL: Marokko wirbt um mehr Touristen. Nr. 104, 30. Mai 1980.

NEUE ZUERCHER ZEITUNG: Diskussion über Entwicklungspläne in Marokko. Nr. 224, 16. Mai 1974.

Statistiken

C.C.I. DE FES, BOULEMANE ET TAOUNATE: Fès en chiffres. In: Revue de la C.C.I. de Fès, Boulemane et Taounate 76/77, 1980, S. 31 - 34.

DELEGATION PROVINCIALE DE L'ARTISANAT A MARRAKECH: Statistiques des produits artisanaux exportés au cours de l'année 1985. Marrakech 1986. (Masch.-Schrift, unveröffentlicht)

DIRECTION DE LA STATISTIQUE DU MAROC: Annuaire statistique du Maroc 1985. Rabat 1986.

MINISTERE D'ETAT CHARGE DU TOURISME: Annuaire des statistiques touristiques 1980. Rabat 1981.

MINISTERE DU PLAN DE LA FORMATION DES CADRES ET DE LA FORMATION PROFESSIONELLE. DELEGATION REGIONALE DU CENTRE-NORD: Annuaire statistique de la province de Fès 1980. Fès 1981.

O.N.M.T. DELEGATION REGIONALE DE FES: Arrivées au niveau des mois et des années. Fès 1986. (Manuskript, unveröffentlicht)

O.N.M.T. DELEGATION REGIONALE DE FES: Statistiques des arrivées par catégorie en valeurs absolues et relatives de l'année 1985. Fès 1986. (Manuskript, unveröffentlicht)

O.N.M.T. DELEGATION REGIONALE DE FES: Statistiques des arrivées par ordre d'importance et par nationalité de l'année 1985 Fès et région. Fès 1986. (Manuskript, unveröffentlicht)

O.N.M.T. DELEGATION REGIONALE DE FES: Tableau des nuitées par nationalités 1984 - 85 Fès et région. Fès 1986. (Manuskript, unveröffentlicht)

O.N.M.T. DELEGATION REGIONALE DE MARRAKECH: Les arrivées par catégorie d'hôtels durant l'année 1984. Marrakech 1985. (Masch.-Schrift, unveröffentlicht)

O.N.M.T. DELEGATION REGIONALE DE MARRAKECH: Les arrivées réalisées à Marrakech durant l'année 1985 (par mois). Marrakech 1986. (Masch.-Schrift, unveröffentlicht)

O.N.M.T. DELEGATION REGIONALE DE MARRAKECH: Les nuitées réalisées à Marrakech durant l'année 1985 (par mois). Marrakech 1986. (Masch.-Schrift, unveröffentlicht)

UNITED NATIONS: Statistical Yearbook. Diverse Jahrgänge.

Karten

KUEMMERLY/FREY: Strassenkarte Marokko 1 : 1'000'000. Bern 1982.

MINISTERE DE L'HABITAT ET DE L'AMENAGEMENT DU TERRITOIRE. DELEGATION REGIONALE DE FES: Fès - Médina 1 : 2'000.

MINISTERE DE L'HABITAT ET DE L'AMENAGEMENT DU TERRITOIRE; DELEGATION REGIONALE DE FES: Fès - Ville nouvelle 1 : 5'000.

O.N.M.T.: Plan-guide Fès 1 : 10'000. Casablanca 1979.

O.N.M.T.: Plan-guide Marrakech 1 : 6 500. Casablanca 1978.

Reiseführer/Reiseliteratur

BECKER, HORST J;: Reiseführer Marokko. München ^{15}1978. (= Polyglott Reiseführer)

BERLITZ (Hrsg.): Marokko. Lausanne 1979. (= Berlitz Reiseführer)

CHEVRILLON, ANDRE: Un crépuscule d'Islam. (Fez en 1905). Paris ^{5}1923.

FAUVEL, JEAN-JACQUES: Maroc. Paris 1981. (= Guide bleu)

HELFRITZ, HANS: Marokko. Berberburgen und Königsstädte des Islams. Köln ^{4}1980. (= DuMont-Kunst-Reiseführer)

LEHMANN, INGEBORG/MUKAROVSKY, GEZA VON: Marokko. München 1988. (= dtv MERIAN Reiseführer)

MICHELIN (Hrsg.): Maroc. Clermont-Ferrand ^{2}1976. (= Guide vert)

MIEGE, J.-L.: Le Maroc. Paris 1952. (= Collection "Les Beaux Pays")

NUSSBAUM, MAX: Reisetage in Marokko. Zürich 1948.

STRELOCK, HANS: Marokko. Kunst- und Reiseführer mit Landeskunde. Stuttgart 1979. (= Kohlhammer Kunst- und Reiseführer)

STUDIENKREIS FUER TOURISMUS (Hrsg.): Marokko verstehen. Sympathie-Magazin Nr. 14. Starnberg 1985.

TALABOT, MARCEL: Marrakech dans le sud marocain. o.O. 1975.

RESUME DES RESULTATS DE L'ETUDE

Caractéristiques du tourisme à Fès et Marrakech

Avant le protectorat français (1912-1956), l'hôtellerie marocaine se limitait aux fondouks traditionnels. Une partie de ceux-ci sont restés jusqu'à nos jours des bâtiments barricadables avec cour intérieure entourée généralement d'arcades et comprenant des abris pour animaux et des entrepôts pour marchandises lourdes sous les arcades du rez-de-chaussée, et des logis temporaires, des bureaux sommaires ou entrepôts pour les marchandises précieuses des marchands itinérants dans les locaux du premier étage. La création d'une hôtellerie prenant exemple sur l'hôtellerie française a lieu à Marrakech en 1921, quand le maréchal Lyautey, résident général français, décide de construire l'hôtel de luxe "La Mamounia". Par la suite, des sociétés françaises réalisent d'autres hôtels luxueux dans les grands centres urbains, entre autres le "Palais Jamai" à Fès en 1929.

Dans les années 1930 se crée une hôtellerie nettement plus modeste dans sa majeure partie, qui ne se limite pas aux plaines (du littoral), mais s'établit dans le Moyen Atlas et, dans une très petite mesure, dans le sud du Haut Atlas. Dans le Moyen Atlas s'élèvent de petits hôtels pour familles dans lesquels les étrangers établis au Maroc aiment à se retirer pendant les chaleurs estivales. Durant la période précédant l'accès à l'indépendance, les villes royales de Fès, Meknes, Marrakech, Rabat accueillent, outre le tourisme d'hommes d'affaires, de politiciens et fonctionnaires, Français pour la plupart, un tourisme réservé aux classes aisées (croisières, entre autres), ce qui se traduit par le peu d'importance quantitative du tourisme. Dès avant l'indépendance, Casablanca, le nouveau centre économique du pays, ainsi que d'autres villes du littoral ouest, soit Rabat, capitale politique du pays, Mohammedia, Safi et Agadir, ont une infrastructure touristique primaire remarquable.

La forte **orientation littorale du tourisme** ne cesse pas après l'indépendance du Maroc, en 1956, et après que le tourisme a été désigné, en 1965, comme facteur économique à promouvoir en priorité. Compte tenu de la demande internationale, les stations balnéaires atlantiques sont particulièrement promues par la jeune nation, et le littoral méditerranéen, au nord du pays, est viabilisé pour l'implantation d'hôtels. Parallèlement à l'appui soutenu accordé aux réalisations balnéaires a lieu la spécialisation régionale des formes du tourisme. Le littoral méditerranéen et la région d'Agadir sur l'Atlantique se concentrent largement sur le tourisme stationnaire de masse, relativement bon marché. Les villes royales et le grand sud sont fortement axés sur le tourisme itinérant, relativement coûteux.

Quelque 50% des arrivées dans les hôtels homologués des deux régions étudiées ont lieu dans le cadre de **voyages circulaires organisés**. Quand sont combinés les deux types de voyages organisés, soit villes royales et grand sud, aussi bien Fès que Marrakech sont choisies comme étapes. Contrairement à Marrakech, Fès n'est jamais point de départ ou point terminal des deux versions de voyage, d'où un séjour moins long dans cette ville. En moyenne, le touriste séjourne 1,8 jour à Fès, et 2,8 jours à Marrakech.

Alors que Fès est fortement marquée par le tourisme itinérant, Marrakech profite à parts à peu près égales du **tourisme** aussi bien **itinérant** que **stationnaire**. Son climat plus favorable, notamment en hiver, et le fait que cette ville est l'attractive étape terminale des voyages de plusieurs jours menant dans le grand sud, ainsi que de quelques voyages menant dans les villes royales, incite certains touristes à y séjourner plus longtemps. Du point de vue économique, les hôtels de Fès sont désavantagés par rapport à ceux de Marrakech, étant donné que le tourisme de passage apporte une forte fluctuation des hôtes et un supplément de gestion et d'entretien, non rémunéré.

Avant la promotion prioritaire du tourisme en 1965, promotion qui a entraîné le boom des voyages au Maroc, l'hôtellerie de Fès et de Marrakech bénéficiait de la situation géographique des deux villes, centres ferroviaires et surtout routiers, et de leur grande importance en tant que **lieux de pèlerinage.** Du fait de son rayonnement religieux et culturel extraordinaire (mosquée Karaouine, tombeaux de Moulay Idriss II et Sidi Ahmed Tijani), Fès accusait plus de visiteurs que Marrakech jusqu'en 1971. Cependant, quatorze ans plus tard, Marrakech enregistrait quelque 220 000 touristes de plus que Fès du fait des nouvelles formes de tourisme qui se développaient rapidement. Aux 302 549 arrivées de touristes à Fès en 1985 s'opposaient 522 008 à Marrakech.

Le nombre des hôtes et la durée moyenne de leur séjour n'etant pas les mêmes dans les deux villes, le nombre de leurs **hôtels** ne l'est pas non plus, pas plus que ne l'est leur infrastructure. A Fès, les hôtels homologuées ont 72 chambres et 132 lits en moyenne; à Marrakech, 113 chambres et 210 lits. En outre, on trouve dans l'espace urbain de Marrakech, outre un camping, des équipements typiques pour vacanciers, tels que le village du "Club Méditerranée" et six résidences touristiques.

L'hôtellerie des deux villes est marquée par la nette dominance des deux catégories hôtelières les plus élevées, Fès ayant 70,3% de ses lits dans ces établissements touristiques, et Marrakech 75,9% dans des hôtels 4 et 5 étoiles. La préférence accordée à l'investissement dans les hôtels des deux catégories supérieures et l'indifférence portée à la catégorie moyenne sont dues principalement à la forte position du tourisme organisé dans les villes. Du fait des rabais pour groupe accordées aux voyagistes lors de la conclusion des contrats, les hôtels 4 et 5 étoiles perdent peu à peu leur caractère exclusif et deviennent accessibles aux voyageurs étrangers à revenu moyen. Par conséquent, la demande pour les chambres dans les hôtels 4 ou 5 étoiles s'est accrue.

Tout comme le tourisme, qui accuse des différences quantitatives et qualitatives entre les deux régions étudiées, l'infrastructure touristique secondaire (prestations de services) connaît un développement différent. 6 **agences de voyages** proposent leurs services à Fès, alors qu'à Marrakech, elles sont 43. Toujours dans cette dernière ville, les **entreprises de louage de voitures** sont florissantes du fait des nombreuses possibilités d'excursion dans le sud (pré)saharien au parfum d'aventure. 20 entreprises occupant 95 employés louent des voitures, alors qu'à Fès, elles ne sont que 7, occupant 16 personnes.

Moins voyantes que dans les agences de voyages et les entreprises de louage de voitures sont les différences dans la **restauration**, car la plupart des hôtes - les touristes séjournant à Marrakech compris - prennent au moins 2 repas dans les restaurants des hôtels, ont donc réservé la demi-pension. Aux 21 restaurants proposant une cuisine marocaine et/ou internationale à Fès et recommandés par la délégation du tourisme, s'opposent 32 restaurants à Marrakech.

Les séjours de quelque durée à Marrakech - individuels ou en groupe laissant au moins une demi-journée à la libre disposition - sont l'occasion de faire plusieurs visites à la médina, au cours desquelles les touristes font probablement des achats. Si Marrakech figure comme étape terminale d'un voyage circulaire, les touristes achètent davantage de souvenirs, ceux-ci ne devant plus être transportés d'un endroit à l'autre. Fès n'étant jamais étape terminale des voyages en groupe, l'**impact économique** de ces achats y est moins important. Les **bazars** où se vendent des tapis (appelés parfois "maisons de tapis") ou des articles variés (maroquinerie, poterie, objets en cuivre, laiton ou argent, babouches, djellabas, antiquités, etc.) ou uniquement des antiquités, sont de bons indicateurs de l'intrant économique. A Marrakech, les bazars entrant dans cette définition élargie sont 194, à Fès seulement 68.

Les **touristes** provenant de la France et du Maroc dominent nettement dans la statistique des visiteurs des deux villes. En 1985, ces deux pays ont fourni à Fès 50,8% des hôtes des établissements homologués, à Marrakech 61,2%. En ventilant les hôtes des cinq catégories hôtelières selon le pourcentage d'étrangers et de Marocains, on constate que sauf dans les deux catégories les plus hautes, l'importance numérique des Marocains décroît parallèlement à l'élévation des prix. Les établissements non homologués sont nettement les plus fréquentés par les Marocains. Le contingent principal d'hôtes étrangers dans les établissements non homologés est composé de jeunes touristes désirant découvrir le Maroc à peu de frais.

Aussi bien à Fès qu'à Marrakech, le nombre d'hôtes accuse de fortes **fluctuations saisonnières**, les deux périodes de pointe se situant au printemps et à la fin de l'été/en automne. Le climat accentue, il est vrai, les avantages que Marrakech doit à sa topographie, car les conditions météorologiques y prolongent la saison. Quant à Fès, ville très fréquentée par le tourisme circulaire organisé, elle accueille un grand nombre d'hôtes provenant des stations balnéaires méditerranéennes et atlantiques, mais en hiver, le flux des touristes provenant de la région méditerranéenne, pluvieuse, y diminue, alors que les touristes provenant des stations balnéaires atlantiques, ouvertes toute l'année, continuent d'arriver. Marrakech, par contre, station du tourisme circulaire et du tourisme de séjour, accueille justement en hiver de nombreux vacanciers du fait de son climat moins pluvieux et plus doux. Si, tout comme à Fès, les touristes provenant de la région méditerranéene y sont moins nombreux, du moins cette perte est-elle compensée en partie par les vacanciers.

Effets économiques et sociaux du tourisme à Fès et Marrakech

L'**hôtellerie et** la **parahôtellerie** de la ville de Fès totalisent en 1985 1 167 **personnes occupées** à l'année, dont 355 femmes. D'autres 17 personnes sont engagées saisonnièrement. Aux 3 862 personnes occupées à l'année dans l'hôtellerie et la parahôtellerie de Marrakech, dont 1 325 femmes, viennent s'ajouter 947 personnes pendant la haute saison. Dans les deux zones étudiées, la main-d'oeuvre temporaire est composée en majorité de femmes.

Aussi bien à Fès qu'à Marrakech, le **personnel étranger** est peu nombreux. 7 personnes, ou 0,6% des personnes occupées dans la (para)hôtellerie de Fès ne sont pas marocaines. A Marrakech, les 111 étrangers représentent 2,9% des personnes travaillant dans la (para)hôtellerie. Leur proportion y est sensiblement plus élevée qu'à Fès parce que le "Club Méditerranée" occupe à lui seul une septantaine de personnes étrangères en permanence. Le personnel étranger ne travaille que dans les trois catégories hôtelières les plus élevées, où il assume en règle générale des fonctions de cadre dans la gestion, la cuisine ou la réception. En dépit de l'effort accompli pour créer des centres marocains de formation il n'est pas encore possible de pourvoir tous les postes de cadre de Marocains possédant la qualification requise. Pour les autres emplois dans l'hôtellerie, les écoles marocaines hôtelières fournissent assez de personnel.

Dans les deux zones étudiées, l'importance de la nouvelle ville en tant que **centre d'approvisionnement** (l'artisanat d'art mis à part) augmente dans la mesure où monte la **catégorie des hôtels**, reléguant les médinas au second plan. Par ailleurs, Casablanca prend les pas sur Fès et Marrakech. Cette ville, capitale économique du pays, fournit une grande part du mobilier d'hôtel ainsi que la literie, les nappes, les vêtements des employés, la vaisselle et les couverts. Pour des raisons de prestige, les hôtels des deux catégories les plus élevées aiment, en outre, à se fournir en vaisselle et couverts auprès de fabricants étrangers renommés. Pour les autres objets de longue durée, tels que mobilier, fenêtres, lampes, vases, les fournisseurs étrangers ont peu d'importance.

Les établissements non homologués de Fès et Marrakech n'achètent à Casablanca que draps de lit, meubles, vaisselle et couverts (ces derniers seulement à Marrakech). La comparaison avec les établissements homologués révèle que les établissements non homologués achetant à Casablanca sont nettement moins nombreux. Par ailleurs, il n'est pas connu d'achats directs à l'étranger effectués par les établissements non homologués. Aussi bien homologués que non homologués, les hôtels sont fortement ancrés dans l'économie locale pour les biens de consommation courante, tels que pain, oeufs, lait, légumes, épices, viande, les hôtels homologués préférant les fournisseurs établis dans les villes nouvelles, par opposition aux établissements non homologués qui péfèrent les médinas. Excepté pour les poisson qui est acheté directement aux grossistes des villes du littoral atlantique, et pour les boissons alcoolisées (celles-ci notamment à Marrakech), l'importance des fournisseurs non locaux pour les denrées alimentaires est faible.

Par opposition aux hôtels homologués des deux zones étudiées, qui dans l'ensemble n'ont des rapports économiques très intensifs avec leur médina que quand il s'agit d'acheter de l'artisanat d'art (tapis, vases et lampes), les établissements non homologués entretiennent des relations économiques avec leur médina pour tous les biens de consommation courante et de longue durée.

Selon les estimations officielles, un tiers des personnes actives de Fès et de Marrakech travaillent dans l'**artisanat**, estimation qui pourrait se révéler trop faible, étant donné le travail clandestin exécuté à domicile par des femmes et des enfants, particulièrement répandu dans ce secteur.

Les secteurs artisanaux ne profitent pas tous directement de la demande touristique; seul le fait "l'artisanat utilitaire" qui fabrique des babouches, de la maroquinerie et des poteries, et particulièrement "l'artisanat d'art" qui produit des tapis, des objets en laiton, en cuivre et en argent, de la céramique, des objets en bois tourné et de la broderie. "L'artisanat des services", qui comprend les électriciens, mécaniciens sur vélos et coiffeurs, ne bénéficie pas directement de la présences des touristes. Dans les deux villes, 20% des artisans sont en relation directe avec le tourisme. A Fès, bien que les visiteurs y dépensent moins pour les objets artisanaux, le pourcentage est aussi élevé qui'à Marrakech du fait qu'entre les divers hauts lieux artisanaux se sont maintenues ou ont été réactivées des spécialisations traditionnelles. Ainsi, quelque 35% des objets en cuivre ou 25% des objets en cuir (notamment les poufs) proposés dans les bazars de Marrakech sont fabriquées à Fès.

Les touristes contribuent de manière immédiate au maintien d'une tradition séculaire, celle des **damasquineurs**. Ces derniers ouvrent de la ferronerie, à l'origine surtout des étriers, éperons et armes, avec des fils de métal précieux. Les panoplies traditionnelles n'étant utilisées aujourd'hui que pour la fameuse fantasia, elles se vendent très peu. C'est pourquoi on ne trouve plus un seul damasquineur dans les souks de Marakech, et deux seulement dans ceux de Fès. Alors que dans l'un des ateliers, on tire des fils d'argent dans des étriers selon la technique traditionnelle, l'autre atelier, qui vend des assiettes, bagues, bracelets et surtout des statuettes d'animaux garnis de fils d'argent, réalise 40% de son chiffre d'affaires avec les touristes.

Le tourisme donne sans aucun doute des impulsions économiques positives aux divers secteurs de l'artisanat, mais il entraîne aussi une baisse de la qualité de certains articles fabriqués. Ainsi, le marché propose fréquemment des couvertures vantées pure laine, alors qu'elles sont en coton, cellulose ou chiffons recyclés. La qualité des couleurs des couvertures et vêtements vendus aux touristes laisse parfois à désirer elle aussi. Ces abus sont dus au fait que le touriste étranger, lorsqu'il découvrira la mauvaise qualité, n'aura plus la possibilité de réclamer.

Dans la **maroquinerie**, il se vend aux touristes un grand nombre d'articles de qualité douteuse: cuir médiocre (trop mince, mal tanné, à mauvais grain et brillant insuffisant) au prix des cuirs de grande qualité. La maroquinerie produite en grandes séries, notamment les portefeuille, est souvent si mal collée ou cousue qu'elle se défait rapidement à l'usage.

Pour le non-spécialiste, il est difficile aussi d'évaluer les objets en argent, laiton ou cuivre ou de faire la différence entre les articles bon marché aux dessins mécaniques et les **ouvrages ciselés** à la main. Pour des raisons de coût, quelques ciseleurs ne gravent plus leurs motifs entièrement au marteau et au ciseau, mais utilisent des ciselets portant en relief les motifs à reproduire. A signaler, les motifs qui s'écartent nettement des formes traditionnelles non figuratives et qui, bien que n'étant que du kitsch, ne symbolisent pas moins **l'Orient** aux yeux de nombreux touristes étrangers.

Il est bien entendu que l'altération de la production artisanale n'est pas à incriminer à la seule demande des touristes. Il faut la voir dans le contexte général de la progression de l'industrialisation. L'évolution de l'artisanat travaillant les métaux et des affaires substantielles que fait celle-ci avec les touristes, d'une part, et des babouchiers qui ne profitent guère du tourisme, d'autre part, illustre bien ce fait.

Afin de faire front à la concurrence industrielle et de bénéficier de la demande des touristes, les **artisans travaillants les métaux** divisent de plus en plus souvent le travail dans leurs ateliers ou repartissent les étapes du processus sur plusieurs ateliers (découpage, façonnage, ciselage, soudure, parfois argenture). Par conséquent, l'étroit rapport entre producteur et produit, d'usage dans l'artisanat traditionnel, se perd.

Depuis la fin de l'époque coloniale, les **babouches** sont souvent dotées, non pas d'une semelle en cuir de vache, mais d'une semelle en caoutchouc, celle-ci étant plus résistante et pouvant être cousue et polie à la machine. Ces babouches semi-industrielles représentent une réaction à la concurrence des sandales industrielles en plastique et n'ont pas de rapport direct avec l'accroissement du tourisme.

L'**analyse des prix des articles artisanaux** dans les bazars des deux zones étudiées montre que le fabricant de l'article vendu est le perdant. Le bénéfice brut, de beaucoup le plus élevé, exorbitant par rapport au bénéfice brut de l'artisan, est réalisé dans la dernière section menant de la confection à la vente. La raison en est que le bénéfice brut du bazar est réparti, en règle générale, entre trois personnes au moins: bazariste, vendeur et guide. Les guides officiels et les guides clandestins passent souvent des accords oraux avec les vendeurs dans les bazars. Le guide officiel qui a mené les touristes dans le bazar encaisse 30 à 50% du bénéfice brut. S'il amène un accompagnateur qui étale les objets devant l'acheteur, ou si le bazar a un auxiliaire chargé de le faire, l'un de ces deux aura droit à quelque 10% du bénéfice de la vente. L'autre moitié du bénéfice brut ira au propriétaire du bazar et à son vendeur. Dans le marchandage, le touriste, qui ne connaît ni la langue ni la branche, se trouve isolé parce que tous, bazariste, vendeur, guide et auxiliaire, ont intérêt à fixer des prix très élevés.

Les artisans ne sont pas les seuls à subir les retombées de la **pratique des commissions**. Ceux des bazaristes qui n'ont que de petits locaux, donc qui ne peuvent passer des accords avec les guides menant les groupes de touristes dans les bazars, se trouvent dans la même situation. On décèle, dans les deux zone étudiées, une nette tendance à la monopolisation du marché ciblant les voyages organisés. Au cours des dernières années, cette tendance s'est durcie du fait de la combinaison de plus en plus fréquente de bazars et de restaurants dans d'anciennes grandes habitations sises dans la médina de Fès.

La multiplication des **guides clandestins**, consécutive à l'augmentation du nombre de touristes visitant Fès et Marrakech, est une retombée négative dont se plaignent les artisans, petits commerçants, enseignants du premier et du second degré, les responsables du tourisme ainsi que les vacanciers, bien que pour des motifs différents. Les commissions touchées par les guides clandestins, dont le nombre est estimé à 1 200 à Marrakech, n'atteignent en règle générale pas les hauts pourcentages que touchent les guides officiels qui participent à cette pratique. En général, les guides clandestins travaillent à deux. Alors que le mieux doué pour les langues s'occupe du groupe de touristes, son partenaire, posté à bonne distance, surveille les alentours pour voir si la brigade touristique n'est pas dans les parages, prête à infliger une amende. Outre de cette fonction de surveillant, l'accompagnateur invisible est chargé d'encaisser sans retard la commission qui leur revient après les ventes dans le bazar visité.

Alors que la pratique des commissions est en rapport direct avec l'expansion du tourisme, les racines du **commerce spéculatif de gros et d'intermédiaire** remontent jusqu'à l'époque coloniale, lorsque le traditionnel système du dallal s'effondra pour la plupart des produits. Le dallal agit en tant que commissaire-priseur aux enchères de matières premières ou de produits finis et est rémunéré à l'unité venue ou en pourcentage du produit de la vente par ses mandants qui lui font confiance. Pour les petits artisans, les avantages résident d'une part dans un gain de temps, et d'autre part dans le fait que le dallal vend toujours la marchandise de plusieurs artisans et se trouve par conséquent en meilleure position à l'égard du négociant. Les petites entreprises artisanales étant dans l'impossibilité de constituer des stocks de matières premières et de produits finis qui seraient vendus en temps voulu aux meilleurs prix, de nombreux artisans sont, depuis l'effondrement du système du dallal, en permanence dépendants des grossistes, auprès desquels ils sont endettés pour la plupart. Etant donné la pression économique incessante, accrue par la concurrence industrielle, la qualité des matières premières utilisées et du travail de certains artisans a baissé.

Désirant échapper aux pratiques spéculatives du commerce de gros, l'artisan cherche toujours la possibilité de vendre sa marchandise au consommateur final dans une ruelle passante, fréquentée si possible par les touristes. Si les deux stratégies salvatrices, soit baisse de la qualité et vente directe, ne sont pas appliquées, parce que la fierté de l'artisan de travailler selon des modes séculiers ne l'admet pas ou que ses moyens financiers ne suffisent pas pour tenir boutique dans un lieu passant, il peut avoir recours à d'autres mesures dans sa lutte pour la survie économique, mesures qui marquent la vie de beaucoup de familles d'artisans: allongement du temps de travail, main-d'oeuvre bon marché (enfants), revenus d'appoint et abaissement du niveau de vie.

Dans les villes marocaines, le touriste voit fréquemment travailler des enfants. Le travail des enfants est le plus souvent et le plus visiblement occupée dans le secteur informel, où les enfants se trouvent fréquemment en contact direct avec les touristes. Il s'agit presque exclusivement de garçons qui vendent de la gomme à mâcher, des journaux, cartes illustrées, bonbons, cigarettes et autres petits articles; qui lavent ou surveillent les voitures, nettoient les chaussures ou portent des charges. Bien moins visible est la main-d'oeuvre des enfants qui travaillent dans l'artisanat. Elle est particulièrement nombreuse dans les secteurs artisanaux luttant pour leur survie. Par ailleurs, dans les branches prospères, telles que la confection de tapis qui bénéficie du tourisme et qui s'agrandit, le travail exécuté par des enfants est aussi très courant.

Ce travail des enfants, mal payée, fait partie d'un cercle vicieux: d'une part, sa faible rémunération contribue à l'augmentation du chômage parmi les adultes et à l'abaissement de leur rétribution; d'autre part, le chômage et les faibles revenues contraignent les familles à envoyer leurs enfants travailler dès leur plus jeune âge. Ces deux constatations, soit main-d'oeuvre enfantine illégale et fort chômage parmi les jeunes en âge de travailler, font conclure que les enfants travaillant dans de mauvaises conditions rendent difficile aux jeunes l'accès à la vie professionnelle, voire l'empêche. La décision de nombreux jeunes de pourvoir à leur subsistance en travaillant comme guides clandestins n'est alors que trop compréhensible. Par ailleurs, il n'est que trop évident que la marge bénéficiaire de l'artisan qui a recours aux guides clandestins est réduite et que les possibilités de travail des guides officiels sont minces. Ce sont là les graves conséquences de cette "débrouillardise" favorisée par le tourisme.

Tourisme et structure urbaine
_____

La bipolarité des espaces urbains de Fès et de Marrakech détermine essentiellement la **répartition de l'infrastructure touristique primaire et secondaire**, c'est-à-dire des établissements hôteliers ainsi que des entreprises de prestation de services fréquentées par les touristes, soit les restaurants, agences de voyages et services de louage de voitures. A Marrakech, la jonction de la nouvelle et de l'ancienne ville, autrefois strictement séparées, fait moins ressortir la répartition inégale de l'infrastructure touristique qu'à Fès, où la médina est encore nettement séparée de la ville nouvelle.

Les villes nouvelles sont devenues des centres de l'**hôtellerie** homologuée. Dans celle de Marrakech se concentrent 84,1% des lits d'hôtels homologés; dans celle de Fès, 79,9%. La médina de Fès n'a qu'un seul hôtel homologué, le Palais Jamai, ancien palais particulier transformé en hôtel de luxe en 1929. Dans la médina de Marrakech se trouvent 7 hôtels homologés et 1 résidence touristique. A Marrakech, les importantes surfaces encore libres en 1960 intra muros ont permis d'y construire bien plus d'hôtels de grande surface et des catégories supérieures qu'à Fès. Dans les deux zones étudiées, la médina est le lieu d'implantation préférentiel des hôtels modestes, non homologués: à Fès, celle-ci concentre 70,3% de la capacité hôtelière non homologuée de l'espace urbain; à Marrakech, plus de 91,0%

Les avantages liés à la présence des hôtels homologués dans les villes nouvelles a entraîné l'implantation d'entreprises de prestation de services, qui dépendent en majeure partie de la demande touristique. Tous les 20 **entreprises de louage de voitures** travaillant dans la ville nouvelle de Marrakech, dont le chiffre d'affaires est réalisé à quelque 92% avec les visiteurs de la ville, et les 7 entreprises de louage de Fès, dont 87% des contrats sont conclus avec des touristes, sont établies de même dans la ville nouvelle. Les **agences de voyages**, tout comme les entreprises de louage de voitures, recherchent la proximité de la clientèle potentielle, et celle-ci loge à peu près exclusivement dans les hôtels homologués de la ville nouvelle. Ainsi, les 43 agences de voyages de Marrakech et les 6 agences de voyages de Fès sont sises dans la zone urbaine créée par les Français.

Les **bazars** sont répartis tout autrement que l'hôtellerie homologuée, les entreprises de louage de voitures et les agences de voyages. A Marrakech, seuls 24 des 193 bazars inventoriés sont situés dans la ville nouvelle; à Fès, 7 sur 31. Parsemée d'artisanant, la médina où l'on marchande est pour les touristes un centre commercial nettement plus attractif que la ville nouvelle où les articles sont proposés à des prix étiquetés, conformément à la loi.

Etant donné la crainte qu'éprouvent de nombreux touristes à déambuler seuls, la nuit, dans le dédale des impasses de la médina, les **restaurants** non reliés à des hôtels et recommandés par les délégations de tourismes se trouvent principalement dans la ville nouvelle. Ainsi, à part 6 palais touristiques sis dans la médina, Fès recommande 15 restaurants situés dans la ville nouvelle. A Marrakech, 18 restaurants se trouvent à l'extérieur des remparts et 14 à l'intérieur, y compris 11 palais touristiques.

La répartition des activités liées au tourisme a lieu non seulement en fonction de la différence entre les deux zones, due à la politique urbanistique française, mais aussi à l'intérieur de ces zones, dont l'une porte le sceau oriental et l'autre le sceau européen: les divers équipements utilisés par les touristes y accusent des préférences en matière d'implantation, préférences déterminées essentiellement par des principes économiques et urbanistiques.

Alors que les **hôtels** construits à l'époque coloniale sont situés principalement à proximité de l'un des centres de la **ville nouvelle de Fès**, c'est-à-dire la place Mohammed V, un déplacement en direction du nord-ouest, vers le prolongement de l'avenue Hassan II, a lieu en 1968 avec la construction de deux grands hôtels. Pour ces hôtels 4 et 5 étoiles, de grandes dimensions, le terrain qui se fait rare et de plus en plus cher dans le centre de la ville nouvelle ne suffit plus. Le 4 étoiles Sofia, édifié en 1981 en situation centrale de la ville nouvelle, a bénéficié du fait que le maître de l'ouvrage était propriétaire du terrain et y a fait construire l'hôtel en lieu et place d'une fabrique démolie.

Dans la **ville nouvelle de Marrakech**, on distingue trois zones à forte concentration hôtelière:

1. le **quartier Guéliz**, au centre, qui dès l'époque coloniale réunit le gros des hôtels de moindre et de moyenne volume et qui garde ce caractère jusque tard dans les années 1970. En 1977, des hôtels des catégories supérieures, comprenant 150 chambres et plus, s'installent dans cette zone d'habitation et d'affaires. Si à l'origine, la principale rue commerçante du Guéliz, l'actuelle avenue Mohammed V, était l'emplacement préférentiel des hôtels, de nos jours, on constate un déplacement vers le boulevard Mohammed Zerqtouni;

2. le **quartier Hivernage**, essentiellement zone d'habitation, où sont implantés des hôtels de grande surface des deux catégories suérieures, comprenant plus de 250 chambres. Dès les années 1930, on y a construit pour les futurs touristes, surtout pour ceux qui viendraient en hiver. Après la promotion prioritaire du tourisme, en 1965, le quartier connaît un nouveau boom du bâtiment, qui dure encore de nos jours. Vu la demande fortement croissante de terrain, les prix fonciers ont subi un renchérissement de plus de 1 200% entre 1965 et 1970. Ce qui est un renchérissement que n'atteignent même pas les terrains privés de nos jours.

Avec leurs grands espaces verts et leurs vieux arbres (principalement des palmiers), les hôtels de l'Hivernage contribuent sans doute à la sauvegarde du caractère vert de ce quartier fortement parsemé, à la manière traditionnelle, de palmiers et de vergers;

3. le **quartier Semlalia**, à usage principal d'habitation, qui a été choisi pour la première fois en 1973 pour l'implantation d'hôtels 4 étoiles. Les hôtels 4 étoiles alignés le long de la route de Casablanca constituent la porte d'entrée septentrionale de la ville nouvelle de Marrakech. Ainsi s'est établie, à l'est du djébel Guéliz, une zone hôtelière qui pénètre dans la fameuse palmeraie de Marrakech. L'occupation de la palmeraie par de grands hôtels entourés de vastes parcs empêche le parcellement, mais en même temps, elle en limite fortement l'accès à la population indigène.

Prétextant la réalisation d'une infrastructure touristique primaire, de nombreux **spéculateurs** tentent de profiter de la forte demande de terrains où pourraient se construire de nouveaux hôtels en acquérant des terrains vendus à prix modéré par la ville ou l'Etat. Mais cette infrastructure n'est jamais réalisée. Les spéculateurs accaparent le terrain à bâtir uniquement en vue de sa revente avec un gros bénéfice.

Dans la **médina de Fès**, l'implantation des **hôtels** tient compte de leur accessibilité, ceux-ci étant situés aux points de départ des principales artères de la médina, donc près des portes de celle-ci. Contrairement aux hôtels construits depuis 1920, les anciens khans faisant principalement fonction d'hôtels ne sont pas implantés ci et là près des portes de la ville, mais alignés le long des principales artères de Bab Boujeloud, Bab el Guissa et Bab Ftouh menant au souk.

Alors que les khans à fonction principalement hôtelière se répartissent à parts à peu près égales sur le côté Kairouan à l'ouest de la rivière Fès, et sur le côté Andalousie à l'est de celle-ci, les hôtels moins vieux accusent d'importantes différences. Aux 4 hôtels non homologués totalisant 73 chambres et situés à l'intérieur des remparts du côté Andalousie s'opposent 6 hôtels non homologués totalisant 117 chambres sur la rive Kairouan. En outre, le "Palais Jamai", également situé dans la médina, du côté Kairouan, comprend 136 chambres luxueuses. La répartition inégale de l'infrastructure touristique primaire est encore plus marquée si l'on y ajoute les chambres du 5 étoiles "Les Mérinides", implanté en dehors des remparts, mais tout près, sur une éminence du côté Kairouan. Aux 73 chambres (non homologuées) du côté est de l'oued Fès s'opposent donc 333 (dont 117 non homologuées et 216 homologuées) sur la rive ouest. Cette répartition inégale de l'hôtellerie est le résultat de la répartition inégale des attractions touristiques et de la disparité économique des deux rives de l'oued Fès, qui traverse la ville de nord en sud.

Les **hôtels** de la **médina de Marrakech** se trouvent pour la plupart au sud de la place Jema el Fna, où dès avant l'indépendance du Maroc étaient implantés de nombreux hôtels comprenant jusqu'à 40 lits. La place Jema el Fna est devenue dès le début de l'époque coloniale la plaque tournante de Marrakech, d'où rayonnent les lignes de cars régionales et nationales, de sorte que de nombreux voyageurs y cherchent pour la nuit un hébergement situé dans les alentours. Après 1956, on assiste à la viabilisation, vers le sud et vers l'est, de rues pour l'implantation d'autres hôtels, les hôtels non homologués s'établissant essentiellement dans d'anciennes habitations abandonnées par leurs propriétaires, partis vivre dans la ville nouvelle.

En 1980 est ouvert un premier hôtel non homologué près de Bab Doukala, donc fort à l'écart de la zone fortement hôtelière située près de la place Jema el Fna. La construction de cet établissement hôtelier près de Bab Doukala a lieu avant le transfert des services régionaux et nationaux de cars vers cette porte, où s'implante une gare routière. Le transfert vers la périphérie de la ville des stations des cars réguliers était devenu nécessaire du fait de la circulation chaotique qui régnait tous les jours sur la place Jema el Fna. Depuis ce tranfert, les nuités dans les établissements non homologués sis à proximité de la place Jema el Fna ont diminué de 40% à 50%. Cette régression est due principalement à deux causes: d'une part, les heures d'arrivée et de départ ont été mieux harmonisées; d'autre part, la distance entre la gare routière près de Bab Doukala et la place Jema el Fna est trop grande.

En 1929 est édifié le "Mamounia", premier grand hôtel de luxe implanté à l'intérieur des remparts en profitant des vastes jardins de la médina de Marrakech. La construction du Mamounia est la première occupation, par un grand hôtel, de cet attractif espace vert de la médina (espace qui est aussi un important facteur climatique), la distance entre l'hôtel et la médina proprement dite étant tenue aussi grand que possible. Avec les 4 étoiles "Chems" et "Les Almoravides", construits en 1968, l'hôtellerie homologuée avec plus de 100 lits se rapproche des quartiers d'habitation de la médina. Mais ce n'est que par la construction du "Club Méditerranée" dans le prolongement de la place Jema el Fna, en 1971, que les hôtels à grande surface s'insèrent dans l'habitat de la médina, se heurtant même à la place Jema el Fna, centre de cette médina depuis l'époque coloniale.

Alors qu'à Fès, l'**emplacement** des hôtels homologués et celui de l'**infrastructure touristique secondaire** sont peu éloignés l'un de l'autre et que la majeure partie de cette infrastructure se trouve dans le centre de la ville nouvelle, à Marrakech s'est développée une réelle division des fonctions dans la ville nouvelle. Les agences de voyages, entreprises de louage de voitures et restaurants se sont presque tous établis au Guéliz, partie la plus ancienne de la ville nouvelle, où se trouvent déjà de nombreuses entreprises de prestation de services et des magasins proposant des produits de consommation courante et des produits de longue durée. Les hôtes des résidences touristques et les hôtels de la catégorie moyenne ou inférieure, qui à une exception près se trouvent tous au Guéliz, bénéficent de la proximité de l'infrastructure touristique secondaire, c'est-à-dire des prestations de services.

Dans le quartier Hivernage de Marrakech, plus au sud, et dans la Palmeraie, au nord, les clients des hôtels des catégories les plus élevées sont beaucoup plus centrés sur leur hôtel proposant une grande gamme de prestations de services. Les clients ne se rendent dans le quartier Guéliz que pour flâner ou pour y manger dans un restaurant, car ils peuvent souscrire les voyages proposés par les agences ou louer une voiture par l'intermédiaire de leur hôtel, sans parler de la cuisine variée proposée par les restaurants d'hôtel. Pour les clients des luxueux hôtels dans l'Hivernage et dans la Palmeraie, le Guéliz est la contrepartie bienvenue de la cage dorée que sont les grands hôtels. Le Guéliz exerce cette même fonction pour les clients des catégories supérieures situées à l'intérieur des remparts.

Dans les villes nouvelles de Fès et Marrakech, l'établissement des **entreprises de louage de voitures** se fait aux dépens de diverses autres fonctions, telles que la production, la vente et les prestations de services. Comme le loyer ou le prix des locaux commerciaux installés au rez-de-chaussée des bâtiments sis dans des rues passantes de la ville nouvelle de Marrakech subissent une forte hausse du fait d'une très forte demande, on constate une tendance des entreprises de louage de voitures, ainsi que d'autres établissements du secteur tertiaire, à s'installer dans les étages supérieurs, où ils rivalisent avec l'habitat. Ainsi, entre 1983 et 1985, 3 appartements ont été transformés en bureaux pour lesdits loueurs de voitures. A Fès on n'assiste pas encore à ce genre de conflit entre ces deux fonctions. Cependant, la hausse des prix fonciers dans le centre de la ville nouvelle de Fès, au nord de la place Mohammed V, y a entraîné récemment un déplacement des entreprises de louage de voitures vers le boulevard Abdallah Chefchaouni, où il est encore possible d'acquérir ou de louer des locaux à un prix raisonnable.

Les **agences de voyages** de Fès, qui ne profite que peu du tourisme d'excursion organisé, sont toutes installées dans des rues passantes et ont toutes des vitrines voyantes. Les agences de voyages de Marrakech, fortement axées sur les excursions, par contre, se trouvent parfois dans les étages supérieurs des bâtiments du centre parce qu'elles vendent leurs prestations indirectement, envoyant leurs représentants dans les hôtels pour y proposer leurs excursions aux touristes ou faisant proposer celles-ci par les hôtesses ou guides qui travaillent pour les voyagistes étrangers. Pour ces agences, il n'est pas nécessaire d'avoir un bureau dans un rez-de-chaussée donnant sur la rue; il suffit que leur base administrative soit à proximité des hôtels homologués.

Contrairement à la tendance constatée dans la **ville nouvelle** de Fès, dans celle de Marrakech, l'expansion des **bazars** à la suite de procès de succession se poursuit. Les visiteurs bien plus nombreux et leur séjour généralement plus long favorisent l'expansion spatiale des bazars dans la ville nouvelle, alors que dans celle de Fès, cette expansion non seulement a cessé à la suite de la réduction du nombre de coopérants (travailleurs étrangers), mais encore accuse une tendance régressive parce que la demande potentielle d'articles modernes, émanant de la jeune population urbaine en pleine croissance, dépasse de beaucoup la demande d'artisanat d'art émanant des touristes.

La plus forte concentration de bazars dans la ville nouvelle de Fès, tout comme celle d'hôtels, se trouve à l'ouest de la place Mohammed V. En moyenne, les touristes sont à l'origine de quelque 47% du chiffre d'affaires annuel des 7 bazars de la ville nouvelle. 15 hommes y gagnent leur vie toute l'année, et 2 vendeurs supplémentaires sont engagés saisonnièrement.

Dans les 24 bazars de la ville nouvelle de Marrakech, 60 personnes sont occupées toute l'année, dont 5 femmes qui travaillent comme vendeuses dans des boutiques proposant un mélange d'artisanat d'art traditionnel et d'articles de mode européens. En plus, un homme est engagé saisonnièrement. La part des touristes au chiffre d'affaires est de quelque 70%. Contrairement aux bazars de la ville nouvelle de Fès, ceux de Marrakech sont parfois visités par des groupes.

Alors que les deux premiers bazars s'étaient installés dans l'ouest de la ville nouvelle de Marrakech, on assiste depuis 1965 à leur multiplication le long de l'avenue Mohammed V, en direction de la médina. Depuis 1980, les magasins proposant de l'artisanat d'art varié s'installent en outre au boulevard Mohammed Zerqtouni, nouveau et apprécié lieu d'implantation d'hôtels. Sont particulièrement voyants les 7 bazars sur l'aire du marché à la viande, aux légumes, fruits et fleurs dans le quartier Guéliz, bazars dont 5 sont alignés directement derrière l'une des entrées où ils ont pris la place de quatre boucheries et d'un magasin d'alimentation. Le marché est une attraction souvent visitée et photographiée par les touristes, est donc un lieu d'implantation préférentiel pour les bazars. Dans l'ensemble, ce sont la vente et l'artisanat qui ont cédé la place axés sur le tourisme.

Dans les souks de la médina, les **prix fonciers** traduisent la valence du lieu d'implantation comme dans les zones commerciales de la ville nouvelle. Les fluctuations de ces prix peuvent être causées non seulement par un changement quantitatif du flux de passants, mais aussi par un changement du pouvoir d'achat d'importants groupes d'acheteurs potentiels. A Fès et Marrakech, les touristes constituent un groupe dont le pouvoir d'achat se distingue nettement de celui da la majeure partie de la population autochtone. Du fait de ce grand pouvoir d'achat, les touristes sont à même de modifier les structures commerciales de la médina par le biais des prix fonciers, étant donné qu'après l'effondrement de la "hanta", groupement d'organismes artisanaux semblables aux corporations, la division spatiale par branches que ces derniers surveillaient est en dissolution.

Néanmoins, le marché foncier dans les médinas n'accuse pas la même dynamique que celle à laquelle nous assistons dans les zones commerciales des villes nouvelles de Fès et Marrakech. C'est ce qui explique que nous y trouvons encore, dans des lieux très passants, de nombreux artisans occupant des locaux à loyer modéré. D'importance centrale pour une certaine stabilisation du marché foncier dans la médina sont les **habous**, fondations religieuses propriétaires de nombreux bâtiments qui leur ont été donnés par des particuliers. Si la donation a eu lieu sans conditions, il s'agit d'un habous public, si le rapport en est réservé à un nombre restreint de personnes jusqu'à leur décès, on parle d'un habous familial. Après le décès du dernier usufruitier, le habous familial devient habous public. Le rapport de la location des bâtiments appartenant aux habous publics sert à l'entretien d'édifices sacrés et du clergé musulman. Les loyers des locaux commerciaux appartenant aux habous sont souvent nettement inférieurs aux loyers du marché immobilier libre. Ces bas loyers sont le résultat d'une pratique particulière aux habous, les baux étant conclus à vie et les loyers étant rarement ajustés sur ceux du marché foncier. Pour de nombreux artisans et commerçants traditionnels, qui ne font pas de grosses affaires, ces faibles loyers sont une aide économique pour survivre économiquement à l'emplacement actuel dans la médina.

Tout comme cela a lieu sur le marché foncier, les locaux commerciaux appartenant à un habous ont été grevé, au cours des siècles, de droits usufructuaires qu'il faut rémunérer. Ces droits sont: le **pas-de-porte,** connu dès avant l'époque coloniale, et le **fonds de commerce** institutionnalisé par les Français. Alors que le pas-de-porte ne donne droit qu'à l'occupation d'un local, le fonds de commerce inclut de nombreux éléments économiques de nature aussi bien matérielle (mobilier, outils, matières premières) qu'immatérielle (nom de la maison, réputation, clientèle, bail). Les fonds de commerce les plus chers se trouvent dans les artères très passantes de la médina. Si le local a une clientèle touristique dont le nombre va augmentant, le prix du fonds de commerce grimpe. S'il s'agit d'un local commercial loué, le propriétaire peut en adapter le loyer au nouveau chiffre d'affaires sans que cette pratique se heurte à des restrictions légales.

Par contre, le **législateur** s'oppose, parfois avec succès, à la multiplication des procès instruits à la suite d'une augmentation injustifiée de loyer, ou à la suite d'une résiliation de bail, à laquelle le propriétaire a procédé pour pouvoir conclure un nouveau bail, à loyer plus élevé. Pour contrer ces pratiques, la loi prévoit que le loyer soit fixé en fonction de l'activité exercée dans le local loué. Le loyer demandé à un rétameur ne peut donc être le même que celui demandé à un bazariste pour le même local. La législation contre la spéculation empêche aussi qu'une augmentation massive des loyers vide des habitations locatives, qui seraient ensuite transformées en bazars à loyer sensiblement plus élevé.

La plupart des **bazars** aménagés dans d'anciennes maisons de la médina le sont **dans des habitations abandonnées** par leurs habitants allés s'établir dans la ville nouvelle. Dans cette ancienne habitation, les propriétaires tiennent un bazar, ou ils cèdent les locaux à un bazariste contre paiement d'un loyer élevé. L'aménagement d'un bazar dans une ancienne habitation fait généralement monter fortement les loyers.

Dans la médina, la nouvelle occupation du sol, axée sur le tourisme, modifie non seulement la structure de l'offre mais dans bien des cas la **structure**

des bâtiments ou des locaux de vente eux-mêmes. Dans le cas des magasins, l'innovation en cours depuis l'époque coloniale s'est intensifiée. Dans le courant d'occidentalisation encouragé par le modèle des magasins à la française de la ville nouvelle, avec entrée et vitrine, les échoppes alignées dans la médina changent rapidement de visage. Les planches servant de fermeture sont remplacées par des stores métalliques, des portes pliantes ou, assez rarement, des portes vitrées. Le sol surélevé, ou mastaba (planche servant de siège) est enlevé, de sorte que le client entre de plain-pied. La plupart des bazars sont installés à ras-de-sol et dotés d'un verrouillage moderne. Actuellement, on assiste à une tendance des bazaristes à relier deux petits magasins voisins en démolissant la paroi mitoyenne et à équiper d'une porte d'entrée et d'une vitrine le grand local ainsi obtenu.

Moins visibles sont les changements consécutifs à l'aménagement de grands bazars ou palais touristiques (avec bazar) dans d'anciennes maisons d'habitation. L'atteinte portée par ces transformations à l'architecture domestique et à la structure spatiale de la médina n'est cependant pas moindre que celle portée par les magasins à vitrine et entrée vitrée.

L'architecture domestique traditionnelle de la médina, tout comme le plan de celle-ci, tend à préserver au mieux l'intimité familiale. L'installation d'un grand bazar ou d'un palais touristique (avec bazar) rend cette fonction inutile. L'intérieur de la maison n'a plus à être protégé des regards. Il ne s'agit plus de préserver l'intimité familiale, mais d'exposer à la vue des passants les marchandises proposées dans ce bâtiment. On n'hésite pas à entreprendre des transformations pour en faciliter l'accès aux clients potentiels. L'entrée qui menait dans l'impasse est murée, et une nouvelle entrée est aménagée du côté passant. Le principe de la préservation de l'intimité familiale par l'aménagement d'une entrée tortueuse, dans une impasse, est abandonné. Est appliqué le principe économique de la situation axée sur le marché au moyen d'un accès direct placé au point le plus passant. Pour la maison touchée par le déplacement de l'entrée, ceci constitue une importante intervention architecturale. Du point social toutefois, le déplacement de l'entrée vers l'artère passante est certainement à saluer, étant donné que les autres habitations sises dans la même impasse ne sont pas dérangées par les nombreux passants qui entrent dans le nouveau bazar ou le palais touristique.

L'intérieur de la maison n'est pas sensiblement modifié par l'aménagement d'un bazar ou d'un palais touristique. Les anciennes pièces de séjour ou les chambres à coucher servent désormais de locaux de vente ou d'entrepôts (bazar) ou de restaurants (palais touristique). En cas d'aménagement d'un bazar (en cas d'aménagement d'un palais touristique, cela va de soi), la cuisine est conservée, qu'il s'agisse de donner la possibilité aux personnes travaillant dans le bazar de se préparer des collations, ou qu'il s'agisse de préparer un thé à la menthe qui sera offert à la clientèle pendant le marchandage.

L'aménagement de bazars et de palais touristiques ne présente pas le danger d'une occupation trop intensive par de trop nombreuses familles, comme cela se produit dans beaucoup de maisons d'habitation mal entretenues après avoir été abandonnées par leurs propriétaires aisés, allés s'installer dans la ville nouvelle ou dans l'un des centres situés sur la côte atlantique. Quant à l'entretien, coûteux et nécessaire, de ces vieilles maisons ornées de stucs, peintures, mosaiques, bois sculpté et marqueterie, qui sont parfois presque des palais, ni les locataires, assez pauvres, ni le propriétaire, qui ne cherche qu'à tirer le rapport le plus haut possible de sa maison, n'y veillent. Dans ces quartiers misérables, une famille ne dispose en règle générale que d'une seule pièce, quel que soit le nombre de ses membres.

Cas étudié: la médina de Fès

Des deux secteurs de la **médina de Fès**, seul Fès el Bali, le plus ancien des deux, a été pris en considération comme **lieu d'implantation de bazars**. La faible fréquentation de Fès el Jédid par les touristes n'a pas suscité de processus d'innovation. La répartition des 61 bazars et 4 palais touristiques (avec bazar) dans Fès el Bali montre un net alignement le long de la Talaa Kebira, une des deux artères principales menant de Bab Boujeloud vers le centre de la médina. D'autres bazars sont alignés du côté est de la mosquée Karaouine et le long de l'artère menant de la mosquée du vendredi vers le tombeau de Sidi Ahmed Tijani. Finalement, nous en voyons quelques amassements autour de la bifurcation de Talaa Seghira vers la place en Nejjarine et sur cette place elle-même.

L'ouverture de bazars dans la médina atteint son point culminant entre 1965 et 1972, quand sont inaugurés 22 bazars et 2 palais touristiques avec bazar, dont la plupart se trouvent dans les mêmes lieux que les bazars ouverts avant 1965, de sorte que leur densité est de plus en plus forte. Quelques-uns pénètrent dans la zone d'habitation de la médina, évolution qui se poursuit faiblement après 1973. L'implantation de ceux des bazars qui ne sont pas situés le long des grandes artères entraîne une modification du plan de la médina autour du centre historique. Même quand les nouveaux bazars s'installent dans les ruelles qui mènent vers les derbs, ils entraînent des changements considérables, ces ruelles étant fréquentées plus assidument par les touristes et n'étant plus réservées aux habitants.

La rivière Fès, qui sépare Fès en une partie ouest, la **rive Kairouan**, et une partie est, la **rive Andalousie**, constitue une barrière naturelle empêchant l'**expansion des bazars**. Dans la partie est, de caractère rural, il n'y a aucun bazar. La rive est, que les guides ne citent qu'à cause de la mosquée Andalousie et de la Medersa es Sharij, est peu fréquentée par les touristes individuels, et pas du tout par la plupart des groupes.

Des deux grandes artères, la **Tala Kebira** et la **Talaa Seghira**, qui mènent de Bab Boujeloud vers le centre de la médina, la seconde a été choisie bien moins souvent pour l'implantation de bazars: ils sont 15 dans la première,

4 dans la seconde, le bazar d'un hôtel compris. Cette disparité est due à l'inégale fréquentation par les touristes, qui longent souvent la Talaa Kebira où sont implantés des édifices tels que la medersa Bou Inania et la mosquée ech Cherabliyyin ainsi que quelques ateliers artisanaux traditionnels. Sur la Talaa Seghira se sont établis surtout des commerces visant la jeune clientèle et ne présentant pas beaucoup d'intérêt pour les Européens et les Américains. Les articles destinés à la clientèle touristique ne se trouvent qu'en de rares points de vente et se limitent aux cartes illustrées, films et diapositives.

Quelque 60% du **chiffre d'affaires** des 61 bazars de la médina se font avec les touristes. Les 16 maisons faisant exclusivement le commerce de tapis en réalisent 50% environ avec eux. Les grands bazars, tels que lesdits maisons de tapis, ont toujours de bons chiffres d'affaires, tandis que pour les petits commerçants proposant un assortiment varié, s'axer sur les besoins de la jeune clientèle, dans une rue passante, est actuellement tout aussi intéressant que tenir un bazar pour touristes. C'est ainsi qu'en 1982, un bazar existant depuis 1922 et très bien situé à proximité de la mosquée Karaouine, a été transformé en un café pour des raisons économiques. En même temps, un bazar situé sur la Talaa Seghira e été remplacé par une boutique de vêtements pour femmes.

Concernant le nombre des **personnes travaillant dans les bazars**, on relève une augmentation allant d'ouest en est vers le centre historique de Fès el Bali. Au total, 263 personnes de sexe masculin gagnent leur vie dans les 61 bazars de la médina, 25 autres hommes travaillant saisonnièrement. La baisse hivernale du nombre de touristes occasionne la fermeture temporaire de quelques grands bazars, le personnel prenant son congé payé pendant la même période.

Les **palais touristiques**, dotés d'un bazar, c'est-à-dire les anciennes résidences particulières dans lesquelles fut installé un bazar et par la suite un restaurant, occupent en règle générale plus de personnel et accusent une participation plus élevée des touristes au chiffre d'affaires. Au total, les 4 palais touristiques dotés d'un bazar et établis dans la médina occupent en permanence 63 personnes, dont 26, et parmi celles-ci 20 femmes, dans les restaurants. En cas de surcharge de travail, 3 autres femmes sont engagées dans les équipes des restaurants. Alors que la participation des touristes au chiffre d'affaires des bazars de la médina est d'environ 60%, elle est d'approximativement 75% dans les palais touristiques dotés d'un bazar. Quelque 70% des clients de ces palais avec bazar voyagent en groupe.

Les palais avec bazar entraînent, notamment en liaison avec les conventions passées entre voyagistes et tenanciers d'établissements bifonctionnels, à une monopolisation perturbant le marché aux dépens des restaurants marocains spécialisés et des bazars voués à la seule vente des articles d'artisanat d'art, ou des artisans fabriquant lesdits articles.

90% des clients des restaurants des deux palais touristiques sis dans la médina et non équipés de bazars sont des touristes, dont 70% voyagent en groupe. Parmi les 64 personnes employées à l'année, on dénombre 21 femmes. Pour les grandes occasions, on engage jusqu'à 9 auxiliaires, dont 7 de sexe féminin.

Cas étudié: La médina de Marrakech

Dans la **médina de Marrakech** on distingue trois zones où se situent de nombreux bazars. Les points de vente touristiques se regroupent surtout au nord de la place Jema el Fna (servant en règle générale de point de départ pour les visites de la médina) et le long des principaux axes de transit vers le centre historique de la vieille ville. Par rapport à cette forte expansion linéaire, les deux autres regroupements de bazars, l'un se trouvant à proximité de la mosquée Yacoub el Mansour et des tombeaux Saadiens (monuments attirant les touristes) et l'autre dans les environs du palais de la Bahia, semblent plutôt modestes.

Les bazars les plus anciens, ouverts avant que le Maroc n'accède à l'indépendance, se situent pour la plupart le long de l'axe reliant la place Jema el Fna avec la mosquée Ben Youssef, le souk Smarin et le souk el Kbir. Avant 1956, peu de bazars ont choisi un autre emplacement que cette ligne droite très fréquentée par les passants. Entre 1956 et 1964, cet axe est encore renforcé surtout dans sa partie septentrionale. Dans la même période, on constate un regroupement important à l'ouest de la Kissaria en direction de la mosquée el Mouassin et dans une moindre mesure en direction de la place Jema el Fna. Ce regroupement extraordinaire de bazars le long de l'axe menant de la Kissaria à la mosquée el Mouassin découle directement du fait que le souk des teinturiers qui attire énormément de touristes, parce qu'il est très photogénique, se trouve dans ce passage.

Après 1965, on y note un véritable boom d'**inaugurations de bazars** comme à Fès et dans la ville nouvelle de Marrakech. Jusqu'en 1972, 39 nouveaux bazars ouvrent leurs portes dans la vieille ville grâce aux capacités d'hébergement de touristes qui ont augmenté de manière spectaculaire. Les lignes déjà dotées de bazars croissent rapidement, et d'autres emplacements leur succèdent le long de l'axe de transit nord-sud situé le plus à l'est, allant à la mosquée Ben Youssef, ou à la médersa du même nom, le souk de la laine. En particulier l'axe reliant la mosquée Ben Youssef connaît une grande expansion jusqu'en 1980. Dans le souk de la laine le même type d'expansion n'intervient qu'après 1980. Dans le cadre de l'augmentation massive du nombre des bazars à partir de 1980 on enregistrera l'émergence de nouveaux regroupements ponctuels, mais surtout l'amorce d'une vaste expansion à l'ouest de la mosquée el Mouassin, ainsi qu'au nord de la place Jema el Fna.

La proximité de la place Jema el Fna est déterminante pour la situation des 3 foundouks (fondouk el Ouarzazi, fondouk el Fatmi et fondouk Benshaba) de la place de Fteuh où le **commerce intermédiaire des bazars** - consacré en partie aux seules antiquités - a élu résidence, après que les fondouks eurent perdus leur fonction originale. Les 3 établissements de la place Bab Fteuh destinés au commerce en demi-gros sont bien desservis, ce qui permet au fournisseurs des marchandises en provenance des autres régions et vendues dans les bazars, de les acheminer par camions ou autres véhicules à moteur. Les commerces de bazar de demi-gros atteignent leur apogée entre 1965 et 1972, lorsque 11 des 25 marchands intermédiaires ouvrent boutique.

L'aménagement de bazars le long des plus importants axes de la médina renforce la tendance actuelle qui consiste à **éloigner l'artisanat**, soit la **production**, des emplacements à haute fréquentation passante. Les voies de passage par la vieille ville se transforment de plus en plus en artères commerciales aux dépens des ateliers de production. Ceux-ci sont rélégués dans le secteur à l'est de la médina, où il n'y a que très peu de bazars, et cela ressemble à la situation existant dans la partie orientale de la vieille ville de Fès où l'on ne trouve aucun bazar. Une fois chassés de l'ouest, les ateliers se fixant à l'est de la médina de Marrakech ne se répartissent plus selon les artisanats comme dans leur emplacement d'origine.

Les 169 bazars de la médina de Marrakech ont gagné du terrain aux dépens d'au moins 69 ateliers de production/réparation et entreprises du tertiaire; donc le plus grand phénomène de succession recensé. Les locaux de vente sont moins menacés par cette évolution: jusqu'en 1985 seuls 37 magasins ont été remplacés par des bazars. A Marrakech - contrairement à la situation rencontrée à Fès - beaucoup d'ateliers de production, ainsi que des locaux de vente des biens de consommation courante ont été remplacés par des bazars.

La **teinturerie** est un artisanat qui peut servir de cas de figure: le tourisme pousse à des innovations à caractère destructeur et conservateur. Dans le cadre du phénomène de succession les teinturiers sont chassés de leurs emplacements traditionnels par des bazars centrés sur les touristes d'une part, d'autre part une demande touristique croissante pour des vêtements de style marocain contribue à renforcer la chance de survie dans de nouveaux emplacements de la médina de cet artisanat très menacé par la concurrence industrielle.

Dans quelques-uns des plus grands **bazars** de la médina de Marrakech on constate une **mise en commun de capitaux.** La part de capital de participation n'est pas nécessairement de l'argent, mais consiste souvent en des marchandises à venre dans les bazars, ou en la mise à disposition d'une localité. La répartition du bénéfice ou de la perte éventuels dépend du pourcentage de la participation de l'"associé" que l'on trouve aussi dans d'autres domaines de la production ou du commerce.

Dans un cas précis et documenté, une société privée a diversifié ses activités jusqu'à inclure toutes les formes de commerce de bazar. La société gère trois bazars différents, dont l'un de commerce en gros, l'autres s'est spécialisé dans la vente en détail à des particuliers, et le troisième conclut des affaires avec les groupes de voyages.

L'interdépendance croissante des bazars les plus importants, ainsi que les accords passés avec les agences de voyages (faisant que les agences envoient leurs groupes guidés toujours dans les mêmes bazars) mènent à une situation de **monopolisation** accrue **dans le commerce des bazars**. Les liens économiques entre les bazars ne s'arrêtent pas aux murs d'enceinte de la médina ou à la banlieue de Marrakech: ils sont interrégionaux. A Marrakech, plusieurs grands bazars sont gérés par des Fassi, certains même sous le même nom qu'à Fès et (ou) par un fils dont le père continue d'exploiter un bazar à Fès.

665 personnes - dont 12 femmes - sont employées à l'année dans les 169 bazars de la médina de Marrakech, 70% du chiffre d'affaire annuel est dû à la clientèle touristique. La part du chiffre d'affaire annuel touristique dans les 32 maisons de tapis s'élève à 75% et n'est donc guère plus élevée. Dans les entreprises de commerce en demi-gros autour de Bab Fteuh, 35 autres personnes sont employées à l'année.

A une exception près les 9 **palais touristiques** dans la médina de Marrakech atteignent une part du chiffre d'affaire touristique de 80% au moins. Surtout dans les plus grandes entreprises la plupart des visiteurs arrivent avec un groupe guidé. Dans les 9 palais touristiques 220 personnes au total - dont 97 femmes, qui travaillent presque toutes comme cuisinières - gagnent leur vie. Les hommes sont embauchés comme marmitons, s'occupent du service et de l'achat des aliments. 27 autres personnes, dont 2 femmes, sont recrutées de temps à autre pour aider dans la cuisine ou dans le service si besoin en est.

Vu les grandes capacités d'accueil - jusqu'à 850 places - de ces anciennes résidences ressemblant à des palais, transformées en palais touristiques, ils n'ont pas vécu le même développement en nombre et en espace que les bazars. Même entre 1965 et 1972, seulement 2 palais touristiques ont ouvert leurs portes, entraînant la création de 1 000 nouvelles places dans des restaurants. Deux de ces palais touristiques ont déjà pénétré profondément dans les derbs, troublant ainsi la paix des quartiers résidentiels touchés.

Face au manque de grands locaux de vente dans l'ouest de la médina, très fréquentée par les touristes, les grands **bazars** se rabattent de plus en plus sur les **immeubles** en vue de satisfaire leur besoin d'espace croissant. Ainsi, 28 anciennes maisons d'habitation sont exploitées par des bazars. Les quartiers de Mouassin et el Ksour, où les bazars s'intéressaient surtout aux axes de transit, sont les plus touchés par ces phénomènes de succession de bazars à des logements.

Contrairement à la situation régnant dans les parties centrale et orientale de la médina de Marrakech, la **spéculation sur les prix fonciers dûe au tourisme** a peu d'emprise sur le sud et l'est de la médina, parce que les bazars et les palais touristiques y sont limités à des secteurs restreints. Le tourisme contribue surtout de manière indirecte à la flambée des prix fonciers: Les artisans et les habitants chassés de leurs quartiers par les utilisations touristiques doivent se réinstaller au sud et à l'est de la médina, ce qui se répercute sur les prix fonciers dans des secteurs non-touchés par le tourisme.

Dans les souks centraux, l'**éclatement des branches artisanales regroupées** - conséquence involontaire du tourisme - présente de grands inconvénients pour les petits commerçants et artisans qui doivent quitter leur voisinage accoutumé. Les artisans d'une même branche, séparés géographiquement, ont plus de mal à échanger des informations concernant entre autres la technique, les prix à exiger ou la répartition de commandes trop importantes pour un seul artisan.

RECOMMANDATIONS DE PLANIFICATION POUR FES ET MARRAKECH

Comme le tourisme ne représente qu'**un** facteur innovateur dans le cadre de la dynamique urbaine complexe des deux villes orientales Fès et Marrakech, les recommandations de planification comprennent tout un paquet de mesures, qui semblent en partie être loin du tourisme à proprement parler. Un réglage bien visé du tourisme dans l'intérêt de la grande majorité des habitants autochthones des villes et de leurs visiteurs nécessite justement une planification vaste et bien coordonnée. Ainsi seulement les effets spatiaux, économiques et sociaux du tourisme peuvent être intégrés avec succès dans la politique de planification urbaine et former en même temps la base pour un développement prospère et satisfaisant - quantitatif et qualitatif - du tourisme.

Les recommandations suivantes - groupées selon les secteurs d'intervention - sont valables, malgré les différences des structures urbaines et des formes touristiques à Fès et Marrakech, pour les deux espaces urbains:

Développement et marketing de l'infrastructure touristique primaire

- **Construction d'hôtels de catégorie et dimension moyenne, propices et accueillants pour des familles:**
  Puisque les hôtels des plus hautes catégories - malgré des actions à prix réduits - ne seront abordables à l'avenir aussi qu'à une petite minorité des voyageurs marocains, on devrait construire à Fès et à Marrakech d'avantage d'hôtels destinés au tourisme de familles, c'est-à-dire des hôtels de catégorie et de nombre de chambres moyen.

  Vu le volume d'investissement moins important pour des hôtels de catégorie moyenne que pour des établissements de luxe gigantesques, l'initiative d'entrepreneurs privés pourrait s'étendre en même temps dans le secteur de l'infrastructure touristique primaire et par là, les moyens de l'Etat pourrait être rendu disponibles pour des programmes d'investissement créant d'autres places de travail.

Des hôtels de catégorie moyenne peuvent sans problèmes servir de réserve lors de conférences de grande envergure, causant temporairement un besoin de lits supplémentaire dans les hôtels 5 ou 4 étoiles. Puisque les hôtes nationaux n'ont en général pas le même comportement saisonal que les touristes étrangers, les hôtels de catégorie moyenne permettraient aussi un taux d'occupation annuel et mensuel plus élevé. Pendant les mois d'hiver, la part du tourisme national augmente dans la situation actuelle sensiblement surtout dans les hôtels 4 et 5 étoiles. Par une promotion qui vise d'hôtels de catégorie moyenne, cette fonction équilibrante des hôtes nationaux pourrait être renforcée encore d'avantage.

- **Promotion de la parahôtellerie (résidences touristiques, villages de vacances, terrains de camping):**
Pour des raisons de politique d'emploi, il est aussi recommandable de ne pas perdre de vue la parahôtellerie, car des résidences touristiques bien entretenues avec un service soigné de restaurant exigent au moins autant de main d'oeuvre par chambre qu'un hôtel des plus hautes catégories.

Chose étonnante: On constate également dans les villages de vancanes accueillants aux familles un grand nombre d'employés. Un fait qui s'explique surtout par l'effet direct de multiplication qui est particulièrement grand dans un village de vacances parce ce qu'on offre aux hôtes à part les restaurants aussi des possibilités d'achat et de nombreux programmes d'animation bien organisés et guidés.

Des villages de vacances qui (comme le prouvent les exemples prospérants de Marrakech) peuvent être financés et gérés également par des entreprises publiques, qui autrement ne sont pas liées avec le tourisme. Ces villages-là offrent de bonnes chances pour la démocratisation du tourisme national.

Les entreprises qui financent ces villages de vacances peuvent les utiliser également pour la formation de leurs employés, de cette façon le tourisme de conférence n'est plus réservé aux plus hauts fonctionnaires politiques et économiques, il est accessible aussi aux cadres moyens et de base. Ainsi peut être combinée avec succès et de façon attractive la formation continue avec des vacances de famille.

Les campeurs sont intéressants au point de vue de la politique d'emploi, parce qu'ils investissent en général une grande partie de l'argent épargné par le logement peu coûteux dans l'achat de produits de l'artisanat. Ce n'est donc pas l'effet d'emploi qui résulte directement du camping qui rend cette forme de parahôtellerie particulièrement attractive au point de vue de l'économie nationale, mais plutôt les effets de multiplication déclenchés par les campeurs dont profite spécialement un secteur qui a urgemment besoin de stimulations économiques. Mais aussi dans l'ensemble l'input politico-économique d'un campeur n'est pas inférieur à celui d'un hôte dans un hôtel 3 étoiles.

- **Augmentation des offres de séjour à prix réduits pour les hôtes nationaux des hôtels:**
Pour promouvoir le tourisme national il est recommandé d'ouvrir aux voyageurs marocains dans tout le pays les hôtels par des offres de séjour à prix réduits. Cela concerne en particulier les hôtels des plus hautes catégories (3 à 5 étoiles). Une réduction généralisée pour la clientèle nationale serait aussi un bon moyen pour contrecarrer la critique partiellement justifiée du caractère exclusif du tourisme forfaitaire des étrangers qui profitent de grand rabais de groupe. Un nombre plus élevé de réservations à la suite des réductions de prix pour les hôtes du pays peut en même temps contribuer à éviter que les grands hôtels 4 et 5 étoiles construits pour la promotion du tourisme de conférence se révèlent surdimensionnés et non-rentables pendant les périodes sans conférences. Il faudrait surtout favoriser les hôtes nationaux qui se décident pour un séjour d'une certaine durée dans un hôtel des catégories supérieures (avec demi-pension).

Promotion concentrée de l'artisanat
———————————————————

- **Protection et soutien de l'artisanat sérieux:**
Il n'a pas de sens de déplorer globalement la transformation partielle de l'artisanat en art artisanal destiné au tourisme, car chaque développement économique (et c'est de cela qu'il s'agit lors de la promotion du tourisme comme lors de l'industrialisation) amène des changements culturels. Il est par contre important de poser la question par quelles nouvelles formes culturelles doivent être remplacées les anciennes et quels sont les groupes de la population qui doivent profiter de tels changements. La réponse dans la discussion sur la relation tourisme - artisanat ne peut être que: L'artisan solide, offrant un choix de produits de première qualité doit profiter des impulsions par la demande touristique. Il faut donc intervenir là où l'artisan sérieux ayant une morale professionelle intacte risque d'être submergé par des techniques de production qui comptent sur l'ignorance de la clientèle surtout touristique qui achètera aussi des articles fabriqués à peu de coûts et avec des matériaux de mauvaise qualité à des prix très exagérés.

- **Réactivation des "Amins" (préposés des corporations) et des "Muhtasibs" (surveillants de marché) par des compétences étendues:**
La réactivation des institutions personnelles des préposés des corporations et des surveillants de marché, qui a été rétablie "de jure", par décret royal en 1981, pourra seulement améliorer effectivement la situation sur les marchés en ce qui concerne l'artisanat si les "Amins" et les "Muhtasibs" sont dotés de pouvoirs étendus (dans le cadre de commissions), pour mettre fin aux activités d'artisans non-qualifiés et d'in-

terdire aux marchands non-sérieux de faire des affaires.

Une aide efficace aux petits artisans et marchands qui souffrent des activités spéculatives du commerce en gros, est seulement possible si les "Amins" et les "Muhtasibs" sont comme avant la disparition de ces institutions dotés à nouveau de compétences étendues pour le contrôle de la qualité des produits finis et la fixation des prix dans le commerce des matières premières pour pouvoir détruire les monopoles des grossistes. Car le même grossiste qui livre les matériaux de base à l'artisan disposant de peu de moyens financiers, ou même endetté à des prix élevés est celui qui reprend les produits finis à des prix très bas.

- **Renforcement d'un système de coopératives général:**
Les coopératives ne pourront devenir un élément efficace de la politique de l'artisanat en faveur des petits artisans que si elles gèrent et contrôlent tout: L'achat des matériaux de base, ensuite la fabrication et finalement la vente.

Par une politique d'achat et de vente intelligente combinée avec le stockage de matières premières et de produits finis, toutes les coopératives peuvent profiter des hausses conjoncturelles ou assumer les risques de baisses en commun. Des coopératives peuvent offrir aux artisans une base solide dans la lutte contre le commerce en gros spéculatif à condition qu'elles soient correctement guidées et conseillées de la part de l'Etat - en ce qui concerne les besoins des petits artisans.

- **Les chefs d'un atelier artisanal doivent passer un examen par lequel ils prouvent leurs connaissances théoriques et pratiques nécessaires dans leur métier:**
Pour améliorer en faveur des producteurs d'articles artisanaux de haute qualité les conditions de production et d'écoulement actuellement disturbées, l'Etat est invité à organiser des axamens qui révèlent le niveau des connaissances acquises dans des centres de formation professionnelle. Les chefs d'entreprises artisanales dont les connaissances n'atteignent pas un standard minimum, doivent fermer leurs ateliers.

Justement dans le cadre des secteurs artisanaux de la maroquinerie et des articles en laiton, particulièrement demandés par le tourisme, se sont établies ces dernières années des entreprises à gestion non-qualifiée dont les produits de vente laissent fortement à désirer en ce qui concerne les matériaux de base et également les techniques de fabrication. Une sélection qualitative des ateliers s'impose clairement dans l'intérêt de la réputation en partie compromise de ces secteurs artisanaux.

- **L'Etat devrait accorder des crédits seulement à des entreprises vraiment artisanales:**
Pour mettre en oeuvre de façon économe les crédits de l'Etat limités, qui doivent promouvoir l'indépendance et les intentions d'innovations des

entreprises artisanales, il faut procéder dans le cadre de chaque demande de crédit à une analyse soigneuse pour garantir que les crédits avantageux de l'Etat ne passent pas aux entreprises qui par leur grandeur ou leurs techniques de fabrication ne correspondent plus à des ateliers artisanaux (selon la définition officielle).

- **Ne pas limiter les programmes de promotion pour l'artisanat aux branches orientées au tourisme:**
Comme l'attraction touristique de la médina est surtout dû à la diversité des branches artisanales, il faut contrôler soigneusement que les programmes d'encouragement de l'Etat ne préfèrent pas les produits artisanaux comme les tapis, les textiles, les bijoux, les articles en cuir, en laiton, en argentan et en cuivre qui promettent un écoulement touristique accroissant. Au contraire, il faudrait soutenir finanicèrement et techniquement aussi des métiers sans possibilités de vente aux touristes comme les menuisiers, les teinturiers, les potiers, les forgerons, les cordonniers et les babouchiers qui - à condition de mesures de réstructuration bien visées - auront (de bonnes) chances de survivre dans la lutte contre la concurrence industrielle.

Abolition du travail des enfants

- **Imposer l'interdiction du travail des enfants:**
Le travail des enfants montre dans le secteur de la fabrication de tapis d'étroites relations avec le tourisme quant au nombre d'employés; son origine cependant ne peut en aucun cas être attribué uniquement à la promotion intensive du tourisme. On trouve aujourd'hui le travail des enfants et dans des entreprises de "l'artisanat utilitaire" et de "l'artisanat de service" et aussi dans des ateliers de "l'artisanat de l'art" qui profitent essentiellement de la vente aux touristes.

Vu les suites négatives du travail des enfants pour le développement de la personnalité des enfants et en même temps aussi pour l'économie nationale, il faut faire respecter l'interdiction du travail des enfants imposée par la loi depuis 1947 (limite d'âge de 12 ans, dans l'intention de relever cette limite plus tard). Les soi-disant apprentissages pratiques que les enfants comptent faire se révèlent dans bien des cas comme inexistant. On engage des enfants seulement pour des travaux désagréables qui en plus sont très mal payés. Ainsi commence pour les enfants concernés une vie sans avenir social; pire encore un déclin social ultérieur est pratiquement programmé d'avance: Contraints par la pauvreté d'aller travailler déjà en bas âge, ils ne peuvent ni fréquenter une école ni faire un apprentissage systématique. Par conséquent ils devront très probablement se contenter toujours de faire des travaux de manoeuvre, s'ils ne deviennent pas chômeurs quand à cause de l'âge avancée leur paye ne peut plus être maintenue par l'employeur au niveau de la paye pour enfants, extrêmement basse.

Vu que le travail des enfants ne peut pas être éliminé totalement à court terme, on ne doit absolument pas perdre de vue les conditions de ceux qui travaillent encore, sous prétexte de leur illégalité, mais au contraire, il faut améliorer leurs conditions de travail sans tarder.

Il faut surtour faire respecter l'interdiction du travail des enfants en ce qui concerne les activités dangereuses et ceci rapidement. On n'arrivera pas à une amélioration de la sécurité de travail, de l'hygiène et de l'observation du règlement sur les heures de travail, si les contrôles réguliers et incorruptibles dans les ateliers par des inspecteurs ne sont pas nettement renforcés. Il faut offrir une compensation adéquate aux enfants qui travaillent avec le but d'approcher leur paye aux salaires des adultes selon le principe "Le même salaire pour le même travail"; ainsi on pourra rendre le travail des enfants aussi économiquement moins intéressant. Toutes ces mesures doivent être accompagnées d'un travail publicitaire intensif, par lequel les suites physiques et psychiques négatives du travail des enfants sont présentées et documentées sérieusement. Il ne faut pas avoir peur de dénoncer publiquement des entreprises connues pour une pratique exploitatrice du travail des enfants et ceci avec le nom.

La demande touristique croissante de certains articles artisanaux ne doit en aucun cas amener un accroissement sensible du travail des enfants et par conséquent mettre en danger les efforts des autorités marocaines dans le secteur de la scolarité obligatoire (introduite en 1963). Il faut empêcher le touriste d'acheter bon marché ses souvenirs aux dépens d'enfants exploités, il devra payer pour ses souvenirs le prix qui garantit à un artisan adulte la subsistance familiale. Ainsi le touriste contribue à conserver une tradition artisanale - admirable et étonnante - qui existe depuis des siècles et qui vaut la peine d'être protégée et continuée; autrement il soutient un artisanat mort qui produit clandestinement et qui ne survit qu'en violant de hauts principes moraux de la protection des enfants. De l'autre côté le touriste a aussi le droit d'exiger pour son argent des articles artisanaux des matériaux impeccables et de bonne qualité de fabrication.

- **Développement de la formation scolaire élémentaire:**
Vouloir abolir le travail des enfants veut dire aussi offrir aux enfants des alternatives appropriées et convaincantes qui leur promettent de meilleures chances pour l'avenir que le travail pratique prématurée. Sous cet aspect, il faut intensifier les efforts pour la promotion d'une formation élémentaire générale de tous les enfants, ceci également en vue de la restructuration nécessaire de l'artisanat, car seulement une formation scolaire élémentaire et générale garantit que la capacité d'innovations si nécessaire à l'artisanat sera maintenue.

- **Mesures prophylactiques contre l'activité illégale d'enfants comme guides touristiques ("guides clandestins"):**
La possibilité de gagner rapidement de l'argent par l'activité illégale comme guide clandestin et par là, la possibilité d'encaisser des provi-

sions au cas de conclusion du marché, est pour des enfants soumis à l'enseignement obligatoire une tentation d'accompagner les touristes dans la médina au lieu d'aller à l'école. Comme ce comportement est pour des raisons économiques souvent couvert par les partents, les enseignants et les directions des écoles neu peuvent remédier à cette anomalie que de façon limitée par des mesures disciplinaires. Il faut sérieusement mettre en doute, si après tout on peut remédier ainsi à ce problème plutôt socio-économique. En première ligne, il faut garantir aux parents qui compent sur les revenus supplémentaires de leurs enfants, des revenus sûrs et suffisants pour la subsistance familiale. En même temps, on devrait rendre attentifs les touristes (par exemple avec une affice dans l'hôtel et des avertissements dans les guides) aux conséquences négatives pour les enfants qui négligent l'école et en plus à l'offre des guides touristiques officiels.

- **Création de centres pour des enfants socialement désavantagés par les organisations touristiques:**
  Les organisations profitant du tourisme sont invitées à s'occuper davantage des enfants socialement déshéritées, qui faute de moyens financiers ne sont pas en état de fréquenter une école publique et qui pour cette raison essayent avec des méthodes de persuasion particulièrement agressives, de trouver des touristes qu'ils peuvent accompagner dans la vieille ville contre un peu d'argent (et des provisions lors de conclusions du marché). Comme alternative concrète contre ce phénomène s'offrent justement les centres financés par les organisations touristiques, dans lesquels des enfants socialement handicapés (sans soutien familial) sont logés et nourris gratuitement et où l'on prend soin d'eux et se charge de leur formation.

  De tels centres proposés pour la première fois par l'A.P.O.T.A.M. ("Association provinciale de Tourisme de Marrakech"), n'apporteraient pas seulement aux enfants ainsi soutenus de grands avantages, mais aussi aux organisations touristiques qui se chargent de ces centres. Puisque le nombre des contacts sociaux agressifs des jeunes habitants de la ville avec des touristes, nuisible pour l'image de la ville, serait réduit sensiblement. En établissant ce genre de centres, les promoteurs du tourisme prouveraient qu'ils ne sont pas seulement en mesure de lancer des actions de promotion quantitative du tourisme, mais qu'ils sont prêts - en face des suites sociales négatives évidentes du tourisme - à contribuer à son amélioration qualitative dont pourraient profiter directement et les touristes et les enfants désavantagés.

Formation correcte des prix
___

- **Actions coordonnées dans la lutte contre le système des provisions:**
  Dans la lutte contre le système des provisions qui se propage de plus en plus, il faut prendre simultanément diverses mesures, pour pouvoir contre-

carrer avec succès cette mauvaise habitude pernicieuse pour la réputation de l'artisanat. Le règlement du Ministère de Tourisme d'interdire temporairement l'exercice du métier de guide officiel en cas d'arrangements prouvés entre bazaristes et guides est à employer de façon continue de même que l'obligation imposée aux guides de remplir après chaque visite de la ville un formulaire de procès-verbal court, dont résultent les bazars visités, pour contrôler s'il y a une certaine alternance.

Il faut rejeter pour la médina l'idée d'une indication des prix obligatoire, comme il existe déjà pour les magasins de la ville nouvelle. Il n'est pas recommandable de mettre en question de façon globale la vieille habitude du marchandage pleine d'un charme particulier et typiquement orientale (impensable sans l'infusion de menthe ...), habitude toujours chère à la population autochtone; il vaut mieux donner aux visiteurs de la ville dans le cadre des "Ensembles Artisanaux" des possibilités d'orientation sur les qualités et sur des prix adéquats des divers produits artisanaux. Dans les centres artisanaux, tous les articles sont vendus par les coopératives de vente locales à des prix fixes et marqués. Ainsi le visiteur - même s'il n'achète rien pour le moment - peut se faire une idée d'un juste prix des produits de haute qualité qu'il désire acheter. On peut regretter cet abandon partiel du marchandage, typiquement oriental, mais cette méthode est absolument indiquée dans la lutte contre les mauvaises habitudes lors de la vente, sutout les provisions exorbitantes, mais elle demande la collaboration des touristes.

Pour garantir qu'aussi les magasins et boutiques en dehors des "Ensembles Artisanaux" vendent (aux touristes) des produits qualitativement impeccables, il serait bon des marquer les articles examinés avec des cachets officiels de qualité, lesquels ne doivent pas - sous peine d'amende, comme dans le commerce de tapis - être manipulés. L'examen de qualité par l'Etat pourrait se faire à base volontaire, c'est-à-dire le producteur ou le marchand de produits artisanaux n'y serait pas obligé. Toutefois l'existence du fameux cachet de qualité connu du touriste lui garantirait qu'il achète un article impeccable.

A la longue, on ne pourra venir à bout du système des provisions parasitaires que si chaque Fassi et chaque Marrakechi comprend enfin, que la chasse agressive au client et les provisions exorbitantes réduisent les attraits de leur ville et en plus, que les impulsions positives pour l'économie nationale sont également amoindries. Pour arriver à une compréhension générale de la nécessité d'un changement du comportement, il faudrait lancer une vaste campagne de renseignement sur l'importance du tourisme pour l'économie nationale et sur les conséquences négatives des pratiques de vente agressives pour l'image des Villes Royales et sur les dommages que les provisions exagérées causent à l'artisanant. Tant que la pure misère contraint des enfants et des adolescents à accompagner des touristes et à toucher des provisions, même la compréhension de telles renseignement n'amènera pas un changement du comportement. Dans ces cas-là, seulement l'alternative simultanée d'offre d'emploi ou de formation pourrait aboutir à la réduction désirée du système des provisions.

- **Création de formulaires de vente pour tapis nouveaux:**
  Après la réglémentation claire et nette des conditions de prix et de l'évaluation qualitative dans le commerce de tapis moyennant des fiches de couleurs, des cachets officiels d'examen et des prix fixes par unité de grandeur, des conflits après la conclusion de marché ne se produisent en général que si l'on n'a pas convenu clairement, c'est-à-dire par écrit, qui devra payer les frais du transport ou si le bazariste a vendu le même tapis plusieurs fois. Pour réduire aussi ce potentiel de conflits, il faut introduire pour le commerce de tapis un formulaire à remplir obligatoirement, sur lequel les informations les plus importantes (date du contrat, mesures, qualité, dessin du tapis, répartition des frais de transport) sont notées et signées par les parties contractantes.

La visite guidée de la ville comme rencontre

- **Réduction de la grandeur des groupes accompagnés de guides touristiques officiels à 10 personnes au maximum:**
  Actuellement, seulement les groupes de voyage organisés dépassant le nombre de 31 participants sont obligés d'engager un deuxième guide qui n'a guère d'autre fonction que de veiller à ce que les derniers participants ne perdent pas le contact avec leur groupe dans le labyrinthe des impasses anguleuses.

  Si la grandeur des groupes est réduite à 10 personnes au maximum, il leur sera possible de réaliser de manière beaucoup plus intense les beautés et aussi les problèmes des espaces urbains visités et de faire la connaissance personnelle du guide touristique en tant que représentant et médiateur du pays. Un groupe de 10 participants au maximum permet de tenir compte des intérêts individuels, ce qui augmentera la disposition à une occupation intellectuelle active avec la ville visitée. La condition pour le succès de cette mesure proposée est d'une part la disposition des visiteurs à dépenser un peu plus pour le séjour et d'autre part la bonne volonté des guides de reléguer au second plan des intérêts matériels - c'est-à-dire les provisions - en faveur de leur charge culturelle, lourde de responsabilité envers leur pays.

Conservation des structures traditionnelles sous le rapport de l'espace et l'architecture

- **Protection architectural partielle des "hawanits" (souk-boxes) dans les vieilles villes:**
  La structure "à alvéoles" des "hawanits" s'est révélée toujours comme extrêmement flexible pour des changements dans l'utilisation de l'espace

disponible et dans l'offre des marchandises, et ceci bien avant que le tourisme soit devenue par son importance économique un facteur d'innovation décisif dans les souks. Vu l'extension récente de magasins d'une architecture tout à fait moderne, encouragée par le tourisme, à la place des souk-boxes traditionnels, il faut se poser la question si la flexibilité architectonique des locaux de vente traditionnels n'est pas trop exploitée au dépens de l'ensemble architectural des souks, qui se perd de plus en plus. Il ne s'agit pas de plaider pour une conservation comme monument historique sans possibilités économiques de survie, il faut plutôt rappeler aux bazaristes qui sont intéressés à une clientèle touristique, que l'attrait d'un vieux marché perdra beaucoup par une transformation trop intense des souks selon les principes d'architecture valables pour une ville nouvelle.

Les autorités compétentes pour la planification de la ville sont appelées à mettre sous protection la structure architectural des souks, au moins partiellement. Là où c'est l'artisanat encore établi dans les souks centraux qui demande des changements architectoniques pour conserver la viabilité, ceux-ci devraient en général être accordés, mais dans le secteur commercial une pratique restrictive est indiquée.

- **Intégration soigneuse de bazars et de palais touristiques dans d'anciens immeubles d'habitation de la médina:**
Au point de vue architectonique, l'installation de bazars et de palais touristiques dans des immeubles d'habitation contribue en bien des cas à leur réhabilitation nécessaire, car les bazaristes ou les restaurateurs aiment accueillir leurs clients dans des immeubles en très bon état, pour créer une ambiance agréable, favorisant la vente et par là le chiffre d'affaires. Par l'installation de bazars orientés vers le tourisme et de palais touristiques dans des immeubles d'habitation, on ne court pas le risque d'une utilisation trop intense par beaucoup de familles nombreuses vivant dans le même bâtiment, comme c'est le cas dans beaucoup de bâtiments dans la médina, mal entretenus depuis que leurs propriétaires les ont quittés pour s'établir dans la ville nouvelle de Fès ou de Marrakech ou bien dans les grandes villes sur la côte atlantique.

Les arguments de conserver les structures et matérieux de l'architecture et de décharger les vieilles villes sous l'angle démographique ne suffisent cependant pas pour approuver a priori l'intégration de bazars et de palais touristiques dans des immeubles d'habitation de la médina. L'installation de bazars et de palais touristiques dans des bâtiments d'habitation représente un but à soutenir seulement dans le cadre d'un vaste programme d'assainissement des vieilles villes, et si l'on s'attaque en même temps a un programme étendu pour la promotion de la construction de logements en dehors de la médina pour les couches sociales défavorisées, pour ne pas contribuer - sans le vouloir - à la prolifération des "bidonvilles" à la périphérie des espaces urbains, conséquence regrettable de la saturation des vieilles villes. En même temps, il faut créer des lois anti-spéculatives supplémentaires qui devront aider à empêcher la surutilisation catastrophique de bâtiments d'habitation dans la médina.

Pour la vieille ville, l'installation de bazars ou de palais touristiques dans d'anciens bâtiments d'habitation, qui favorise la conservation de la physionomie traditionnelle de la ville, ne devra cependant en aucun cas mettre fin au principe de la séparation traditionnelle dans l'espace des fonctions élémentaires "habitation" et "travail" (surtout masculin). Pour les quartiers différents de la médina il faut peser soigneusement le pour et le contre concernant d'une part le but de la conservation par principe des structures fonctionnelles de la ville, ayant des racines sociales profondes, et d'autre part l'intention de décharger la vieille ville surpeuplée au point de vue démographique, tout en voulant conserver l'aspect architectural du paysage urbain.

- **Prescriptions concernant la limitation des bazars aux axes (touristiques) principaux:**
  Vu l'augmentation de la pression des bazars sur les "derbs", qui jusqu'à présent étaient par tradition réservés à l'usage d'habitation, il faut lancer des prescriptions d'utilisation prospectives, qui fixent les nouveaux bazars aux axes (touristiques) principaux. Par de telles prescriptions qui doivent limiter l'expansion des bazars, on renforce la concurrence d'utilisation sur les axes avec la plus haut fréquence de touristes, mais on ne sacrifie pas la structure fondamentale et traditionnelle de la ville (c'est-à-dire séparation stricte des quartiers artisanaux/commerciaux et des quartiers d'habitations), comme c'est déjà partiellement le cas dans la médina de Fès. En plus, par la concentration des nouveaux bazars sur les axes touristiques principaux, on évite et l'installation de bazars dans des quartiers d'habitations à l'écart du centre et les mesures infrastructurelles qui en résulteraient comme l'amélioration de l'état des voies d'accès, de l'éclairage etc., le tout pour la sécurité des touristes et au dépens de mesures de réhabilitation plus urgentes dans des quartiers avec une population très nombreuse.

- **Protection des métiers d'artisanats viables par des prescriptions d'utilisation garantissant leurs emplacements traditionnels:**
  Pour sauvegarder les attraits (touristiques) des axes principaux de la vieille ville - plus concrètement l'artisanat actif qui existe encore en partie - on ne pourra pas éviter des prescriptions d'utilisation supplémentaires pour certains souks très fréquentés, ce qui augmente en même temps les chances de survivre de l'artisanat en question grâce aux contacts entre les divers artisans à l'emplacement traditionnel.

La teinturerie représente une branche exemplaire pour laquelle le tourisme est une source d'impulsation innovatrices, qui cependant ont un caractère et destructif et conservateur. D'une part les teinturiers sont mis à l'écart de leur emplacement traditionnel dans le cadre de bazars orientés au tourisme (Marrakech) et par des ateliers artisanaux dans lesquels sont produits des articles en métal très demandés par des visiteurs (Fès), d'autre part c'est justement la demande touristique accrue de vêtements plus ou moins typiquement marocains qui contribue à l'amélioration des chances de survivre de la teinturerie traditionelle à de nouveaux emplacements dans la vieille ville.

Pour pouvoir - à l'avenir - sauvegarder les attraits des souks Sebbaghine à Fès et à Marrakech, le nombre de teinturiers actifs à leurs emplacements traditionnels ne doit plus diminuer. Leurs ateliers doivent être réservés à la teinturerie aussi à l'avenir par des prescriptions d'utilisation. Un souk de teinturiers sans teinturiers dans le secteur concerné de la médina est d'ailleurs aussi pour les bazaristes orientés au tourisme sans aucun intérêt parce que dans ce cas le nombre de visiteurs dans le souk Sebbaghine baisserait sûrement.

RECOMMENDATIONS DE PLANIFICATION POUR FES

- **Intensification du tourisme de séjour:**
  Tant pour des raisons économiques que sociales, une transformation du type de tourisme à Fès s'impose: transformation d'un pur tourisme de passage à une forme mixte de tourisme à la fois de passage et de séjour, telle que nous la trouvons à Marrakech. Il ne s'agit pas premièrement de viser à une augmentation quantitative des arrivées, mais plutôt à une prolongation du temps moyen de séjours des visiteurs, afin d'améliorer les revenus des hôtels et de renforcer les effets multiplicateurs dans les enteprises annexes de l'hôtellerie et de l'artisanat, tout en augmentant le profit intellectuell non mesurable qu'en tirent les visiteurs de la ville.

- **Offre de séjours d'études se rapportant à certains sujets:**
  Tandis que les touristes liés à des voyages circulaires ayant un concept fixe ne peuvent guère être animés à faire des séjours prolongés à Fès, il existe pour le hôtes individuels de nombreuses possibilités pour les inciter à faire des séjours prolongés. Dans une ville ayant une aussi riche tradition culturelle, les offres d'études concernant certains sujets d'histoire de l'art, d'ordre musical, artisanal ou géographique, dirigées par des personnes du pays compétentes, trouveront sans aucun doute régulièrement de nombreux intéressés.

- **Augmentation de l'attractivité de la médina le soir pour les touristes:**
  Après la fermeture des souks, la vieille ville de Fès perd beaucoup de son rayonnement oriental et de sa vitalité, parce que les divertissements ne se trouvent alors traditionnellement que derrière les murs très fermés des habitations; celles-ci ne sont d'ordinaire pas accessibles aux étrangers qui visitent la ville. A Fès, il n'y a pas de centre de divertissement populaire comparable à la Place Jema el Fna de Marrakech. Le visiteur de la médina ne peut pratiquement visiter le soir que deux palais touristiques, s'il désire jouir aussi des divertissements orientaux à côté des spéciali-

tés culinaires locales.

Avec la construction d'un amphithéâtre sur le terrain actuel des tanneurs de Sidi Moussa, lesquels doivent être transférés à la suite d'une amélioration de la structure, la base pourrait être fournie pour un accroissement, le soir, de l'attractivité pour les touristes ainsi que pour les Fassi. La crainte d'une dégradation par le tourisme des valeurs culturelles, et d'autre part la crainte, motivée du point de vue économique, d'un manque de clientèle (touristique) ont jusqu'à présent paralysé l'initiative privée dans le domaine de la gastronomie accompagnée d'attractions; ces craintes paraissent justifiées par de nombreux exemples négatifs. Cependant, en tenant compte précisément de ces deux motifs de crainte, l'arène en plein air proposée sur le terrain des tanneurs de Sidi Moussa à laquelle serait adjointe un restaurant, présenterait une solution idéale, puisqu'une participation spontanée des Fassi en tant qu'acteurs **et** spectateurs empêcherait un développement dans les sens d'un folklore touristique "de conserve" et garantirait une fréquentation suffisante des restaurants.

Il est vrai que l'objection selon laquelle de nombreux voyageurs faisant partie de groupes organisés ne profiteraient pas des distractions offertes en dehors de l'hôtel à la médina de Fès pour approfondir leurs contacts sociaux avec la population indigène n'est pas facile à réfuter. Mais l'animation qui règne sur la Place Jema el Fna à Marrakech prouve aussi que beaucoup de visiteurs arrivés dans le cadre de groupes de voyages sont disposés à sauver certaines libertés individuelles lorsqu'il s'agit d'organiser le programme de la soirée. D'ailleurs, des manifestations culturelles peuvent être fréquentées avec grand profit aussi par de petits groupes touristiques, si ceux-ci sont accompagnés d'un guide capable d'expliquer les productions de façon compétente. Il est vrai qu'ainsi le nombre de contacts sociaux reste assez restreint, mais la compréhension de la civilisation différente ne doit pas rester automatiquement restreinte. Les connaissances approfondies et surtout l'engagement personnel d'un quide peuvent largement compenser de nombreux contacts sociaux superficiels.

- **Mise en valeur du potentiel touristique régional:**
Pour prolonger la durée moyenne de séjour des touristes à Fès, il est aussi recommandé d'épuiser l'important potentiel touristique de la région de Fès et de l'offrir aux visiteurs de la ville. C'est ainsi que p. ex. des excursions d'une journée aux stations thermales de Sidi Harazem ou de Moulay Jacoub, à environ 20 km de Fès, pourraient être offertes. En raison de la beauté de la nature, des excursions dans le Moyen Atlas du nord, où se trouvent les stations d'altitude installées par les Français - Sefrou, Ifrane ou Immouzer du Kandar - pourraient être organisées. L'altitude et le climat tempéré, agréable en été, du Moyen Atlas avec ses petits lacs et ses vastes forêts de cèdres offrent des possibilités d'activités sportives telles que les randonnées, la chasse et la pêche.

C'est aussi dans le domaine de l'équitation que se présentent dans la région de Fès des possibilités de développement touristique particulièrement prononcées. On pourrait même fort bien imaginer sans autre d'adjoindre au village de vacances prévu, respectivement au camping (voir plus loin), un centre sportif d'équitation proprement dit, dont les prestations pourraient aussi être utilisées par des personnes ne logeant pas dans le village de vacances ou le camping.

- **Intégration judicieuse d'un hôtel de catégorie moyenne dans la médina:**
  Dans le cadre de la planification à Fès, la question suivante se pose: ne serait-il pas possible et judicieux d'introduire également l'hôtellerie classifiée directement dans la médina, et non pas comme jusqu'à présent en marge, afin de ne pas considérer celle-ci uniquement comme un musée traversé par des groupes - ainsi que le décrivent des critiques du type touristique actuellement pratiqueé à Fès. Quelques palais délabrés, abandonnés par le départ des propriétaires pour la ville nouvelle locale ou les villes sur la côte de l'Atlantique, offriraient un lieu idéal pour un hôtel homologué dans la vieille ville. Grâce à une soigneuse transformation architectonique, le palais choisi pourrait trouver une nouvelle mise en valeur qui ne lui ferait rien perdre de son importance artistique et historique, mais pourrait au contraire empêcher qu'il ne se délabre encore davantage. Comme emplacement d'un hôtel classifié à l'intérieur de la médina, un fondouk ayant perdu ses fonctions initiales, revalorisé par des infrastructures, pourrait aussi être pris en considération.

Afin de ne pas mettre en question l'ordre traditionnel de la médina, l'hôtel homologué à réaliser comme projet-pilote - dont le nombre des chambres ne devrait pas dépasser 40 - devrait être situé sur l'un des axes principaux de la médina et se trouver aussi près que possible de centre historique. En raison de la grande fréquentation par les hôtes, le personnel et les fournisseurs, qui se rendent à un hôtel et en reviennent, le projet orienté surtout vers les hôtes individuels ne saurait être réalisé dans un quartier tranquille réservé exclusivement à l'habitation, mais plutôt placé sur un axe ayant déjà des fréquences de passants plus élevées.

Vu le trop grand écart social produit par le voisinage immédiat entre les hôtes et les habitants des immeubles environnants, il faudrait en principe renoncer à la construction d'un établissement de luxe au coeur de la médina. En raison du manque d'hôtels de catégorie moyenne, il serait plutôt recommandable de réaliser un établissement 3 étoiles, parce que celui-ci promet un succès grâce au potentiel de demande déjà existant.

La construction d'un premier établissement hôtelier classifié au centre de la médina devra être prise en mains ou par un comité de planification compétent et sensibilisé sous forme de projet de construction national; ou bien la réalisation privée devra être liée à des conditions de plans exactement définis, afin d'éviter une évolution nuisible à la physionomie et au climat social de la médina de Fès et des erreurs telles qu'elles ont été commises lors de la réalisation des deux hôtels de luxe déjà existants en bordure de la vieille ville.

- **Construction de résidences touristiques:**
La durée moyenne généralement assez brève des visiteurs de Fès a empêché jusqu'ici les investisseurs éventuels de construire des résidences touristiques, parce que dans ce cas on part habituellement des contrats de location prolongés. Cependant, il est certainement faux de vouloir exclure de prime abord la rentabilité d'un petit nombre de résidences touristiques - qui seraient encore à construire - à Fès, car de nombreux hommes d'affaires et techniciens étrangers séjournant longtemps à Fès logent, à défaut d'une offre de résidence, dans des hôtels de catégorie moyenne ou la plus élevée, tandis qu'à Marrakech ces gens représentent précisément un groupe d'usagers de résidences touristiques!

Etant donnée l'absence actuelle d'hôtels de catégorie moyenne, les familles auraient la possibilité de profiter des résidences touristiques avantageux et, grâce aux libertés qu'ils offrent, favorables à la vie familiale, - ce qui serait fort heureux.

- **Construction d'un village de vacances:**
Afin d'augmenter encore davantage le volume touristique national à Fès, l'établissement d'un village de vacances pourvu de bungalows aux prix avantageux et d'un petit hôtel supplémentaire serait indiqué, vu les expériences positives faites à Marrakech. Mais à cause de la place considérable nécessitée par un village de vacances avec de nombreux bungalows et une infrastructure favorable à la vie familiale et exigeant une surface étendue pour les besoins des enfants, le projet ne pourra pas être réalisé à l'intérieur de la ville même, par suite du manque de terrain et des prix élevés de celui-ci, mais à une petite distance de Fès. Cependant, pour peu qu'un service régulier d'autobus soit organisé, cette situation ne devrait présenter aucun problème pour les hôtes.

- **Création d'une nouvelle place de camping:**
A la suite de l'abandon du camping en faveur d'un projet d'hôtel à réaliser sur l'emplacement devenu libre, la dernière installation para-hôtellerie a été éliminée en 1985. La décision de renoncer au camping fréquenté annuellement par quelque 40 000 usagers, en faveur d'un hôtel comprenant environ 400 lits a été prise en raison de la pénurie de terrain en ville et de la spéculation de terrain qui freine fortement une expansion touristique à Fès. Il s'agit d'une décision compréhensible, mais aussi lourde de conséquences, parce que la possibilité de coucher à Fès a été ôtée à toute une catégorie de vacanciers ayant un intrant économique, surtout dans le domaine artisanal. Comme les dépenses journalières d'un campeur correspondent globalement à celles d'un hôte dans un établissement 3 étoiles, il faudra le plus tôt possible trouver à proximité de la ville quelque chose pour remplacer le camping supprimé.

- **Transfert des administrations publiques de l'Avenue Hassan II dans le quartier Dhar-el-Mahres:**
Une option de planification urbaine pour casser la surenchère qui règne sur le marché foncier en vue d'une réalisation de nouveux projets hôte-

liers et en même temps d'une meilleure utilisation, quant à l'habitation, de l'Avenue Hassan II située au centre de la ville nouvelle, consiste à transférer les administrations publiques qui sont alignées à l'Avenue Hassan II dans la partie ouest, encore peu envahie par les constructions, du quartier Dhar-el-Mahres. Grâce aux nouvelles surfaces gagnées se trouvant propriété de l'Etat, situées à l'axe principal de l'Avenue Hassan II, la construction de nouveaux hôtels de catégorie moyenne ou d'immeubles à résidences touristiques pourrait être réalisée en même temps qu'une meilleure utilisation d'habitation. Uniquement par une vente avantageuse ou par la cassation du terrain en droit de superficie on peut s'attendre à de nouvelles infrastructures touristiques primaires financées par des particuliers dans la nouvelle ville de Fès, en relation avec les autres mesures favorables à l'investissement accordées par l'Etat dans le secteur du tourisme.

- **Utilisation sélective du potentiel de tourisme de conférence:**
Le développement forcé jusqu'à présent de l'hôtellerie de premières catégories offre à Fès des possibilités de se présenter comme centre de congrès et de conférences, parce que la grande majorité des participants à des congrès ou conférences préfèrent les hôtels 4 ou 5 étoiles, qui offrent en dehors des activités officielles des possibilités de contacts et qui disposent de l'infrastructure nécessaire aux débats en même temps qu'au divertissement.

Malgré l'abondante offre de lits, la capacité des hôtels de première catégorie n'est pas suffisante pour les "conférences-mammouths" telles que la conférence de Palestine en 1982. C'est ainsi que lors de cette conférence, des délégations ont dû être logées jusqu'à 35 km en dehors de la ville de Fès, dans des hôtels 3 et 4 étoiles, - un fait qui désavantage nettement Fès vis-à-vis de Marrakech avec sa plus grande capacité de lits dans des hôtels de première catégorie, parce que les personnalités de haut rang dont le temps est limité n'aiment guère ces dislocations quotidiennes; en outre, des raisons techniques de sécurité s'y opposent.

C'est pour ces raisons que les tourisme de conférence ne peut guère être utilisé à la longue dans le but d'introduire dans la région de Fès le tourisme comme facteur régional de promotion de l'intégration et de l'économie. Le tourisme moderne de conférence et de congrès de nature politique ou économique exige de vastes localités d'hébergement et de sessions dans un espace restreint telles qu'elles vont être créés avec le projet monumental à Marrakech par une société privée. Cela n'aurait aucun sens de vouloir entrer en concurrence avec le nouveau centre de conférence à Marrakech par la création d'un centre gigantesque identique à Fès, parce qu'ainsi d'importantes surcapasités seraient crées. La ville de Fès doit plutôt concevoir sa chance comme lieu de congrès et de conférences de moindre et de moyenne dimension. Le tourisme de congrès et de conférences indépendant du climat offre une précieuse chance de prévenir la morte-saison hivernale dans les hôtels de Fès.

- **Imposition de l'interdiction d'une combinaison entre palais touristique et bazar:**
L'assemblage en un même lieu d'un palais touristique et d'un bazar perturbe sensiblement les chances commerciales des palais touristiques ou des bazars à fonction unique, parce que le tourisme de groupe est centré sur toujours moins d'entreprises, du moment que les voyageurs en groupes, qui disposent d'un temps restreint, ont la possibilité d'acheter des articles artisanaux et de se restaurer dans le même lieu. La formation d'un monopole est encore renforcée par le fait que de véritables contrats sont conclus entre les agences de voyages et ceux qui dirigent les établissements à double fonction correspondants; ces contrats obligent les groupes de voyages à fréquenter toujours le même palais touristique avec bazar. Dans l'intérêt d'une vaste dispersion des recettes provenant du commerce touristique parmi tous les restaurants de spécialités, les propriétaires de bazars et les artisans, l'interdiction, promulguée dès 1981, d'assembler en un même lieu bazar et restaurant de spécialités marocaines, doit absolument être imposée.

RECOMMANDATIONS DE PLANIFICATION POUR MARRAKECH

- **Lutte contre la spéculation avec des terrains achetés à l'Etat dans le but de réaliser des projets de nouvelles constructions d'hôtel:**
A Marrakech, on trouve des investisseurs qui ont acquis, il y a plus de 15 ans, de vastes terrains appartenant à l'Etat ou à la Ville à des conditions avantageuses, en déclarant leur intention de réaliser un projet de construction d'hôtels. Il est vrai que les projets présentés lors de l'acquisition du terrain n'ont pas encore été réalisés par les investisseurs pour avoir la possibilité de continuer à thésauriser les terrains à bâtir et de pouvoir les revendre au moment favorable avec grand profit à un autre acquéreur privé. Par cette raréfaction du sol, le marché foncier déjà suffisamment tendu est surchauffé encore davantage; de ce fait les projets d'investissement, non seulement ceux qui sont orientés vers le tourisme, mais aussi ceux qui créent des emplois dans d'autres secteurs sont voués à un échec par suite des prix exorbitants des terrains.

Les autorités publiques, qui ont été trompées sur les vraies intentions des acquéreurs lors de la vente du terrain, doivent fixer un dernier délai aux prétendus maîtres d'ouvrage pour réaliser leurs soi-disant projet de construction. Dans le cas de non-réalisation dans l'espace de la période concédée, le terrain vendu doit leur être retiré par l'Etat sous remboursement de la somme payée. De telles interventions radicales de la part de l'Etat se bornent en substance à l'"Hivernage" et à la "Palmeraie", parce que là le terrain a été vendu en grande partie par des organes publics, tandis que les ventes de terrain en vue de projets touristiques au "Guéliz" ont été conclues le plus souvent par des personnes privées, de sorte que le rachat du sol n'est donc pas possible, car la vente n'a pas été liée à des conditions concernant la réalisation d'un projet de construction d'hôtel.

- **Ne pas créer de surcapacités d'hôtels 4 et 5 étoiles:**
  Les marges bénéficiaires actuellement restreintes des hôtels 4 étoiles permettent de conclure - même si l'on suppose une augmentation continue du flot de touristes en direction de Marrakech - qu'il faut être extêmement réservé quant à la construction d'hôtels de seconde catégorie, du moment que les nouveau centre de congrès comprendra également un hôtel 4 étoiles avec 300 chambres. Au lieu de projeter de nombreux nouveaux établissements 4 étoiles, il s'agit plutôt d'élever les taux d'occupation si possible pour toute l'année à un niveau comparable à celui qui est atteint surtout au printemps, mais aussi en automne.

On peut être un peu moins réservé lorsqu'il s'agit des établissements de luxe de la catégorie supérieure, dont la marge bénéficiaire se situe encore plus haut que celle des entreprises 4 étoiles. Par suite de la construction du nouveau centre de congrès, doté d'une infrastructure impeccable, la demande de chambres de la catégorie la plus élevée augmentera également, - mais seulement temporairement, il est vrai. Il s'agit, par une habile planification des dates des activités de congrès, d'aplanir dans le domaine hôtelier des établissements 5 étoiles (comme des entreprises 4 étoiles) les fluctuations saisonnières. Une compensation saisonnière des taux d'occupation par des conférences est dans l'intérêt des hôtels ainsi que dans l'intérêt des entreprises de Marrakech qui profitent de l'effet multiplicateur du tourisme.

Il est nettement plus rationnel d'occuper à plein les entreprises touristiques que de créer pour des époques de pointe des congrès d'énormes capacités de lits qui ne peuvent pas être utilisés pendant une grande partie de l'année.

- **Etablissement de zones de construction d'hôtels à la périphérie de la ville::**
  La spéculation sur le terrain dans le "Guéliz" (l'ancien centre colonial) attisée par la demande touristique pourra être quelque peu atténuée grâce à la constitution de zones réservées à la construction d'hôtels dans la "Palmeraie" et l'"Hivernage". Les hôtels ne doivent pas être concentrés dans un quartier de la ville nouvelle afin d'éviter un gigantesque isolat; en constituant plusieurs zones de construction on aboutira en même temps à une certaine décentralisation des emplois hôteliers.

Par l'établissement de nouveaux hôtels appropriés aux visiteurs qui font un séjour prolongé, avec de vastes parcs, le caractère vert de "l'Hivernage" et de la "Palmeraie" peut être conservé en même temps, pour peu qu'on évite un trop fort morcellement en petites parcelles. C'est ainsi que les palmiers, la "marque" de l'oasis de Marrakech, qui jouent aussi un rôle important pour le micro-climat de la ville, sont conservés comme les éléments intégrés aux vastes jardins. Il est aussi possible, à l'aide de prescriptions détaillées quant à la hauteur des bâtiments, de garantir la vue sur les palmeraies, qui ne devra pas disparaître à cause de la trop grande hauteur des édifices hôteliers.

Dans les sens d'une promotion nécessaire intensifiée des hôtels de catégorie moyenne à Marrakech, les projets de construction de nouveaux hôtels à l'"Hivernage" et à la "Palmeraie" ne devraient pas se borner aux deux classes de prix les plus élevés, mais devraient comprendre aussi des hôtels de grandeur et de catégorie moyennes. Grâce au camping et à l'auberge de jeunesse localisés à l'"Hivernage" de modestes bases de diversification renforcée de l'infrastructure touristique primaire sont déjà posées dans l'une des deux zones prévues pour des constructions d'hôtels.

- **Centres de loisirs dans la "Palmeraie" ouverts aux habitants ainsi qu'aux visiteurs de la ville:**
Dans l'intérêt des gens du lieu il importe que les parcs spacieux et les terrains de sport installés par les hôtels pour leurs clients dans la "Palmeraie" ne restent pas réservés aux visiteurs. D'autre part, les centres de récréations et de loisirs destinés aux habitants de Marrakech (terrains de jeux pour enfants, piscine, courts de tennis etc.) à aménager dans la "Palmeraie" devraient également attirer les touristes séjournant dans les hôtels avoisinants, afin d'atténuer la distance sociale si souvent regrettée qui sépare les deux groupes. Ainsi les touristes ne seraient plus condamnés à s'amuser dans l'enceinte des hôtels. Ils pourraient grâce aux centres de loisirs communs entrer en contact avec les habitants, ce qui profiterait aux uns tant qu'aux autres.

- **Pas de projets de nouvelles constructions d'hôtels classifiés à l'intérieur de la médina:**
En vertu de l'inquiétude causée parmi la population de Marrakech par la construction du Club Méditerranée, les entreprises d'hébergement classifiées situées directement à l'intérieur de la médina ne devraient plus obtenir d'autorisation de bâtir. Les grands hôtels déjà construits au sud-ouest de la médina avec leurs vastes jardins offrent d'une part une garantie pour la sauvegarde des espaces libres situés dans l'enceinte de la vieille ville, témoignages d'une grandiose architecture de jardin, mais d'autre part ils restent fermés à une grande majorité de la population indigène, parce qu'ils ne sont pas accessibles au public, mais sont réservés uniquement aux hôtes de l'hôtel ou du restaurant. C'est pour cette raison qu'il ne faudrait en aucun cas autoriser d'autres projets de construction d'hôtels sur les espaces verts publics qui restent encore, afin d'offrir aussi à la population indigène une occasion de délassement dans les parcs de la vieille ville.

- **Interdiction d'une combinaison professionnelle guide officiel - bazariste:**
L'activitée simultanée de guide officiel et de bazariste est de plus en plus l'occasion de discussions peu réjouissantes, parce que les guides touristiques conduisent leurs groupes, comme on peut s'y attendre, exclu-

sivement dans leurs propres bazars, pour en augmenter le chiffre d'affaires - c'est-à-dire leur propre gain. Ainsi presque toute possibilité de choisir un autre lieu d'achat est ôtée au visiteur de la ville sans qu'il le sache. La continuelle prise en considération du même bazar, propriété du guide, mène à une monopolisation du commerce des bazars.

Dans le cadre des discussions accompagnant la vente, laquelle équivant à une pure farce, le touriste n'est soutenu que pour la forme par le guide. En réalité, ce dernier est intéressé à un prix de vente le plus élevé possible, parce qu'il peut profiter aussi bien de la provision qui lui revient que du produit de la vente elle-même. Pour prévenir l'inquiétude compréhensible qui règne parmi les bazaristes, les autres commerçants et les artisans par suite de ces inconvénients, les guides touristiques faisant fonction de bazaristes devront être immédiatement forcés de renoncer, moyennant un décret du Ministère du Tourisme, à l'une des deux activités.

- **Interdiction de passer un accord entre bazaristes et agences de voyages:**
Si à Fès c'est avant tout la combinaison entre restaurant et bazar dans le cadre des palais touristiques, accompagnée de contrats simultanés avec les voyagistes, qui mène à une centralisation indésirable, bornée à quelques entreprises des activités marchandes orientées vers le tourisme, c'est à Marrakech l'interdépendance des plus grands bazars et des accords avec les agences de voyages.

Alors qu'il est relativement facile de combattre la combinaison restaurant - bazar à Fès puisqu'elle est visible, la lutte contre l'interdépendece économique croissante de quelques grands bazars de Marrakech est extrêment difficile, étant donné que les transactions en questions ne sont guère manifestes. De plus une interdiction serait difficilement justifiable dans un régime d'économie libérale. Par contre le même régime libérale (non déformé par des ententes apparentées à une cartellisation) exige que les petits bazars, ainsi que les petits producteurs et marchands puissent continuer à vendre leurs produits directement aux touristes. C'est pourquoi l'interdiction d'accords entre bazaristes et agences de voyage est indiquée.

Des rapports journaliers remplis par les guides officiels accompagnant les groupes de touristes permettraient de constater s'il y a eu un changement des bazars visités. Des contrôles irréguliers de ces rapports par les délégations régionales du tourisme suivis de sanctions sévères contre les guides qui ne se conforment pas aux prescriptions, pourraient rendre efficace l'interdiction et le système dans l'intérêt d'une distribution équitable des recettes dues au tourisme.